中国科学技术专家传略

农学编
土壤卷 3

中国科学技术协会 编

中国科学技术出版社

·北京·

图书在版编目（CIP）数据

中国科学技术专家传略．农学编．土壤卷．3/中国科学技术协会编．—北京：中国科学技术出版社，2013.1

ISBN 978 - 7 - 5046 - 6281 - 1

Ⅰ．①中…　Ⅱ．①中…　Ⅲ．①科学家 - 列传 - 中国②农学家 - 列传 - 中国　Ⅳ．①K826.1

中国版本图书馆 CIP 数据核字（2013）第 002424 号

中国科学技术出版社出版

北京市海淀区中关村南大街 16 号　邮政编码：100081

电话：010 - 62173865　传真：010 - 62179148

http://www.cspbooks.com.cn

科学普及出版社发行部发行

北京中科印刷有限公司印刷

*

开本：850mm×1168mm　1/32　印张：14.75　字数：380 千字

2013 年 3 月第 1 版　　2013 年 3 月第 1 次印刷

印数：1—1000 册　　定价：52.00 元

ISBN 978 - 7 - 5046 - 6281 - 1/K·115

《中国科学技术专家传略》
农学编编纂委员会

土壤卷 3 编纂委员会

主　　编　周健民
副 主 编　沈仁芳
编　　委　（按姓氏笔画为序）
　　　　　　严卫东　　何园球　　沈仁芳　　周健民　　蒋宇霞
　　　　　　蒋　新　　谢建昌　　臧　双

责任编辑　屈惠英　张　　日
封面设计　赵一东
责任校对　孟华英
责任印制　马宇晨

总　　序

在中国古代科学技术发展的历史上，曾经出现过不少卓越的科学家和技术专家。他们所创造的辉煌成就，不论在科学或是技术方面都对世界文明的发展作出过杰出的贡献，使中华民族毫无愧色地屹立于世界民族之林。例如，火药、指南针、造纸和印刷术的发明和西传，促进了近代欧洲的社会变革和科学技术发展，以至整个人类社会的进步。

但是，从 15 世纪起，中国的封建社会进入晚期，日趋腐朽没落，严重地束缚了生产力的发展，使中国长期居于世界领先地位的科学技术停滞、落后了。近代科学技术在资本主义的欧洲兴起。1840 年，资本主义列强乘坐坚船，使用利炮，轰开了古老中国的大门，清王朝丧权辱国，中国逐步沦为半殖民地、半封建社会。

近代中国的历史是一部在苦难中求生路的奋斗史。鸦片战争的屈辱唤醒了中国的知识界，不少正直的知识分子和爱国的仁人志士，抱着"科学救国"的美好愿望，为了探求民族富强之路，进行了艰苦卓绝的奋争。他们有的长年奋战在祖国科研、教学岗位上，为振兴科学而呕心沥血；有的漂洋过海到日本和西方国家学习科学技术，为着祖国的昌盛而献身科学、刻苦求知，学成之后重返故里，引进了大量西方近代的科学和技术，传播了先进的科学思想和科学方法。在当时的条件下，他们回国之后大多在高等院校任教，传授知识，培育人才，开拓科学技术研究领域，筹建科学研究机构，组织学术团体，出版学术刊物，辛勤耕耘于教育与科研领域，为振兴中华而不遗余力。让我们永远记住他们——鸦片战争以来祖国科学技术事业开拓者们的功勋；永远不要忘记他们在艰难的岁月里，为祖国所作的奉献和牺牲。

历史告诉我们，科学技术不仅可以创造新的生产力，而且是推动社会、经济、文化发展的重要力量。中华人民共和国成立之后，尽管我国的科学技术事业和祖国的命运一样，经历了不平坦的路程，但在中国共产党的领导下，广大科学技术工作者始终顽强奋斗、执著追求，在国防建设、经济建设、基础科学和当代各主要科学技术领域里都取得了举世瞩目的成就，为社会主义祖国的现代化建设奠定了重要基础，为国家争得了荣誉，提高了我国的国际地位。一代又一代的科学技术专家，接过前辈爱国主义和科学精神的火炬，成长起来了。他们没有辜负人民的期望，为我国科学技术事业的发展作出了巨大贡献。

在这伟大的科学技术长征之中，不少科学技术专家表现出了高尚的品质。有的终生严谨治学，着力创造；有的用自己的身体进行病毒试验；有的在临终前还在继续写作科学技术论著；有的一生节衣缩食，却将巨款捐赠学会，作为培养青年的奖学金。他们用生命谱写了中华民族的科学文化史，他们在雄伟壮丽的科学技术事业里，留下了可歌可泣的事迹，不愧是共和国的栋梁，代表了有着悠久文明史的中华民族的精神。

为了填补中国近、现代科学技术史的空白，宣传"尊重知识、尊重人才"，弘扬中国科学技术专家"献身、创新、求实、协作"的高尚情操和科学精神，中国科学技术协会于1986年6月在第三次全国代表大会上决定编纂出版《中国科学技术专家传略》。

这是一部以中国近、现代科学技术人物为主线，反映中国科学技术发展进程的史实性文献。其目的是为中国著名科学技术专家立传，记载他们的生平及其对祖国乃至对人类科学技术、经济、文化和社会发展作出的贡献，为中国科学技术史的研究提供史实，并从中总结经验与教训。因此，它是一项需要长期坚持的、具有历史意义的工作。只有持之以恒，不断积累，方可形成一部反映中国近、现代科学技术发展史实的、综合的、系统的、具有权威性的文献。它的编纂方针是运用历史唯物主义的观点，坚持实事求是的原则，以翔实可靠的材料，通俗生动的文字，准确简练地介绍我国近、现代著名科学技术专家，力求文献性、学术性、思想性、可读性的统一。主要读者对象为科技领导工作者、科技工作者、科技史研究工作者、高等院校师生。

这是一部在中国科学技术协会主持下，组织数以千计的专家、学者撰写编纂的大型文献。编纂机构由总编纂委员会、学科（各编）编纂委员会、分支学科（各卷）编纂委员会（或编写组）组成。参加各级编纂委员会工作的有中国著名的科学技术专家200余人。凡在学科创建、科学技术领域开拓、理论研究、应用技术的发明创造和推广普及、重点项目的设计施工、科学技术人才培养等方面作出重要贡献的中国近、现代科学技术专家，经相关分支学科领域编纂委员会提名、通过，征求有关学会的意见，并由学科编纂委员会审定资格后列选入传。

《中国科学技术专家传略》分工程技术、农学、医学、理学四编。工程技术编分为：力学、机械、交通、航空航天、电子电工、能源、化工、冶金、自动化及仪器仪表、土木建筑、纺织、轻工12卷；农学编分为：作物、植物保护、林学、养殖、园艺、土壤肥料、综合7卷；医学编分为：基础医学、临床医学、预防医学、中医学、药学5卷；理学编分为：数学、物理学、化学、天文学、地学、生物学6卷。

编纂出版《中国科学技术专家传略》也是进行爱国主义教育、加强社会主义精神文明建设的一种重要形式。中国科学技术协会是科学技术工作者之家，为我们的科学技术专家立传，义不容辞。应当把我们这个"大家庭"中代表人物的业绩和品德记载下来，延续下去，达到激励来者之目的。因此，这也是中国科学技术协会的一件重要工作。

世界近百年的历史教育了中国人民：一个没有现代科学技术意识和实力的民族，永远不能自立于世界民族之林。我们殷切期望从事科学技术工作的后来者，继先驱之足迹，扬民族之文明，前赴后继，青出于蓝而胜于蓝，为振兴中华奋斗不懈。

钱三强

1991 年 3 月 4 日

前　　言

　　土壤是人类赖以生存的基石，不仅是农业生产的基础，也是维护生态环境健康的基础。土壤科学不仅在提高农田生产力和保障食物安全等方面为人类作出了重要贡献，在区域环境治理、污染环境修复、生态系统维护以及应对全球变化等诸多方面也发挥了不可替代的重要作用。当前，全球面临资源紧张、能源短缺、环境污染和气候变化等重大挑战，土壤科学已经成为人们寻找解决途径的重要切入点之一。在可预见的未来，如果没有土壤科学的发展和进步，可能就无法保证农业的可持续发展和粮食安全，可能就无法实现生态和环境的安全，也就不能保障人类的生活与健康。

　　国际土壤学研究起源于中世纪欧洲文艺复兴之后，以李比希的矿质营养学说（1840）、盖德罗依茨的土壤吸附学说（1848）、法鲁的农业地质学说（1865）、道库恰耶夫的土壤发生学说（1874）和 Hilgard 的土壤形成理论（1893）为代表的经典理论奠定了近代土壤学的发展基础。随着地球科学、生命科学和技术科学的进步，土壤学形成了以形态、性质和功能为中心的独特理论和研究方法，成为农业、资源、环境和生态科学的支撑性基础科学。

　　我国的土壤学研究虽然起步较晚，但近几十年来发展极为迅速，为解决国计民生等实际问题和发展学科理论作出了重要贡献。在全国土壤普查、中低产田改造、肥料推广和合理施肥、农田生态环境保护、区域综合治理和应对全球气候变化等方面取得了巨大成就。在面向国家需求、解决实际问题的同时，土壤学科建设也得到了长足发展，相继建立了土壤地理学、土壤化学、土壤物理学、土壤生物学、土壤肥力与植物营养学、土壤生态学、环境土壤学以及土壤遥感信息等各分支学科，出版了《中国土壤》等一系列重要著作，开辟了土壤圈物质循环等重要研究方向，丰富了现代土壤学理论。目前，中国土壤学已经形成了阵容强大的研究队伍，建成了较为完整的学科体系，具有重要的国际地位。

我国土壤科学所取得的重要成就是几代人共同奋斗的结果，也与本卷所记述的 46 位土壤学专家的辛勤工作是分不开的。这些专家或在开拓研究领域上，或在理论研究上，或在人才培养上，或在技术普及与推广上做出了卓著成绩，都有较高的学术造诣，享有较高的声誉，是我国土壤学界的杰出代表。出此传略目的在于客观记述这些土壤学家们刻苦学习、勤奋工作、严谨治学、献身事业的优秀品质和感人事迹，同时也为后继者树立爱国奉献、为人治学的榜样，以激励我国的土壤科技工作者们沿着创新的道路继续前行，争取为世界土壤科学的发展作出更大的贡献。

由于编者水平所限，书中难免有不妥和错误之处，恳请读者提出批评和建议。

周健民

2011 年 12 月

目　　录

任守让

（1923—2009）

任守让，土壤微生物学家，我国细菌肥料创始人之一。在札札菌高温堆肥技术、大豆根瘤菌工厂化生产及大面积推广、土壤微生物生态学的创建、发展土壤微生物学等方面作出重要贡献。

任守让，1923 年 11 月 20 日出生于山西省太原市。1946 年毕业于山西省太原市中学，1949 年 7 月毕业于国立北京师范大学生物系，获理学学士学位。中华人民共和国成立前，分配到东北行政委员会农业部农事试验场（现为吉林省农业科学院）工作，1979 年晋升副研究员，1987 年晋升研究员。自 1949 年参加工作以来，一直在吉林省农业科学院从事农业微生物相关领域的研究工作，整整奋斗了半个多世纪，为我国农业微生物研究事业作出突出贡献。

1953—1985 年任守让任吉林省农业科学院土壤肥料研究所微生物研究室副主任、主任，兼任所学术委员会副主任。曾兼任中国微生物学会理事、农业微生物专业委员会委员，中国土壤肥料研究会理事、微生物与菌肥专业委员会主任，中国生态学会微生物生态专业委员会常务委员，中国土壤学会土壤生物和生化专业委员会委员，吉林省土壤学会秘书长、副理事长、顾问，吉林省微生物学会副理事长、顾问，中国菌物学会终身会员等职。

应 用 研 究

近半个世纪，任守让参加、主持及指导的科研项目有30余项，在土壤微生物学，尤其在细菌肥料、纤维素微生物、土壤微生物生态等方面较有研究。

（1）大豆根瘤菌共生固氮的研究。率先研究成功根瘤菌大豆人工接种技术，肯定了接种效果，首创了适合我国国情的大豆根瘤菌剂大批量生产工艺，对我国细菌肥料事业的发展起到推动作用。1952—1957年，推广应用面积超过1.5亿亩，平均增产大豆10%左右，增粮15万余公斤，增收9.5亿元，曾获东北人民政府奖。还与阿尔巴尼亚和德国进行了广泛的国际交流。

（2）高温好热纤维素分解细菌应用技术研究。利用好热性纤维分解菌制造高温速成堆肥法（扎扎菌高温速成堆肥法）系中华人民共和国成立后我国首次推出的秸秆堆肥技术，曾在东北地区国营农场及广大农村推广，后经农业部推荐，在林业部所属华南垦殖总局系统推广，解决了当时有机肥源紧张的问题。

（3）利用纤维素酶提高秸秆饲养的营养价值。筛选获得高效纤维素酶生产菌株，明确了酶曲培制和酶糖化粗纤维的适宜条件，提出了适用于农村的大床制曲和酶糖化工艺，提出配套的秸秆粗饲料酶解技术，处理的玉米秸秆等高纤维饲料，饲喂动物有一定的增肥作用（增重10%~15%）。

（4）测试了吉林省农村主要农作物秸秆的酶解得糖效果和还原糖组分，提出利用农作物秸秆的酶解产物生产单细胞蛋白的途径。选出适用的菌种，明确了培养条件和采收时期，为畜牧业提供蛋白来源开辟了新途径。提出了纤维素酶与木质素联合酶解提高转糖率一倍以上的途径，简化了酶解程序，改进了酶曲制备方法，首创化学抑菌生料制曲法，并用于生产。

（5）开展了长白山区老参地再利用的土壤微生物研究，肯定了 γ 射线对老参地土壤微生物及人参锈腐菌的灭菌效应，提出了钴 -60-γ 射线对人参锈腐病的致死临界剂量，为老参地物理防治锈腐病提供了依据，并明确了木酶可作为人参锈腐病和生物防治剂，已进入大面积生产试验。

（6）完成了苏云金杆菌 UV－17 新细菌杀虫剂的工作。将苏云金杆菌 UV－17 应用于玉米螟防治中，取得了明显的防治效果，一代玉米螟防效可达 80% ~ 90%，一、二代玉米螟防效可达 55% 左右，示范面积 5000 余亩，累计推广 3.5 万亩，增产玉米 73.28 万公斤，增收 33.5 万元。

（7）主持了新型饲用微生态制剂研究工作，在大量研究工作基础上，完成了饲用复合微生态制剂中主要微生物菌种的分离、筛选与鉴定工作，筛选出 1 株乳酸杆菌（Lb-10），提出了微生物深层发酵及相关处理工艺，并研制成功新型复合微生物活菌饲料添加剂。动物饲养试验结果表明：饲料中添加复合微生态制剂可提高肉鸡和仔猪的体重、饲料利用率和存活率，提高肉鸡和仔猪的能量代谢率和蛋白质消化率。

（8）开展了人参保鲜技术。在大量研究工作基础上，采用了硅窗气调小包装及 20Gy 钴 60γ 射线辐照人参，可明显延长人参的储藏时间，既提高了保鲜率，又使保鲜人参总皂甙和氨基酸组成等无明显变化。

应用基础研究

（1）土壤微生物生态学研究。取得大量有价值的土壤微生物区系资料，从微生物学角度，阐明了深耕改土及垅作的优越性，发现了硝化菌在黑土中的主要分布规律（5厘米处），为提高氮肥利用率，实施氮肥深施提供了科学依据。率先在国内开展了湿地沼泽土壤生态系统的微生物学研究，揭示了平原草木沼泽和山地森林沼泽的土壤微生物生态学特征。

（2）不同来源腐植酸工农业应用评价的研究工作。明确了国内具有代表性的7种腐植酸对吉林省主要土壤的生物学效应，评价和肯定了不同来源腐植酸的培肥改土作用，为农业上利用腐植酸类肥料及开发泥炭和腐植酸资源提供了科学依据。

（3）主持了泥炭腐解微生物技术研究。完成了吉林省不同类型泥炭的微生物区系测定，明确了泥炭微生物数量少于耕地土壤，但细菌＞放线菌＞真菌，含有相当数量的芳香族化合物利用菌和反硫化菌。纤维素分解菌甚少，若要促进其腐解就要添加该类微生物。

（4）纤维素酶产生菌的诱变育种工作。在大量研究工作基础上，选育出了具有国内先进水平的纤维素酶菌种"3.23.6"，并以"3.23.6"为出发菌株，采用激光辐照诱变，选育出诱变菌株"L2-26"，与亲株相比，其纤维素酶活性提高2.5倍。

（5）猪盲肠内纤维素分解菌分布规律研究，明确了猪盲肠内纤维素分解菌的数量与类型的分布状况。

（6）磷细菌的生态分布及接种效果研究。查明了吉林省主要农业土壤（黑土）中磷细菌的分布及人工接种后在不同作物根际的存活动态，提出了磷细菌接种无效的观点及科学依据。

任守让于1986年底离休后，还承担并完成了两项国家自然科学基金基础性研究项目及一项省科委攻关项目。利用此前土壤微生物生态研究中发现的高需氧芽孢杆菌，研制成功新型饲用微生态制剂，通过动物饲养试验效果明显。1990年应邀出席了在日本大阪举行的第15届国际微生物学大会。

任守让先后在国内外学术刊物上发表学术论文70余篇，编著出版了《大豆根瘤菌》和《微生物与农业》两部专著。8篇论文获得优秀论文奖，主要有：《纤维素酶产生菌激光诱变育种》（1981年吉林省科协优秀论文二等奖）、《不同来源腐植酸对土壤微生物区系及其活性的影响》（1987年吉林省科协优秀论文二等奖）等。

任守让热心学会工作，积极组织和参加学术活动。与别人共同创立了中国土壤学会公主岭分会（吉林省土壤学会前身），任理事。在担任吉林省土壤学会秘书长期内，主编了一些学术论文集，创办了《学会通讯》等内部刊物，曾多次受到省科协和农学会的表彰。积极参加科普宣传，为报刊、电台及培训班等撰稿、讲授土壤微生物和细菌肥料科学知识。多次被评为吉林省科技活动积极分子。

1993年入选《吉林英才馆》、《吉林英才馆大全》等多部名人典籍，并于2008年被评为吉林省农业科学院建院60年有突出贡献的科学家。曾受到我国著名土壤微生物权威——陈华葵院士的赞誉："守让同志自建国以来，坚持本行、本职，对我国的农业微生物学是有贡献的。对学会工作一贯热心，是好同行，好同志。"

几十年来，任守让在农业微生物研究领域孜孜不倦地耕耘，贡献突出。他谦虚谨慎，治学严谨，工作勤奋，勇于创新。善于团结他人，遵守职业道德，只愿付出，从不讲回报，执著于事业，淡泊名利，是他的做人准则。

（任　军）

简　历

1923 年 11 月 20 日　出生于山西省太原市。
1946—1949 年　北京师范大学生物系学习。

1949—1959 年	从师于日本农业微生物专家板野新夫教授，主要从事大豆根瘤菌的应用和利用高温纤维素分解菌（扎扎菌）制造高温速成堆肥技术的研究。
1961—1964 年	主要从事土壤微生物区系与农业技术措施与土壤肥力相互关系研究工作。
1965—1966 年	参加吉林省农业科学院农村样板田建设工作。
1967—1969 年	在吉林省农业科学院实验农场参加"文化大革命"劳动锻炼。
1970—1972 年	到吉林省怀德县朝阳坡公社八家子大队三队插队落户，主要从事"920"、"5406"、白僵菌、赤眼蜂等生物制剂的生产和应用。
1972 年底	在吉林省农业科学院土壤肥料研究所工作。
1973—1980 年	主要从事纤维素酶及其在提高粗饲料营养价值的研究工作。
1981—1984 年	主要从事泥炭腐解微生物利用技术和腐植酸农业应用评价研究工作。
1983—1987 年	主要从事 UV－17 杀虫剂防治玉米螟的应用研究工作。
1984—1989 年	主要从事长白山区老参地再利用的土壤微生物应用研究工作。
1986 年 12 月 26 日	离休。
2009 年 11 月 11 日	在吉林省公主岭市去世。

主 要 论 著

[1] 任守让，板野新夫（日）．大豆根瘤菌之分离及培养［J］．东北农业，1952（41）：38—40．

[2] 任守让，张宏，缪则学，等．大豆根瘤菌剂的制造程序和技术［A］．全国土壤肥料研究工作会议资料，1957，北京．

[3] 任守让，张宏，宋明芝，等．吉林省不同类型土壤中大豆根瘤菌的分布及人工接种的效果［J］．土壤，1983，15（2）：55—58．

[4] 沈正谊，任守让．扎扎菌之培养及利用［J］．东北农业，1951（31）：

62—68.

［5］任守让，赵贵彬，陈翠仙．解磷巨大芽孢杆菌在吉林省中部耕地黑土中的分布及其与某些生态因素的关系［J］．生态学杂志，1984（3）：22—26.

［6］任守让，赵贵彬，王瑞霞．植物秸秆天然纤维素的酶水解研究［J］．微生物学通报，1985，12（6）：243—246.

［7］任守让，赵贵彬，王瑞霞．吉林省中部泥炭土微生物区系研究［J］．吉林农业科学，1983（3）：55—58.

［8］任守让，王瑞霞，赵贵彬．不同来源腐植酸对土壤微生物区系及其活性的影响［J］．吉林农业科学，1985（2）：65—69.

［9］任守让，王瑞霞，孟宪民，等．中国三江平原沼泽生态系统土壤微生物生态学研究［M］．见：生态学研究进展，北京：中国科学技术出版社，1991.

［10］任守让，王瑞霞，即需卿，等．小兴安岭山地森林沼泽土壤微生物群落［A］．见：第六次全国微生物生态学学术讨论会论文集，1994，大连．

［11］任守让，王瑞霞．人参锈腐病菌的拮抗真菌及其防病效果［J］．吉林农业大学学报，1998，20（增刊）：120.

［12］任守让，任禾．土壤微生物学的发展趋势和我国土壤微生物研究发展战略初步设想［J］．吉林农业科学，1992（2）：47—50.

［13］相连英，任守让，周凤林，等．苏云金杆菌UV－17新细菌杀虫剂的研究与应用Ⅰ·防治玉米螟效果试验［J］．吉林农业科学，1995（1）：36—51.

［14］任守让，相连英，朱平，等．苏云金杆菌UV－17新细菌杀虫剂的研究与应用Ⅱ·苏云金杆菌UV－17制剂与Bt乳剂防治玉米螟药效比较试验［J］．生物技术，1993，3（3）：40—41.

［15］任守让，王瑞霞，隗晓薇，等．饲用复合微生态制剂的研究Ⅰ·需氧芽孢杆菌的分离与鉴定［J］．吉林农业科学，1998（1）：78—80.

［16］任守让，王瑞霞，隗晓薇，等．饲用复合微生态制剂的研究Ⅱ·乳酸菌的分离与鉴定［J］．吉林农业科学，1999，24（1）：48—49.

［17］任守让，王瑞霞．大豆根瘤菌［M］．长春：吉林人民出版社，1956.

［18］任守让，等．微生物与农业［M］．长春：吉林科技出版社，2010.

赵守仁

（1925— ）

赵守仁，土壤学家。长期从事盐渍土改良工作，有关研究成果对江苏省大面积盐渍土的改良起到了一定促进作用，也可供我国暖温带半湿润、半干旱地区盐渍土的综合治理参考借鉴。

赵守仁，1925 年 2 月 10 日出生于湖北省黄陂县祁家湾（今武汉市黄陂区），5 岁丧父，10 岁丧母，主要靠舅父家的关怀和照顾。1938 年 9 月武汉沦陷前夕，才十二三岁的他，即紧跟舅父一家，溯长江而上，向后方逃亡。舅父对他的一生影响最大，他常说："没有舅父一家和舅父的关怀和教诲，便没有今天的我。"他的初、高中就读于"湖北联中"（下设多所分校），流亡学生学、杂、膳、宿、制服等全部免费。1940 年他毕业于巴东火峰初中分校，1942 年毕业于建始三里坝第六高中分校。高中毕业后，投奔在重庆中华大学化学系任教的舅父，1944 年考取中央大学农业化学系。抗日战争胜利后，随校复员到南京，1949 年大学毕业，同年 7 月去上海棉训班学习，参加工作，1950 年 2

月调来南京华东农科所（今江苏省农科院），历任课题组长、研究室主任、基点工作组组长，土壤调查队技术副队长等职务，1965 年晋升副研究员，1986 年晋升研究员，享受国务院政府特殊津贴，1993 年离休。

赵守仁从事盐渍土研究四十余年。1957 年以前，以研究苏北滨海盐土改良为主。1957 年以后，则侧重淮北花碱土改良；1959 年曾先后参加过由农业部、商业部组织的黄河故道发展果树调查和长委长江流域规划（中、下游）苏联专家组的联合考察。他长期深入基层蹲点、跑面，重视学习和总结群众经验，曾结合自己工作中的切身体会，撰写了《真正亲知的是天下实践着的人——花碱土改良工作的几点认识和体会》一文在《人民日报（1966 年 2 月 13 日）》发表。他的科研理念是"任务带学科"，坚持为"两当"（当前、当地）服务，对江苏省花碱土地区"旱改水"，"平原水库蓄水"，"徐洪河工程引水"等对地区水盐动态影响，及"次生盐渍化防治"等重大问题，和省、地、县科研、教学、生产等有关部门合作，在认真学习总结群众经验的基础上，都进行了科学的分析论证和总结，研究阐明了江苏盐渍土的发生演变规律，提出滨海盐土处于自然脱盐过程，不存在脱盐碱化等，和花碱土的碱化和碱性地下水有密切的发生学联系，土壤盐渍化过程同时伴生碱化过程等新论点。根据季风性气候影响下盐渍动态规律，研究制定了"以水肥为中心的综合治理技术体系"，突出了培肥在盐渍土改良中的作用和地位（具有江苏特色）。抓"区划、规划、样板"，结合国家黄淮海"六五"、"七五"攻关任务，在睢宁基点原来的基础上，建成花碱土综合治理的万亩实验区和 26 万亩示范区，恢复重建铜山花碱土试验站，以点带面，开创了科研、示范、推广，点、线、面，地方干群和科研人员三个"三结合"的新格局，逐步完善形成"着眼于区域整治，以流域治理为基础，区域水盐动态调控为中心，调整产业结构，优化农业生态经济系统"的新的盐渍土地区综合治理的理论和技术体系，与国际水稻所合作，筛选出可供大面积推广种植的耐盐水稻"80－85"（参加全国耐盐水稻品种评比，耐盐性居首位）和旱稻"IRAT109"，以上成果的推广应用对江苏省盐渍土的改良起到了一定促进作用，对黄淮海平原盐渍土地区的综合治理、南水北调（东线）工程的宏观决策和地区水资源的合理开发利用等，都有一定参考借鉴价值。他撰写的《江苏省盐渍土综合治理》论文（英文）曾应邀在1990年日本东京召开的第14届国际土壤学术会议上宣读、交流，论文刊登后，反响很好。

其主要研究成果曾获国家、部特等奖，部、省级一、二、三、四等奖多次，其中部特等奖1项（第六完成人），部省级一、二、三等奖各1项（第一主持人），省级一、二等奖各1项（主要参加人员）。国家科委颁发的黄淮海"七五"攻关项目成果完成人证书（排名第六），"土壤盐分、水分速测法"曾获华东区1954年农业技术会议上所颁发的奖项（第一主持人）。

曾任江苏省第五至第七届省人大代表，省第六、第七届省人大常委，全国土壤普查技术顾问组成员，华北平原农业项目（世界银行贷款）技术委员会委员（农业部），国家黄淮海专家组成员（三委一部），全国土壤学会常务理事、顾问，盐渍土专业委员会副主任等。国际土壤学会会员。

睢宁综合治理万亩实验区成绩斐然

睢宁综合治理万亩实验区（以下简称"实验区"）是根据国家农牧渔业部（农业部）下达的黄淮海平原旱、涝、碱综合治理，冀、鲁、豫、苏、皖五省及京、津（直辖市）两市的科研协作任务，于1979年3月正式建立。"实验区"位于江苏省徐州市睢宁县王集乡境内，紧邻废黄河堰南侧，总面积18.85平方公里，区内农田约800公顷，行政区划涉及八个大队，51个生产队，1400 多人口，人均耕地约 2 亩。由于土质沙、瘦、盐碱、旱、涝（渍）灾害严重，基本上属于当时通称的"三靠户"。1958 年大跃进时期，在废弃的农田上建立"万亩桑园"，实验区所在地的绝大部分土地，都属于"万亩桑园"的范围，其自然环境、农民生产、生活水平等，在徐淮花碱土地区具有一定的代表性。

结合国家黄淮海平原（徐淮花碱土地区）的科技攻关任务要求，建立万亩实验区、26 万亩水灌区、恢复铜山花碱土试验站等，其中"建立睢宁实验区"是诸多任务中的重中之重。早在 1974 年江苏省农科院即在实验区的王集乡王营大队建有花碱土改良基点（省农科院花碱土改良试验场），试验用地约 100 多亩，赵守仁带领一个工作组，长期在此蹲点，随后这个基点成为"实验区的中心试验场"。建立试验区的目的是为徐淮花碱土地区的综合治理、开发摸索路子，积累经验，做出样子（样板），以点带面。要求实验区既是已有科研成果组装配合、进行中间试验的场所，又是推广、示范、科研、生产紧密结合的创新型科研基地。省、地、县、乡，农、林、水等多部门、多学科、多专业，领导、群众、科研人员三结合，组织大兵团协作攻关的大好平台。

实验区的综合治理开发，总的遵循"农水结合、改良利用结合、当前长远结合、治标治本结合"的方针，在技术路线上，因地制宜、治水改土、大力改善农田生态条件，建立合理的农田生态－经济体系，通过发挥系统的总体功能，达到科学、合理的综合治理开发目的。具体贯彻落实主要抓以下四大关键措施：①大搞农田基本建设，建立合理的农田、林网系统；②培肥、治渍、改碱、调控水盐平衡；③大力进行"耕作改制"，大面积"旱改水"，实行水旱轮作；④大面积推广施用磷石膏，化学改碱和培肥改碱相结合，改碱效果显著。

由于措施得当，实验区建设初具规模，其成效表现在以下几方面：①群众的生产生活水平迅速提高，"区"内农民的钱、粮都有较大幅度增加，农业生产欣欣向荣，不少农户住上了新瓦房，昔日贫困落后的面貌已初步改观。②盐碱地面积显著缩小，原先成片不立苗的碱荒地基本上都能立苗。1982 年"区"内的盐碱地面积缩小到 983.4 亩，占耕地总面积的 8.86%，1984 年则降至 5% 以下。根据南京农业大学 1989 年及 1990 年对实验区土壤详测的结果，"区"内大田盐碱斑的面积只剩 62.17 亩，占耕地总面积的 0.43%，基本上消除了盐碱危害，盐渍动态向脱盐碱化方向发展，土壤肥力也普遍升高。③抗御旱、涝（渍）灾害能力显著提高，"区"内 95% 的耕地改造成为百日无雨保灌溉的水浇地；经过农田基本建设，沟、渠、路、林、桥、涵、井配套，抗御涝（渍）灾害的标准已达到日雨 250 毫米。④土地生产率和劳动生产力提高，1980—1982 年三年平均土地生产率为 117.72 元/亩，比 1977 年 61.55 元/亩增加 56.17 元/亩；劳动生产率为 624.8 元/劳力，比 1977 年 321.2 元/劳力，增加 303.6 元/劳力。⑤经济效益显著：按全部投资计算，单位投资增加的产量为 143.32 斤/百元，投资收益率为 17.3%，投资回收期为 5.8 年，国家投资收益率为 66.8%。⑥社会效益：仿"实验区"模式在睢宁县双沟、姚集等地建立的第二代治理区也收到了较好的增产增收效果。试验区的成功建立，对加速徐淮花碱土地区以及省内其他盐碱土地区的综合治理开发起到了一定的促进作用，为争取入围 20 世纪 80 年代初期联合国银行华北平原农业项目第一期贷款创造了有利条件。

剖析江苏省盐渍土综合治理技术体系

盐渍土是江苏分布面积最大的一种低产土壤，也是全省最主要的土地后备资源，因此低产土壤的综合治理对保证全省农业持续均衡增产，特别是加快建设苏北具有重大意义。早在 20 世纪

60 年代即已形成"以水肥为核心，农林牧结合全面规划，综合治理"的盐渍土综合治理技术体系。70 至 80 年代结合国家黄淮海"六五"、"七五"攻关任务，建立睢宁万亩实验区，26 万亩示范区等具体实践、科研论证，逐步完善形成着眼于区域整治，以流域治理为基础，区域水盐动态调控为中心，调整产业结构，优化农业生态经济系统的新的盐渍土地区综合治理的理论和技术体系。这个系统的精髓是"以水肥为核心"，"水是前提，肥是基础"。

"水是前提"，因为江苏省盐渍土地区地处江、淮、沂、沭、泗诸水下游，上承多个省区的来水，下有海潮侵袭、倒灌、洪、涝（渍）潮的威胁很大，都会加剧土壤盐渍化的发展。所以大力整治江、河、湖、海，防洪、除涝、挡潮，杜绝盐来源，理顺水系，开挖沟河，降低潜水位，打开排盐通道。对区域内水盐动态从宏观上进行有效调控。"排灌结合，以排为主"，在排的基础上逐步解决水源，发展灌溉，通过灌溉、淋盐加速土层脱盐。由于江苏地区淡水资源短缺，所以，排水并非愈多愈好，要考虑水资源的合理开发利用，需要对客水、降水在可能范围内进行适当积蓄，而单靠水利工程措施难以做到排灌兼顾，解决水分过多和不足的矛盾，这就需要建立一个由沟、塘、井、渠、田、林网合理配置的农田生态系统，通过发挥"系统"的整体功能，对系统内地面水、地下水、降水和土壤水进行合理转化和有效调控。

"肥是基础"，因为盐渍土改良的最终目的不仅是消除盐碱等障碍因素，变无收为有收，更主要的是变低产为高产。由于地瘦，即使盐碱消除了，庄稼也长不好。盐渍土地区大面积旱改水的实践证明，不结合培肥，就会"一年高产，二年平产，三年减产"，最终导致旱改水失败的结局。江苏省盐渍土的发生演变过程就是土壤肥力积累和自然脱盐的过程。花碱土的盐渍动态则和土壤的肥力状况息息相关。培肥既是高产的物质基础，改良的主要手段，也是耕作改制的成败关键。所以，江苏省盐渍土治理的指导思想是消除低产因素和培肥相结合，把"培肥改土"作为建立稳产、高产基本农田的一项主要内容。培肥对盐渍土改良的作用如下。

（1）建立合理的水－肥－盐平衡，抑制返盐，促进脱盐。农田土壤的水盐动态受耕层土壤肥力状况制约，可通过培肥来调控耕层水盐动态，达到改良的目的。

（2）培肥改碱、降低 pH 值，消除"碱害"。花碱土的盐渍组成有盐和碱，盐、碱有别。它们在土体中的运动也往往不同步，如盐随水来去，而碱往往随水来而不去，或则"盐去碱生"，前者如碱性重的潜水浇地所引起土壤碱度的增加；后者如重盐土灌溉淋盐、矿产生的"矿化"。"碱害"是花碱土主要的生产障碍因素，除施用化学改良剂外，培肥是一项经济有效的措施，所以花碱土的综合治理要求"从除涝着手，水肥结合"。

大面积旱改水对江苏省盐渍土地区的综合治理开发来说是一项重大的战略决策。旱改水的好处是旱涝保收、高产稳产，改良效果快，增产的幅度大，灌溉水的利用既满足水稻生长发育的需要，又起到淋盐改碱的作用，一举两得。同时兼有水利改良和生物改良的效果。还可拦蓄自然降水，减轻河道排水压力，可以回灌补充地下水（井灌区）。但旱改水一定要结合培肥，通过多年的具体实践，终于摸索出一条旱改水结合轮种绿肥的成功之路。以上研究成果已汇编入《黄淮海平原盐碱地改良》一书，对整个黄淮海平原盐碱地区的综合治理有一定的参考价值。

淡泊名利，为人师表

赵守仁从事盐渍土研究四十余年，他常称自己只是一个带头人。一切科研业绩都归功于和自己一起协作攻关的团队，以"国家黄淮海平原徐淮花碱土地区综合治理综合开发""六五"

攻关项目（1979—1985年）为例，土肥所盐土室、肥力室、化肥室、微生物室、绿肥室等参加科研人员达29人；院遗传所、经作所、现代化所、粮食所、原子能所、牧医所、院办、省农学会15人；徐淮地区农科所、铜山花碱土试验站、新洋试验站、连云港市农科所等单位12人，淮阴市农业局、淮安、宿迁、丰县、如东、滨海等县农业局13人，如东县东陵垦区试验场国营新曹农场、如东县科委等单位7人，单位众多，参加攻关科研技术人员合计达76人。赵守仁退休后常常谈及徐淮花碱地地区、市县领导对他工作的关怀和支持，科研成果的获得县乡作出很大贡献，功不可没。

赵守仁常谈起一件"未遂的海涂开发攻关"的往事。早在20世纪80年代中后期，时任院土肥所所长的沈梓培先生曾多次和赵守仁商讨过有关海涂开发攻关问题，两人并达成"我院盐渍土科技攻关重点应逐步移师苏北海涂开发"的共识。这个设想除向有关领导汇报过外，还曾在他课题力所能及的范围内，在苏北沿海的如东、滨海等县大面积推广耐盐水稻"80 - 85"成果工作的基础上，抽调专人在射阳县的海涂建立专业基点，进行一些探索性的调查和试验研究，创造条件，力争在海涂开发攻关方面先行一步，争取在国家和省立项，在有条件的岸段，结合港口建设，建立一个新型的海岸带动态监测、地质灾害示警、防范，和盐渍、农牧、水产养殖等为重点的、多学科、多部门相结合的经济实体和海涂开发科研中心。由于种种原因，特别是沈老的谢世，以上科研计划刚开始启动便"胎死腹中"。

赵守仁从事盐渍土研究40余年，长期在贫困的苏北盐渍土地区蹲点跑面，工作、生活都很艰苦，但他无怨无悔，常以"半个苏北佬"自居。他重视和认真学习广大干群的盐渍土改造经验，开阔自己的研究视野；他的科研作风是"实事求是不跟风"，20世纪50年代中后期，他曾"顶风"当过三回"傻帽"。

1958 年他在安徽萧县蹲点，接受蚌埠地委"卫星田"验收组的重任，没有验收到一块真正的"卫星田"；同年他曾致信安徽某大媒体，批评他们对他蹲点所在地的"五女棉花卫星田"报道不实；1959 年协助某县编写县土壤志，和该县一把手意见分歧，他坚持这个县盐碱地面积急剧扩大的调查结论。他淡泊名利，平易近人，热心公益事业。离休后当选社区代表，无论男女老少，大家对他的印象都很好。

（常志州　吴长银　秦忠彬）

简　历

1925 年 2 月 10 日　出生于湖北省黄陂县祁家湾。

1949 年 7 月　南京大学（前中央大学）农化系毕业；同年 7 - 9 月华东军管会上海棉训班学习。

1949 年 9 月—1950 年 2 月　任华东农学部土壤肥料研究室技术员。

1950 年 2 月—1969 年 4 月　任华东农科所（江苏省农科院）技术员、课题组长等，1965 年晋升副研究员。

1951 年　参加上海财经学院研究部学习 1 年。

1969 年 4 月—1973 年 3 月　江苏省石山头五七干校（学员）。

1973 年 3 月—1993 年 3 月　任江苏省农科院研究室主任，1986 年晋升研究员。

1979 年 9 - 11 月　参加联合国主办的遥感学习班学习（2 个月）。

1993 年　离休。

主 要 论 著

[1] 赵守仁，段秀泰. 土壤盐分水分简捷测定法. 见：华东区 1954 年农业技术会议资料汇编（第一辑）会刊.

[2] 赵守仁. 土壤盐分对棉花出苗影响. 华东农业科技通讯，1955（1）.

［3］赵守仁，冷福田．苏北盐垦区土壤调查（专刊）．江苏省农业厅．1957（8）.

［4］冷福田，赵守仁．江苏省沿海地区盐渍土发生过程及盐渍特性转化．土壤学报，1957，5（3）：195—205.

［5］冷福田，赵守仁，等．江苏滨海地区盐渍土研究．见：土壤肥料研究报告汇编，1958，7：1—97.

［6］赵守仁，汪培锐，吴长银．江苏省徐淮棉区碱地保苗问题的商榷．中国农业科学，1963（3）.

［7］赵守仁，汪培锐．江苏省花碱土的发生及改良．江苏农学报，1963，2（3）.

［8］赵守仁，王玺珍，吴长银．花碱土的特性和形成过程．江苏农业科学，1980（4）：32—38.

［9］王玺珍，吴长银，赵守仁．江苏淮北花碱土地质碱地育秧试验调查研究．江苏农业科学，1980（8）：47—49.

［10］赵守仁，王玺珍，吴长银，等．花碱土综合治理的途径和措施．江苏农业科学，1981（4）：49—54.

［11］孙颔，袁申盛，赵守仁（主笔），等．江苏省徐淮地区的综合治理和农业发展．见：《黄淮海平原农业发展学术讨论会论文选集（第1卷）》，中国农学会编辑部．北京．1982：102—116.

［12］王玺珍，吴长银，赵守仁．江苏省淮北花碱土地质渍害综合防治研究．土壤通报，1982（2）.

［13］吴长银，王玺珍，赵守仁．使用暗沟犁防渍效果研究．江苏农业科学，1982（3）：36—38.

［14］吴长银，王玺珍，赵守仁．黏土夹层对土壤水分下渗运动的影响．江苏农业科学，1983（8）：32—38.

［15］王玺珍，吴长银，赵守仁．花碱土有机质腐解积累对水盐运动的影响．江苏农业科学，1984（10）：26—29.

［16］赵守仁，孙勤，张莲妮，等．江苏省盐渍土的培肥改良．见：国际盐渍土改良学术讨论会论文集．北京：北京农业大学出版社，1985年5月.

［17］赵守仁，秦忠彬．耐盐水稻80－85的选育及其栽培要点．江苏农业科学，1985.3.

［18］赵守仁，秦忠彬．耐盐水稻 80－85 不同生育期耐盐性的研究．见：作物抗逆性鉴定的原理与技术，1990 年．

［19］赵守仁．江苏省盐碱土综合治理的经验和展望．黄淮海平原低产田治理及其效果，北京：农业出版社，1989，3：175—182.

［20］赵守仁．中国江苏省盐渍土的综合治理（英文）．见：第十四届国际土壤学学会论文集（卷Ⅶ），日本东京．1990.8.

张肇元

(1927—)

张肇元，土壤肥料学家。在平衡施肥技术及广西钾肥施用效益方面的研究成果较为突出。

张肇元，1927年8月13日生，江西九江人。中共党员。

1951年7月至1954年8月，在华中农学院农业化学系学习。1954年8月至1955年7月，在广西贵县西江农场任技术员，参与农场农业生产管理和指导。1955年7月至1957年9月，在广西农业厅荒地勘测局（后改为土地利用局）任土壤调查队副总队长，与广大基层技术人员完成了桂西南及桂中地区荒地资源的土壤普查工作。1957年9月至1963年3月，在广西农业厅土地利用处任技术员，深入各地全面调查了解农业自然条件及农业生产情况。1963年3月至1976年2月，在广西农科院土肥研究室任技术员。参与或主持"摩洛哥磷矿粉对冬季绿肥肥效研究"、"紫云英早花退化原因和防治措施研究"、"草木栖品种比较试验"、"合理使用碳酸氢铵"、"腐植酸铵对水稻肥效试验调查"等项目的研究工作，初步提出广西农村肥源状况及合理利用技术问题。1976 年 3 月至 1980 年 6 月，赴非洲卢旺达农业援外，任土地规划专家，为该国沼泽地完成 300 公顷稻区规划、设计、实施，并引种水稻试种成功，获当地政府及农业部的赞赏。1980 年 7 月至 1982 年 2 月，主持"中国绿肥区划"广西地区的研究工作，开展绿肥引种、选育、栽培及示范推广工作，并参与《中国绿肥区划》的编写工作，该成果 1984 年获农牧渔业部技术改进奖二等奖。为广西农村绿肥种植、留种、肥效及合理技术提出建议。1982 年 2 月至 1988 年 4 月，任广西农科院土壤肥料研究所副所长，1987 年晋升为副研究员，主持"水稻氮磷钾化肥配合施用研究"、"水稻氮磷钾化肥用量与配比定位试验"、"我国氮磷钾化肥肥效演变和提高增产效益和途径"、"稻田肥料效应和土壤肥力演变定位监测研究"、"广西化肥区划"等项目的研究工作，并筹建了"广西化肥合理施用试验网"课题组，在广西逐步开展主要作物的营养特性研究，探索出实用的研究技术手段。其中"水稻氮磷钾化肥配合施用研究"于 1985 年获广西自治区科技进步奖三等奖；"广西化肥区划"于 1986 年获广西农牧渔业厅科技成果奖三等奖；"我国氮磷钾化肥肥效演变和提高增产效益和途径"于 1987 年获国家科技进步奖二等奖。1987 年参与筹建广西土壤肥料协会并出任首届常务副理事长。1988 年 4 月至 1990 年 12 月，任广西农科院土壤肥料研究所所长，主持"南方七省提高钾肥效的研究"、"经济作物营养特点与施用技术研究"、"甘蔗营养特点与氮磷钾配合施用研究"、"中加钾肥效益合作研究"、"玉米营养特性与高产栽培技术研究"等多个项目的研究工作，全面开展广西主要农作物的营养特性及化肥合理配施的研究，取得了丰硕的研究结果，为广西平衡施肥技术体系的构建奠定了基础理论依据。参与编撰《广西土壤肥料史》、《中国南方农业中的钾》、《中国肥料》、《中国南方土壤肥力与栽培植物施肥》等专著的编写工作。主编《广西土壤钾素状况与平衡施肥研究》专著。"甘蔗营养特点与氮磷钾配合施用研究"、"稻田肥料效应和土壤肥力演变定位监测研究"、"玉米营养特性与高产栽培技术研究"三项研究成果分别获得 1990 年、1992 年广西科技进步奖三等奖、"南方七省提高钾肥效的研究"于 1991 年获农业部科技进步奖三等奖。

1993 年起享受国务院政府特殊津贴。1994 年 4 月退休。

开展绿肥资源收集、
整理、选育及施用技术研究

绿肥是我国传统农业的精华，栽培利用历史悠久，对我国农业生产起到举足轻重的作用。张肇元在刚参加工作的前 20 年中，大部分时间是用于收集整理广西农村中切实有效的绿肥品种，开展不同绿肥品种的合理利用技术的研究，先后参加了"桂南冬季绿肥栽培技术研究及调查"、"冬季绿肥对水稻肥效试验"、"广西南部紫云英和苕子水分管理技术研究"、"紫云英早花退化原因和防治措施研究"等工作。张肇元根据广西水热资源、植物资源丰富的特点，结合广西不同地区耕作制度，编制了《广西绿肥区划》。指出广西适宜种植的绿肥品种类繁多，冬季稻田有紫云英、苕子、肥田萝卜、豌豆、蚕豆油菜、草木樨等，水面有红萍、水浮莲、水葫芦等。他参与制订了"红花草、苕子栽培技术规程"。指出其生长特性是喜温暖，怕干旱，忌涝渍，耐瘦力弱，冬季种植上述绿肥必须选用排灌便利的田块种植。制定了冬季绿肥栽培技术措施：①开好田中、田边、田外三级排水沟。切忌淹渍，保持土壤爽润。②适时播种，采取稻底播。在稻谷收获前 20 天左右为红花草、苕子的适宜播种期。③红花草、苕子必须用相应根瘤菌剂拌种，播后使根部结瘤固氮，才能生长良好。④施用适量磷肥，以磷增氮。⑤适当留高禾槎。收割水稻时，宜适留 20～27 厘米高禾槎，能起到遮阴和保水作用。其中以稻底播，控制好土壤水分，接种根留菌及施用磷肥是种植成功的关键。此外，留种田，在开花期应及时防治豆蓟马危害花朵，并做好其他病虫害防治。

张肇元参与选育的绿肥新品种"萍宁 3 号"、"萍宁 72 号"，具有早生快生、植株高、茎秆粗、叶片大、产量高、抗白粉病、中抗菌核病的优点。广西区试种，"萍宁 3 号"和"萍宁 72 号"，亩产鲜草达 1356 公斤和 1275 公斤，比对照种谷分别平均亩产增产 56% 和 51%；亩产 N 平均值 4.94 公斤和 4.35 公斤，比对照种分别亩增 2.03 公斤和 1.45 公斤；亩产 P_2O_5 均值 3.35 公斤和 3.4 公斤，比对照种分别增 1.2 公斤和 1.25 公斤。两品种亩产种子均达 10.5 ~ 11 公斤，全生育期 170 ~ 182 天，适应华南稻作区稻田冬季绿肥应用。被《中国绿肥》一书列入绿肥优良品种介绍，并在安徽、湖南等省推广应用。

广西化肥使用技术及示范推广的带头人

张肇元于 1954 年从学校毕业后，虽被安排在县级国营农场锻炼，但工作转正后，就被农业厅抽调参与广西第一次土壤普查工作，对广西的土壤资源，特别是桂西南和桂中地区土地资源有了较多的认识，意识到广西土壤养分贫瘠的状况若不增加投入是难以满足高产的需要。因而从 20 世纪 60 年代，为配合我国的农业化肥使用的普及，参与编写《广西土壤》、《化肥使用方法》，为广西农业化肥使用技术的推广起了重要作用；期间参与或主持"合理使用碳酸氢铵"、"农家肥特性研究"、"腐植酸铵对水稻肥效试验调查"、"摩洛哥磷矿粉对冬季绿肥肥效研究"等工作，发表了《水稻施用硝酸铵的方法及肥效试验》的研究报告，初步提出广西农村肥源状况及合理使用氮肥技术问题。参与提出"以磷增氮"一套合理施用磷肥的技术措施。80 年代初主持全国化肥试验网在广西试验的协调工作，在广西各地区建立了化肥施用技术协调网，每年布置的田间试验 100 多个，并及时向当地政府反馈了去年的试验结果，为广西化肥的合理施用技术做了许多开拓性的研究和普及性的示范推广工作，在总结整理各地的化肥施用效果的基础上，根据广西不同地区耕作土壤养分状况、化肥田间试验结果、当前施肥水平和作物布局，编写了《广西化肥区划》，以广西当时的土壤肥力水平及化肥资源状况进行合理规划建议。广西共规划化肥使用区域为四个一级区、十二个亚区及其说明。编绘了广西粮食生产现状图、化肥施用量现状图、耕地土壤速效 N、P、K 养分含量分布概图、化肥区划图共六种。从宏观指出不同地区化肥合理施用的方向和原则，以及 N、P、K 化肥适宜品种、数量比例。并概算出各分区 1990 年的需肥指标及 2000 年全区化肥需要量和对广西当前及今后有关发展化肥生产与改进化肥产、供、用方面提出建议。该区划对编制广西农业发展规划和计划、化肥工业布局以及各农资部门化肥进货与分配和各地作物施肥技术等提供了科学依据。广西计委编制《七五化肥需要量计划》、广西经委 1986 年与四川省合资兴建 30 万吨合成氨的尿素厂和广西农资公司增加进口钾肥和分配到缺钾地区等均参考该区划。并组建示范队伍，有步骤地指导广西各地开展化肥施用技术的示范推广工作。80 年代中期开始主持在广西与加拿大"钾肥效益"合作研究项目，针对广西土壤由于成土条件及多年化肥施用重氮轻磷缺钾等原因，致使土壤缺钾十分普遍。据土壤普查：全区 60% 的耕地缺钾，尤以岩溶地区达 80%～90%，作物出现不少生理病害，施钾均有极明显效果。在南宁地区建立了 84 个以增施钾肥为主要内容的综合防治区，平均每亩增加稻谷 41 公斤，每公斤 KCl 增谷 5.3 公斤；柳州地区柳江县万亩钾肥示范样板，比上年同期增产 47.4%，其他多点试验统计：每公斤钾肥增玉米 4 公斤、黄豆 4.8 公斤，甘蔗施钾比无钾处理增产 44.4%，每公斤 K_2O 增产原料蔗 118.3 公斤，而且改善品质等。由于群众懂得钾肥作用，争先购买，全区供销社年钾肥销售量由 70 年代的几千吨至 80 年代中后期增至 20 多万吨。此外，还对不同土壤供钾能力、钾素含量丰缺指标，钾肥后效以及多种作物三要素合理配比等做了研究。

1981—1983 年按统一方案，组织协作，在 8 个地区 37 个县的不同土壤类型上共进行 280 个点次的试验，指出氮素对广西一般稻田仍是水稻增产最重要的因素，磷钾则视土壤速效磷钾含量而定，土壤速效 P < 10ppm，速效 K < 100ppm，施用适量磷、钾肥有显著增产效果，氮磷钾化肥合理配合施用，可提高化肥利用率与经济效益，化肥施在中、低产田的增产效益大于高产田。并根据研究提出：亩产稻谷 350 ~ 400 公斤，在施用 500 公斤/亩牛粪的基础上，桂北地区每亩施用 6 ~ 8 公斤 N、2 公斤 P_2O_5、3 ~ 4.5 公斤 K_2O；桂南地区每亩施用 7 ~ 9 公斤 N、2 公斤 P_2O_5、3 ~ 4.5 公斤 K_2O 的水稻平衡施肥的技术建议。该项技术建议 1984—1987 年在广西累计推广两千多万亩，增产稻谷 5 亿多公斤，取得显著的经济效益。该研究成果目前仍然为指导广西水稻合理施肥提供科学依据。

在开展水稻氮磷钾合理施用的试验研究与示范的同时，还开展稻田肥料效应和土壤肥力演变定位监测研究。1981—1990 年在河池、兴安、恭城、富川、横县等 5 个县代表广西土壤类型等生态条件的农科所建立原位试点，进行了八处理三重复早、晚 20 造水稻施肥田间试验、土壤与稻株的养分分析测定和数理统计。揭示了在水稻每季每亩施用 500 公斤牛粪的基础上和广西生态条件下，氮磷钾三要素、配比施用的增产效应和土壤肥力动态的演变规律。为指导水稻平衡施肥与培肥土壤，以及为农业领导部门、化肥工业品种生产计划宏观决策提供科学依据。示范推广 115 万多亩，新增稻谷 3695 万公斤，新增产值 1656 万元。

此间发表了《钾肥肥效与施用技术研究》、《水稻氮、磷、钾化肥用量与配比试验初报》、《从化肥试验网试验结果看发挥现有化肥的增产潜力》、《土壤钾素形态与钾肥肥效的初步研究》等论文，对广西主要土壤类型（重点是水稻土）的基础肥力状况及合理施用化肥的增产潜力进行归类汇总，并对广西 2000 年的化肥需求情况做了预测。

研究广西主要作物的营养特性

在与国际磷钾研究所、加拿大钾肥公司等开展钾肥效益的合作研究中，张肇元曾到日本、加拿大等国参观有关的实验室，深感搞土壤肥料研究没有自己的实验室就无法进行更深入的研究，土壤—作物—肥料是土壤肥料研究方向最为密切相关三个部分，而作物营养特性是合理施肥技术的基础理论，仅靠查阅资料是无法深入准确研究广西主要作物的合理施肥问题。因而积极争取资金，并利用外资改善科研条件，筹备了该所的植物营养与肥料实验室（也是广西首个植物营养与肥料实验室），培养化验测试人才，逐步开展了水稻、玉米、甘蔗、红黄麻、花生、大豆、苎麻、烟草、香蕉、菠萝等广西主要农作物的营养特性与施肥技术的研究工作，并开展了水稻、玉米等作物最高产量研究等。初步形成广西主要作物平衡施肥理论体系，特别是对钾肥的合理施用技术有较系统深入的研究。

在开展"甘蔗营养特点与氮磷钾配合施用研究"工作中，在广西 4 个地区 13 个县（市），8 种土壤母质，22 个不同土壤类型上，实施了 A、B 两组 N、P、K 三要素不同配合量的试验。揭示了甘蔗品种桂糖 11 号对三要素的吸肥规律，明确 N、P_2O_5、K_2O 配合施用，显著提高三要素的利用率，亩产原料蔗 5～6 吨，增幅 1.2～1.8 吨，提高含糖量 0.48%。经 18.7 万亩的应用亩增原料蔗 1 吨以上，含糖量也明显提高。并研制出甘蔗专用复混肥，经行家现场验收，按同等实物量比较，比市场销售的通用复合肥亩增产原料蔗 1.4 吨。适于桂、粤、闽、赣等省（区）相同的土壤母质和土壤类型上种植甘蔗应用。

在开展"玉米营养特性与高产栽培技术研究"工作中，在广西八个县（市）不同土壤类型上进行了 18 个点次田间试验，进行植株和土壤养分测定和数理统计分析。揭示了广西玉米杂交种"桂顶 3 号"和从山东引种推广的玉米良种"鲁玉 2 号"、"掖单 12 号"的营养特性吸肥规律；明确氮磷钾配施最佳方案，氮磷钾合理配施，分别增产 31.4%、16.3% 和 25.5%；根据试验结果，提出了广西亩产玉米 300～600 公斤的主要技术措施品种、种植密度、配方施肥，经大田应用验证，切实可行；通过示范推广、现场会和培训班的形式推广"玉米平衡施肥技术"52 万亩，比"习惯施肥"亩增 63.2 公斤，新增粮 2789 万公斤，新增产值 1445 万元。

在开展"烟草营养特性与优质高产施肥技术研究"工作中，在广西主要烟区选择有代表性的不同土壤类型上，统一选择当前推广的优质烟草品种"K326"布置了 24 个点田间试验、示范，同时在烟草不同生育阶段取烟株样进行养分分析，解决了如下技术问题：①在不同气候条件下，烟草生长发育的营养吸收动态规律；②烟草各生育期对 N、P、K、Ca、Mg 的吸收量与吸收强度；③不同 N、K 施用量对烟草产量及品质的影响；④N、K 对烟叶化学成分的影响；⑤优质高产烟草营养元素之间的最佳匹配与调控；⑥烟草的平衡施肥与烟叶品质的关系；⑦掌握了烤烟的营养特性及吸肥规律，为烤烟的优质高产施肥技术提供了理论依据。在试验研究的同时，制订和优化调整适合我区烟草施肥配比，提出了亩产 160 公斤左右优质烟叶的高产主要栽培管理的施肥技术措施，比群众习惯施肥增产烟叶 20%～30%，亩净收益增加 80～100 元。共示范推广 17180 亩，增加产值 510 多万元，增加税利 158 多万元，达到并超过了预期效果，取得了显著的经济效益和社会效益。

张肇元的专业理论基础坚实，治学严谨，工作成绩显著，特别是退休后的十多年里他主持全国化肥试验网，并积极开展与加拿大、德国、以色列等国际同行进行合作研究，利用外资改善土壤肥料研究所的科研条件，为促进生产及科研发展作出了突出贡献。在植物营养学及其平衡施肥等理论方面也均有所建树。

退休前夕，张肇元竭尽全力创办了以推广平衡施肥技术为主要目的掺混肥试验工厂。他深知"肥料"作为粮食的粮食，N、P、K 及其他中微量营养元素的合理搭配是保证我国粮食安全的基础工作。他十分强调农家肥或其他有机肥的基施作用，指出这是能有效避免微量营养元素缺乏而对作物生长造成影响的保守手段，在没有对作物的症状机理深入研究之前，不要轻易做出微量元素缺乏的结论。通过测试技术的提高，来提高土壤肥料的科研水平，他十分重视实验室的建设。在科研工作中坚持真理，反对弄虚作假，文过饰非。坚持严肃认真、严谨细致、一丝不苟的科学态度，反对浮躁、浮夸等不良风气。

（周柳强）

简　历

1927 年 8 月 13 日生于江西九江。

1951 年 7 月—1954 年 8 月	华中农学院农业化学系学习。
1954 年 8 月—1955 年 7 月	广西贵县西江农场，任技术员。
1955 年 7 月—1957 年 9 月	广西农业厅荒地勘测局（后改为土地利用局）任土壤调查队副总队长。
1957 年 9 月—1963 年 3 月	广西农业厅土地利用处，任技术员。
1963 年 3 月—1976 年 2 月	广西农科院土肥研究室任技术员。
1976 年 3 月—1980 年 6 月	赴非洲卢旺达农业技术援外，开展新垦稻田的规划、设计和引种水稻种植的技术推广工作。
1980 年 7 月—1982 年 2 月	在广西农科院土壤肥料研究所任助理研究员。
1982 年 2 月—1988 年 4 月	在广西农科院土壤肥料研究所任副所长，1987 年晋升为副研究员。

1988 年 4 月—1990 年 12 月　在广西农科院土壤肥料研究所任所长，1991
年晋升为研究员。

1990 年 12 月—1994 年 4 月　退居二线。

1994 年 4 月　退休。

主 要 论 著

[1] 张肇元，罗礼凤. 水稻施用硝酸铵的方法及肥效试验 [J]. 广西农业
科学，1964（4）：44—46.

[2] 张肇元，杨俊. 水稻氮、磷、钾化肥用量与配比试验初报 [J]. 广西
农业科学，1982（7）：19—24.

[3] 张肇元，杨俊，周清湘. 从化肥试验网试验结果看发挥现有化肥的增
产潜力 [J]. 土壤肥料，1982（6）：18—20.

[4] 张肇元，秦纪文，卢锦屏. 广西野生黄花草木樨的分布与类型 [J].
广西农业科学，1982（10）：20—22.

[5] 张肇元，杨俊. 土壤钾素形态与钾肥肥效的初步研究 [J]. 土壤肥
料，1984（5）：7—10.

[6] 张肇元，卢锦屏，欧飞等. 不同种植密度与氮肥用量对春玉米产量的
影响 [J]. 广西农业科学，1991（4）：170—172.

[7] 张肇元，卢锦屏，欧飞等. 紧凑型杂交玉米营养特性与高产栽培研究
[J]. 广西农业科学，1991（6）：261–265.

[8] 杨守春，周清湘，张肇元. 广西土壤，南宁：广西人民出版社，1963.

[9] 刘寿春，周清湘，张肇元. 广西冬季绿肥. 南宁：广西人民出版
社，1964.

[10] 张肇元，刘寿春，周清湘. 化肥使用方法. 南宁：广西僮族自治区
人民出版社，1964.

[11] 周清湘，张肇元. 广西土壤肥料史. 南宁：广西科学技术出版
社，1990.

[12] 农业部科技司主编. 中国南方农业中的钾. 北京：农业出版社，1991
年，撰写糖料、油料作物部分，176—216.

[13] 中国农业科学院土壤肥料研究所主编. 中国肥料. 上海：上海科技

出版社，1994 年，撰写甘蔗部分．

[14] 何电源，邱占祥，等主编．中国南方土壤肥力与栽培植物施肥．北京：科学出版社，1994 年，撰写南方经济作物施肥部分．

[15] 张肇元，谭宏伟，周清湘．广西土壤钾素状况与平衡施肥研究．北京：中国农业出版社，1998 年．

张之一

（1927— ）

张之一，土壤学家，长期从事土壤资源调查与评价。对白浆土形成和改良途径及黑土状况提出了新见解；潜育土纲及基层分类研究取得了新的进展。

张之一，1927年12月8日出生在山东省蒙阴县城关镇一个农民家庭。父亲除务农外，兼做小食品生意，得以维持家庭生计。在他读完小学后，家里无力供他继续求学，当时只有15岁的他，于1943年离开家乡，到皖北山东省流亡政府办的临时中学读书。1948年考入云南大学农学院农艺系，学习土壤肥料专业，在没有得到家庭任何资助的情况下，完全靠公费艰苦地读完大学。于1952年9月毕业，分配到哈尔滨东北区国营农场管理局勘测队（1954年扩建为黑龙江省土地勘测局），从事国营农场和可垦荒地调查。1953年曾到沈阳农学院土壤农化系进修，以后在宋达泉先生指导下从事土壤调查工作。1954年，到友谊农场跟苏联专家学习土壤调查。1955—1957年，参加黑龙江全省可垦荒地调查，负责制订不同类型荒地的划分标准和工作规程，并以调查队长和技术指导的身份参加了穆棱河流域及移民垦荒土壤调查。1957 年 12 月调到农垦部荒地勘测设计院密山分院，1958 年代表农垦部参加由中科院、水利部、农垦部和黑龙江省共同组织的松花江流域土壤调查队，负责佳木斯至同江一带的土壤调查。1959 年，借调到黑龙江省农业厅参加土壤普查，在全省第一次土壤普查汇总中被推荐为《黑龙江土壤》编写组组长。

1960—1964 年在农垦部荒地勘测设计院密山分院期间，任土壤队业务队长和技术指导，先后参与领导和主持了多个农场的土壤调查。1965 年参加社会主义教育工作队，1969 年下放到黑龙江生产建设兵团 63 团，分管土地和水利工作，其间曾被借调到兵团司令部农业处指导土壤普查。1977 年调到黑龙江八一农垦大学任教，曾任土壤农化教研室主任、农学系主任，1998 年 6 月退休。1983 年加入中国共产党，1985 年晋升教授，1984—2000 年任黑龙江省土壤学会副理事长，1991—1999 年当选为中国土壤学会理事、土壤地理与发生分类专业委员会委员。在全国第二次土壤普查中，被农业部聘请为东北地区科技顾问，为黑龙江省土壤普查汇总技术总负责人。先后主持和参加科研课题 22 项，其中 13 项受到奖励，主要有 1982 年黑龙江省人民政府集体二等奖、1985 年中国科学院技术改进奖二等奖、国家科技进步奖三等奖。参加中国科学院南京土壤研究所主持的"中国土壤系统分类研究"，负责"潜育土纲和黑龙江土壤系统分类基层分类研究"，该项目获 2005 年国家自然科学奖二等奖。发表论文 50 余篇，主编和参编专著 14 部。曾荣获国营农场总局先进工作者（1985 年），全国优秀教师（1989 年），黑龙江垦区优秀专家（1993），农业部土壤普查先进工作者（1994 年）等称号，以及黑龙江土肥科技工作 50 年成就奖（2008 年）等。1993 年 10 月起享受国务院特殊津贴。

提出白浆土形成和改良的新观点

关于白浆土的形成，有专家认为是草甸潴育淋溶的结果，此观点已被土壤界广泛认可。张之一对此提出异议，因为在黑龙江省发生草甸潴育淋溶过程的土壤，还有黏质草甸土和表潜黑土等都存在这个过程，但它们都不发生白浆土化，他认为同一地区在地形和植被完全相同而发育成不同土壤，唯一可能是母质的不同。为此他对黑土和白浆土母质进行研究，在室内对两种母质进行了土柱淋溶模拟试验，并在室外定期测定白浆土的氧化还原电位等研究，结论是干湿交替的水分条件，不能引起 Fe、Mn 还原，白浆土母质中的黏粒在用蒸馏水进行淋洗时，容易发生悬浮迁移，在用有机质浸出物淋洗时，黏粒悬浮迁移受到抑制，却又发生 Fe、Mn 还原和络合淋溶。据此认为，白浆土的形成首先是黏粒的悬浮迁移，使上层粉砂化，底层黏化，以后随着植物的生长和土壤有机质的积累，黏粒迁移受到抑制而代之还原和络合淋溶，最终形成白浆层。按草甸潴育淋溶观点，认为白浆土上壤下黏母质的两层性形成滞水，是白浆土形成的原因，张之一则认为实际上，上壤下黏是白浆土形成的结果而不是原因。

过去人们认为，由于有贫瘠的白浆层，往往将白浆土列入低产土壤。然而实践证明，在风调雨顺的年景，白浆土的作物产量并不低。其实白浆土主要是由于黏化淀积层透水性差，调节水分的能力低，不耐旱不抗涝，是其主要的障碍因素。据此，张之一提出用黏化淀积层与白浆层混拌，改良白浆土，经过盆栽试验，得到了意想不到的效果，为混层改良白浆土提供了依据。

对黑土问题的认识

多年来，国内盛传世界上有三大片黑土，忽略了南美潘巴斯大草原的黑土，张之一率先提出世界上是四大片黑土。

关于我国东北地区黑土的面积，众说纷纭，相差甚远。从515.3 万至 10185 万公顷，并将第一次土壤普查黑土耕地面积与第二次土壤普查进行对比，称黑土耕地减少了 41.8%，但实际上黑土耕地是增加的。出现上述情况，是由于不同人对黑土有不同的认识，以致造成混乱，为此张之一撰文，说明不同分类体系是造成对黑土的界定和实际面积的估算不同，从而使大家耳目一新。

多数学者认为黑土开垦之初，黑土厚度是 60～70cm，经若干年后只有 20～30cm，每年减少 0.3～1cm。张之一认为实际情况并非如此，根据他多年在黑龙江省从事土壤调查所积累的资料表明，在开垦之初黑土层就有薄、中、厚之别，以 30～50cm 居多，时至今日仍以中等厚度的占多数，第二次土壤普查黑龙江和吉林两省黑土的黑土层厚度在 30～60cm 的占 40.8%，大于60cm 的占 19.4%。

关于黑土开垦后土壤有机质含量的变化，在不同文献报道中，差异悬殊。张之一认为出现这种情况的原因，是由土壤空间变异引起的，是所取的土样没有代表性和可比性。为此他研究了黑龙江省几种主要土壤的空间变异性，在半公顷面积范围内，每间隔 10m 取一个土样化验。结果显示，黑土有机质含量高低相差 60.0%，白浆土相差 67.4%，草甸土相差达 416.7%，因此在不同地点取土样研究土壤有机质含量的变化是不科学的。研究结果显示，取 25～30 个样点的混合分析结果，基本上可以消除由于取样所产生的误差。据此他在同一个土种不同开垦年限各取30 个样点混合，研究了土壤开垦后有机质含量的变化，结论是在开垦之初3~5年土壤有机质减少得很快，以后逐步达到与生物气候相适应的相对稳定的水平上。开垦之初有机质和全量养分减少而速效养分增多，土壤适当变紧实，是土壤熟化的表现，澄清了许多不正确的认识。近些年黑土耕地随着技术、经济的投入，使作物产量有很大提高，但不可否认有侵蚀和退化的存在，有些地方还很严重，但需实事求是的进行科学分析。

提出三江平原的治水方针

三江平原在人们的印象中，是连片的沼泽。20世纪50年代初，在三江平原开垦荒地时，首先采取的措施就是排水，大量的挖掘排水沟。然而张之一在进行荒地土壤调查时发现，干旱年份很多沼泽地都是干的，在一场大雨之后，则到处有积水。另外看到，在沼泽地挖排水沟时，所翻出的土壤中，有很多铁、锰凝聚物，这只有在干湿交替的水分条件下才可以形成的。查阅该地区有记载以来的气象资料，确实存在旱涝交替，年度之间降水量相差悬殊，最多年达920mm（1957年），最少年仅160mm（1944年）。以后经水文地质调查，肯定了三江平原地下水不参与成涝，沼泽地的形成主要是由降雨引起的，是降水在地面的重新分配造成的。由于地形平坦，外排水不畅，土壤质地黏重，内排水也不好，再加上雨季时，乌苏里江水位升高，使三江平原内的河水发生倒流漫漾，致使大片荒地一片汪洋。因此他提出："修堤防洪，分段截流，高水高排，以蓄代排"的治水方针，治涝还要注意抗旱。接受这个意见的一位水利局长形象地说："现在是送水妈，不要将来变成哭水爹"。实际由于江河顶托，挖排水沟在雨涝年也排不出去，在修防洪堤的同时，还要在堤内修强排站（抽水排水）。几十年的实践证明，随着土地开发和农田建设，内涝问题得到了改善，近几年发展水稻，又感到水源不足。

为土壤普查作出贡献

1959 年张之一被借调到省农业厅，从事全省土壤普查汇总工作，被推荐为编写组组长，主持编写了《黑龙江土壤》，得到了领导和专家们的肯定。

在第二次土壤普查中，被农业部聘请为东北地区科学技术顾问，对黑龙江省的土壤普查，从地市县到全省进行了全面的技术指导，在全省普查汇总时，被省土壤普查办公室聘请为技术总负责人，全面主持汇总工作，组织全省知名的土壤科技人员，结合各自业务专长，分工编写《黑龙江土壤》，最后由他集中统编定稿。完成的工作成果得到验收组 28 位国内著名专家的肯定，认为该成果反映了黑龙江省土壤科学的最新水平，"是具有首创性的区域性土壤研究的重大科技成果，达到了国内领先水平，并取得了巨大的经济效益、生态效益和社会效益。"在完成了鉴定验收后，省土壤普查办公室给黑龙江八一农垦大学写了感谢信。信中写道："贵校张之一教授在土壤普查中做出了突出贡献，在完成土壤普查成果中立了头功，特别在全省汇总阶段，他作为技术总负责人，组织了精干的汇总班子，连续奋战了 6 个月，完成了此项工作，在此期间，所有在汇总中出现的技术难题，都由他最后决断，而且还亲自负责《黑龙江土壤》的统编和审定工作。"

在全国土壤普查汇总阶段，张之一承担了黑土、黑钙土、白浆土和潜育土 4 个土类的汇总编写工作，且按时按质完成了任务，得到了主编席承潘先生的好评。

调查可垦荒地业绩卓著

中华人民共和国成立之初，开垦荒地扩大耕地面积，增加粮食产量是当务之急。黑龙江省荒地资源比较多，是重点的开发地区之一。当时，如何尽快查清可垦荒地资源，成为一项紧迫的任务。起初是先进行土壤调查，绘制出土壤图，再根据土壤图确定划分可垦荒地的范围和面积，按此进度，10年时间也查不清黑龙江省有多少荒地可以开垦。为了尽快查清可垦荒地，根据苏联专家的意见，先不进行土壤调查、绘制土壤图，而是将荒地分成四类：不加任何措施可开垦的、稍加措施可开垦的、大加措施可开垦的和暂时不宜开垦的荒地。用直接划分四类荒地的方法，一般中等专业水平的技术人员，经短期培训都可以完成。但如何确定这四类荒地，张之一根据土壤类型及其地表状态，拟定了具体量化的划分标准，并制订了工作规程，据此对全体技术人员进行培训，按行政区组织了调查队。经过两年的努力，在没有借助外力支援的情况下，就绘制出了全省四类荒地分布图，确定在一、二类荒地比较集中的地方建立国营农场，为1958年10万转业官兵有序开发北大荒提供了科学依据。

参与中国土壤系统分类研究

1992年，张之一参加中国土壤系统分类的研究，分工研究潜育土纲。工作是在已有首次方案的基础上进行的，对首次方案的诊断层和诊断特性进行修订，提出了10条修改意见，有8条被采纳，制订了适合中国的潜育土诊断层、诊断特性和土类及亚类的检索，经5年的工作较好地完成了预定任务。发表论文两篇，均获得黑龙江省优秀论文奖。

继高级分类的研究之后，张之一参加了基层分类的研究，原定的合同任务书是建立50个土系。经过充分搜集资料，共建立了93个土族，116个土系，出版了《黑龙江省土系概论》。同行专家们认为，该书在黑龙江省是开拓性的工作，是对我国土壤科学的贡献，有利于国际交流，并为指导有关科学研究和指导农业生产打下了良好基础。

在研究基层分类时，张之一还对土壤温度与气温及纬度和海拔的相关关系进行研究，为正确确定土系的土壤温度状况提供了依据。

此外，张之一还对有关白浆土和黑土的系统分类提出了建议，其中特别是对中国土壤系统分类中的均腐土纲提出了意见。在基层分类研究工作中，对可能出现均腐土的黑土、黑钙土、草甸土、白浆土、草甸暗棕壤等144个单个土体进行检索，有96个具有暗沃表层，其中有32个不具有均腐特性，占33.3%。这些单个土体，多是由于表层有机质含量过高，而不具均腐特性，多出现在荒地、新开垦的土地、具寒性土壤温度状况和潮湿水分状况，有利于表层有机质积累的地方，这些土壤均归入雏形土纲，而在经过长期耕种后，土壤退化，表层有机质含量减少，却又具有均腐特性，显然有悖于常理。问题的提出，得到有关专家的重视。

注重人才的培养

1977年，张之一到高校任教，主讲《土壤学》、《土壤发生分类学》等课程，由于他有多年的实践经验和扎实的理论基础，讲课能理论联系实际，深受学生的欢迎。担任土壤农化教研室主任，很重视对青年教师的培养，传授给他们如何教好土壤课的经验，鼓励他们报考研究生、到外校进修，并指导青年教师从事科研活动，有十余位教师在他的指导和帮助下晋升为副教授和教授，有的在国外大学当了教授。所教的学生在报考研究生时，土壤试题都得到高分。

张之一十分重视专业资料的积累，在土壤教研室建立了图书资料室，收集到第二次土壤普查黑龙江省各市县完整的土壤资料，这在全省是唯一较为齐全的土壤资料。除了搜集资料之外，还积极筹建标本室，其中岩石矿物标本，大部分是他从全国各地采集来的，每次外出开会或考察，见到岩石标本室尚未搜索到的岩石矿物，都不顾劳累，将它们采集并带回学校。全省土壤普查时，省土壤普查办公室有一项任务是建立标本室，聘请张之一进行指导，利用这个机会，他提出每个土壤剖面取两份，送给学校一份。因此，学校采集到省内土壤亚类的全部标本，建立了黑龙江八一农垦大学土壤标本室，为直观教学创造了条件。

勤于治学　乐于奉献

野外荒原作业十分艰苦，蚊虫叮咬、趟水踏冰、相遇野兽、住帐篷和草窝棚，这是他那些年生活的常态。成了家也聚少离多，他在农垦勘测设计院工作的 12 年间，竟然搬了 14 次家。1961 年初，为开发内蒙古呼伦贝尔大草原，他家随勘测队搬到海拉尔，住进了集体宿舍。就在这种条件下，张之一完成了各项任务。根据土壤勘测调查流动性大的特点，他无论走到哪里都随身携带着自制小木箱，在乘车、等车和晚上别人休息时，他总是从"宝箱"里取出书来，把木箱当书桌或板凳，埋头苦读。对不明白的问题，总是要尽一切办法把问题搞明白，从不绕过。

在长期与外单位合作研究中，不计名利，凡承担的任务都认真地完成，"言必信，行必果"是他终身信条。由于他对任何工作都尽心尽力，被同行们赞誉为实干家。张之一乐于助人，不管是本单位还是外单位，不管是认识还是不认识，只要有求于他，他都尽力帮助。他性格耿直，对下敢于管理，对上或直言建议或坦诚批评，为人十分谦和。

现在，张之一时至耄耋之年，但他仍以"人生在于奉献，而不是索取"的价值观不断激励自己，堪称治学和为人的楷模。

（冯学民）

简　　历

1927 年 12 月 8 日　出生于山东省蒙阴县。

1952 年　毕业于云南大学农学院农艺系土壤肥料专业。

1952—1954 年　任农业部东北区国营农场管理局勘测队技术员。

1954—1957 年　任黑龙江土地勘测局技术员、科员、队长。

1957—1969 年　任农垦部荒地勘测设计院土壤队业务队长、技术指导。

1969—1977 年　任黑龙江生产建设兵团 63 团农业技术员、参谋。

1977—1998 年　先后任教员、副教授、教授、农学系主任、农业部土壤普查科技顾问。

1984—2000 年　先后当选为黑龙江土壤学会副理事长、中国土壤学会理事、土壤地理与发分类专业生委员会委员。

1998—2008 年　退休后返聘任黑龙江八一农垦大学教学督导员。

主 要 论 著

[1] 张之一. 黑龙江省土壤改良经验. 哈尔滨：黑龙江人民出版社，1960.

[2] 张之一，张元福. 三江平原治水方针的探讨. 黑龙江八一农垦大学学报，1982（1）：34—40.

[3] 张之一，张元福，朱玺纯. 不同开垦年限土壤有机质数量和质量的变化. 黑龙江八一农垦大学学报，1983（2）：73—77.

[4] 张之一，张元福，罗学锋. 耕作土壤农化性状的不均质性. 黑龙江八一农垦大学学报，1984（1）：37—44.

[5] 张之一，张元福. 黑龙江省白浆土形成机理及利用改良途径的研究. 黑龙江八一农垦大学学报，1987（2）：13—24.

[6] 张之一. 土壤环境变化（编写黑龙江土壤垦殖与环境变化）. 北京：中国科学技术出版社，1992.

[7] 何万云，张之一，林伯群主编. 黑龙江土壤. 北京：农业出版社，1992.

[8] 邢宝山，Dudas M J，张之一，等. 三江平原白浆土微量元素和稀土元

素的地球化学特征. 土壤学报, 1993, 30 (3): 158—172.

[9] 邢宝山, Dudas M J, 张之一, 等. 三江平原白浆土发生学特性. 土壤学报, 1994, 31 (1): 95—104.

[10] 张之一. 中国土壤系统分类新论·潜育土系统分类的初步研究. 北京: 科学出版社, 1994.

[11] 南都国, 张之一, 赵良琪. 三江平原白浆土土壤温度状况及其与气温的相关关系的研究. 土壤学报, 1995 (32): 177—183.

[12] 张之一, D. Cameron 主编. 利用牧草改良白浆土. 北京: 中国农业科技出版社, 1996.

[13] 张之一. 黑龙江省土壤资源特点与建设农业强省的战略构思. 见: 1996 年黑龙江省自然科学技术学术论丛. 北京: 科学文献出版社, 1996, 9: 17—19.

[14] 张之一. 白浆土、黑土、黑钙土和潜育土. 见: 中国土壤. 北京: 中国农业出版社, 1998.

[15] 张之一. 黑龙江省土壤分类参比. 土壤, 1999, 31 (2): 104—109.

[16] 张之一, 辛刚. 中国土壤诊断分类研究进展. 黑龙江八一农垦大学学报, 2002, 14 (3): 1—4.

[17] 张之一. 关于黑土分类和分布的探讨. 黑龙江八一农垦大学学报, 2005, 17 (1): 5—8.

[18] 张之一. 我国东北地区黑土分布范围和面积的探讨. 黑龙江农业科学, 2006 (2): 23—25.

[19] 张之一, 翟瑞常, 蔡德利. 黑龙江土系概论. 哈尔滨: 哈尔滨地图出版社, 2006.7.

[20] 张之一, 刘春梅, 赵军. 土壤发生与系统分类·均腐土区土壤有机碳形成与演变; 成土过程的土壤温度状况. 北京: 科学出版社, 2007.

[21] 龚子同, 张之一, 张甘霖. 草原土壤: 分布、分类与演化. 土壤, 2009, 41 (4): 505—511.

[22] 张之一. 黑龙江省土壤开垦后有机质含量的变化. 黑龙江八一农垦大学学报, 2010, 22 (1): 1—4.

参 考 文 献

［1］周玉玲，田伟，傅金柱．北疆学府英华录吐丝卷．北京：人民日报出版社，1998，74—89.

［2］姚萍，曹远林主编．中国当代教育名人传略．成都：科技大学出版社，1994，210.

［3］刘志民，孙继义主编．黑龙江当代名人．哈尔滨：黑龙江人民出版社，1989，1418.

王文富

（1928—　）

王文富，土壤肥料专家。在云南省土壤改良和土壤普查中，取得了丰硕的科技成果，为合理开发利用和保护土地资源作出了贡献。

王文富，1928年2月4日出生于河北省赵县，小学毕业后考入正定师范简师班学习，后转入本县初级农业职业学校续读一年。于1944年与同学搭伴离家，从沦陷区赴国统区的河南西峡口国立一中一分校读简师班。1946年考入高中班，1949年毕业后，考入四川大学农学院农业化学系土壤农化专业，1952年院系调整到重庆西南农学院土壤农化系，1953年毕业。20世纪50年代初国家为了打破外国对我们的封锁禁运，决定发展自己的橡胶事业，组织了一批专家和有关专业的应届毕业生来到云南热区勘察适宜发展橡胶的土地，并作出初步规划。当时王文富等随我国著名土壤学家侯光炯教授到西双版纳参加这项工作。从思茅到景洪全靠步行，吃干粮住帐篷。虽然艰苦，但那复杂的地形地质，丰富多彩的自然植被和变化着的土壤类型却给了他很大的诱惑，特别是那大面积的红壤处女地和神奇美丽的热带生态环境，给他留下极其深刻的印象。在景洪热区勘察规划中，他完成了《方格调查法在荒地勘察中的应用》的毕业论文。1953 年毕业后，分配到西南农科所工作，曾参加了为出口柑橘基地的适宜土壤调查，但他仍然念念不忘云南这大片待开发的土地资源。国家为合理利用荒地资源，成立了西南国营农场勘察队，他主动要求参加，1954 年来到云南工作。他参加了陆良机耕农场、化念农场、元江农场、开远卧龙谷农场等的勘察规划工作，1955 年任省荒地勘测一队业务副队长。期间，组织上曾征求他回四川还是留云南的意见时，他再次向组织表示"扎根云南，建设云南"的决心。由于他成绩突出，1957 年获省土地利用局授予"社会主义建设积极分子"称号。1958 年省土地利用局撤销后，调省农业厅粮作处土肥组工作，主要任务是改良低产田和化肥（主要是磷肥）绿肥推广。他先后到蒙自、石屏和洱源县农村与地县同志一道蹲点开展改良低产稻田的示范样板。在基点的带动下，红河州地委召开县市书记会推广改土技术措施，改良发红田17 万亩，平均亩增 80 多公斤；洱源县基点增产也很显著，全省在基点召开了改土现场会，对当时开展的群众性深耕、改土、增施有机肥工作有较大推进。为了开辟肥源，当时农业厅成立了绿肥工作队，他任技术指导员，去西北调回毛叶苕、紫花苜蓿、白花草木栖等绿肥良种，仅两年多的时间全省栽培绿肥从 17 万亩发展到 485 万亩。

"文化大革命"期间，不论是 1968 年进蒙自草坝"五七"干校，还是 1970 年下放到新平县农村接受贫下中农再教育，王文富都利用一切机会，针对当地的问题开展农技推广示范。他插队的村庄是一个叫帕拉黑的彝族山村，在两年半的时间里，他用借来的简陋仪器为生产队勘测了一条两公里长的引水渠，使一大片干涸的"雷响田"变成了"保水田"，同时到县农技站引来小麦良种在稻田里示范种植，亩产近 150 公斤。第二年全队在收稻后种下 40 多亩小麦并获得丰收，结束了稻田不种麦的历史，使长期每年缺粮两个月的情况得到解决。他用 4 个月的时间，为该村建起了一座微型水电站。白天碾米磨面，晚上照明。平时他看到山村缺医少药，他还买了有关书籍和理发工具，成为生产队的义务理发员和赤脚医生，深受农民群众称道与欢迎。两年多的农村生活和实践，使他受益匪浅。插队结束，他被调到临沧地区农科所，任土肥组长。他先后到四个县调查研究，总结坝区平整土地改条田，山区坡改梯的群众经验，并写出报告在《云南农业科技》发表。1974 年调回省农业厅土肥处，鉴于云南省红壤面积大，土质酸瘦缺磷单产很低的特点，他主动要求到弥勒县西山区配合红河州农科所的同志蹲点搞红壤改良的试验示范，使千亩玉米亩增产 75 公斤。1975 年农业部组织南方 13 省在云南召开红壤改良会议，重点参观了弥勒基地，在此基础上他参与组织了全省十块红壤改良样板，同样获得显著的增产效果。20 世纪 80 年代初他参加了全省大面积红壤改良任务，1981—1985 年全省累计改良红壤 518 万亩，增产粮食 3.1 亿公斤，经济作物增值 2367 万元。1986 年获国家科技进步奖三等奖。同年参加了省计委国土办组织的"云南综合农业区划"编制工作，获国家区划办三等奖。1979—1991 年他主持全省第二次土壤普查的技术工作，为解决本省化验手段落后，多次向农业部反映，争取到部省联建的土肥测试中心，使工作条件大为改善。历时 11 年较好地完成了全省土壤普查任务，1991 年获云南省科技进步奖二等奖。此外，还获得省内部门奖多项，如 1987 年"配方施肥技术应用推广"获省农业厅二等奖，"稻田施锌肥效多点试验示范"获三等奖，他参与的《关于将西南资源"金三角"农业综合开发列入国家"九五"计划的建议》获 1997 年中国科协优秀建议奖一等奖。由于他辛勤劳动，成绩突出，1986 年被授予国家级有突出贡献的中青年专家，1987 年授予云南省劳动模范；1991 年享受国务院政府津贴；1994 年为表彰他对全国土壤普查工作的贡献，国家农业部授予他先进工作者称号。他曾任云南省土壤肥料工作站站长，土肥测试中心主任，省农技推广总站站长，云南省政协第六第七届常委、农业组副组长；省政府参事室参事、省民盟常委和全国民盟八大代表。

出色地完成了两次土壤普查任务

为适应生产需要，1959年在中国科学院南京土壤研究所和重庆土壤研究室的协助下，由云南省农业厅和农科所牵头，以各地州市土地利用队为骨干，在全省范围内开展了群众性的第一次土壤普查。这次普查以耕地土壤为重点，以服务于深耕、改土和农田基本建设为目的，普查工作中十分重视农民识土、用土、改土经验，并着重对主要土壤类型的耕性、肥力、生产性能和影响生产的主要问题进行普查，1960年由王文富主持编写出《云南土壤》的油印本，他和叶惠民同志还参加了农业部主持的成果汇总工作。

根据国务院统一部署，1979年在全省开展了第二次土壤普查。经过全省三千多土壤普查专业队员历时十年的艰苦努力，较好地完成了普查任务，系统和比较完整地编印了土壤资源的有关资料，为合理开发利用土壤资源，加强地力建设，开展农业区划规划提供了依据。通过土壤普查培训了一大批技术骨干，建立起省地县级一批化验室，为今后土肥事业的发展，提供了条件。通过普查理清了全省土壤分类系统，查清了土壤类型面积和分布，根据其所处条件和本身属性，开展了土地评级；查清了耕地的肥力状况，找出了不同土壤影响生产的障碍因素，总结了群众宝贵经验，加深了对现有土地的认识，坚定了改造农田的信心。在第二次土壤普查工作中，王文富从试点抓起，为统一技术标准他参加编写了《土壤普查技术》，他组织全省技术骨干对有代表性的地区进行了七次土壤垂直带谱分布规律的考察，如玉龙雪山、点苍山、高黎贡山、碧罗雪山、大海梁子、梁王山等。在大量调查的基础上，他制定了符合云南实际的土壤分类系统，同时引进了航空照片和卫星照片，由省为各地县提供的航空照片就有十多万张，为加强技术交流与指导，他主持编辑了《土壤普查参考资料》，印发了 12 期（每期约八万字），为提高普查质量发挥了较好的作用。1991 年 3 月由农业部全国土壤普查办公室组织的验收和鉴定委员会，对云南土壤普查成果给予了较高的评价。鉴定组认为《云南土壤》一书（180 万字）内容丰富、论点正确、资料数据齐全可靠；《云南土种志》系统研究了全省土壤基层分类单元，作出了开拓性的贡献；《云南土壤系列图件》编制程序方法正确，精度较高，相关性好。此外，还建立了云南土壤资源标本室，和微机数据库，组织拍摄了《云南土壤》录像带、幻灯片和影像集。编写的《云南土壤普查及改土培肥论文集》和《云南土壤普查数据集》将全省近 40 年的有关数据和近 10 年的土肥研究成果，系统整理编印，形成了省地县三级土壤普查的系统成果。鉴定委员会认为，"云南土地面积大，自然条件土地利用和土壤类型变化十分复杂，但由于计划部署合理，在调查过程中重视培训技术骨干，应用航、卫片图像资料，和现代仪器测试分析、微机运算处理，技术手段先进，基础资料扎实，保证了省级土壤普查成果的质量。上述成果反映了云南省土壤科学研究的新成就和现阶段发展的最新水平。是一项在省内具有首创性的区域土壤综合性研究科技成果，达到国内先进水平。其中对山原红壤、燥红土以及暗黄棕壤分类特性指标的研究，山原型土壤水平与垂直复合的特殊分布规律的研究，全省土地垂直类型的分区研究以及对大面积热区土壤资源土宜的分区、布局、管理与保护等方面的研究，居全国领先水平"。

参与全国土壤分类系统工作

为了体现我国土壤学家侯光炯教授一贯倡导的"土壤工作要为农业现代化服务"的思想，20世纪50年代中期王文富拟定了一个云南省土壤分类系统，主要服务于耕地土壤调查。这个系统将自然土壤与耕地土壤分列，耕地土壤按利用现状分为水田（一季水田、两季水田、冬水田）与旱地（一季、两季及灌溉旱作土等）；按地形和保水耐旱情况分为丘陵、坝区、谷地、保水的、耐旱的等；按肥力水平划分为高、中、低、劣四种肥力型；按耕性分为优质、重质、坚质、异质。采取连续命名的方法，并注以群众名称。云南省土地利用局1957—1958年在省内开展了滇中30多个县的耕地土壤调查，采用这个自创的土壤分类系统，它的主要优点是便于一般农业技术人员所掌握，有助于总结群众识土用土经验，推广农业技术成果，这一成果在1959年第一次全省土壤普查中起到了重要作用。以潴育型高产水稻土鸡粪土为例，这套分类系统的名称是"优质高肥力型保水的坝区冲积性两季稻田土"。命名涵盖的土壤属性虽多，但它对于全省首次系统了解省内耕地土壤情况起到重要作用，也为全省第一次土壤普查的土壤分类工作奠定了基础。

1978年全国土壤分类会议在南京召开。会上，王文富根据他对云南干热河谷土壤多年研究的结果，提出将原方案中的稀树草原土定名为燥红土，下分燥红土和红褐色土两个亚类，被与会同志所采纳。另外1984年全国第二次土壤普查分类会议在昆明召开，王文富和莫再勤（曲靖市土肥站长）根据多年研究云南高原红壤属性、分布区的地质地貌特点，生物气候条件以及土地利用状况等，提出与长江中下游江西、湖南的红壤有较明显的差异，建议在红壤土类中单列一个山原红壤亚类，这项建议也被大会采纳。在编写《中国土壤》一书时，由王文富执笔撰写山原红壤亚类的材料，为全国土壤分类作出了贡献。

为建设高产稳产农田尽心尽力

改良土壤，培肥地力，以土蓄水，以土保肥是促进农业高产的一项基础工作。1990年省农业厅成立了农田建设保护处，王文富任顾问，积极参加了农田基本建设培训教材中有关改良低产田地部分的编写。教材涉及山区侧重改良低产红壤，坝区改良低产稻田。红壤耕地大体占耕地的一半，特点是酸、瘦、缺磷、有机质含量低，吸水保肥能力相对较差，根据他多年来的调查和试验结果，提出改造对策要改形与改质并重，工程措施与生物措施、农艺措施结合；提出"两开、三改、一规划"8条有效措施，两开是开梯造地和开辟肥源，把跑水、跑土、跑肥的坡地改成保水、保土、保肥的梯地或台地；要注意做到"一平、二肥、三深、四埂牢、五有沟、六有路"；开辟肥源主要是管好用好厩肥，制造堆肥，多品种多途径扩种绿肥，做到亩施有机肥1000公斤以上，三亩耕地要间套或净种一亩绿肥；三改首先是改革耕作制度，合理轮作复种变一季为两季、多季；二是改进栽培技术主要是科学施用化肥氮磷钾配合，种植玉米对缺锌的红壤要补施锌肥，种油菜要补施硼肥，对薯类要补施钾肥等，还要合理密植，推广薄膜覆盖和免耕覆盖等技术；三是改用适合当地栽培的高产优质良种。一规划就是采用生物措施，山顶种树和侵蚀沟治理，控制和减少水土流失，改善红壤立地的生态环境条件；并要千方百计开展小型或微型水利工程建设，争取实现改旱地为水田或水浇地。过酸的红壤要适量施用石灰等矿质改土材料。坝区低产稻产田分为冷、烂、锈型（包括冷浸田、烂泥田、锈水田、内涝田等）采取工程措施开沟排水，晒田提高土温，围堵泉眼切断浸水来源，同时增施磷钾肥，补施锌肥，选用适合的良种，有条件的改为旱作种植玉米，蔬菜等；对具有黏、板、瘦类型的瘦胶泥田主要是增施有机肥、客沙土，小春种绿肥或蚕豆，盖沙、盖草及秸秆覆盖等措施，逐步熟化改良其物理性状；对沙薄漏型的瘦沙田可采用雨季放洪淤泥的方式加上增肥改土加以改良。

在各地广大农民群众坚持不懈的努力下，历时10年，在20世纪90年代完成农田建设面积2514万亩，其中吨粮田271.8万亩，亩产750公斤级的472万亩，500公斤级的756万亩，400公斤级的1014.5万亩。同时还建成小水池小水窖68.82万个，蓄水2.5亿方，种植农田防护林689万亩，种草189万亩，还修建了田间渠道和道路，为全省农业持续稳定发展创造了条件，这项工作于2003年获省科技进步奖二等奖。

提出层块结合的方法开展区划建设

云南地处云贵高原，纬度较低，光热充足，雨量充沛，生物资源丰富，农林牧副渔全面发展的条件较好，多种经营的潜力较大。但山地面积大，江河纵横，地貌复杂，全省海拔高程差异大，形成"一山分四季，十里不同天"立体气候立体农业的特点，鉴于云南十分复杂的自然生态条件，王文富提出层块结合的方法开展区划，使成果更符合云南实际，具有科学性、实用性。云南习惯上将农业用地划分为高寒山区、山区、半山区和坝区、低热河谷区等地区类型，为了满足农业区划和因地制宜分类指导的需要，他将全省分为三层六类，三层是高寒层、中暖层和低热层，六类是高寒山区、高寒坝区、中暖山区、中暖坝区、低热山区和低热坝区。在平面分区上分为七个区，即滇中高原湖盆粮油烟经济林区；滇西中山盆地粮蔗林牧区；滇东南岩溶丘原粮蔗林牧区；南部边缘中低山宽谷盆地热林热作蔗茶区和滇西北高山峡谷林木药材区。七大区的界限和地貌区域大体符合，粗略勾画了不同热量条件的南北差异。在每个区内又立体划分为三层六类。

层块结合的区划方法可操作性强，便于应用，在大农业生产中发挥了作用，深受领导重视和群众欢迎，他根据在云南几十年来土壤和土地利用工作的经验，在土地利用的总体布局上提出了，"六二一一"长远的结构目标，即根据土地资源现状和长远生态建设需要，提出林地长远目标要占到总土地的60%，牧地占20%，农田占10%，其他城镇交通等用地占10%，这一建议也被全省农业区划所采纳。

发挥余热　淡泊名利

1988年王文富已到退休年龄，但因工作需要，省农业厅要他延长5年再退休，此时正是云南省土壤普查成果资料汇总的关键时期，他全身心地投入了此项工作，同时第六届省政协任他为常委，在经济委员会农业组工作，他侧重关注"管好用好每寸土地，切实保护好耕地"的贯彻落实情况，提出"划出基本农田保护区试点"等建议，被政府采纳并评为优秀提案，同时到文山州调查扶贫工作情况，提出农业工作的重点要向贫困地区倾斜的建议，受到领导重视。

1993年退休后，仍尽其所能做了不少工作。如参加省人事厅组织的《云南优质烟草栽培研究》专家组的工作，连续三年在红河烟草公司所在的弥勒县开展试验示范面积5000亩，根据烟区土壤肥力状况及烟草需要，在施肥方面他提出"控氮磷、稳钾、补微"的建议，效果良好。同时参加省科协农业专家组开展"云南粮食和烤烟协调发展战略研究"课题组，历时三年，成果获省农学会优秀论文一等奖。1992年受聘为省政府参事后，积极参加下乡调查研究写出多项有益建议和调查报告，刊登在2000年末出版的《参事文集》上。1996年参加中国工程院任继周等三位院士来云南文山州考察"西南地区农业持续发展战略与对策研究"研究组的工作。21世纪初担任省世行贷款扶贫农业专家组的工作，目前，被省农业厅任命为云南省测土配方施肥专家组组长、省环保厅开展全省污染土壤调查专家组成员、省革命老区建设促进会理事、省土肥站土壤生产潜力调查及低产田地改良的关键技术指导等，这些兼职虽均属义务工作，但他总是认真对待。

王文富在工作上认真负责，恪尽职守，严以律己，宽以待人，对待同志像对待工作一样的热诚，淡泊名利、和谐处人。60年代初他和红河州农科所土肥组的同志参加"发红田"改良工作成效显著。在报奖时他考虑到地县同志的机会少，主动推荐该州农科所的李承章同志。李承章被评为云南土肥界第一个省劳模，这件事在省内反映较好。他在云南土壤学会从 1963 年至1992 年担任了 29 年副理事长，在 1988 年第六届会员代表大会选举他为理事长时，他坚持并说服与会同志推荐省农科院老院长当理事长。80 年代末退休前，农业厅长到他家征求意见，准备上报让他任农业厅总农艺师，他考虑到对养殖业陌生，婉言推辞，最后作罢。西南农业大学副校长是他同班同学，他无偿为该校土壤专业六名硕士研究生代上土壤地理课，专程陪学生从昆明到西双版纳沿途考察生态环境与土壤类型分布，深受该校师生的好评。平时他很崇尚侯光炯老师的道德风范，敬佩他对党的事业呕心沥血。80 年代初侯老在宜宾办土壤普查培训班邀他前去，他如期而至讲了"航片在土壤普查中的应用"。有人问他"是什么力量支持你忘我地工作？"他说是学习侯老师的"为人处事"，又问他"遵循的格言是什么？"他说："政治上坚定，业务上过硬，对人诚恳，作风正派。"

（窦晓黎）

简　　历

1928 年 2 月 4 日　出生于河北省赵县。

1949—1953 年　在四川大学农化系和西南农大土化系学习。

1953—1954 年　在重庆西南农科所土壤系实习研究员。

1954—1955 年　在重庆西南农林部国营农场勘测队任土壤组组长。

1956—1958 年　在昆明省土地利用局荒地勘测一队任副队长。

1959—1967 年　在昆明省农业厅粮作处土肥组任技术员。

1968—1972 年　在蒙自省"五七"干校和新平县前进工社学习和插队干部。

1972—1974 年　任云南省临沧地区农科所土肥组组长。

1975—1980 年　任云南省农牧渔业厅土肥处技术员，1979 年底任副处长。

1980—1989 年　省土肥站、省土肥测试中心、省农技推广总站任站长、主任、站长。

1963—1992 年　任云南省土壤学会副理事长。

1988—1998 年　云南省政协常委、农业组副组长。

1992—1997 年　云南省政府参事室参事、农业组长。

1990—1994 年　云南省第二届选拔"突出贡献"评委会评委、农业组长。

1993 年至今　云南省革命老区建设促进会理事。

2006 年至今　云南省测土配方施肥专家顾问组组长。

主 要 论 著

［1］王文富．云南土壤．昆明：云南科技出版社，1996 年 12 月．

［2］王文富，邱鼎宜，刘其民．云南土种志．昆明：云南科技出版社，1994 年 3 月．

［3］寇玉凤，王文富，卢义宣主编．云南农业新技术手册．昆明：云南科技出版社，2004 年 11 月．

［4］李坤阳，王文富，等．中国西南地区土壤肥料论文集．昆明：云南科技出版社，1995 年．

［5］王文富，席承藩．中国土壤．北京：中国农业出版社，1998 年 3 月．

［6］叶惠民，王文富．云南农业区域综合开发问题探讨．见：中国西南地区土壤肥料论文集．昆明：云南科技出版社，1995 年 2 月．

［7］黄兆贞，王文富，段庆钟．云南化肥使用状况、成效、问题及对策［A］；中国化肥 100 年回眸——化肥在中国应用 100 年纪念［C］；2002 年．

［8］黄兆贞，王文富．云南化肥施用情况、问题及对策［A］；银龄睿智——为"十一五"规划建言献策论文选编［C］；2006.

［9］王文富，舒符萝，李承章，等．磷肥对防治红壤性冬水田冬干后稻苗发红的效果．土壤通报，1964（4）．

［10］王文富，舒符萝．云南旱地红土的利用与改良．土壤通报，1964（5）．

［11］王文富，邱鼎宜．航摄相片在土壤普查中的应用．云南农业科技，1979（5）．

［12］王文富．云南省红壤分布和利用改良．土壤肥料，1985（3）：1—4.

［13］王文富，张锦元．应用硅肥　前景广阔．云南农业，1994（11），22.

［14］叶惠民，王文富，樊永言．云南省立体农业剖析．西南农业学报，1996，9（4）：95—101.

［15］王文富．农化分析在农业现代化建设中的地位和作用．云南农业，1998（5）：23—24.

［16］王文富．因需补硅　前景广阔．云南农业，1999（2）：24.

［17］雷永，王文富．保得生物肥应用前景看好．云南农业，2000，（6）：21.

郝文英

(1928—2012)

郝文英，土壤微生物学家。从事土壤微生物区系及生态研究，提出了土壤微生物分布主要受土壤生态因子影响的观点；在研究尖孢镰刀菌个体生态时发现该菌在土壤中存活消长与植物发生枯萎病的关系，并提出防治植物枯萎病的措施。

郝文英，女，1928 年 3 月出生于南京一个知识分子家庭。1951 年毕业于南京金陵大学农学院植物病理系。毕业后分配至中国科学院计划局任职员，1953 年调往南京土壤所任研究实习员，1956 年晋升为助理研究员，1980 年、1986 年晋升为副研究员、研究员。1953—1966 年，1980—1984 年先后任微生物组组长和微生物室室主任。1985 年辞去行政职务专事研究工作。1992 年退休。

曾任中国科学院南京土壤研究所学术委员会委员、微生物研究室室主任；曾任中国植物病理学会江苏省分会理事；曾任中国土壤学会土壤生物和生化专业委员会主任；曾任中国微生物学会农业微生物专业委员会委员和江苏省分会理事。1983 年参加中国生态学会任微生物生态专业委员会委员。1989 年初任《土壤学报》、《应用生态学报》编委。1991 年任《Pedosphere》杂志编委。此外，还曾任国家自然科学基金会微生物学科评审组成员；土壤学自然科学名词委员会委员等。1983—1992 年任江苏省政协第五、第六届委员会委员。

20 世纪 50 年代，郝文英曾与中国科学院森林土壤研究所（今沈阳应用生态研究所）的同行们合作编写了《土壤微生物分析方法手册》，为当时国内土壤微生物研究者提供了统一的分析方法。1975—1978 年参加编写《中国土壤》第一、第二版及英文版，获中国科学院自然科学奖一等奖、国家自然科学奖二等奖。1989 年参加编写《中国红壤》，获 1989 年中国科学院自然科学奖二等奖、国家自然科学奖三等奖。1987 年、1988 年任黄淮海攻关项目子课题负责人，分别获中国科学院特等奖及国家科学进步奖二等奖。1990 年在《中国水稻土》专著中撰写"水稻土微生物学特性"一章。1985 年组织有关专业人员主编《土壤微生物研究法》，为科研单位及大专院校从事土壤微生物工作者提供了统一的研究方法，从而提高了研究结果的可比性。70 年代末，郝文英曾随同李庆逵院士一行出访英国，访问了著名的洛桑农业试验站。回国后，组织有关人员合作翻译《Soil Microbiology》，为国内研究者提供了国际上最新的研究进展。

郝文英从事土壤微生物研究已有 40 余年，她的研究领域大致可概括为三个方面：一是关于土壤微生物区系及生态研究，这是她主要的研究课题；二是关于尖孢镰刀菌（棉枯病致病菌）及其防治研究；三是关于 VA 菌根菌的研究。

（1）长期从事土壤微生物区系及生态研究。早在 20 世纪 50 年代中期，郝文英就对我国各地主要耕地土壤的微生物区系及生态（三大菌的数量、组成、活性及生理群等）进行了研究，并以相应地荒地或林地作对比。其研究土类之多（包括我国东西南北中各类水田、旱地、酸性土壤、石灰性土壤、盐碱土、沤田、沤改旱田以及西藏的高寒土及新疆荒漠土等），样品分析量之大，分析项目之齐全，经历时间之长在国内实属罕见。

郝文英根据大量研究资料，特别是根据沤田型水稻土在积水和干旱条件下，优势微生物种类的差异，提出了我国土壤微生物种群没有地带性分布，而是随生态条件的变化而变化。从而否定了苏联学者提出的土壤微生物地带性分布的观点。

（2）研究尖孢镰刀菌在土中存活消长与致病的关系，提出了防治措施。尖孢镰刀菌是导致棉花等多种植物发生枯萎的致病菌。郝文英对该菌个体生态的研究，揭示了该菌在土壤中竞争腐生定殖与存活和该菌在土中消长与致病的关系，指出在水耕条件下施用绿肥是有效防治棉枯病的措施。

（3）VA菌根真菌研究取得初步成效。VA菌根真菌能与多种植物共生，从而扩大植物根系对土壤养分的吸收范围，尤其对磷素吸收最为显著。郝文英先后开展了在非灭菌条件下，磷肥对VA菌根真菌的效应、几种土壤中的VA菌根真菌效应、不同植物对VA菌根的依赖性及红壤中VA菌根的侵染力及接种效果等研究。研究表明：虽然该菌在土中分布广泛，但其作用的大小因土壤条件和土生菌种而异。郝文英在黄淮海地区某些土壤和红壤中应用前景和应用途径进行了研究，取得了初步成效。然而，要将VA菌根应用于农业生产，还有一段路要走。

郝文英十分崇尚科学，实事求是，治学严谨，勤学肯钻，务求操作方法规范，数据准确无误。她踏实苦干，甘于寂寞，敢于负责，具有一个科学家忘我奉献的人格魅力。她淡泊名利，具有高尚的道德风范。在长期的专业科研生涯中，她紧密团结同仁，共同致力于科研工作，体现出谦虚谨慎博大的胸怀。为推动我国菌根研究曾与澳大利亚土壤所专家联合开办菌根学习班，使该项研究很快在全国范围内展开。这种勇于创新的科学精神，受到同行的广泛称道，后辈的敬重。她热心提携后进，帮助后辈选题、协助申请研究经费及扶持后辈独立担当课题，逐字逐句为他们修改论文或报告。对学生的"严谨、严肃、严格、严密"要求，是她治学精神的集中体现。从她身上我们看到了老科学家特有的风骨和气节，是后学者治学的楷模、做人的榜样！

（林先贵）

简　历

1928 年 3 月　出生于南京一个知识分子家庭。
1951 年　毕业于南京金陵大学植物病理系。
1951—1952 年　在北京中国科学院计划局任职。
1953—1992 年　在中科院南京土壤研究所任职。
1953 年　任研究实习员。
1956 年　晋升助理研究员。
1980 年　晋升副研究员。
1986 年　晋升研究员，先后任微生物组、室组长及室主任。
1992 年　退休。
2012 年 10 月　在南京去世。

主 要 论 著

[1] 曹正邦，郝文英．水稻土的微生物学特性（Ⅰ）·华东、华中主要类型水稻土中微生物数量及其活性的研究．土壤学报，1954，7（3—4）：218—225.

[2] 郝文英，曹正邦．水稻土的微生物学特性（Ⅱ）·水稻土微生物区系及其与土壤肥力的关系．土壤学报，1961，9（1—2）：1—8.

[3] 郝文英，姚惠琴，许月蓉．沤田型水稻土真菌生态分布的研究．土壤学报，1990，17（4）：346—354.

[4] 郝文英，等．尖孢镰刀菌在土中的竞争腐生定殖与腐生存活．土壤学报，1984，21（3）：284—290.

［5］林先贵，郝文英．在非灭菌条件下施用磷肥对 VA 菌根效应的影响．土壤学报，1989，26（2）：179—185．

［6］林先贵，郝文英．不同植物对 VA 菌根的依赖性．植物学报，1989，31（9）：723—735．

［7］郝文英，林先贵，牛家琪．几种土壤的 VA 菌根效应及其应用前景．土壤学报，1991，20（2）：124—131．

［8］林先贵，施亚琴，郝文英．几种除草剂对 VA 菌根真菌侵染和植物生长的影响．环境科学学报，1991，11（4）：439—444．

［9］吴铁航，郝文英，等．红壤中 VA 菌根侵染力及接种效应的研究．应用生态学报，1983，4（1）：1—7．

［10］Hao W Y, et al. Microbes in red soil proceedings of symposium on red soil. Nanjing, China. 1983.

［11］Hao W Y and Lin X G. Prospects of VAM inoculation in red soil and fluvo – aquie soil in China fifth international symposium on microbial ecology Kyoto, Japan. P. O. 6. 6. 1989.

［12］Lin X G, Hao W Y. Occurrence and efficiency of VAM mycorrhizae in fluvo – aquie soils in North China. Proceedings of the first Asian conference on myorrhizae. Madras, India. 1988.

［13］Lin X G, Hao W Y. Effect of three herbicides on VA mycorrhizal infection and plant growth. Programe and abstracts of Acom' 91, 2nd Asian conference on mycorrhizae. Ching Mai, Thailand. 1991.

［14］Hao W Y, et al. Mycorrhizal infection and response of VAM in red soils, proceedings of internation symposium on management and development of red soils in Asia and Pacific region. Dec. 3, 15, 1990. Nanjing, China. Science Press, Beijing, New York. 1990.

参 考 文 献

［1］郝文英．VA 菌根研究进展．干旱区研究，1986，3（3）：65—74．

［2］郝文英．80 年代以来 VA 菌根研究进展．土壤学进展，1991（2）：1—8．

陆景冈

（1928—　　）

　　陆景冈，土壤地质学家。土壤地质学科创始人之一，首先提出最新地壳运动（新构造运动）与土壤发生、发育的关系，以动态观点研究土壤形成过程。

　　陆景冈，1928 年 8 月 21 日出生于江苏省南京市的平江府街。陆景冈 5 岁丧母，兄妹二人由姑母抚养长大。

　　陆景冈自幼聪颖睿智，1933 年入南京夫子庙小学，两年后因成绩优秀，获嘉奖，并跳级升班。日本侵略军占领南京时，举家避难于南京城西长江中的沙洲——江心洲，也因此失学两年。灭绝人性的"南京大屠杀"在他幼小的心灵中留下深仇大恨，激发了他的爱国热情。1940 年，他以第一名成绩小学毕业，并考入南京市立第一中学，1946 年又以成绩第一完成高中学业，同年秋考入国立政治大学地政系。并在年满 18 岁的人生转折点上，他选择了地政系作为起点，这也决定了他以后数十年密切大自然的道路。并在这条道上有幸得到多位土壤学界前辈的培养与教诲。

1948 年随蓝梦九老师学习土壤学，到野外观察土壤剖面，又随黄瑞采老师学习水土保持学。1949 年政治大学解散，秋季考入金陵大学农学系土壤组，仍得黄瑞采老师指导，学习土壤学；1951 年暑假，随沈梓培老师到安徽大别山佛子岭水库上游进行水土保持的土壤调查。1952 年全国高校院系调整，金陵大学与南京大学合并，陆景冈进入新组建的南京农学院，1953 年从南农土壤农业化学系毕业，分配到浙江农学院土壤农业化学教研组任助教。1955 年派遣陆景冈到北京农业大学及北京大学进修，得刘海蓬老师指导地质学，并聆听杜恒俭老师讲授第四纪地质，同时参加苏联专家主持的京郊和黑龙江等地的土壤调查实践。1956 年在南京大学地质系进修一年，受业于郭令智老师，还同时在该校地理系进修地貌学。为重建土化系，浙江农学院特聘俞震豫教授来校执教，他长期从事土壤调查研究，极具生产实践经验，1957 年陆景冈随俞老师赴浙西搞低产田改良，跑遍各大田畈，在土壤教研组内与这样一位同专业的前辈朝夕相处，切磋学问，受益匪浅。由此可见，陆景冈在大学期间和工作之初有那么多土壤学界前辈为其夯实专业基础，再经自身数十年刻苦钻研，在学术研究上取得丰硕成果，则是事业发展的必然。

1957 年陆景冈为土化系重建后第一届本科生讲授《普通地质学》并指导有关实习，1958 年承担了《土壤调查与制图》教学任务。

1958 年全国开展第一次土壤普查，陆景冈负责指导浙江省东阳县普查工作。至 1959 年浙江省各地在普查中采集的大型整段土壤剖面标本汇集到土化系，数量达 1300 余个，经精选具有代表性标本 300 余段，配以详细说明及图表，分类放置在新建的"土壤标本陈列馆"内，陆景冈为第一任馆长。在馆内另设专柜陈列各类矿物、岩石标本，其中不少是陆景冈亲自在野外采集的。此后，通过与外省交换或亲自采集，配齐了全国各土壤带具有典型性状的土壤剖面标本，规模宏大的土壤陈列馆，当时被业内人士誉为"远东第一"。该馆为本校学生提供了良好的直观教学场地，还接待过 20 余国外宾和国内大批同行参观。80 年代的全国第二次土壤普查，陆景冈为华东技术顾问组成员，参加了浙江省 30 多个县市单位的土壤普查成果验收和土壤志的审稿。陆景冈通过调查研究，总结发表了多篇在指导生产方面起重要作用的论文，如与水稻生产有关的《红壤水稻土耕性与黑根黄叶问题》，与茶叶生产有关的论文 13 篇，与桑园生产有关的论文 8 篇等。

"文化大革命"后，土化系恢复招生，陆景冈为本科生和研究生相继开设：《土壤地质学》、《土壤地理学》、《土宜学及土壤野外工作法》等课程。共培养研究生 8 名。1986 年晋升为教授，1992 年获国务院特殊津贴。曾应沪、豫、闽等 10 余省市邀请讲学，并于 1986 年受聘为江西农业大学兼任教授。

自 20 世纪 80 年代以来，陆景冈 9 次出席有关土壤、地质的专业国际会议；连续 4 次主持国家自然科学基金会资助的土壤地质学课题；任中国土壤学会首任土壤地质学术组组长并连任共 8 年。现为国际古土壤委员会中国土壤地质工作组主席。

数十年来，陆景冈已发表学术论文百余篇，与其他同行联合编撰适用于土化专业教材《地质学基础》，共编辑《土壤地质》论文集 9 辑，已出版个人专著《土壤地质学》和《旅游地质学》。共获国家教委科技进步奖二等奖（1988）及省级学术奖等 10 余项。

倡导新分支学科——土壤地质学

陆景冈经数十年研究，确认"土"与"地"不可分割，土壤与地质二者结合研究后就能获得新的发现和成果。因此，在土壤学与地质学之间必须建立一门相互渗透的边缘学科——土壤地质学。经陆景冈倡导，得到土壤学界老一辈专家们及全国同行的支持，在土壤学会里创建了"土壤地质学术组"，正式成为土壤学的一个新分支学科。每两年一届的研讨会，至 2009 年已开了 11 届，共编辑出版了 9 册《土壤地质》论文集，《地球科学大词典》从中搜集并引用有关土壤地质学词条有 10 万字之多。陆景冈对土壤地质学这一门新学科的突出贡献在于：以地质学的新构造运动观点去研究土壤的发生和发育、土壤分布规律及其与农业生产的密切关系，从而在生产实践中起了一定的指导作用。

提出地球内力作用影响土壤发育的学说

陆景冈研究发现 B. B. 道库查耶夫创立的五大成土因素（气候、地形、生物、母质和时间）学说，贡献虽大，但仅着眼于地球的外营力，如考虑地球的内营力，则成土因素可有全新的内容。首先地形与母质随着地壳升沉而变；生物气候带随构造运动而变（土壤垂直分布是最好的说明）；时间因素与内营力结合也不仅是一般成土作用的加深与否，而意味着地质环境变化与诸多成土因素的演化，可以说这是成土因素学说的一项革命。因为它以动态观点研究原来静态的成土因素，有了质的飞跃。给道氏成土因素学说作了重要补充。陆景冈研究发现，按新构造运动观点，红壤剖面中的地下水位常常已经在地壳上升时下降转移，那是成土因素作用空间变化的结果，对此悬疑，给予一个圆满的答案。又如在长江三角洲等平原地区，土壤中常有黑色腐泥层、黄色氧化层、白色漂洗层，以及青色还原层的多次叠压覆盖，这实质是地壳多次下沉、多次成土过程的产物而已！

陆景冈从新构造运动观点又引申出几项重要理论：

（1）土壤剖面重叠论。因环境变化，土壤剖面上常重叠有不同阶段的发育形态，由此澄清了不少疑惑。例如，明明是地下水位以下，却偏有地下水中不能形成的柱状结构或铁锰结核；明明是干旱少水土层，却有湿润时方能形成的古老腐泥层等。用此理论解释，问题就迎刃而解。

（2）四度空间土壤分布学说。指土壤分布受经度、纬度、垂直高度及时间四方面的控制。每种土壤都可按此在特定坐标上找到适当的位置。而这几项都直接或间接受新构造运动影响。如我国红壤带位置较世界各地偏南，是青藏高原新构造抬升影响了气候带所致；我国东部土壤呈南北条形分布，是新华夏近经向的构造体系，在新构造期间又有了明显发展。垂直高度与时间进程的新构造期间演化就更易理解。应用土壤四度空间分布学说，就能使地表形形色色土壤构成了一个完整体系。

（3）古土壤普遍存在说。因地表环境在不断演化，真正在现实环境中发现的土壤，未经改变的，可能只是极少数。陆景冈认为：古土壤是普遍存在的，只不过是痕迹保留的程度与能被识别的多少而已。

阐明红壤的分布规律

60 年代中期，陆景冈首先阐明发育良好的红壤（网纹红土最具代表性）恒位于新构造运动轻微上升的升沉过渡区，通称"低丘红壤"。具体地讲，这些红壤多分布于构造盆地内的低丘上，或河谷两侧及山地外围。在海湾周边或面海缓坡地的红壤，也有相似分布，只是地壳略有下沉。我国华南有大量"红色盆地"，以其中多红壤与紫红砂岩而得名，是红壤的主要分布区。这些盆地的分布与数量，也标志着宏观上红壤的存在状况：在新构造运动上升强烈区，盆地小而少（因长期侵蚀），下沉强烈区，盆地少或不出现（因被埋藏）。只有中等抬升区，盆地分布多而面积大。如江西的吉泰盆地、浙江的金衢盆地等都是。我国华南的红色盆地，除四川盆地属早期形成的沉降带外。大半集中分布于云贵高原及长江三峡以东和浙闽丘陵以西，这正是李四光先生所指的"新华夏内向斜"，是因太平洋方向挤压力而产生的第二沉降带。

红色盆地内的红壤，一般仅分布内圈的低丘上，近外围是紫砂土高丘，盆地中心则为最新堆积的冲积性土壤。其间比例依构造运动性质而定。

垂直分布上，红壤可因构造抬升至海拔高处，如江西庐山、浙江天目山等，都达 1000 余米，云南昆明达 2000 余米，青海黄河源及西藏更可达 4000 米以上。这些习称"高山红壤"。反之，红壤也可因构造下沉被埋藏于深处，如长江或珠江三角洲都可存在于数米、数十米乃至数百米以下。

此外，各地红壤可因红化发育程度而不同，这与它们经历的第四纪冰期次数、早迟及其后的新构造运动有关。陆景冈的这些研究成果，有很多已经美国、日本、澳洲、非洲等多国资料验证，具相当的普遍性。

以上述红壤分布规律为基础，结合各地红壤状况，陆景冈将中国与日本在内的东亚地区，划分成 4 个红壤分布带，自南而北依次特征为：①红化较深，连片出现（即传统的红壤带）；②红壤连片较差，和黄土交错分布；③面积更少，但还不时有红白网纹层；④红化较弱，零星分布，无网纹层。几个土壤带大致平行，似反映着古气候的差异。经研究发现该土壤带垂直前方，东南正对太平洋，垂直后方，西北则正对欧亚大陆。所以它应与最强劲的季候风密切相关。

在东亚红壤分布带的研究中，他得到有关古红土的启示有三：首先各带中红壤分布状况的一致，就暗示着古红土（红壤）的普遍存在，包括我国华南，值得研究；其次，日本自本州至北海道的大部分红壤，可以肯定都是古红土（20 世纪后期还有不少人持有异议）；第三，我国为何越出红壤带向北，还有大面积茶树栽培，且其中不乏名茶，应确认为都是古红土存在的作用。

新构造运动多方面影响土壤的研究

陆景冈通过亲自考察的大量资料研究后认定，新构造运动对土壤影响面最广的是：对地区性土壤的控制。例如云南省自南部河口向北，经昆明、丽江，直至中甸（香格里拉），古红土分布的海拔从 700 米升至 3400 米，而年均温与年降水都大大降低，纬度也升高 5.3 度，这与红土发育于湿热环境的常理不符，主要因新构造上升量从 <1000 米至 >4000 米所致。山东省北偏东方向的沂沭河大断裂，将全省分为两部，胶东棕壤连片少褐土，而鲁西有大片褐土，棕壤较少，也是两侧新构造上升量不同造成。浙江省杭州地层分布受制于构造轴向北偏东的倾俯向斜层，其马蹄形露头从西南至东北，因新构造运动从升至降，依次分布着石英砂岩、石灰岩与页岩、古红土及滨海沉积物，所成土壤亦各不同。福建省几乎大部县城都分布于小型红色构造盆地内，城边都是新构造运动相对下沉的红砂土。

在李四光先生对山字形构造的泥板滑动实验的启发下，陆景冈理解到地壳的柔性运动，其重要发现是：①青藏高原整体上升，地壳表层向周边带的柔性推挤，印度板块与塔里木地块的南北二面限制，以及两个砥柱（南迦巴瓦峰与南迦—帕尔巴特峰）的作用等因素，造成的结果是：高原呈横置的椭圆形，高原周边出现不少推挤出的高峰，三个海拔 8000 米以上高峰群的出现，还有耸立超群的帕米尔高原等现象。从而使高原有内、中、外三个圈域，其中有不同的环境条件。②云南省西部云县附近有来自西面的一股强大推挤力，造成地层走向线明显东突，前方正是被推挤出的无量山主峰。③台湾省东部花莲附近曾有一股来自东南的动力向西北推挤，造成该岛地层南北的不连续，且受力最强的地层，呈新月形向西北弯曲。以上诸例都直接影响着土壤分布。陆景冈在很多省区或县区都发现过地质构造变动影响成土母质或地形的实例。

陆景冈还研究了新构造运动和水土流失的关系，据国家统计数字显示，我国河流输砂量（$t \cdot km^{-2} \cdot a^{-1}$）>1000 的地区集中在祁吕贺山字形构造的前弧线以北（黄土高原）及青藏高原东缘宏观地形的第二梯级上，还有燕山和泰山的强烈上升区等。以上这些构造因素几乎都是新构造运动期间发展起来的。

教学、科研与生产实践三结合成绩斐然

土壤结构的形成与实践意义　早在 20 世纪 50 年代，陆景冈在室内模拟，做出了与田间完全相似的土壤片状结构，由此证明因地表的干湿变异导致该结构形成。继以大量试验及田间调查，详细分析了该结构的形成条件，给地面结壳对生产影响，做了阐明。论文被选中提交 1956 年在巴黎召开的第六届国际土壤学会。1978 年后研究红壤结构，重点解决该结构究竟是否良好？因历来文献中对此存在着好与坏两种截然相反的意见。研究证实：红壤有发育良好的水稳性结构，但不是由腐殖质胶结，其胶结物是氧化铁铝凝胶，在一般新垦红壤上，这种结构十分牢固，状如砂粒，故又称"假砂"。它构成红壤剖面上层的"疏松层"，利于作物发根生长。他发现红壤上有一批地下结实的作物，特别适宜，如番薯、花生、萝卜、蕉藕等，就是得益于这种结构。试验证明：当氧化铁铝凝胶胶结剂一旦因还原作用或螯合作用，遭到破坏解体，"疏松层"便消失，土壤也趋于板结。如辟为水稻土，常十分糊烂，其原因在此。试验中还看到：铁与铝被游离的数量愈多，结构的破坏愈大。以此为依据，提出了若干合适的田间管理措施（包括水稻黑根黄苗的防治）。并找到施用钾肥对这种水田的增产，特别有效。

（1）土壤地质学研究与茶作生产相结合。经陆景冈研究，发现浙江省名茶产地的成土母质主要是石英砂岩、花岗岩及片麻

岩等，它们被两条北偏东方向的地质深大断裂分隔为三区，即：浙西北多石英砂岩区、浙中自龙泉至遂昌和绍兴一线多片麻岩区、浙东南近海多花岗岩区，每区各有特点。名茶多分布于强烈上升的山区和沿海升沉过渡的低丘陵区，局部看，附近多有湖、海等大水体的云雾湿气。各类母质中与茶品质有关的元素有：高硅、高钾、低铁、低铝、低钙、低镁、低锰以及砂壤土质地，都有利于茶品质的提高，反之则对品质不利。玄武岩、石灰岩和第四纪红土等母质都难以生产出优质茶。这些规律已通过浙江省大量名茶样品分析与调查，得到验证。名茶狮峰龙井就是一个著例。在茶叶品质方面，检测了水浸出物、茶多酚、氨基酸、咖啡碱及儿茶素（均为各该项总量）等 5 项，指标经综合分析，显然可分几个等级，能与上述母质优劣印证符合。此外他对茶园土壤的结构、湿害、开垦后的水热状况、古红土的影响等都做了专门研究。

（2）研究桑园土壤地质指导生产。在低丘红壤上研究了栽桑的缺钙、土质过酸与过黏等问题，从不同土层的温度和含水量及坚实度出发，提出地面加土的好处与必要的措施。在河谷地区，找到不同土壤类型与桑树生长差异间的系统变化，从而为采取不同管理措施，提供了土壤学理论根据。在水网平原地区，找到栽桑时填方、挖方和使用壮苗、弱苗之间的联合效应与规律，还发现填塘土层效应和气候间的关系等，使这一地区栽桑的理论有了进步。工作中收集过浙江省全省的桑园土壤样品，做了酸碱度和有关地质背景的分析，并提出：酸碱度与桑园高产的关系，有关标准与日本差异的原因，酸碱度的演变及应采取的措施等，在桑园生产方面具有指导意义。

执着追求　永不止步

　　自 1953 年到浙江农学院执教至今已 50 余载，陆景冈在这条并不平坦的道路上，一贯勤恳工作，刻苦钻研，做事执着专一，沿着既定目标行进，直至取得成功。例如，中华人民共和国建立初期，大多人不愿承担农业院校的地质课教学，认为非重点课出路有限。而陆景冈则按教学需要，毅然接受任务，并努力根据农业院校特点，将地质与土壤和农业生产紧密结合起来，终于开拓出一条创新之路——建立了土壤地质学科。工作之初，浙农土壤教研组仅有 3 名教师，陆景冈一度担当起全校六七个班级的土壤学实验和辅导任务。为了收集教学标本，有时一人肩负巨石下山。一次在黑龙江东大荒采集大型白浆土整段剖面标本时，一人无法搬运，只得恳请一位热心同行，抬着标本在无路的荒地里走了好几里路，极其劳累，途中两次躺地休息，方勉强运回驻地，现仍保存在校土壤标本陈列馆内。为了钻研中医针灸疗术，陆景冈利用空暇与休息时间，跑遍杭州各大医院针灸科旁观学习，经医生同行指导，学得针灸技术。此外，陆景冈对乐器二胡则情有独钟，且专门从师学习。二胡成为他一生中最佳的精神伴侣，并助他走过了坎坷 10 年的"文化大革命"。

陆景冈在山水之间长大，喜欢"游山玩水"，平生仰慕明代地理学家徐霞客，酷爱专业考察旅游。数十年来，从东部海岛到新疆戈壁大漠腹地，从海南到黑龙江；上至帕米尔高原及海拔 5082 米的巴颜喀拉山口，低到 –155 米的艾丁湖畔；特别是浙江省境内各县区和海拔 1921 米最高峰黄茅尖，都留下了陆景冈的足迹。多年跋山涉水、野外考察，搜集了丰富的第一手资料，以文字记录其成果，汇集成百余篇论文并出版了《土壤地质学》和《旅游地质学》两本专著，供献给世人。陆景冈的个人文集也正在整理编辑中，即将出版。

老骥伏枥，壮心不已。他正筹划台湾之行，以完成"走遍全中国"的夙愿。

（胡景赓）

简　历

1928 年 8 月　出生于江苏省南京市。

1953 年　毕业于南京农学院（后更名南京农业大学）土壤农业化学系。

1953 年至今　历任浙江农学院（后更名浙江农业大学）土壤农业化学系助教、讲师、副教授、教授；浙江大学环境与资源土壤地质学教授。

1955—1956 年　在北京大学、北京农业大学进修土壤调查及第四纪地质学，又在南京大学进修地质学与地貌学。

1957—1959 年　参加全国第一次土壤普查，筹建"土壤标本陈列馆"，任第一任馆长。

1971—1974 年　借调浙江农大蚕桑系，进行桑园土壤肥料学工作。

1980—1985 年　参加全国第二次土壤普查，任华东顾问组顾问，在浙江省全省万里土壤路线考察中，担任全程讲解。

1986—1988 年　主持召开全国首届土壤地质学术研讨会，被选为中国土壤学会土壤发生和土壤分类专业委员会委员、兼土壤地质组组长。应聘为江西农业大学兼任教授。

1993—1996 年　任中国土壤学会土壤发生和土壤地理专业委员会副主任继续兼土壤地质组组长。被聘为浙江农业大学茶叶研究所特约研究员。

1998 年　参与主办甘肃兰州的国际古土壤学术研讨会议，被选为国际古土壤委员会中国土壤地质工作组主席，任职至今。

2000 年　被聘为《地球科学大词典》土壤地质学主编。

主 要 论 著

［1］陆景冈．土壤的干湿变异与片状结构的发展．土壤学报，1957，5（2）：175—186.

［2］陆景冈．浙江省新地质构造运动与低丘红壤形成及分布的关系．土壤学报，1965，13（2）：161—169.

[3] 陆景冈，屠骊玉．浙江省桑园土壤酸碱度的初步分析．浙江农业科学，1974（4）：40—47.

[4] 陆景冈．新改红黄壤水田的土壤耕性和水稻黑根黄叶问题．土壤，1975（3）：113—119.

[5] 陆景冈，屠骊玉．还原性处理对红壤性稻田钾素营养状况的影响．土壤，1978（3）：78—81.

[6] 陆景冈．红壤结构性的田间观察及初步分析．土壤学报，1979，16（1）：63—69.

[7] Lu Jinggang. Effects of neotectonic movment on development of paddy soils in Changjiang Delta. Proceedings of Symposium on Paddy Soil, 1981, p.454—460 Science Press，Beijing，Spinger – Verlag, Berlin Heidelberg, New York.

[8] 陆景冈．长江三角洲新构造运动与土壤形成及发展的关系．土壤学报，1982，19（1）：1—12.

[9] 陆景冈．从新构造运动观点评 B.B. 道库查耶夫的成土因素学说．土壤学报，1985，22（2）：203—207.

[10] 陆景冈，娄国强，何振立，等．红壤结构的稳定性及其在土壤分类上的意义．土壤学报，1986，23（3）：212—219.

[11] 陆景冈，吴次芳．舟山群岛北部的地理环境与黄棕壤的形成——兼论新构造运动影响及红壤带的北界问题．地理学报，1989，44（3）：353—362.

[12] 陆景冈．新构造运动影响下的东亚红色古土壤（Ⅰ）．土壤学家，1990，34（1）：81—87（日文期刊，菅野一郎译）.

[13] 陆景冈．新构造运动影响下的东亚红色古土壤（Ⅱ）．土壤学家，1990，34（1）：88—91（日文期刊，菅野一郎译）.

[14] 陆景冈，李健．名茶狮峰龙井形成的地质背景．土壤地质（一），1992，233—236.

[15] 陆景冈，毛东明．河北平原及其周围地区的新构造运动与土壤发育．见：土壤地质（二），北京：地质出版社，1993：105—109.

[16] 陆景冈．从新构造运动观点论土壤形成与发育的时空概念．见：土壤地质（四），北京：中国农业出版社，1997：1—5.

[17] 陆景冈．新构造运动影响下的剖面重叠（以长江三角洲为例）．见：

土壤资源环境研究．北京：中国农业出版社，1997：252—271.

［18］陆景冈，唐根年，吴次芳，等．从新构造运动观点论地表水土流失的形成与发展．水土保持学报，2002（3）：123—126.

［19］陆景冈，唐根年，毛东明，等．地质因素影响下低丘茶园土壤结构的形成与演变．茶叶，2008，34（3）：160—162.

［20］陆景冈，唐根年，毛东明，等．土壤地质环境与茶叶的内在品质．茶叶，2009，35（1）：19—21.

［21］陆景冈．土壤地质学．北京：地质出版社；1997，2006（2版）.

［22］陆景冈，等．旅游地质学．北京：中国环境科学出版社，2003.

［23］陆景冈．陆景冈土壤地质学文集．北京：中国农业科学技术出版社，2010.

吕殿青

(1928—　)

　　吕殿青，土壤肥料学家。制成了黏土薄膜电极；摸清了陕西不同农业生态区土壤垂直和水平方向硝态氮的含量和分布规律；研究了复合肥料在黄土地区的肥效机理与施肥技术；为陕西省土壤肥料科学和农业生产的发展作出了突出重要贡献。

　　吕殿青，1928 年 12 月出生于江苏省溧阳县赵圩里村的一个贫农家庭。因家境贫困，勉强读到中学毕业，中华人民共和国成立后，攻入复旦大学农化系。1952 年 7 月加入了中国共产党。

　　1953 年毕业于全国院系调整后的沈阳农学院，毕业后分配到陕西省农林厅工作。1956 年调到陕西省农业勘测设计队，负责全省荒地土壤调查工作。由于工作成绩突出，于 1956 年和 1958 年两次被评为全国农业劳动模范和建设社会主义先进单位的代表，得到毛主席、周恩来、刘少奇、邓小平等国家领导人的亲切接见。1960 年 5 月去莫斯科全苏列宁农业土壤和肥料研究所学习同位素化学和同位素示踪技术，1961 年 7 月学成回国。

同年 10 月作为虞宏正院士的研究生,在虞老的指导下在国内首次制成黏土薄膜电极,并用动力学原理推导出电极电位公式,被列为 1964 年国家重大科研成果。

1965 年底研究生毕业后,他回到陕西省农业科学院工作。1976 至 1998 年的 20 多年中,先后主持了国内攻关项目和国际合作项目 11 项,系统研究了复混(合)肥肥效机理与施肥技术、测土配方施肥技术体系、土壤、植物营养诊断技术体系、肥水耦合效应与耦合模型、土壤氮素演变规律等,为高产优质施肥提供了科学依据。1984 年 5 月到美国国际肥料发展中心学习测土配方施肥技术,研究石灰性土壤氨挥发与磷固定之间的关系,提出了新的理论和新的技术。然后又到美国普渡大学学习根系营养动力学理论和技术。由于学习成绩显著,被国际肥料开发中心授予优秀访问学者奖,后又被联合国粮农组织邀请到意大利罗马休假 10 天,以表奖励。1985 年 8 月回国后任陕西土壤肥料研究所所长。

1986—1996 年连续 4 次被瑞典农业部和瑞典农业大学邀请去谈判国际科研合作问题和学术交流,达成多项合作项目。1967 年被西德农业部邀请参加了国际农业有机废物管理和环境保护会议,在大会上作了"中国城乡有机废物的科学管理与合理利用"的重点发言,受到与会同行的高度评价。

1986—1993 年期间被农业部聘为第四、第五两届科学技术委员会委员,当选为中国土壤学会理事、中国土壤学会土壤 - 植物营养与施肥专业委员会委员、陕西省土壤学会副理事长、全国土壤肥料学会理事。获全国农业劳动模范称号,1993 年享受国务院特殊津贴。

吕殿青先后获得省部级科技进步成果奖一等奖 2 项、二等奖 2 项、三等奖 4 项,发表学术论文 60 多篇,国外发表 3 篇。参与编写专著 3 部。

1998 年 1 月退休后,又工作了 10 年,研制出不同配方肥料 20 多种,深受农民欢迎。

制成黏土薄膜电极

离子活度在许多领域中已被广泛研究和应用，但是单独离子是否客观存在以及能否用实验方法测定还是一个争论的问题。为此，吕殿青在导师虞宏正院士的指导和支持下，应用动力学原理和 Nernst – Plank 离子通量表达式对薄膜电位公式进行了推导，结果得到了在盐桥作用下由热力学关系导出的相同的电极电位公式，为选择性薄膜电极测定单独离子活度提供了理论依据。为了验证以上理论，吕殿青于 1963 年首次制成黏土薄膜电极，在不同浓差电池、不同价数的阴离子钾盐、不同氯化物的混合溶液中测定结果都与 Debye – Huckel 极限公式计算值相符合，证明钾黏土薄膜电极确能反映单独离子的活度。

提出了氨磷转化关系的理论、机制和尿素加普钙的施肥技术

磷酸二铵（DAP）已在国内外作为磷氮的主要肥源被广泛应用。但在石灰性土壤上施用效果不是很高，对此原因不清。吕殿青在美国国际肥料开发中心研究了这一问题。他提出了一个假说：NH_3 从 NH_4^+ 离子中挥发出来时，同时释放出 H^+ 离子进入溶液。产生的 H^+ 与 $CaCO_3$ 反应，又释放出 Ca^{2+} 离子。而 Ca^{2+} 离子与 HPO_4^{2-} 离子形成不溶于水的磷酸钙和磷酸铵钙。因此，NH_3 的挥发能加强石灰性土壤和 $CaCO_3$ 对二铵中磷的吸附；同时由于磷的沉淀所产生的 OH^-，又能使体系所释放出来的 H^+ 离子被中和，根据质量作用定律，反过来又加强了 NH_3 的发挥作用。形成 NH_3 挥发与磷固定之间相互促进的关系。他日以继夜地进行了多次反复的试验和测定，结果证实了以上假说的正确性，证实了二铵在石灰性土壤中 NH_3 挥发能促进磷的固定，磷

固定能促进 NH_3 挥发的相互促进的理论机制。为了寻找在石灰性土壤上合理的氮、磷配方，他又做了严格的盆栽试验，发现在石灰性土壤上施用尿素加普钙比二铵的增产效果和氮磷吸收量更高。这一施肥方法正被国际肥料开发中心普遍推广应用。

提出了氮肥一次深施的理论依据与有效施氮技术

黄土高原比较干旱，尤其冬春干旱十分严重。在作物生育期中，追肥非常困难，有时春季追肥，非但不能增产，反而会因干旱烧苗，引起减产。吕殿青针对这种情况，充分研究分析了该地区的气象资料和土壤墒情，认为有必要改进施肥方法，以满足作物生长对养分的需要。从 1979 年开始组织大批科技人员进行施肥方法试验，统一试验方案、统一操作方法，取得了大量试验结果。发现在不同地区氮肥一次深施比分次施用都有不同的增产效果，在旱原地区特别显著，这一成果在西北广大地区得到普通推广应用。吕殿青根据旱农地区冬、春干旱，秋季多雨，作物春季需水需肥等特点，提出了"秋雨－冬储－春用"与"秋肥－冬储－春用"相结合的理论概念，从而达到肥水协调供应的效果。氮肥一次深施的有效增产条件是：适宜施氮量、适宜氮磷配合、合适施肥时间、适当施肥深度和种肥相隔距离以及适宜的土壤质地等。

提出了防止土壤硝态氮淋失的措施

土壤硝态氮是作物吸收利用氮的主要成分，同时也是污染环境的主要氮源。吕殿青于 1994—1998 年组织一批科研人员在陕西全省范围内分区进行 33 个县的农业土壤硝态氮含量与分布规律的调查研究，并与瑞典农业大学合作在黄土高原开展了土壤硝态氮淋失与防止的研究，在陕北米脂无定河流域、关中杨凌渭河流域、陕南汉江盆地分别设立了不同施肥处理的氮肥试验基点，系统测定了作物不同生长期中土壤硝态氮的变化和区域性土壤硝态氮含量的变化。取得如下结果：①发现以上三个试验基点的立体土壤硝态氮含量、硝态氮在剖面中淋失量、土壤硝态氮对作物的供应量（以 0～2m 土层内含量为准），都由顶部到底部逐渐增加；②把陕西黄土高原分为 9 个农业生态区，在 0～4m 土层中硝态氮含量的水平分布是关中平原＞渭北旱塬区＞黄土残原沟壑区＞黄土丘陵沟壑区；果园＞菜园＞吨产田＞一般农田；新灌区＞老灌区＞旱作区。土壤硝态氮淋失深度为黄土丘陵沟壑区＜黄土残原沟壑区＜渭北旱塬区＜关中平原旱作区＜其他农业区；③有机肥与氮肥配合施用，氮磷配合施用、合理灌溉、增多作物根系生长量、高产地区适当减少施 N 量等都可显著减少土壤硝态氮的淋失。吕殿青进行的这一研究工作，在国内是开创性的，对氮肥的科学管理具有重大意义。

提出了肥水耦合效应机理与新的耦合模型

"七五"期间吕殿青通过严格的盆栽试验，建立了肥水二元二次回归模型，为旱塬地区研究肥水耦合效应与耦合模型提供了新的理论依据。"八五"期间，他又在合阳半干旱偏湿地区建立了旱棚肥水效应试验区，进行了水、N、P 三因素的回归设计试验。经过两年小麦试验，同样求得了在大田条件下水、N、P 三元二次肥水直接耦合模型和三元二次肥水转换耦合模型。同时发现播种前土壤（0～200cm）底墒含量或底墒加生长期中地面接水量均与 N、P 二元二次回归模型的回归系数之间呈线性相关，从而克服了在旱塬条件下进行肥水试验的困难。应用以上水、N、P 三元二次转换模型，在渭北旱塬合阳县进行了 30 多个示范点，由统计结果表明，由转换模型计算产量与实际产量之间差异均不显著。

研究了复混（合）肥料的肥效反应与施肥技术

"六五"和"七五"期间，吕殿青对 12 种二元、三元复混（合）肥料在不同土壤、不同作物上的肥效反应和施肥技术进行了研究。获得了重要结果：①三元肥料中的钾肥在小麦、玉米上效果不显，在烟草、油菜和西瓜上效果明显；②在石灰性土壤上复混（合）肥肥效反应为尿素＋普钙 ≌ 尿素＋重钙＞磷酸一铵＞磷酸二铵＞氯磷铵＞硝酸磷肥＞钙镁磷肥；③使硝酸磷肥、钙镁磷肥的水溶性磷达 50% 以上时，其肥效与普钙和重钙接近；④复混（合）肥料的肥效在不同土壤上为低肥力土壤＞高肥力土壤；⑤复混（合）肥肥效在不同作物上为小麦＞玉米＞水稻＞棉花；⑥团粒状复混（合）肥与粉状复混（合）肥肥效相当，有时粉状＞粒状；⑦掺合肥料分离度在 25% ～50% 时，对肥效没有影响。此外，不同复混（合）肥料对不同作物的养分吸收、不同作物的品质影响、不同土壤肥力影响都进行了全面的测定和研究。为我国发展复混（合）肥料的工艺路线、对农业的投肥方向以及配方施肥技术提供了重要依据。

研究和建立了测土配方施肥技术体系

吕殿青对测土配方施肥进行了全面系统的研究。①土壤取样。在一定的农业生态区，选择具有代表性的面积较大的耕地土壤，用方格法按格 5 点取样，测定土壤有效养分含量，研究不同点数和不同取样路线与土壤养分变化关系，确定最佳取样路线和不同养分取样点数，作为区域性土壤取样依据；②土壤分析方法。首先通过实践确定主要土壤养分和主要土壤物理性质的分析方法。为了加速测土配方施肥的进程，对土壤氮、磷、钾有效养分的速测方法进行了系统研究，提出了精度较高的速测技术。实践表明，速测值与常规分析值基本接近，可用于测土配方施肥；③田间试验方案的选择和试验结果的统计分析。通过大量田间试验，效应分析，确定了二因素、三因素、四因素、五因素和六因素试验方案，分别建立回归模型，通过"七步法"检验回归模型的适合性和实用性，最后确定可靠的肥效模型，用于计算施肥量；④土壤养分临界值推荐施肥法。他利用肥效模型确定最高施肥量、最高产量、相对产量，用 Mitscherlich 方程确定相对产量与土壤养分测定值的坐标图，以此求出相对产量为 95% 的土壤养分临界值。然后再计算出推荐施肥量：

经 24 个玉米和 65 个小麦校验试验，效果良好；⑤高产示范试验。通过模型确定的高产施肥量与高产栽培相结合，进行了高产示范试验，结果表明，在关中灌区通过高产试验，小麦亩产达到 637 公斤，夏玉米达到 650 公斤，分别比当地一般高产增产50% 和 65%；⑥推荐施肥分区。首次应用土壤养分临界值方法作出了陕西省推荐施肥分区图和分区方案，确定了省级推荐施肥的原则和方法，划分了主区、副区和实施区，确定了实施区平均施肥量；并应用模糊数学隶属度方法和土壤养分临界值方法分别对扶风县和临潼县进行了县级推荐施肥分区，制订了县级推荐施肥分区图和分区方案。

吕殿青根据中国国情、测土配方施肥的目的性、人口增长对作物高产的需求、中国农民科技意识较低等情况，吕殿青提出了中国特色的测土配方施肥技术体系：①选择适宜地块，进行土壤取样；②确定适合的分析方法，进行土壤分析；③建立土壤养分分级标准，对分析结果进行判别；④选择合适的田间肥效试验方案，进行肥料试验；⑤建立合适的肥效模型或肥水转接模型，确定施肥量；⑥对计算的施肥量和对目标产量进行田间校验试验；⑦高产施肥与高产栽培相结合的高产示范试验；⑧推荐施肥分区，确定不同实施区作物平均施肥量；⑨土壤养分诊断，检验测土配方施肥对土壤肥力演变的影响；⑩土壤生态环境诊断，检验测土配方施肥对环境优劣的影响；⑪不同地区不同作物新型肥料的配制，达到物技结合，促进肥料工业的发展；⑫广泛开展测土配方施肥宣传教育，促进各级领导和广大农民对测土配方施肥的重视和自觉应用。

建立了黄土高原长期肥料定位
与土壤肥力监测试验基地

"七五"期间国家计委决定在全国范围内建立一批具有代表性的长期肥料定位试验和土壤肥力监测基地，陕西黄土高原被列为基地之一，由吕殿青主持。为了实施这一项目，他克服了许多困难，解决了经费不足、化验楼楼址和试验基地地址等问题，使其在 1990 年以前，建成了一座三层 $1008m^2$ 的化验楼和设备齐全配套的定位试验基地。他亲自设计了整个试验体系，把长期定位试验分为两类：第一，灌溉农业长期肥料定位试验，包括 N、P、K 化肥不同配合，N、P、K 与有机肥不同配合等 13 个处理；第二，雨养农业长期肥料定位试验，包括 N、P、K 不同化肥配合，N、P、K 化肥与有机肥配合等 9 个处理。为了配合长期定位试验和当前农业生产的需要，另外还设置三种不同类型的试验区：第一、网室盆栽试验区；第二、普通田间试验区；第三、不同深度的原状土渗漏池试验区。达到长远研究与当前研究相结合、研究具体问题和长远决策问题相结合的目标。2002 年土壤肥力监测结果表明，N、P、K 与有机肥配合施肥处理的土壤耕层有机质、速效 N、速效 P 和速效 K 含量均比对照增加近 1 倍或 1 倍以上，土壤物理特性也都有显著改善，粮食单产比对照增加 2.8 倍，证明化肥与有机肥配合施用是恢复和提高黄土高原土壤肥力、提高农业产量的有效措施。

艰苦奋斗 执著敬业

吕殿青在工作中以身作则，深入实际，亲自做调查研究、做田间试验，做化验分析，经常加班加点工作到深夜，工作认真负责，一丝不苟。一次在大巴山中进行荒地土壤调查时，正值中秋佳节，又是风雨交加，为了查清一个土壤剖面发育的特征，他只身上山观测记载。但风大雨急，天黑路滑，他迷失了方向，整整一宿没有走出山沟，又冻又饿，直到第二天当地政府派人四处寻找，才把他找了回来。人们称他是真正共产党的好干部。

吕殿青一心扑在工作上，不计个人得失。他从 1960 年告别了妻子和女儿，来到位于杨凌小镇的陕西农科院工作，从此他们夫妻两地分居了 40 多年。期间省级领导曾多次关心他们的生活，想把他调回西安，但他始终没有要求。曾经和他一起工作过的美国专家在得知他们的家庭情况后，连连摇着头说："不可思议，不可思议，这在我们美国是根本不可能的。"吕殿青心中的家庭、子女、为人夫、为人父的责任和义务都在"工作第一"的宗旨下被淡化了。

吕殿青治学十分严谨。平时对试验数据、试验报告、科学论文、特别是对每一个学术论点，他都要进行反复推敲，仔细修改，使其能经得起实践和历史的检验。他思维新颖，敢于创新，当他已经掌握充足的新的试验资料时，敢于对过去传统的一些学术观点或学术理论提出质疑，敢于提出自己新的学术观点或学术理论。

吕殿青对同志诚恳、平易近人。许多试验资料尽量让其他同志撰写发表，以利他们解决职称问题。国家黄土肥力与肥料效益监测基地的建设，吕殿青整整花费了 11 年的心血。当在报成果时，项目主持单位只让每个参加单位上报一名授奖人。吕殿青是参加单位主持人，本该上报他自己，但他考虑到与他一起工作的一位同志高级职称尚未解决，吕殿青就把名额让给了他。

1998 年退休时，虽已年过七旬，但他觉得身体健康，仍可为党为人民继续发挥余热。受一个肥料公司多次之邀，他又工作了 10 年。他在该公司提出的唯一条件是要求建立一个较高水平的化学实验室和研究所，对个人报酬只字未提。期间虽然遭受严重车祸，但他仍坚持指导工作，口授各种资料编写，深得公司领导和全体同志的尊敬和厚爱。

目前，他正在撰写《中国旱地农业平衡施肥理论与实践》一书，要把自己多年积累的东西尽量留给后人，以完成拳拳报国之心。

（张树兰）

简　历

1928 年 12 月 28 日　出生于江苏溧阳县故渎乡赵圩里村。

1937 年 9 月—1939 年 7 月　余家桥小学学习。

1939 年 9 月—1940 年 7 月　周家湾初中补习班学习。

1941 年 9 月—1942 年 7 月　金坛县涨溪中学学习（共产党办）。

1945 年 9 月—1946 年 7 月　溧阳县初中学习。

1946 年 9 月—1949 年 7 月　溧阳县高中学习。

1949 年 9 月—1952 年 7 月　上海复旦大学农学院农化系学习。

1952 年 9 月—1953 年 7 月　沈阳农学院土壤农化系学习。

1953 年 9 月—1958 年 8 月　陕西省农林厅农业勘察设计队工作，任土壤调查队队长。

1958 年 9 月—1960 年 4 月　北京外语学院学习俄语。

1960 年 4 月—1961 年 7 月　苏联莫斯科全苏农业土壤肥料研究所和莫斯科农学院学习。

1961 年 10 月—1965 年 12 月　中国科学院西北生物土壤研究所，虞宏正院士研究生，研究土壤化学。

1966 年 12 月—1980 年 9 月　陕西省农科院土肥所工作。

1980 年 9 月—1982 年 1 月　西安交通大学、北京第二外语学院学习英语。

1982 年 1 月—1984 年 6 月　陕西农科院土肥所工作，任副所长，副研究员。

1984 年 6 月—1985 年 9 月　美国国际肥料开发中心、普渡大学学习。

1985 年 9 月—1987 年 6 月　陕西农科院土肥所工作，任所长，研究员。

1987 年 6 月—1987 年 9 月　瑞典农业大学土壤系学习。

1987 年 10 月—1998 年 1 月　陕西农科院土肥所工作，1998 年 1 月退休。

主 要 论 著

[1] 吕殿青．陕北群众改良盐渍土的经验．科学与技术，1958，农 3，1—7.

[2] 吕殿青．用原子示踪法对土壤中植物可吸收磷含量的测定．全苏农业土壤和肥料研究所研究文集，1961，莫斯科（俄文）.

[3] 吕殿青．石灰性土壤中磷持化问题的研究．原子能在农业上的应用，中国农林科学院原子能利用研究所编，1975，325—332.

[4] 吕殿青．石灰性土壤中腐殖质与磷的吐纳关系及其有效性．土壤通报，1980（5）：9—11.

[5] 吕殿青．陕西黄土区小麦氮肥一次深施的理论依据与增产条件．中国农业科学，1983（5）：39—46.

[6] 吕殿青．土壤腐殖质对钾在土壤中结合能的影响．土壤通报，1983（1）：23—26.

[7] Lu D Q, Chien S H, Henao J, et al. Evaluation of Short – term efficiency of diammonium phosphate versus urea plus single superphosphate on a calcareous soil. Agron. J. 1987, 79：896—900.

[8] Lu D Q. Management and use organic wastes of rural and urban origin in China. Proceedings of 4th International CIEC Symposium of Agricultural Waste Management and Environmental Protection. Fed. Rep. of Germany. 1987, 2：431—442.

[9] 吕殿青，简森雄．在 DAP – CaCO$_3$ 体系与 DAP – 石灰性土壤体系中

NH$_3$ 的挥发与磷的吸附之间的关系．土壤学报，1988（1）．

［10］吕殿青，李瑛，谭文兰．陕西黄土地区氮磷平衡施肥在小麦上的肥效反应及其影响因素．见：国际平衡施肥学术讨论会论文集．北京：农业出版社，1989，317—324．

［11］吕殿青．西北地区推荐施肥技术体系的研究和应用．土壤，1990（4）．

［12］吕殿青，同延安，锦兰．土壤养分简化测试技术研究．黄土高原开发治理研究．西安：陕西科技出版社，1990，287—301．

［13］吕殿青，杨江峰，李瑛，等．扶风县小麦推荐施肥分区研究．陕西农业科学，1991（3）：16—18．

［14］吕殿青，张文孝，谷洁，等．渭北东部旱塬氮、磷、水三因素交互作用与耦合模型研究．西北农业学报，1994（3）：27—32．

［15］吕殿青．用黏土薄膜电极测定单独离子活度的研究．西北农业大学学报，1994（1）：119—123．

［16］吕殿青．钾功能黏土薄膜电极的制造与电化学特性研究．土壤通报，1995（3）：128—134．

［17］吕殿青，刘军，李瑛，丁蔚联．旱地水肥交互效应与耦合模型研究．西北农业学报，1995（3）：72—76．

［18］吕殿青，杨学云，张航，等．陕西（土娄）土中硝态氮运移特点及影响因素．植物营养与肥料学报，1996（4）：289—296．

［19］吕殿青，同延安，孙本华，等．氮肥施用对环境污染影响的研究．植物营养与肥料学报，1998（1）：8—15．

［20］吕殿青，杨景荣，马林英．灌溉对土壤硝态氮淋洗效应影响的研究．植物营养与肥料学报，1999，5（4）：307—315．

［21］吕殿青．平衡施肥科学体系的研究进展与今后展望．见：土壤－植物营养研究文集．西安：陕西科学技术出版社，1999，44—56．

［22］吕殿青，Ove Emteryd，同延安，等．农田氮肥的损失途径与环境污染．土壤学报，2002，39（增刊）：77—89．

［23］吕殿青，高华，方日尧等．渭北旱塬冬小麦产区提前深耕一次深施肥料的肥水效应与理论分析．植物营养与肥料学报，2009（2）：269—275．

参 考 文 献

［1］农业部科学技术委员会．农业部科学技术委员会委员名录．1995，240—241.

［2］走向高原．西安：陕西旅游出版社，1996，149—158.

［3］三秦归国学人（第三辑）．西安：西北工业大学出版社，1999.

［4］信念的力量．西安：西安地图出版社，2000，110—124.

［5］强国丰碑．北京：中央文献出版社，2004，241.

姚家鹏

（1929— ）

姚家鹏，土壤肥料学家。参与大流域综合考察等工作，对新疆盐碱地改良、土地资源利用等作出了重要贡献。

姚家鹏，1929年8月22日生于江苏省南通市。1952年7月毕业于江苏南通学院农科农业化学专业，被分配至北京农业机械化学院任教，曾担任《化学》、《农业给水及灌溉》等课程助教。1954年去"全国威廉斯土壤讲习班"随苏联专家学习数月，1955年、1956年为农业机械化学院经管系两个年级四个班讲授《农业化学》，代理教研组组长职务。1956年参加中国共产党。1956年下半年调高教部农林卫生教育司任科员，1957年下半年，调至农业部高教局工作。1960年11月被抽调支援新疆。分配至新疆昌吉县六工人民公社及滨湖人民公社工作。1963年被调至当时的新疆农林牧科学研究所工作，被任命为该所土壤肥料研究室副主任。1974年新疆农科院成立，他被任命为该院土壤肥料研究所副所长、所长，直到1990年2月退休。1984年由农业部派遣以访问学者身份至美国普度大学随著名肥料学教授 Stanly A. Barber 学习并进行合作试验研究"施磷对小麦根系形态影响"，至 1985 年秋回国。1987 年 8 月，由副研究员晋升为研究员。

此外，他还担任院学术委员会委员、职称评委会委员、自治区自然科学系列高级职称评委会委员、自治区农业科技成果评委会委员、自治区科技兴农领导小组办公室专家顾问、自治区科委土地资源土壤改良专业组副组长以及其他学术性职务等。

在调入农业科研单位后，曾参加多项研究，主要有"焉耆北大渠灌区盐碱土改良综合治理中间试验"、"新疆土地资源利用战略研究"、"新疆大农业土壤资源利用战略研究"、"喀什噶尔、叶尔羌两河流域综合考察"、"开都河流域综合考察"、"新疆麦饭石系列产品开发研究"等。上述各项研究均获得有关部门授予相应的奖状或研究成果证书。在试验研究中，以"焉耆北大渠灌区盐碱土改良综合治理中间试验"工作最为艰辛。一是试点工作时间长，范围广，难度大，二是受"文化大革命"的冲击较大。在工作过程中，个别人贴了"方向路线错误"的大字报进行批判，在参加试点工作的单位中，还有个别单位的领导要撤走人马。但多数人表示要坚持到底。在这种情况下，经过大家 8 年的努力，终于完成了任务。认为治理应以统一规划、综合治理为原则，采取了排、灌、平、肥、林以及其他有关措施，使示范区内地下水位降低 80 余厘米，保苗率达到 88.8% ～ 90%，粮食作物增产 83%，同时以点带面，推动了全公社农业生产的发展；同时他们还在新疆焉耆盆地首次发现了土壤镁质碱化问题。总之，他在专业方面还是做了不少工作。在工作中也曾多次被评为工作模范、优秀党员、先进工作者。

姚家鹏为人谦虚谨慎，不骄不躁，对工作认真负责，恪尽职守，勤俭节约、公私分明。

（罗广华）

简　历

1929 年 8 月 22 日　生于江苏省南通市。

1949—1952 年　在江苏省南通学院农科农化专业学习。

1952—1956 年　任北京农业机械化学院农学系、经管系助教、代理教研组组长。

1956—1957 年　任中央高教部农林卫生教育司教学科科员。

1957—1960 年　任中央农业部高教局科员。

1960—1963 年　任新疆昌吉县六工、滨湖人民公社办公室主任；农业中学校长、生产干事。

1963—1990 年 2 月　任新疆农林牧科研土壤肥料研究室副主任；新疆农科院土肥所副所长、所长、党支部书记。

1990 年 2 月　退休。

主 要 论 著

[1] 崔水利，张炎，姚家鹏，等．不同土壤体积施等量磷对棉花吸磷及生长的影响．新疆农业科学，1993（6）：253—255.

[2] 张炎，崔水利，王讲利，姚家鹏．不同施磷量对棉花根系形态和磷吸收的影响．新疆农业科学，1996（2）：82—84.

[3] 崔水利，张炎，王讲利，姚家鹏．施磷对棉花根系形态及其对磷吸收的影响．植物营养与肥料学报，1997，3（3）：249—254.

[4] 张炎，崔水利，王讲利，姚家鹏．不同量磷施入不同比例土体中对棉花根系形态和磷吸收的影响．西北农业学报，1998，7（2）：59—62.

[5] Yao J P and Barber S A. Effect of one phosphaferous rafe placed in different soil volume on P uptake and growth of wheat. Soil science and plant analysis, 1986, 17（8）：819—827.

[6] 姚家鹏．新疆低产土壤的培肥途径．农业科技情报，1984（4）.

[7] 姚家鹏．抓好中低产土壤改良．新疆农业科技，1990（1）.

[8] 姚家鹏．改良中低产土壤增强农业后劲．新疆农学会年会，1987.

［9］ 丁峥荣，姚家鹏．关于和田河流域中低产田改造的几个问题．1961—1991 年新疆农学会 30 周年纪念刊．

［10］ 姚家鹏．焉耆北大渠灌区盐碱土改良试点工作．见：1981—1982 年农牧业优秀科技成果交流资料汇编．

［11］ 姚家鹏．喀什地区的盐碱土及其改良利用．新疆农学会年会，1991．

［12］ 姚家鹏．在今后农业生产发展中应抓好土壤肥料工作．见：1961—1991 年新疆农学会 30 周年纪念刊．

［13］ 常直海，姚家鹏．新疆低产土壤的培肥途径．农业科技情报，1984，4．

［14］ 姚家鹏．新疆复混肥料的现状及其发展趋势．新疆农业科学，1994（1）．

［15］ 邱万英，杨柳青，姚家鹏．焉耆地区群众改良盐碱土经验．新疆农业科学，1974．

［16］ 姚家鹏．施磷对小麦根系形态影响．中国土壤学会第六次全国代表大会暨 1987 年学术年会，1987．

鲍士旦

(1930—　)

　　鲍士旦，土壤农业化学分析专家，植物营养学家。在土壤农业化学分析的教材与教学体系上有所创新。研究了土壤钾素的释放规律；探索出棉花钾素营养诊断的新方法。

　　鲍士旦，1930年2月2日出生于浙江省瑞安县城郊后垟一个普通家庭。少年时期的他，练就一笔好字。1948年7月毕业于瑞安中学高中部。1950—1951年在瑞安莘塍金华乡薛里乡任小学教师。1951年考入南京大学农学院土壤系，1955年毕业留校任教，历任南京农学院助教、讲师，南京农业大学副教授、教授。

　　毕业留校工作后，师从我国著名土壤与植物学家黄瑞采、史瑞和、斐保义教授，一直从事土壤农业化学分析的教学、植物营养的研究工作，以其孜孜以求、精益求精的精神而著称。从自编《土壤农业化学分析》、《农产品品质分析》讲义开始，在近30年的教学实践中不断完善，作为主编人之一于1980年出版了全国统编教材《土壤农化分析》。后经详细修订于 1986 年出版了第二版,获首届农业部部级优秀教材奖。2000 年,鲍士旦作为主编,完成了全国统编教材《土壤农化分析》的编写与出版,被作为面向 21 世纪教材使用。作为一部专业性很强的教材,该书经多次再版与印刷,创累计印数近 10 万册,在高等农业院校中使用 30 多年,为全国第二次土壤普查的顺利完成和培养土壤、植物营养专业人才做出强有力的技术支撑和人才储备。此外,于 1996 年他还主编出版了《农畜水产品品质分析》一书,并参编了多部有关土壤农业化学分析的教学参考书。

鲍士旦曾担任江苏省土壤学会第五、第六届理事,江苏省土壤学会组织委员会委员。从 1992 年 10 月 1 日起享受国务院政府津贴。他长期从事土壤农化分析、农产品品质分析及植物营养与施肥等教学和科研工作,先后培养了硕士生、博士生几十名。其主编的面向 21 世纪教材《土壤农化分析》一书被称为土壤分析界的经典之作。他以第一作者或通讯作者发表研究论文 40 多篇。

编写土壤农业化学分析教材

1950 年代中期开始,鲍士旦即师从史瑞和教授进行土壤农化分析的理论与实验教学工作。这时,土壤农化分析课程刚开始设立,还不成熟,国外也无可供参考的分析测试类教科书,甚至连成熟的分析测试方法也没有。他和同事们一起,整天在实验室摸爬滚打,亲自制作与准备各类实验仪器设备、试剂。先从有机质、氮的测定分析方法开始,详细研究测定方法的样品称样量、试剂用量、实验条件、操作步骤中的各项注意要点,研究分析测试方法误差与干扰的大小、产生原因等详细参数,在完全掌握该分析方法后,再授予学生,编成实验讲义进行教学。

在土壤农化分析多年的理论实验教学过程中,鲍士旦发现国内外同类的分析参考书中,对分析方法的应用条件阐述得很详细，适合有一个工作经验的科研工作者使用，但这些书要作为教材或作为初用者，实验操作中产生的很多问题无法得到解答。在《土壤农化分析》从实验讲义至成为面向 21 世纪教材的 40 多年时间里，逐步完善教材章节的内容架构，在每个测定元素的概述中，先阐明元素在我国土壤中的形态、含量与分布情况以作为学生基本知识的储备，然后就元素的多种测定方法的适用范围和优缺点进行讨论，为学生根据研究的目标和实验室的条件进行分析测试方法的选用作好理论准备；针对一个元素的某一个测定方法的原理进行详细介绍，解决方法操作步骤中为什么要这么做的问题；方法的实验仪器和试剂配制部分，数据准确，操作详细，初学者不需进行复杂运算，按步骤操作即可完成；在实验方法的操作步骤之后，作了大量的操作说明，便于学生对分析测试方法的掌握。全书知识内容架构将教材必须具备的由浅入深、便于自学掌握的要求体现得淋漓尽致。该书在 1986 年获教育部首届优秀教材奖。自 2000 年起，该教材的第三版作为教育部面向 21 世纪教材使用。

在教材的编写与修订过程中，鲍士旦组织参编人员和助手，甚至亲自动手，对书中大量的称量数据，特别对标准物质使用量的数据进行反复核算，确保书中数据的正确性，使该书的差错率几乎为零。鉴于其治学的严密、严谨和严格，1980 年始被中国土壤学会聘为《土壤农业化学常规分析方法》编委、参编和审稿。此外，他还主编了《农畜水产品品质分析》教材和参编了大量有关分析方面的参考书。

开展土壤供肥规律的研究

钾素是植物生长必需的第三大营养。我国的农田大部分种植水稻、棉花等作物，随着大量氮、磷肥的施用，农田钾素的缺乏成为限制农作物产量和品质提高的主要因素之一。针对这一状况，自 1980 代开始，鲍士旦致力于我国主要水稻土类型供钾状态的诊断方法及应用的研究。通过长期重复的盆钵试验和大量的田间试验，发现不同形态钾对作物的有效性各不相同，作物吸收的钾不但来自于土壤交换性钾，也来自于土壤缓效性钾，不同土壤间不同形态钾对植物营养的贡献存在差异，即土壤交换性钾、缓效钾的释放存在一个"最低值"的规律。他从研究不同形态钾的测定分析方法入手，提出了水稻土壤缓效钾缺素诊断的新方法（2mol/L 冷硝酸浸提法）和缺素供应临界指标，首先探索出棉花钾素营养诊断的新方法。"水稻供钾状态的诊断方法及应用研究"项目，于 1991 年获国家教委科学技术进步奖三等奖；"棉花钾素营养诊断和钾肥大面积推广应用"项目，于 1992 年获国家教委科学技术进步奖三等奖。

1980 代中期，南京丘陵地区引进秦油七号等双低新油菜品种（低芥酸、低硫代葡萄糖苷）后，大面积油菜出现花而不实，甚至绝收的现象。鲍士旦与同事们一起长期蹲点溧水傅家边，深入田间，走访农户，采样分析，进行盆钵试验与大田试验，找到油菜绝收主要是由于硼等微量元素缺乏所引起的原因，并为农业生产提出了极其有效对策。"江苏丘陵山区综合技术开发——南京溧水傅家边实验基点"项目，于 1987 年获南京科技进步奖二等奖；以此为契机，进一步开展植物微量营养元素的研究，"主要微量营养元素对作物的影响"（中国农科院子课题）项目，于 1992 年获农业部部级科技进步奖三等奖（第 3 完成人）。

自 1990 代中期开始，鲍士旦除了用电渗析超过滤仪（EUF），从模拟植物对土壤钾吸收的角度，继续从宏观的角度研究土壤交换性钾、缓效性钾的释放规律外。从微观角度出发，提取土壤不同粒级（$<2\mu m$，$2\sim20\mu m$，$20\sim100\mu m$，$>100\mu m$）的土壤黏粒来研究土壤钾素的释放规律，发表了《我国主要土壤不同粒级的矿物组成及供钾特点》等研究论文，为后人从这一角度研究土壤氮、磷等元素供肥规律的研究开拓出新的路子。

爱教育、爱学生，成就一生师范

鲍士旦从 1955 年开始了近 50 年的从教和科研生涯，在教学和科研岗位上辛勤耕耘着。他处事低调、为人耿直、从不把荣誉拿来显摆，在《土壤农化分析》获得首届农业部优秀教材奖时，时隔 2 年后大家才知道他得到了这个奖。

作为我国土壤农业化学分析的权威，鲍士旦常以"差之毫厘，谬以千里"来勉励自己和要求学生。在科研工作中，他治学严谨，总是身体力行、亲自动手，把书本上的理论知识努力付诸实践，只有理论被实践证明后，他才会耐心传授给学生。他常以菠菜铁含量测量结果由于误将小数点位向后移了一位，而致菠菜含铁量比其他植物高 10 多倍的结果一直谬传的例子，告诫学生，科学研究必须严谨，来不得半点马虎。

为了教学和科研，鲍士旦废寝忘食、殚精竭虑，常年在化学实验室里工作，由于以前实验室条件的限制，常因受有毒害化学气体的影响而昏倒，苏醒后又投入到工作中，久而久之，患上了严重的胃病和脑血栓，但是他依然努力工作，继续奋斗在教学科研的第一线。学生做实验时，他总是坚持现场指导，及时纠正学生犯的每一个错误，学生不懂的地方，他耐心指导，直到学生完全掌握为止。

从教几十年来，他甘为人梯，愿为蜡烛，把自己积累的教学、科学经验和资料毫不保留地传授给青年教师，指导青年教师讲课，开展科研，撰写论文，出版著作，培养了一大批本科生和 20 多名硕士、博士研究生，使他们成为农业科技和教育战线的高级人才。"耕耘忙作乐，只为桃李芳"，这是贯穿他一生的格言。

（杨超光）

简　历

1930 年 2 月 2 日　出生于浙江省瑞安县城郊后垟。

1948 年　毕业于瑞安中学高中部。

1950—1951 年　在瑞安莘塍金华乡薛里乡任小学教师。

1951—1955 年　在南京大学农学院土壤系学习。

1955—1961 年　南京农学院土壤农化系助教。

1961—1983 年　南京农学院土壤农化系讲师。

1983—1988 年　南京农业大学土壤农化系副教授。

1988—1994 年　南京农业大学教授。

1994 年　退休。

主要论著

［1］史瑞和，鲍士旦，等．土壤农化分析．北京：中国农业出版社，1980；1986；2000.

［2］李酉开，鲍士旦（编委，参编），等．土壤农业化学常规分析．北京：科学出版社，1983.

［3］鲍士旦，等．农畜水产品品质化学分析．北京：中国农业科技出版社，1996.

［4］鲁如坤，鲍士旦（编委，参编），等．土壤农业化学分析方法．北京：中国农业科学出版社，1999.

［5］鲍士旦，等．土壤农化分析（第三版）．北京：中国农业出版社，2000.

［6］史瑞和，鲍士旦，秦怀英．江苏省主要土类钾素供应状况和棉花钾肥试验．南京农业大学学报，1980（1）：127—136.

［7］鲍士旦，史瑞和．土壤钾素供应状况的研究 I·江苏省几种土壤的供钾状况与禾谷类作物（大麦）对钾吸收能力之间的关系．南京农业大学学报，1982（1）：50—66.

［8］鲍士旦，史瑞和．土壤钾素供应状况的研究 II·土壤供钾状况与水稻

吸钾间的关系．南京农业大学学报，1984（4）：70—78.

［9］鲍士旦，黄建伟，赵新华．丘陵山区开发点土壤肥力调查和测土施肥．南京农业大学学报，1985（4）：116—118.

［10］徐光璧，鲍士旦，胡秋辉，等．溧水县宁油八号油菜花而不实原因初探．南京农业大学学报，1988（2）.

［11］鲍士旦，马建锋．土壤钾素供应状况的研究Ⅲ·几种不同土壤中钾的固定与释放．南京农业大学学报，1988（3）：73—81.

［12］鲍士旦，林金元，田桂山，等．低芥酸油菜（宁油八号－430）养分吸收特性的初步研究．南京农业大学学报，1988（4）.

［13］戚道光，鲍士旦，李德成．江苏省建湖县几种主要土壤中有效 Zn、Mn、Cu 和 Fe 的含量与分布．南京农业大学学报，1989（1）.

［14］鲍士旦．棉花的钾素营养诊断和钾肥施用．南京农业大学学报，1989（1）：136—138.

［15］鲍士旦，徐光璧，黄欠如，等．啤酒大麦不同品种的吸肥特点以及产量和品质比较．大麦科学，1989（1）.

［16］鲍士旦，史瑞和，徐国华．钾素对水稻、小麦产量和品质的影响．土壤通报，1990（3）.

［17］封克，史瑞和，鲍士旦．苏南白土钾素供应状况的研究．南京农业大学学报，1990（2）.

［18］鲍士旦．稻麦钾素营养诊断和钾肥施用．土壤，1990（4）：184—189.

［19］徐国华，鲍士旦，史瑞和．土壤钾素供应状况的研究Ⅳ·禾谷类及豆类作物对土壤层间钾的利用．南京农业大学学报，1991（2）.

［20］鲍士旦，徐国华，侯立志．啤酒大麦的锰素营养及锰肥对其产量和品质的影响．土壤通报，1992（5）.

［21］史建文，鲍士旦，史瑞和．不同水稻和大麦品种对土壤层间钾的利用．南京农业大学学报，1992（1）：65—70.

［22］练春兰，鲍士旦，史瑞和．土壤学报，1992（3）.

［23］鲍士旦，徐国华．稻麦轮作下施钾效应及钾肥后效．南京农业大学学报，1993（4）：43—48.

［24］鲍士旦，戚道光，薛爱英，等．氮素营养对啤酒大麦产量和品质的影响．土壤，1993（1）.

［25］史建文，鲍士旦，史瑞和．耗竭条件下层间钾的释放及耗竭后土壤的固钾特性．土壤学报，1994（1）：42—49.

［26］郑文娟，鲍士旦．应用生物法研究土壤含钾矿物与土壤供钾能力间关系．土壤学报，1994（3）：267—279.

［27］鲍士旦，于军．钾耗竭后土壤对铵钾离子的固定竞争．土壤，1994（6）.

［28］徐国华，鲍士旦，杨建平，等．不同作物的吸钾能力及其与根系参数的关系．南京农业大学学报，1995（1）.

徐盛荣

(1930—)

徐盛荣，土壤学家。长期从事土壤调查与制图、土地评价、土壤遥感等方面的教学与科研。在江苏省里下河地区低产沤田改造和我国黄棕壤、红壤丘陵综合开发利用改良等方面作出了重要的贡献。

1930年9月15日，徐盛荣出生在江苏省金坛县。在他还未记事时生母离世。父亲从事商业受雇于人，家境清寒。随后，他的父亲续弦，因继母无子女，所以待他如亲生，从而养成了徐盛荣具有很强的优越感、好胜自强、唯我独尊的性格。每当与同龄孩子嬉戏时，总要占优得胜而后快。

徐盛荣小时候在乡塾读书，从《三字经》直到《大学》、《中庸》、《论语》、《孟子》等古书，私塾老师所教，只知背诵，未解其意。一次，需背诵《孟子》几乎全书，谁能尽记？只有混乱漏背，不幸被老师发现，受木板猛击背股，痛入肌肤。他年幼时，常以石板练字。这给他打下了良好的文笔功底和墨迹基础。

1950 年夏，徐盛荣考入浙江大学农化系。在浙江大学农化系并入南京农学院。从此他与土壤学，特别是土壤调查制图和土壤改良，结下不解之缘。

热爱土壤调查　心系土壤改良

徐盛荣一生最大的追求，就是改良中低产农田。1954 年夏，他大学毕业留校任教，被安排从事土壤调查与制图的教学与科研工作，从而也开始了他终生热爱也是终生致力的土壤调查制图与土壤改良事业。早在他毕业前夕，他就参加了西北黄土高原治理考察。毕业后继续进行西北黄土高原治理考察，后又参加淮河流域治理调查，江苏的淮北地区和里下河地区的泥炭调查等多项土壤调查和区域治理活动。

1958 年，徐盛荣被分派到常州市武进县奔牛镇接受贫下中农的"再教育"，并在基点上开展了苏南砂姜白土的改良试验研究。1963 年，他参加了内蒙古锡林郭勒盟草原治理考察。20 世纪 60 年代前期，参加了太湖流域低产白土改良研究。1962 年，他又进行了江苏省里下河地区沤田改旱地的研究，由于成绩突出，1966 年 5 月被邀请参加了在福建召开的全国农业科技大会。会议一结束，他又投身于沤改旱的持续研究中。之后，南京农学院与扬州的苏北农学院合并成为江苏农学院。徐盛荣即随之到扬州。再后，他被借调到中国科学院南京地理研究所，经常伴随周立三院士外出调查、收集资料，编写《江苏农业地理》专著。

1978 年，全国中长期科学规划会议在北京召开，徐盛荣应邀参加。代表们提出了开展全国第二次土壤调查，黄、淮、海和黄土高原、南方红壤等区域开发治理的建议，得到与会者一致赞同，并做出了详细规划。会后，他参与了全国第二次土壤普查"技术规范"制订，及南方和江苏土壤试点，应用遥感技术培训大批技术骨干，直至后来的成果验收，他都亲自主持，成为奠基者之一。

徐盛荣一生从事土壤地理、土壤调查与低产土壤改良事业，在区域治理与土壤改良方面做出了很大的成绩。江苏省里下河洼地沤田是典型的低产土壤，他提出变水稻一年一熟为稻—麦、麦—棉一年两熟获得成功。在改制中，从理论上揭示出沤田改旱初期土壤物理性状恶化的机制，并通过试验样板加速沤田土壤改良工作的进程，使全区20多万公顷沤田改制成功；同时为中国南方河、湖两侧同类型洼地——熟沤田土壤的改良，提供了成功先例，使广大地区的粮食产量和经济收益显著提高。1975年1月，徐盛荣有机会去里下河地区参观，发现全境面貌，已经完全改观，沤田绝迹，田间一片碧绿，全年亩产已超过600公斤。他对10年前"沤改旱"研究所发生的巨大变化，感慨万千，即席赋诗一首。

徐盛荣与吴珊眉、熊德祥等人合作，研究中国北、中亚热带低丘黄棕壤和红壤的治理，提出了建造人工高效复合生态系统模式的学术思想，为本区域综合治理，提供理论依据，并做出了成功的生态建设的示范样板。他还对江苏省太湖平原白土及长江两侧砂姜土的低产原因开展过研究，并作出了改土增产的示范样板，为区域性均衡增产作出了重要贡献。

徐盛荣从事土壤调查，也很重视土壤分类的研究。在第二次全国土壤普查中，他论证确立了脱潜型水稻土亚类型，并得到公认和应用。这样既提高了水稻土分类的学术水平，也填补了分类中客观存在的土壤类型体系的空白。对苏浙皖交界山地的土壤垂直带谱，做出了修正，使之正确地反映符合客观实际的土壤类型及其分布状况。在参加龚子同研究员主持的中国土壤系统分类研究中，对硅铝土中黄棕壤、黄褐土的游离铁、铁游离度和pH值等诊断指标的划分界限，提出了更正，给分类的准确性指标做出了填充；对两个土类的某些土属和土系，进行了土壤水分、温度及钙、镁等迁移和积累，开展了定位系统观测，提供大量的定量指标，使土壤类别划分，更具科学性。

运用航、卫片遥感技术是土壤调查制图的现代技术。徐盛荣在我国比较早的应用航、卫片遥感技术，开展卫片南京幅、江苏省及青海省都兰市的土壤调查制图以及宜兴、溧水等地的大比例尺航片乡级土壤调查制图。

热爱教育事业　心系教书育人

徐盛荣从事教育事业长达 40 余年。他极其重视人才的培养，先后培养土壤农业化学专业学士（本科毕业）过千人。他亲自指导的硕士研究生有约 30 名，直接指导的博士研究生有十多名。他的学生遍布全中国，有些在国外。徐盛荣坚持用"各业基于土，万物土中生"的道理教诲学生，使学生深切感悟到"祖国建设事业缺少不了土壤科学"这个真谛。

20 世纪 80 年代早期，徐盛荣应安徽农学院（现安徽农业大学）之邀，在该校讲授《土壤遥感技术》，帮助该校培养土壤遥感人才，并帮助该校筹办相应的学科。

徐盛荣曾经参加在北京农业大学举办的"地球资源卫星遥感图像解译"学习班。随后他就承担了农业部的任务，为全国第二次土壤普查培训了上百名应用航空遥感图像进行土壤判读制图的技术骨干人才，在南方诸省的第二次土壤普查中发挥了很好的作用，极大地提高了土壤普查的质量和速度。

热爱乐观人生　心系后人成长

徐盛荣性格乐观向上，淡泊名利。他十分注重为后人留下知识、经验和精神财富。

徐盛荣长期在南京农业大学资源与环境科学学院（原土壤农化系）从事教学与科学研究工作。编著学术著作与高校教材多部，在国内外刊物和国际会议上发表学术论文数十篇。由于他本人在学术上的深邃造诣和成就，他的事迹入选《国际人物辞典》第 24 卷（The International Bio – geographical Centre Cambridge），并被美国人物研究所（American Bio – geographical Institute）载入史册，并发给奖状。他也曾被国际土壤科学联合会吸收为会员。

在南京农业大学工作期间，他便不断积累教学和科研成果，积极撰写培育后人的教材，先后出版《土壤调查与制图》、《土地资源评价》、《卫星图像土地资源解译制图》等多部教材和专著，籍以拓宽土壤科学领域的理论、方法、技术与应用。他主编了《农业大词典》中的"土壤学"部分，汇集了当时国内外土壤学中全面而新颖的词汇，使之体现了全球同类词典的先进水平。

徐盛荣寄居美国后，继续从事科学研究，与吴珊眉教授、美国柏克莱加州大学 Pual Gesper 教授合作研究了"加州谷地农业旱季土壤保水机制及其调控措施"，做了多次实验研究，为该区域防旱节水提供了科学数据与试验样点，为当地农业增产和节约成本取得了显著效益。

退休后，徐盛荣与吴珊眉教授合力完成了专著《土壤科学研究五十年》。书中除阐述了他们 50 年间在土壤利用改良、土壤发生分类、遥感图像解译制图等学术和应用方面的研究成就之外，还对"全球农业"、"全球淡水资源"、"中国农业"、"美国农业"和"古巴农业"等做了专题论述。开展了中国与国外学者们广泛的学术交流，增强了彼此沟通和相互了解，开拓了同行们的视野和相互启示。徐盛荣与吴珊眉合作现正在撰写的《中国变性土》专著，将全面总结和介绍中国在变性土方面的研究成果与利用水平。他还为国内刊物撰写有关"诺贝尔奖"研究等文章，为国内同行介绍国外的学术研究动态。

徐盛荣始终不渝地追从黄瑞采、刘伊农、朱克贵等师辈学习做人的真谛。师辈的诲人不倦、孜孜以求的治学精神；光明磊落、淡泊名利的高尚品德；对己严、对人宽的宽广胸怀；作为自己的座右铭，艰苦地去学习和实施。在他担任系主任期间，大家都敢于进言甚至公开提出批评，也丝毫无碍。在与同志相处时，他不摆主任的架子，常常使不认识的人以为他就是一位普通教师。在从事科学研究的试验中，他谦虚谨慎，诚挚待人，不计较名利，使相互关系都能处得非常融洽。

徐盛荣虽然目前寄居国外，但仍心系祖国和母校，曾大力促进中美两国农学会的互访，开展两国农业事业的交流和合作。

眼下，徐盛荣居住在美国加州大学的 Clark 校园。他经常帮助从中国去探亲的老年人，带他们去医院看病、打预防针，去图书馆，去商店，去帮助他们申请和填写福利表格等。有一次，他带领 50 多位中国朋友去医院打感冒预防针，由于人实在太多，秩序有些失控，受到美国医院人员的指责。为此，徐盛荣挺身而出担当责任，替众人受过 1 个多小时。平常他带领初到美国的老人去医院看病，总是半天、甚至全天地陪伴他们、帮助他们，使初来乍到的老人很是感激。他如此地忘我助人，使朋友们发自内心地敬爱他，因此他被誉为是身在异国他乡的"中国活雷锋"。

（潘剑君）

简　历

1930 年 9 月 15 日　出生于江苏省金坛县。

1950 年 9 月—1952 年 7 月　浙江大学农学院农业化学系学习。

1952 年 9 月—1954 年 7 月　南京农学院土壤农业化学系学习至毕业。

1953 年　加入中国共产党。

1954 年 9 月—1961 年 1 月　南京农学院土壤农业化学系任助教。

1961 年 2 月—1980 年 9 月　南京农学院土壤农业化学系任讲师。

1969 年 12 月—1978 年 12 月　南京农学院与苏北农学院合并成江苏农学院（江苏扬州），任土壤农业化学系讲师，其间曾借调至中国科学院南京地理研究所从事研究工作约 4 年。

1978 年　"江苏里下河地区一熟沤田改稻麦两熟田的研究"获江苏省革委会奖状。

1978 年　"中国农业地理系列"《江苏农业地理》专著获中国科学院一等奖，徐盛荣为主要参加者。

1980 年 5 月　任江苏农学院土壤地理教研室主任。

1980 年 10 月—1986 年 9 月　南京农学院土壤农业化学系任副教授。

1980 年代　被选为江苏生态学会秘书长。

1980 年代前期　被选为中国土壤学会教育委员会副主任。

1980 年代后期　被选为江苏土壤学会教育委员会主任。

1983 年 4 月起　任江苏农学院土化系副主任。

1984 年 1 月—1986 年　任江苏农学院土化系主任。

1984—1987 年　被选为中国生态学会第 2、第 3 届理事。

1985 年 8 月　南京农学院土壤农业化学系任硕士生导师。

1985 年　由农牧渔业部授予优秀教师。

1985 年　被聘为全国第二次土壤普查技术顾问。

1985 年 12 月　被聘为"江苏省丘陵山区技术开发专家组"副组长。

1986 年 10 月起　南京农学院土壤农业化学系任教授。

1987 年 3 月起　南京农学院土壤农业化学系任博士生导师。

1987 年　"江苏省丘陵山区综合技术开发溧水县傅家边试验基点"获南京市科技进步奖二等奖。

1988 年　主持江苏省重点课题"江苏省宁镇扬丘陵农区'七五'经济发展规划"，获江苏省人民政府四等奖。

1990 年 1 月—1998 年 12 月　任南京农业大学"农业部属农业资源与环境研究所"所长。

1992 年 1 月　享受国务院政府特殊津贴。

1992 年 5 月　国际土壤学会会员。

1993 年　由南京土壤研究所李锦等主持的"中国 1/100 万土壤图编制理论和方法的研究"，获国家自然科学奖三等奖，徐盛荣为参加者。

1993 年　徐盛荣主持的在江西临川小华山试验基点进行的农业部重大攻关项目"南方红（黄）壤综合改良及粮、经、果持续增产配套技术"研究（1986.1—1990.12），获农业部科学进步奖三等奖。

1994 年　国际土壤学会会员。

1994 年 8 月　由国家自然科学基金委员会聘为"土壤科学发展战略评审会专家"。

1994 年 11 月　获农业部全国第二次土壤普查先进工作者。

1995 年 4 月　由"The International Biographical Centre – Cambridge England"评述徐盛荣在学术上的成就贡献事迹，载入国际人物传记辞典第 24 卷，授发了奖状。

1995 年 7 月　由"American Biographical Institute"给徐盛荣在学术上的成就和贡献载入史册并做了评述，发给了奖状。

2005 年　由南京土壤研究所龚子同主持的"中国土壤系统分类"研究，获国家自然科学奖二等奖，徐盛荣为主要参加者。

主 要 论 著

［1］朱克贵主编，徐盛荣副主编．土壤调查与制图（全国农业院校试用教材，第一版）．南京：江苏科学技术出版社，1981；土壤调查与制图（全国农业院校试用教材，第二版）．北京：中国农业出版社，1996.

［2］徐盛荣主编．卫星图像土地资源解译制图．北京：农业出版社，1990.

［3］徐盛荣主编，龚子同主审．土地资源评价（全国高等农业院校教材指导委员会审定教材）．北京：中国农业出版社，1997.

［4］徐盛荣主编．农业大词典·土壤学．北京：中国农业出版社，1998.

［5］徐盛荣，吴珊眉．土壤科学研究五十年．北京：中国农业出版社，2007.

［6］徐盛荣．里下河地区沤改旱的条件及其措施．江苏农学报，1963，2（1）：23—32.

［7］徐盛荣．再谈里下河地区的沤改旱．江苏农学报，1964，3（4）：93—99.

［8］徐盛荣．在样板点上怎样做土壤调查制图和规划工作．土壤学报，

1966（1）.

［9］徐盛荣．江苏省里下河地区的改土培肥问题．土壤，1977（2）：72—76.

［10］徐盛荣．江苏省里下河地区水稻土发生分类问题的初步探讨．见：土壤分类及土壤地理论文集．杭州：浙江人民出版社，1979，59—67.

［11］徐盛荣，黄瑞采，熊德祥．江苏省里下河地区脱沼泽型水稻土性状的演变及其改良途径．南京农业大学学报，1980（2）：1—12.

［12］徐盛荣，韩高原．江苏太湖西侧低山丘陵类型的航片土壤判读制图．土壤肥料，1981.

［13］徐盛荣，韩高原．大比例尺航片土壤调查制图研究——以江苏宜兴川埠公社为例．南京农业大学学报，1982.

［14］徐盛荣．略谈我国土壤分类中的几个问题．土壤肥料，1983.

［15］Xu S R, Zhu K G, Pan J J. Soil Information Systems and Remote Sensing for Soils. Commission V ⅩⅢ Congress of the International Society of Soil Science, Hamburg, Germany, Aug. 18, 1986, 100—101.

［16］徐盛荣．对江苏省丘陵山区综合开发的几点认识．江苏农业科学，1986.

［17］徐盛荣，朱克贵，潘剑君．南京地区幅卫片土壤解译与制图研究．南京农业大学学报，1987.

［18］徐盛荣．宁镇扬丘陵山区的土地资源开发与土壤问题．江苏农业科学，1988.

［19］徐盛荣，王义炳，谭正喜，等．溧水县傅家边村土壤资源生产力评级研究．南京农业大学学报，1988.

［20］徐盛荣，黄光华．江西省临川县小华山红壤基点开发治理试验简况．南京农业大学学报，1989.

［21］徐盛荣，朱克贵．遥感技术在编制南京幅1∶50万江苏省部分土壤图中的应用．土壤，1989.

［22］徐盛荣．关于开发我国红黄壤资源潜力的几点认识．土壤，1991.

［23］徐盛荣，周勇，武心齐．江西省临川县小华山红壤实验区土地资源的评价与治理设计．自然资源，1991（3）：27—33.

［24］徐盛荣．我国南方红壤丘陵几种生态模式效应研究．浙江农业科学，1992.

［25］徐盛荣，吴珊眉，李辉信．中国南方低丘红壤区人工复合生态系统模式建造研究．生态学杂志，1993，12（2）：39—40.

［26］徐盛荣，潘剑君，李辉信，等．红壤有机—无机复合作品质及培肥途径研究初报．土壤通报，1994.

［27］徐盛荣，吴克宁，刘友兆．对建立淋溶土纲的几点认识．土壤通报，1994，25（6）：241—244.

［28］Xu S R. The Eco – environment of Red Soil Region in China: Its Charac-teristics and Improvement, Volume 7a Commission Ⅵ： Simposia, 15th World Congress of Soil Science, Acapulco, Mexico, July 10 – 16, 1994： 223—226.

［29］徐盛荣，吴克宁．中国土壤系统分类中土种级别的研究——以淋溶土区的典型样块为例．土壤学报，1995，32（增刊）：205—210.

刘孝义

(1930—)

刘孝义，土壤学家，从事土壤物理、土壤改良和土壤环境学等方面教学与科研工作。对我国土壤物理学、土壤磁学的建立和发展作出了贡献。

刘孝义，1930 年 11 月生于辽宁省沈阳市苏家屯莫家堡村一个农民家庭中。祖籍山东省，曾祖父带领父辈迁至辽宁。祖辈无人识字念书，故全家都希望能有儿孙们能有识字读书人。刘孝义幼年时期就下定决心，立志读书。农村小学毕业后，东北光复，1946 年考入国民党时期教育部中学进修班，1947 年编入国立东北中山中学，该校师资雄厚，经费充足，教学质量较高，堪称东北之首。当时正值求知欲旺盛期的刘孝义，不惧寒冬（或夜以蜡取光）坚持寒窗苦读。1948 年 11 月沈阳解放，刘孝义与十几位高中一年级同学考入沈阳农学院预科（后迁到哈尔滨）。1950年入本科土化系就读。1952 年全国院系调整，又回到沈阳农学院。1954 年土化系毕业留校。1956 年经选拔被高等教育部录取北京留苏预备部，学习俄语。出国前又到南京大学进修一年。

1958 年 10 月至 1962 年 5 月于莫斯科大学生物土壤系攻读研究生学位，以优异的成绩获得生物科学副博士。1962 年回国。"文化大革命"后，尤其是改革开放以来，与众多的科学工作者一样，倍加珍惜难得的机遇，更加勤奋地投入科研和培养研究生工作中去。

在多次出国援外工作，以及出国讲学和参加学术会议过程中，均能严格要求自己，出色地完成了涉外工作。

开展土壤磁学及磁处理效应研究

刘孝义首次在我国开展了土壤磁学及其磁致效应研究，尤其是在土壤、生物电、磁处理效应研究领域中，取得了重大成果，为中国土壤磁学的建立和发展作出了突出贡献。1982 年在 12 届国际土壤学大会上（印度）发表了《Magnetic Susceptibility of Main Soils in Northeast China》论文。填补了我国土壤磁学空白。在土壤、生物磁致效应研究中，揭示了许多前所未有的自然现象，开创性地提出了土壤与生物磁致效应理论。适宜磁处理技术可明显影响土壤理化性质（降低土壤比表面，增强土水势，改善土壤结构和土壤胶体表面电荷状况，降低土壤膨胀性、粘结力、黏着力和剪切力，提高土壤肥力）。此项成果被评为国内首创、国际先进水平，1991 年获国家教委科技进步奖一等奖；土壤磁学研究于 2002 年获辽宁省自然科学奖三等奖。

适宜磁场可显著提高作物种子发芽率、呼吸强度、增强淀粉和过氧化氢酶活性，提高植物体中叶绿素含量，提高化肥利用率，增强作物抗逆性，明显提高作物产量（小麦 5% ~ 10%，水稻 5% ~ 12%，黄瓜 20% ~ 40%）。磁场处理蚕卵，可显著提高蚕茧产量和质量，桑蚕增产 18% ~ 20%，柞蚕 15% ~ 20%。磁场可提高食用、药用菌产量（12.5% ~ 20.5%）和品质（氨基酸总量增加 28% ~ 44%）。土壤、生物磁处理效应研究成果被评为国际先进水平，2000 年获辽宁省科技进步奖二等奖，并被推荐国家奖，此项研究成果已由中国农业出版社出版专著。

研制"磁化犁"，开展土壤水分和改良低产土壤研究

在土壤磁致效应研究基础上，发明研制出国际首创"磁化犁"（比捷克早一年），获国家发明专利，1993 年获辽宁省发明创造奖一等奖。应用此犁翻耕，可使耕作阻力降低7% ~ 25%，节省燃油 11.3%。

1958—1962 年在莫斯科大学读研究生期间，刘孝义参加了雷滨斯克大型平原水库对周围土壤影响考察队，并担任考察队副队长。通过大量的实地研究、观测，他提出了平原水库对周围地区直接影响范围，为大型水库建设提供了重要参数。其研究成果反映在莫斯科大学学报及苏联学术杂志上，如《РЕЖИМ ГРУНТОВЫХ ВОД ПРИБРЕЖНОЙ ТЕРРИТОРИИ РЫБИНСКОГО ВОДОХРАНИЛИЩА》，共 4 篇。近十余年间相继开展了土壤水分行为，SPAC 系统中水分运动研究，系统地开展了东北地区主要土壤持水、供水特性的研究撰写专著《土壤水分与植物生长》，并与日本千叶大学合作指导博士研究生。1986 年在第 13 届国际土壤学大会（汉堡）上发表了《Water holding characteristic of some Major soils in Northeast China》学术论文，随后又相继开展了土壤结构改良剂、盐渍土改良、懈土改良研究，为中低土壤改良和保护地农业提供了途径。

研究土壤污染与防治

在刘孝义指导下，多名博士研究生和博士后相继开展了土壤、地下水、大气污染与防治研究，较为系统地研究了铊（Tl）的地球化学行为及其环境危害效应，我国首次发表了铊（Tl）

对土壤污染危害的研究论文。辽宁省典型地区土壤重金属污染评价与防治对策研究，于 1996 年由辽宁省科委主持鉴定，评为国内先进水平。1988 年出版了有关环境方面的学术论文集。

刘孝义的研究成果不仅有重大理论意义，亦有显著的经济、社会和环境效益，仅蚕磁致效应经三年的示范推广已取得了纯经济效益 5000 余万元，"磁化犁"在黑龙江国营农场示范试验表明，应用此犁翻耕可节省燃油 10% 以上。东北地区应用此犁翻耕，按现有机耕地 1/10 计，年可节省燃油 360 余万斤。关于作物、蔬菜、蚕业、食用菌等磁致效应研究成果，正在示范推广中，且展示着十分可观的经济效益。

刘孝义对我国土壤学发展和人才培养作出了重大的贡献。在国内外发表学术论文 80 余篇，十余篇被"Soils and fertilizers"引用，多篇获奖。出版著作 6 本（1982 年《土壤物理及土壤改良研究法》，1998 年《土壤物理学基础及其研究法》，1998 年《土壤质量中环境问题》，2001 年《土壤、生物磁学研究及应用》，2007 年《土壤水分与植物生长》，2009 年《土壤物理研究法》），另有合作编著的 3 本。在研究培养工作中，十分注重培养研究生的动手能力和开拓进取精神，他所领导的土壤学科被评为农业部重点学科。

刘孝义一直严以律己，宽以待人，遇事更多地考虑别人，而很少考虑自己。在对待人才培养和科研方面尤其重视创新求实，坚决反对弄虚作假。对原则问题从不人云亦云随声附和。譬如，20 世纪 80 年代磁化水"热"时，在多次学术会上提出，磁化水并未磁化，更不是医治百病的神药，强调土壤、生物磁致效应只是在一定的磁场强度影响下，才有正效应，否则，会产生负效应。

（张大庚）

简　历

1930 年 11 月　生于辽宁省沈阳市苏家屯。

1950 年　入沈阳农学院土化系学习。

1954 年　在沈阳农学院毕业并留校。

1958 年 10～1962 年 5 月　莫斯科大学生物土壤系攻读研究生学位。

1959—1961 年　雷滨斯克水库地区土壤考察副队长、研究生。

1971—1972 年　马里水利考察水坝设计成员。

1976 年 4－11 月　阿尔巴尼亚农业援外成员。

1982 年 2 月　赴印度参加第 12 届国际土壤会议成员、副教授。

1991 年 4－5 月　赴乌克兰农业考察成员、教授

1992 年 6 月　赴俄罗斯考察成员、教授

1993 年 10 月　赴日本讲学及探亲、教授。

1994 年 6 月　赴俄罗斯讲学、教授。

1998 年 8－11 月　赴美国访问考察及探亲、教授。

1962—2000 年　沈阳农业大学系主任、教授。

2000 年　退休。

主 要 论 著

[1] 刘孝义. 土壤物理及土壤改良研究法. 上海：上海科学技术出版社，1982.

[2] 刘孝义. 土壤物理学基础及其研究法. 哈尔滨：东北大学出版社，1998.

[3] 刘孝义. 土壤生物磁学研究及应用. 北京：中国农业出版社，2001.

[4] 刘孝义. 土壤水分与植物生长. 沈阳：辽宁科技出版社，2007.

[5] 刘孝义副主编. 土壤物理研究法（21 世纪全国规划教材）. 北京：北京大学出版社，2009.

[6] 刘孝义. 沈阳地区懈土懈性的研究. 土壤通报，1965（5）.

[7] 刘孝义. 我国东北地区几种主要土壤磁化率. 沈阳农学院学报，

1982 (4).

[8] 刘孝义. 东北地区几种土壤持水特性的研究. 沈阳农学院学报, 1985 (7).

[9] 依艳丽, 刘孝义. 土壤磁学理论应用新途径——磁性犁. 土壤学报, 1993 (4).

[10] 刘孝义. 磁场对土壤理化性质的影响. 中国农业科学, 1991, 3.

[11] 刘孝义, 等. 土壤磁学效应的研究. 沈阳农业大学学报, 1991 (4).

[12] ИСПАРЕНИЕ ВЛАГИ ВТОРИЧНОДЕРНОВЫМП ПОДЗЛИСТЫМИ ПОЧВАМИД АРВИПСКОГОЗАПОВДНИКА, 1961, ТРУДЫ D . Г. 3 VII.

[13] ВОДНЫИ РЕЖИМ ВТОРИЧНОДЕРНОВЫХ СЛАВОПОДЗОЛИСТЫХ ПОЧВ ПРИВРЕЖНОЙ ТЕРРИТОРИИ РЫВИНСКОГО ВОДОХРАНИЛИЩА, 1962, НАУ. ДОК. ВЫСЩСК. ВИО. НАУ I .

[14] ВОДНЫЙ РЕЖИМ ТРУНТОВЫХ ВОД ПРИВРЕЖНОЙ ТЕРРИТОРИИ РЫВИНСКОГО ВОДОХРАНИЛИЛИЩА, 1962, ВЕСТНКМ. Г. У. VI

[15] ЭЛЕМЕТЫ ВОДНОГО БАЛАНСА ВЕРЕГОВОЙ ТЕРРИТОРИИ РЫВИНСКОГОВОДХРАНИЛИЩА, 1963, ТРУДЫ D. Г. 3 I .

[16] Magnetic Susceptibility of Main Soils in Northeast China. 第 12 届国际土壤学会论文. 1982.

[17] Magnetic Susceptibility of Main Soils in Liaoning Province of China. Treatisus on Agricultural Resoarch, 1985, 1.

[18] Water Holding characteristics of some Major Soils in Northeast China. 第 13 届国际土壤学 (汉堡) 论文. 1986.

[19] Study On Soil magnetic effect, Pedosphere, 1995, 3.

[20] Effect of magnetic Field on Enzyme Activities in Main Soils of Northeast China, Pedosphere, 1996, 4.

李金培

(1930—　)

　　李金培，土壤学家。对广东省土壤农业化学教育及研究作出了重要贡献。对南方地区低产土壤的成因及改良利用进行了深入研究。在广东开创了中欧土壤合作研究。

　　李金培，1930年出生于广东省中山县的一个农村（现改为珠海市）。1937年，因抗日战争爆发，生活极不稳定，所以从小学到中学转校五六次之多，饱受日本侵略军侵略之苦。

　　1949年中华人民共和国成立后，考入中山大学农学院（后改名为华南农学院）农学系就读。1953年毕业后，保送到北京农业大学（现为中国农业大学），成为该校土壤农化系研究生，跟随苏联专家涅干诺夫及北京一些知名教授，学习土壤知识。1956年回到母校从事科研教学工作。

土壤研究　成果突出

　　几十年来，李金培勤奋钻研，在科研学术上取得丰硕成果，先后发表了数十篇（部）论文和专著，主要有《稻田氮钾营养失调问题》、《有机无机改良剂对菲律宾酸性硫酸盐土化学动力学与水稻生长关系》、《广东毒质土壤的改良利用》、《华南坡地红壤的改良利用》、《强化土地资源的规划管理》、《在市场经济条件下农业的新问题及对策》等。在担任丁颖教授的科研助手期间，协助编写由丁颖教授主编的《中国水稻栽培学》中的土壤、肥料、整田、灌溉等章节，并对其他相关章节的内容进行了补充。

在学术上，李金培力主求实精神，注重实践，为了提高南方水稻产量，他转战南粤大地。20 世纪 70～80 年代，他与同事研究的"调整水稻土壤氮钾比例，防止水稻赤枯病"的成果，在梅县地区推广成功并提高了水稻产量，受到当地农民和技术干部的好评，并获校级科技推广奖三等奖。80 年代，他根据广东土壤特性，从国际水稻研究所的优良品种中筛选出适合广东酸性硫酸盐土种植的抗毒性较强的品种，为广东水稻产量的提高作出了贡献。1972—1973 年，参加了援助阿尔巴尼亚菲尔泽水电站铁锈水研究组的工作，并任副组长。该项研究通过对广东省多个水库反泸体解剖调查及水质分析，提出了热带、亚热带红土地区土质坝铁锈水成因及其沉积现象，从化学及生物的综合作用分析其发生发展过程，并指出其危害性，为该工程提供了重要参考数据，受到了上级主管的重视及表扬。

为了提高科研水平，李金培积极参与国际技术合作与交流。1985—1988 年，他与欧共体科技委员会进行了 3 年的科研合作，先后考察了联邦德国、比利时、荷兰等国的农业。1990 年应泰国国会邀请，以全国人大科技代表团代表的身份访问泰国，拜会该国国会议长及公主诗琳通，并与有关大学和科研单位进行了深入交流。此外，李金培还多次出席国际学术会议，并于 1988 年主持了中欧土壤科学研讨会。其论文被全文收入《SOILS AND THEIR MANAGEMENT》（《土壤及其管理》）一书，并由 ELSEVI-

ER 应用科学社出版。

1982—1984 年，他在担任国际水稻研究所（设在菲律宾）特约研究员期间，曾在国际著名的土壤化学家彭帕姆帕鲁玛的指导下，对菲律宾酸性硫酸盐土壤的特性及改良利用的途径进行了探索性的试验研究。在菲律宾工作的日子里，李金培不怕艰苦，经常顶着高温闷热，一个人在田间或实验室里做研究。国际水稻研究所所长柏克先生对他给予了高度评价："他的突出贡献是发现用稻秆能降低酸性硫酸盐土的毒性，能改进水稻的生长和产量，这种发现对提高水稻产量具有重大的实践意义。"归国后，他马上奔赴台山、新会、番禺等地，指导农民推广应用这一科研成果，取得了良好的效果。1986 年，他出席了在联邦德国汉堡举行的第十三届国际土壤学大会，并成为国际土壤科学联合会会员。在会上他宣读了题为《Amelioration Of An Acid Sulfate Soil In The Philippines. I, The Effect Of Organic And Inorganic Matter Amendments On Rice Growth And Yield In An Acid Sulfate Soil》的论文，受到与会者的高度评价。1989 年，他在泰国参加了国际第一次水稻土肥力会议，并在会上全文宣读《Characteristics And Management Of The Toxic Soils In Guangdong Province，China》的论文。该文被收入《第一次国际水稻土肥力研讨会论文集》。1990 年，出席了亚洲及太平洋区域红壤开发利用国际会议，并在会上宣读论文，介绍华南红壤坡地开发利用现状及前景。

在国外工作时，同行曾对他说："中国条件差，像你这样努力工作的科研人员到国外去，肯定会更有前途。"他报以一笑，说："我是在中国这块土地上出生的，这块土地哺育我成长，我应该为这块土地献身。"李金培曾说过："一个农业科学工作者，不要忘记十多亿人的吃饭问题，要关心农民的疾苦。"正是这种为事业甘愿吃苦的献身精神和爱国主义情怀，激励着他几十年如一日辛勤地耕耘，无怨无悔。

教书育人　尽心尽职

李金培历任华南农学院助教、讲师、副教授，华南农业大学教授、国际水稻研究所特约研究员，并兼任土壤化学及分析教研室主任、热带亚热带土壤研究室负责人等。在此期间，他先后为本科生、研究生及外国留学生讲授土壤学、耕作学、土壤化学、土壤污染及其防治等课程，还为清华大学农田水利专业的外国留学生讲授土壤农作学课程，为国内外培养了一批具有较高水平的农业科技人才。

李金培治学严谨、一丝不苟，对教学工作兢兢业业、尽心尽职。经常深入农村基层、深入田间总结农民生产经验，大大提高了教学质量，深受学生欢迎。

1974—1975 年，他和陆发熹教授等一起，带领土化系毕业班学生到海南岛屯昌和琼海县实习并执行国家任务，进行教学、科研和样板相结合的土地资源调查和利用改良规划。经过师生的共同努力，在低产田改良试验中，当地的水稻产量由每亩 200 多千克提高到 500 千克。不仅顺利完成了国家任务，得到当地政府和农民的肯定，而且丰富了学生的理论和实践知识，提高了教学质量，并取得了结合任务进行教学的宝贵经验。1978 年，土化系的土地调查和利用改良研究项目获全国科学大会奖和广东省科学大会奖。

在教学过程中，李金培既重视专业知识的传授，又注意将德育贯穿其中，以促使学生全面发展。他既是一位"传道、授业、解惑"的良师，也是学生们尊重、敬慕和信赖的益友。几十年来，他为培养青年人才辛勤耕耘、默默奉献，履行着一名教育工作者的光荣使命。1963—1987 年，先后获华南农学院教育工作积极分子和先进工作者称号。1992 年获国务院农业教育有突出贡献特殊津贴。

为政以德　同舟共济

　　李金培担任中国民主促进会中央常委、广东省委主委领导职务，作为民主党派的领导人，他有着坚定的政治立场和政治信念，始终把握正确的政治方向。根据民进中央和中共广东省委的部署，他率领广东民进全体会员在重要历史时期为维护社会稳定与和谐做了大量工作。

　　李金培十分重视发挥民进在政协舞台上的作用，提高参政议政、民主监督的质量和水平，善于依靠群众，深入实际，通过调查研究，掌握第一手材料。在每年政协会议期间，广东民进在调查研究的基础上提出的提案，内容涉及工业、农业、交通、文教、卫生、出版、科技、城建、反腐倡廉及精神文明建设等多个方面，其中有关教育的提案比重最大，并多次获得优秀提案奖。1996年，他率领广东各民主党派联合调查团，对"广东省东翼经济发展战略"进行了调研，并写成专题向中共广东省委、省政府作了汇报，受到中共广东省委、省政府的高度重视，并采纳其中的大部分建议。近年，他还就广东科技兴粤、建设教育强省等方面代表省民进在协商会上积极建言献策。

　　李金培作为全国人大代表和全国政协常委，他以学者的求实作风和高度的政治责任感参与各种调查研究，就有关重大问题及时征求有关会员和基层意见，务使建议（意见）具有严肃性、科学性及实效性。在全国人大或政协的会议上，李金培努力做到每次大会都有一个书面发言，包括"关于提高教师地位待遇问题"、"关于国有林场解困的议案"及"当前治理整顿中加速农业发展问题"等，收到了较好的社会效果，并于1996年获个人优秀提案奖。其中，"关于把政协的地位作用写进宪法中去"、"尽快出台《监督法》"以及"建议中央强化土地资源的规划与管理"等建议已经得以实施；在全国政协九届二次会议上提出的"关于加快珠江防洪建设的建议"书面发言，为后来广西腾县水利枢纽的建立奠定了基础。

"三农"问题是李金培关注的重点。1994年，撰写论文《当前我国农业生产的新问题及其探索》并带到民进中央常委会和全国政协常委会上研讨，极受好评。1996年，他再次撰写《关于农业、农村和农民问题的思考》一文，在民进中央常委会作了发言。

此外，李金培针对环境污染现象，曾于广东省政协二十三次常委会上提出"耕地的隐蔽污染不容忽视"的书面发言。针对建筑的豆腐渣工程问题，他曾会同省建委主任陈之泉同志前往广州、佛山检查工程质量存在问题，对工程中的偷工减料现象起到了威慑作用。在担任广东省政协副主席期间，还多次带队对提案进行督办，如"东深供水工程水质保护问题"、"关于加快广东省旅游业发展的建议"（1999年）、"关于加快广东省山区经济建设若干问题的建议"（2001年）、"关于对华侨农场建制问题的建议"（2002年）、"关于新丰江水资源保护及水源林的补偿问题"等，并将调查结果在主席协商会上与省政府进行对口协商，收到良好的效果，得到了各方的好评。

在任职期间，李金培积极参与外事活动。1993年4月，他在广州会见泰国国会议员、工业委员会副主席维拉斯·昌必它沙夫妇。同年5月，他代表省民进参加接待菲律宾总统拉莫斯访华团的工作。9月，又会见了美国前总统尼克松的胞弟爱德华·尼克松教授。1994年5月2日，他还参与了朱森林省长对加拿大总督纳蒂辛先生一行的接待。与此同时，李金培经常利用出国和到港澳进行学术交流的机会，广交朋友，同海外华侨中的各界人士特别是高级知识分子建立联系、沟通感情，宣传党的政策，介绍国内建设和经济发展情况，激发他们的爱国、爱乡热情，在引进资金技术、人才和团结"三胞"方面做了不少工作。

李金培的事迹曾刊登于《当代中国科技名人成就大典》、

《教授人名录》、《中国人名大辞典（现任党政军领导人物卷）》中英文对照、《中国当代农业科技专家名录（第一辑）》、《广东省高级专家大辞典》、《中国专家人名辞典》、《广东民主人士名人传》、《稻花香——华南农业大学校友业绩特辑》等丛书中。

（王广寿　马乃骏　高　洁）

简　历

1930 年　　出生于广东省中山县（现改为珠海市）。

1949—1953 年　华南农学院农学系毕业，加入新民主主义青年团。

1953—1956 年　北京农业大学土壤农业化学研究生毕业。中国土壤学会会员。

1956 年—　华南农业大学教学科研工作，其中 1963 年、1965 年、1973 年度评为教学积极分子，1974 年、1987 年度评为先进工作者，并先后聘为助教、讲师、副教授、教授。

1971—1973 年　任援外菲尔泽水电站大坝工程铁锈水工作组副组长。

1978 年　　任清华大学农田水利专业外国留学生任课老师。

1982—1984 年　任国际水稻研究所（IRRI）特约研究员。菲律宾作物学会会员。

1985—1987 年　主持欧共体科技委员会合作科研项目，任中国土壤学会专业委员会委员、广东土壤学会理事、国际土壤学会会员、广东省政协委员、热带亚热带土壤研究室负责人、土壤化学分析教研室主任。

1988—1993 年　任广东省政协副主席、第七届全国人大代表、民进中央常委、民进广东省委员会主委。

1993—1998 年　连任广东省政协副主席、全国政协八届常委、民进中央常委、民进广东省委主委。

1998—2003 年　连任广东省政协副主席、全国政协常委、民进中央常委、民进广东省委主委。

2004 年—　广东省政协联谊会名誉会长、南雄珠玑巷后裔联谊会荣誉会长。

主 要 论 著

［1］丁颖主编．中国水稻栽培学．北京：农业出版社，1961．（参加其中土壤、施肥、整田、灌溉等章节编审）．

［2］李金培．土壤学附农作学讲义（清华大学农田水利专业留学生用）．1978．

［3］铁锈水工作组（李金培执笔）．铁锈水对水库土坝危害性的研究．广东水利水电科技，1978（2）．

［4］李金培，李华兴．土壤钾素不足与水稻营养失调问题．广东农业科学，1981（5）．

［5］李金培，池钜庆，等．低产稻田氮钾营养失调及施钾的增产效果．广东农业科学，1982（2）．

［6］Li J P. Amelioration Of An Acid Sulfate Soil In The Philippines. Annual Report Submitted To International Rice Research Institute, 1983.

［7］Li J P and Ponnamperuma F N. Straw, lime and manganese dioxide amendments for iron－toxic rice soils. IRRN. Volume9. No. 5, 1984.

［8］Li J P. Residual effect of straw, lime and manganese dioxide amendments on the chemical kinetic of a flooded iron－toxic soil. IRRN. Volume9. No. 6, 1984.

［9］Li J P. Amelioration of an acid sulfate soil in the Philippines. A terminal report submitted to international rice research institute, 1984.

［10］Li J P and Neue H U. Characteristics and management of acid sulfate soil of Pearl River Delta In south China. A monitoring tour report submitted to IRRI, 1984.

［11］Li J P. Amelioration of an acid sulfate soil in the Philippines. I. The effect of organic and inorganic matter amendments on rice growth and yield in an acid sulfate soil. The Philippines Journal Of Crop Science. Volume 10. No. 1, 1985.

［12］黄健安，李金培．淹水红壤上水稻的养分平衡与生育效应关系的研究．广东农业科学，1985（6）．

［13］Li J P, Cui D R and Tan K Z. Field screening of rice cultivars in acid sulfate soils, south China. International Rice Research Newsletler. Vol. 11. No. 4, 1986.

［14］Tan K and Li J P. Field screening of hybrids for the second crop in acid sulfate soils of south China. International Rice Research Newsletter. Vol. 12. No. 3, 1987.

［15］Li J P and Huang Y N. Management of acid sulfate rice soils in south China. A paper presented at the international rice research conference. 21 – 25 Sept. 1987. HangZhou, China.

［16］Li J P, Chen H L and Tan K Z. Characteristics and management of the toxic soils in Guangdong province, China. A paper presented at the Sino – European soil science workshop. April, 1988. Guangzhou, China.

［17］Li J Pi. Characteristics and management of the toxic soils in Guangdong province, China. Soil and their management. Elsevier Applied Science. London and New York. 277—287, 1990.

［18］Li J P. Utilization of upland red soil in south China. International Symposium on management and development of red soil in Asia and Pacific region. 12—13, 1990.

［19］黄健安, 李金培, 等. 赤红壤在不同农作物中养分平衡的研究. 华南农业大学学报, 1990, 11（1）：7—14.

［20］李金培. 在治理整顿中加速农业发展的问题. 同舟共进（杂志）, 1990（5）：15—17.

［21］李金培. 发挥优势把综合开发提高到一个新的水平. 广东农垦经济, 1990（10、11）：17—19.

［22］李金培. 有机无机改良剂对酸性硫酸盐土化学动力学与水稻生长关系. 华南农业大学学报, 1993, 14（1）16—23.

［23］李金培. 强化土地资源的规划和管理. 中国科协报, 1994. 5. 22 第二版.

［24］李金培. 政协委员纵论"三农"热点——土地问题. 中国农民, 1994（5）.

［25］李金培. 当前中国农业的新问题及其对策. 人民政协专刊. 1994.

［26］李金培, 等. 关于我省东翼经济发展战略的建议（广东省各民主党

派调查团报告）单行本．1996.

[27] 李金培．关于加快珠江防洪建设的建议．全国政协九届二次会议发言材料之115，1999.

参 考 文 献

[1] 甘兆胜，林亚杰主编．广东民主人士名人传．广州：广东人民出版社，1999：170—175.

[2] 章潜才主编．华南农业大学百年校庆丛书·稻花香——华南农业大学校友业绩特辑．广州：广东科技出版社，2009：182—185.

[3] 青利圹，梁建文．迷恋土地的人．南方日报，1987.8.22 第二版.

丁瑞兴

（1931—　）

丁瑞兴，土壤学家。长期从事土壤学的教学、科研工作。在东北黑土及肥力演变研究、土壤腐殖质组成及性质、茶园土壤研究、土壤发生分类、农田生态环境研究方面作出了贡献。

农民子弟　留苏归来

丁瑞兴，1931 年 1 月出生于江苏宜兴鲸塘乡田干村。他身居农村，对农民的勤劳朴实和艰苦奋斗的优良传统深有体会，也深知农事劳动的艰辛和颗粒粮食的价值。

丁瑞兴同时考取了几所学校，最后决定上复旦大学农业化学系学习，这是他从事农业科技的起点。

中华人民共和国成立后，国家百废待兴，国内的土壤科技人员很少，而我们的国土又很辽阔，土壤资源情况不清，有许多荒原有待开发，以解决粮食问题，因此很需要土壤科技人才。在分科以前，听了土壤学家陈恩凤教授的动员报告，丁瑞兴决定学习土壤学科，从此确定了他一生的事业征途。

经工作单位推荐选送和国家考试录取，丁瑞兴于1956年冬去苏联留学，在哈尔科夫农学院土壤农化系攻读研究生副博士学位。在苏联四年学习期间，首先熟悉苏联的土壤情况。在苏联的森林草原，乌克兰肥沃的黑钙土地带，黑海之滨及克里米亚地区，考察了各地的土壤类型及其分布规律，了解各地区的自然地理景观和农业生产情况，这样的实践活动不仅增加了专业方面知识，还了解了苏联的农村面貌和风俗习惯。对于以后的教学工作和科学研究很有益处。

在专题研究阶段，丁瑞兴在科研基地和实验室夜以继日地工作和学习。他的座右铭是赫胥黎的名言："时间最不偏私，给任何人都是24小时；时间也最偏私，给任何人都不是24小时。"1960年丁瑞兴顺利通过论文答辩，获得副博士学位。在专业刊物上发表了3篇论文，其中一篇被提到全苏土壤学术会议上宣读，并与他的科研导师A. M. 格林钦卡教授合作撰写论文，提交第七届国际土壤学大会。

丁瑞兴1953年大学毕业后，先后在东北农学院和南京农业大学工作。他潜心于教学科研事业，1986年任教授、博士生导师。除教学之外，还培养硕士和博士研究生，开展土壤科学研究，其研究方向涉及土壤肥力、土壤发生分类、茶园土壤与生态、农田生态与环境等领域。

多年来，由于丁瑞兴教学和科研工作突出，曾多次获奖，主要有：①"茶园土壤肥力及其对茶树生长的影响"（获奖者：黄瑞采、丁瑞兴、宋木兰）1986年获南京农业大学技术改进奖三等奖；②"太湖西侧丘陵地区农田生态系统的评价及其调控"（获奖者：黄瑞采、丁瑞兴、吴珊眉、宋木兰、刘德辉）1986年获南京农业大学技术改进奖四等奖；③"茶园土壤酸化原因的研究"（获奖者：丁瑞兴、宋木兰、黄瑞采、黄骁、刘友林）1992年获国家教委科技进步奖三等奖（甲类）；④"土壤发生与第四纪环境变化——以白浆土为例"（获奖者：潘根兴、黄瑞采、丁瑞兴、熊德祥、韩高原）1994 年获国家教委科技进步奖三等奖（甲类）；⑤"茶树乌桕复合经营模式的生态效应及其土壤自肥功能的研究"（获奖者：丁瑞兴、黄晓澜、孙玉华、宋木兰、周亚军）1995 年获南京农业大学技术改进奖三等奖；⑥《中国农业百科全书》（第一版，共 25 卷 31 册）的《土壤卷》（丁瑞兴担任编委，土壤地理分支副主编）1997 年获中国新闻出版署第八届全国优秀科技图书奖一等奖、第三届国家图书最高奖——荣誉奖；⑦"淮北白浆土形成发育特点及其农业综合开发利用"（获奖者：潘根兴、王义炳、黄瑞采、熊德祥、丁瑞兴）1999 年获农业部科技进步奖三等奖；⑧英国剑桥传记中心 2000 年授予丁瑞兴教授"20 世纪成就奖（土壤科学领域）"(The 20th century Award for Achievement in the Field of Soil Science，By The International Biographical Centre，Cambridge，England)；⑨参加中国科学院南京土壤研究所主持的"中国土壤系统分类研究"（此为国家自然科学基金重点项目，丁瑞兴主持子课题"我国亚热带茶园土壤的诊断特征及基层分类"，参加者为刘友兆、孙玉华）获国家自然科学奖二等奖，2005 年由国务院颁奖。

开展东北黑土及其肥力演变的研究

20 世纪 60 年代初，在东北农学院工作时，丁瑞兴带领学生，在黑龙江省松嫩平原区对几类黑土（草甸化淋溶黑土的荒地和耕地、草甸黑土、耕地淋溶黑土）和黑钙土（典型黑钙土、碳酸盐黑钙土）的肥力性质（土壤腐殖质组成及性质、土壤有机无机复合体与土壤结构性、土壤氮、磷、钾养分的组分）进行了系统的研究，阐明黑土区优良肥力特性的机理和潜能，并根据气候地形等自然条件论证其在不同土壤类型的差异。黑土和黑钙土有机无机复合体含量和水稳性团聚体（＞0.25mm）量均超过50%，北部草甸化淋溶黑土和草甸黑土可达 75% 以上，氮：磷：钾为 1：(0.54 – 1.1)：(5 – 20)，钾素充足；氮磷比值北部黑土高于南部黑土，而黑钙土此比值较小。有机磷多，要促使其活化，南部黑土须同时用氮磷肥。在此研究基础上，1964 年丁瑞兴在国营赵光农场对黑土开垦后机械化耕种条件下的肥力演变进行不同耕种年限的定位研究。指出荒地黑土开垦后，要经过活化（1~2 年）、熟化（7~10 年）和培肥三个阶段。当时国营农场普遍存在粗放机械化耕种，不施有机肥，少施化肥，顺坡耕种。垦后土壤有机质分解加快，养分释放增多，土壤有效肥力提高。进而由活化阶段进入熟化阶段，可维持作物较长高产期。其后由于土壤肥力消耗多，结构破坏，水土流失加重，出现土壤肥力减退，必须加施有机肥，种植绿肥，改变小麦—大豆单一轮作，增加杂谷合理倒茬，改变连年耕翻为翻、耙、深松相结合的耕作制度，注意水土保持，才能维持和提高土壤肥力及粮食产量，得到当地重视和采纳。

开展土壤腐殖质组成及性质的研究

土壤腐殖质是反映土壤肥力特征的主要指标，也是土壤发生分类的重要依据。1962 年丁瑞兴开始研究东北松嫩平原的黑土、黑钙土和白浆土的腐殖质组成及性质。20 世纪 80 年代又研究我国东部温带、暖温带至亚热带著名七处山地棕壤和山地黄棕壤的腐殖质组成和性质及其与土壤发生的关系。

黑土和黑钙土的腐殖质组成显示一定地理规律性，由北部草甸化淋溶黑土往南部的淋溶黑土区，胡敏酸减少，胡敏酸/富啡酸下降，稳定性高的胡敏素增多；由黑土向西至较干旱的黑钙土区亦呈此规律。这些土壤的胡敏酸和富啡酸主要与钙结合，形成水稳性团粒结构，腐殖质中的胡敏素却都分别少于胡敏酸和富啡酸，这是该区域土壤腐殖质的特点。白浆土壤的腐殖质组成有其特殊性，腐殖质层胡敏酸/富啡酸大于 1，而白浆层及以下各层此比值均小于 1。虽然其土壤剖面形态类似生草灰化土，而二者的腐殖质组成和性质则不同，后者各层土壤腐殖质的富啡酸均多于胡敏酸，其富啡酸活动性高，有强烈的酸性淋溶特征。因而，白浆土的形成过程有别于生草灰化土，这是把白浆土划分为独立土壤类型的一项重要依据。

供试东部山地棕壤和黄棕壤，纬度间隔约 25 度，海拔高度大多在 1200 米以上（有两处大于 520 米），自然林地植被。土壤表层腐殖质高达 5.5% ~ 11.9%，腐殖质以残渣胡敏素为主，它在山地棕壤和山地黄棕壤分别占全碳量的 59% ~ 77% 和 51.3% ~ 60.3%；而富啡酸又多于胡敏酸，表明其腐殖质缩合程度较低，化学稳定性不高。且与水热条件相关，温带（千山）和暖温带（泰山）山地棕壤的胡敏酸均多于亚热带（庐山、井冈山）的山地棕壤，说明前者水热资源不及后者丰富，有利于腐殖质的缩合。这些土壤腐殖质组成和特性在聚类分析得到反映。千山、泰山、庐山、井冈山的山地棕壤具有聚类相似性，而铜官山、黄山和井冈山的山地黄棕壤又另具聚类相似性。说明土壤腐殖质的组成及性质（光密度、絮凝极限）可在土壤发生分类中得到应用。论文发表在《土壤通报》和《第 13 届国际土壤学大会论文集》（1986 年）上。

开展茶园土壤研究

（1）茶园土壤肥力研究。20 世纪 80 年代起丁瑞兴主持研究了"苏皖丘陵茶园土壤的发生演变及培肥"、"我国亚热带茶园土壤发生特征"、"茶柏复合生态系统的物质循环和能量转换的研究"等国家基金课题，参加研究的有农田生态研究室同事及土化系研究生。他带学生野外实习调查土壤时，看到江南丘陵山地有大片茶园分布，注意到这种人工植被与土壤之间的内在联系。开始在苏皖南部丘陵地区黄棕壤茶园中研究茶树生长与土壤肥力的关系。茶树是南方多年生常绿经济植物，具有群体密、覆盖度大、生长期长、频繁采摘、凋落物多和喜酸富铝的生态生理特性，土壤肥力的诸多因素制约茶叶产量。高产茶园树冠高、树幅大、吸收根多，其土壤有机质量、酶活性、养分储量及有效性均高于低产茶园；高产茶园土层深厚，通气透水适度，可保持良好的保水供水性能；而低产茶园往往有障碍土层，如粘盘层、网纹层、砾石层（洪积物）、灰岩风化物等。茶园施用有机肥是培肥土壤的重要基础，并要主施氮肥、补充磷钾肥，以协调土壤养分比例。研究发现，在不同类型和肥力水平的土壤，以及不同茶叶产量和施肥水平的茶园，每年由单位面积采收的茶叶中都有恒定的 N：P：K 比例（100：6.3：38），说明茶树需氮磷钾的大致比例关系，按此进行施肥管理，可提高肥料利用率和茶叶产量。

随着研究工作深入，研究由江南茶区拓展至华南茶区，涵盖苏、皖、赣、湘、粤诸省的黄棕壤、红壤、黄壤、赤红壤。1992年起定位研究特定（土类、茶龄）茶园，或设置茶园观测试验基点。通过不同茶龄茶园土壤肥力的研究表明，由于茶园长期施肥、松土，树冠增大，冬季大量落叶，增加地被物及其内含物质，土壤有机质及肥力水平得以保持和提高。赤红壤、红壤、黄壤和黄棕壤开垦植茶后，20 年和 50 年茶园的土壤有机质和含氮量分别增加39% ~82%和22% ~58%，胡敏酸/富啡酸降低，C/N 升高，土壤有机质不断更新，养分积累，茶叶产量也随之增加。

（2）茶园土壤酸化研究。从茶园物质循环周期发现，茶树凋落物含有较多铝元素，土壤交换性铝和活性铝增加，致使植茶愈久，土壤酸度愈高，pH 值降至 4.5 ~3.5 以下。这种变化密植茶园大于稀植茶园，黄棕壤 > 黄壤 > 红壤 > 赤红壤。究其原因，茶园土壤酸化与茶树土壤系统中铝的生物循环及铝的化学行为有关。设置模拟土柱试验，茶树老叶从土表经 23 个月淋洗，土壤pH 值下降。此项研究由众多研究生和教师参加完成。论文发表在《土壤学报》、《茶叶科学》、《南京农业大学学报》等刊物和国内（1990 年、1992 年）、国际土壤学术会议（1986 年、1992年）论文集上，受到学术界的重视。

（3）研究茶树—乌柏复合茶园生态及土壤肥力变化。1986年丁瑞兴带领研究生黄晓澜等在安徽黄山休宁县的岗地黄棕壤和河旁洲地冲积土上，对茶园间植乌柏树的复合模式进行定位观测研究。此模式适应茶树喜温、喜湿、怕旱、适于散射光辐射，不宜强光直射的生态特性，使常绿灌木与落叶乔木、浅根与深根树种相配置，对光、热、水、肥的分配有良好的自调功能：①改善茶园小气候，冬春季茶园光照充足，夏秋季乌柏树能适度遮阴，散射辐射比单纯茶园增加 47.4%，气温与湿度亦得到调节；②两树种落叶增多，增加土壤有机质，改善茶园营养元素循环；③调节土壤水分，抗御伏旱。复合茶园有双层树冠截留降水，减少地表径流，增加土壤蓄水，减少茶树蒸腾和土表蒸发。乔木和灌木分别吸收深层及上层土壤水分和养分，可提高土壤水肥利用率；④因茶园小气候改善，可提高茶叶品质，茶叶水浸出物及氨基酸增加，茶多酚/氨基酸比值降低；⑤茶叶产量稳定，经济收益增加，干旱年份尤为明显。由此证明，茶树乌柏复合栽培模式具有良好的生态效益和经济价值。

开展中国土壤系统分类研究

1988—1993 年丁瑞兴主持国家教委科技基金课题，研究"江淮地区黄棕壤的粘化特征及农业利用性状"和"江淮地区白浆化土壤的矿物学及地球化学特征"项目。1992 年又参加中科院南京土壤研究所主持的国家自然科学基金重点项目"中国土壤系统分类研究"，分担"我国亚热带茶区土壤诊断特性及基层分类"子课题。

（1）黄棕壤。黄棕壤是长江中下游北亚热带的主要土壤，从安徽、江苏北纬 31～33 度南北系列土壤的矿物学及地球化学元素迁移的特征看出，黄棕壤粘化层主要有母质残积黏粒聚集，又有一定黏粒淋移淀积（占 11%～49%），迁移量随南北水热条件加强而增加，游离铁铝和锰活化度随之增高；向下淋溶形成铁锰结核聚积，富铝化较弱。在苏皖两省三处 2～5 米深厚黄土断面的黄棕壤上，观测古黄土与现代黄棕壤的发生发育关系，其中两处断面分别邻近中亚热带和暖温带。联系土壤孢粉组成及矿物组成与该区古气候环境变迁，黄棕壤的发育带有以下特征：①粘盘，主要来自黄土母质的残留特征；②铁锰淋溶聚积，土质粘紧而滞水的黄土层密布铁锰结核和胶膜（红棕色或黑褐色），是矿物风化、氧化还原和迁移淀积的产物，其分布记载了古气候的变化历史，深层红棕色胶膜是早期湿热气候条件下产生；上部黑褐色胶膜和铁锰结核是晚更新世黄土中铁锰离析、迁移、聚积而成；③钙质结核，经多次干冷冰期和湿热期影响，黄土反复进行堆积—溶淋过程，产生次生碳酸钙结核。目前在江淮北部黄棕壤土体下部尚可见到钙质结核；这些都表明黄棕壤的发生发育既受南北水热条件的制约而渐变，又受更新世中晚期黄土残留特征的影响。

（2）白浆化土壤。白浆化土有漂白层和粘淀层，散布在长江中下游南北两侧，其名称各地叫法不一，有的将其归入白浆土。1991 年丁瑞兴带领研究生傅桦、夏立忠在安徽、河南、湖北调查 7 处土壤，研究其起源、形成机制和分类归属。白浆化土壤受异源母质及第四纪气候变化的影响，下部黄土和黄土性沉积物在暖湿气候下，矿物风化度较强，其后继续堆积沉积物和坡积物，风化强度较弱，有淀积粘化，发育成漂白层与粘淀层叠加状态，漂白层多不稳定矿物（角闪石、黑云母等），而下部粘淀层则多稳定矿物（锆石、电气石、不透明矿物等），呈现母质间断性和异源母质特征。故在土壤分类上不应属于白浆土，应与本地复区土壤相联系。根据土壤系统分类的诊断层和诊断特性，在淋溶土区，土壤有淡薄表层、漂白层、粘化层或粘盘，热性土壤温度和湿润土壤水分状况，有铁质特性，应属淋溶土纲的漂白铁质湿润淋溶土亚类。在水田土壤，有水耕特性，多锈斑、锈纹和铁锰结核等铁锰迁移聚集特征，有水耕氧化还原层和氧化还原特征，应划归为水耕人为土亚纲，其漂白层在亚类一级反映为漂白铁聚水耕人为土（亚类）和漂白铁渗水耕人为土（亚类）。

（3）亚热带土壤系统分类研究。1992年，丁瑞兴和刘友兆、孙玉华一起参加了南京土壤研究所主持的"中国土壤系统分类研究"项目，继续在亚热带苏、赣、湘、粤的茶园研究基点上进行，采集9个剖面土样，按诊断层和诊断特性，分出3个土纲（富铁土、淋溶土和雏形土）、3个亚纲、7个土类、8个亚类。并与国内外现行土壤分类系统（中国土壤分类系统1993；美国土壤系统分类1996；FAO/Unesco 土壤分类1988）进行对照参比，可让人明了这些土壤在不同土壤分类系统中的名称。研究论文分别发表在南京土壤研究所编《中国土壤系统分类丛书》等多种专著及刊物上。2005年"中国土壤系统分类"总课题获国家自然科学奖二等奖，本分支课题研究人员同时获奖。

农田生态环境研究

（1）农田土壤养分平衡研究。80年代初由农田生态研究室黄瑞采教授主持、丁瑞兴具体负责的农田养分平衡研究，在苏南宜兴白土（漂洗型水稻土）上设置定位观测试验田。经过5年稻麦轮作，不同比例有机氮肥和无机氮肥以及稻草还田试验表明：配施有机肥和无机氮肥比单施等量无机氮肥可显著积累土壤有机质、增加松结态腐殖质比例，稻麦产量分别增加3.7%～6.5%和11.9%～32%。经测算养分平衡账，稻麦吸收氮素18.7%～26.3%，农田排水、渗漏等流失氮34.4%～68.6%，土壤残留氮12.7%～42.6%。其中单施氮肥的氮肥利用率和土壤残留率最低,损失率最高。说明无机氮肥和有机氮肥配施有利于土壤氮素积累,磷钾也有盈余。单施氮肥则导致明显缺磷少钾,这是当时苏南农田存在化学氮肥偏多、补充磷钾不足的普遍现象,在双季稻三熟制复种指数高的情况下尤为严重。在中低产白土上,节施化学氮肥,配施适量有机肥或稻草还田,加施磷钾肥是保持地力和稳产增产的必要措施,后在该地区农村得到及时应用推广。

(2)菜地重金属研究。南京城郊菜地土壤的肥源在八九十年代主要依靠粪肥及生活垃圾肥,其成分复杂。1984年丁瑞兴领导学生及一些教师对南京东郊新、老菜区及栖霞区山铅锌银矿区附近的菜地土壤、垃圾粪肥、矿区洗矿灌溉水及蔬菜中六种重金属元素(Cu、Zn、Mn、Cr、Pb、Cd)的含量进行了调查和测定,进而探讨土壤重金属的积累情况及其对蔬菜品质的影响,当时国内尚无此类研究。与南京地区元素背景值比较,区内菜地土壤不同程度都有重金属积累,远郊新菜区的重金属积累最少,未达到本地区元素背景值。其次是城外近郊老菜区,为背景值的一至数倍,以Cu、Mn、Zn最多。矿区用垃圾肥及洗矿水灌溉的菜地土壤重金属积累最多,分别达背景值的1~5倍以上,但远离矿区近河流的菜地则较少。蔬菜中都有一定量重金属,但多数未达国家食品卫生标准。各种蔬菜对重金属的吸收系数(蔬菜重金属量/土壤重金属量)则以Cd、Zn、Cu较高,易为蔬菜吸收。而Cr、Mn、Pb吸收系数较低。芹菜(Cu、Mn、Pb、Cd)、根芥菜(Mn、Pb、Cd)和一些青菜(Pb、Cd)有较高含量。为此应多施有机肥,调节中和土壤酸度,可抑制土壤重金属的活化,防止蔬菜重金属超标而危害人体健康。

在科技著作方面,丁瑞兴是《中国农业百科全书·土壤卷》(1996年)编委,土壤地理副主编,亲自编写条目;是全国科技名词审定委员会土壤学名词审定会委员,组编的《土壤学名词》(1988年、1998年)他负责"土壤生态、土壤肥力"分支名词的编撰工作。他还为中国农业出版社出版《农业大词典》土壤词目的编审尽了心力。

综上所述，丁瑞兴在科研道路上不断探索，勇于创新，深入一线，务求完善，获得许多研究成果，这符合他"有耕耘才有收获"的人生理念。他的许多研究生（博士、硕士）已跻身教授、研究员行列，有的成为长江学者，在工作中做出显著成绩。

（潘根兴）

简　　历

1931 年 1 月 13 日　出生于江苏省宜兴县。

1949—1952 年　就读于复旦大学农学院农化系。

1952—1953 年　沈阳农学院土壤系学习后毕业。

1953—1955 年　东北农学院助教。

1955—1956 年　北京俄语学院留苏预备部学习。

1956 年 11 月—1960 年 12 月　苏联哈尔科夫农学院土壤农化系土壤学科研究生，获副博士学位。

1961—1980 年　东北农学院土壤农化专业讲师、副教授。

1980 年 4 月—1984 年 7 月　南京农学院副教授，土壤地理教研组副主任、主任，农田生态研究室副主任。

1983—1991 年　任中国土壤学会第五届、第六届理事。

1984 年 7 月—1996 年　南京农业大学副教授、教授（1986 年）、博士生导师，土壤地理教研室主任，农田生态研究室主任，土化系学位委员会主席。

主 要 论 著

[1] 丁瑞兴，王兆荣．黑土和白浆土的腐殖质组成及性质．东北农学院学报，1963（3）：65—67.

[2] 丁瑞兴. 黑龙江省几种黑土和黑钙土的养分状况. 土壤通报, 1979
(4): 14—19.

[3] 丁瑞兴, 刘树桐. 黑土开垦后肥力演变的研究. 土壤学报, 1980,
17 (1): 20—31.

[4] 丁瑞兴. 黑土和黑钙土的有机无机复合体与结构性的关系. 土壤通
报, 1980 (6): 11—15.

[5] 丁瑞兴, 王春生. 宜兴丘陵地区的土壤条件与茶树生长的关系. 中国
茶叶, 1983 (3): 8—11.

[6] 丁瑞兴. 我国东部山地棕壤及黄棕壤的腐殖质组成及性质. 土壤通
报, 1985 (6): 258—260.

[7] Ding R X. The composition and properties of humus in the mountain buroz-
em and yellow brown earth of China and their genetic significance in "current
Progress in Soil Research in People's Republic of China", Jiangsu Science &
Technology Publishing House, 1986: 176—180.

[8] Ding R X, Song M L, Li Q K, et al. On relationship between properties
and tea tree growth on tea – plantation hilly regions of the lower reaches of
the Changjiang River. Paper in "International Conference on the manage-
ment and fertilization of Upland Soils in the Tropics and Subtropics", Nan-
jing, China, 1986: 16—23.

[9] 丁瑞兴, 孙玉华, 黄晓澜, 等. 南京市东郊菜地土壤重金属积累及蔬
菜品质评价. 农村生态环境保护, 1987 (3): 5—11.

[10] 丁瑞兴, 刘德辉, 孙玉华, 等. 稻麦轮作多年农田杂草对小麦生长
的影响. 生态学杂志, 1987 (4): 9—13.

[11] 丁瑞兴, 刘德辉. 有机物料在白土中的分解与转化. 南京农业大学
学报, 1988, 11 (2): 67—72.

[12] 丁瑞兴, 李庆康, 宋木兰. 苏皖南部丘陵区茶园土壤肥力性质的研
究. 土壤通报, 1988 (5): 193—196.

[13] 丁瑞兴, 黄骁. 茶园土壤系统铝和氟的生物地球化学循环及其对土
壤酸化的影响. 土壤学报, 1991, 28 (3): 229—236.

[14] 丁瑞兴, 李庆康, 孙玉华. 茶园土壤的肥力演变及有机质培肥的研
究. 见: 土壤肥力研究进展论文集. 北京: 中国科学技术出版社,
1991, 113—119.

[15] 梁永超，丁瑞兴．硅对大麦根系中离子的微域分布的影响及其与大麦耐盐性的关系．中国科学（C），2002，32（2）：113—121.

[16] 丁瑞兴，刘友兆，孙玉华，等．我国亚热带茶区土壤系统分类的研究．见：中国土壤系统分类新论论文集．北京：科学出版社，1994：183—193.

[17] 丁瑞兴，宋木兰，孙玉华，等．茶树—乌桕复合系统的生态效益和经济意义．见：中国农林复合经营的研究与实践文集．南京：江苏科学技术出版社，1994，100—106.

[18] 丁瑞兴，孙玉华，刘友兆．土壤地球化学特征对名优茶化学品质的影响．见：中国名特优农产品的土宜论文集．长春：吉林人民出版社，1994，35—40.

[19] 丁瑞兴，傅桦，夏立忠．我国北亚热带白浆化土壤的发生特征及系统分类问题．见：中国农业资源与环境持续发展的探讨论文集．沈阳：辽宁科学技术出版社，1998，172—182.

[20] 丁瑞兴，刘友兆，孙玉华．我国亚热带湿润区的土壤系统分类参比．土壤（中国土壤系统分类与基层分类专辑）.1999，31（2）：97—103（续109）.

李仁岗

(1931—)

　　李仁岗，土壤植物营养学家。致力于土壤—肥料—作物系统内养分动态平衡规律和施肥模型的研究，提出了小麦、水稻、玉米高产综合施肥模式及定量施肥技术，建立了高寒半干旱区低投入农业系统大面积旱地农田持续高效施肥技术。

　　李仁岗，1931 年 1 月生，山东即墨人，侨眷，中共党员，河北农业大学土壤植物营养专业教授。1954 年毕业于北京农业大学土壤农化系。曾任中国土壤学会理事、土壤 - 植物营养与施肥专业委员会副主任、中国植物营养与肥料学会理事，《植物营养与肥料学报》编委，河北省土壤肥料学会副理事长，河北省自然科学基金委员会委员，国家级科技成果鉴定评审专家，1992年获国务院颁发的政府特殊津贴。1986—1987 年在美国普渡大学和伊利诺大学开展合作研究，并在本领域国内外的主流学术期刊上发表学术论文 17 篇。曾合作主编《农田施肥原理与实践》，参与编写全国高等农业院校土化专业教材《作物营养与施肥》，编著《肥料效应函数》，主编《中国农业百科全书》农业化学卷"施肥分支"。"七五"、"八五"、"九五"期间，主持国家重点科技攻关项目"高寒半干旱低投入区农牧业综合发展技术体系研究"，河北省重点科技攻关项目"小麦－玉米轮作持续高产土壤养分管理技术"、"小麦、水稻、玉米综合施肥模式及定量施肥技术"等多项研究。1993—2009 年期间，获省部级科技进步奖一等奖 1 项，二等奖 3 项，三等奖 4 项；国家科技进步奖二等奖 1 项，三等奖 1 项。1995 年荣获河北省优秀归侨侨眷教师光荣称号。1996 年 9 月出席全国教师节庆祝活动，受到江泽民总书记的单独接见。1997 年荣获香港柏宁顿（中国）教育基金会第三届"孺子牛金球奖"之荣誉奖。同年，国家科委授予科技扶贫先进工作者称号。1998 年荣获河北省优秀科技工作者荣誉称号。1999 年荣获全国归侨侨眷先进个人荣誉称号。

建立了作物综合施肥模式

20 世纪 70 年代以来，针对农田养分失衡、施肥过量和环境污染等问题，在进行大量肥料田间试验的基础上，开展了有代表性的肥料田间定位试验，把肥料－产量效应与土壤供肥水平和持续高产下的养分平衡结合起来，系统揭示了作物产量、施肥量与土壤供肥水平之间的数量关系，明确了高产地区作物持续高产的土壤养分限制因子及其综合平衡关系，先后提出了小麦、水稻、玉米综合施肥模式及定量施肥技术，小麦－玉米轮作持续高产土壤养分的管理技术，高寒半干旱区低投入农业系统大面积旱地农田持续高效施肥技术，取得了显著的增产效果和经济效益。

高寒半干旱区土壤养分水分动态平衡规律研究

"八五"期间主持国家重点科技攻关项目——"高寒半干旱

低投入区农牧业综合发展技术体系研究"。该区高寒干旱，土地贫瘠，低投入粗放经营，经济贫困，是全国重点贫困区，受到国家领导的关注。李仁岗肩负重任，率领河北农业大学、中国农业科学院草原研究所、张家口农业专科学校和坝上农科所 4 个单位 40 余名科技专家组成的攻关集体，协同攻关，勤奋工作，首次系统揭示了高寒半干旱区降水、土壤水时空变异规律；"土壤—肥料—作物"系统中养分动态平衡规律和低投入旱地农田施肥效应以及旱薄地莜麦"肥—根—水"共济运作增产原理，提出了低投入农田持续高效施肥理论与技术、旱薄地粮食作物高产技术、"油草混播"改造退化草场技术和适应市场需求的畜群高效繁饲技术，建成了高寒半干旱低投入区农牧业综合发展技术体系。1993—2009 年期间，获省部级科技进步奖一等奖 1 项、二等奖 3 项、三等奖 4 项，国家科技进步奖二等奖 1 项、三等奖 1 项。

为国家培养人才

数十年来，李仁岗在教学上默默耕耘，一贯严以律己、宽厚待人，治学严谨，实事求是，先后为研究生、本科生讲授"农业化学"、"作物营养与施肥"、"作物营养与施肥专题"、"高级实验统计"、"专业英语"等课程，培养了一大批农业化学与植物营养学高级人才。曾先后主编《中国农业百科全书》农业化学卷"施肥分支"（农业出版社，1996），编著《肥料效应函数》，合作主编《农田施肥原理与实践》（农业出版社，1983），参编全国高等农业院校土化专业教材《作物营养与施肥》（农业出版社，1990）。这些著作在我国土壤农化教学与科研领域发挥了重要作用，推动了我国植物营养与施肥学科的发展。

（申建波）

简　历

1931 年 1 月出生。

1943 年 9 月—1946 年 8 月　青岛即墨中学学习。

1946 年 9 月—1949 年 8 月　青岛礼贤中学学习。

1949 年 9 月—1954 年 8 月　北京农业大学土壤农化系学习。

1954 年 9 月—1979 年 8 月　华北农业大学唐山分校，历任土壤农化教研室主任，农学系副主任。

1979 年 9 月至今　河北农业大学，历任农化教研室主任，农学系主任。

1986—1987 年　在美国普渡大学和伊利诺大学开展合作研究。

主 要 论 著

［1］ Li Rengang, S. A. Barber. Effect of phosphorus and potassium fertilizer on crop response and soil fertility in a long – term experiment. Fertilizer Research, 1988, 15：123—136.

［2］ Shen J., Li Rengang. Orthogonal polynomial models to describe yield response of rice to nitrogen and phosphorus at different levels of soil fertility. Nutrient Cycling in Agroecosystems, 2003, 65：243—251.

［3］ Shen J., Li Rengang. Crop yields, soil fertility and phosphorus fractions in response to long – term fertilization under the rice monoculture system on a calcareous soil. Field Crops Research, 2004, 86：225—238.

［4］ 李仁岗，刘建玲，等. Phosphate fractions, transformation of applied P and crop response to P fertilizer in arid of plateau region of north part of Hebei. （国际干旱土壤分类和管理学术讨论会论文集）. 1993.

［5］ 李仁岗. 不同土壤供肥水平下冬小麦氮磷肥效应与经济合理施肥量的确定. 见：国际平衡施肥学术讨论会论文集. 北京：农业出版社，1989.

［6］ 李仁岗，樊景忠，王克武，等. 水稻施肥模型的建立. 见：中国土壤科学的现状与展望. 南京：江苏科技出版社，1991.

［7］刘建玲，李仁岗，等．栗钙土中磷肥转化及效应的研究．植物营养与肥料学报，1996，2（3）：206—211.

［8］边秀举，王维进，李仁岗，等．冀北高原草甸栗钙土春小麦中化肥氮去向的研究．土壤学报，1997，34（1）.

［9］申建波，李仁岗．利用正交趋势分析进行大面积经济施肥建模．植物营养与肥料学报，1999，5（3）：258—262.

［10］刘建玲，李仁岗，等．小麦－玉米轮作中磷肥化学行为及积累态磷生物有效性的研究．植物营养与肥料学报，1999，5（1）：14—20.

［11］刘建玲，李仁岗，廖文华，等．白菜－辣椒轮作中磷肥的产量效应及土壤磷积累研究．中国农业科学，2005，38（8）：1616—1620.

［12］刘建玲，杨福存，李仁岗．长期肥料定位试验栗钙土中磷肥在莜麦上的产量效应及行为研究．植物营养与肥料学报，2006，12（2）：201—207.

［13］刘建玲，李仁岗，等．河北粮田和菜地土壤大、中、微量元素肥力研究．土壤学报，2009，46（4）：652—661.

［14］李仁岗．肥料效应函数．北京：农业出版社，1987.

参 考 文 献

［1］Li R G, Barber S A. Effect of phosphorus and potassium fertilizer on crop response and soil fertility in a long – term experiment. Fertilizer Research, 1988, 15: 123—136.

［2］Shen J, Li R G. Orthogonal polynomial models to describe yield response of rice to nitrogen and phosphorus at different levels of soil fertility. Nutrient Cycling in Agroecosystems, 2003, 65: 243—251.

［3］Shen J, Li R G. Crop yields, soil fertility and phosphorus fractions in response to long – term fertilization under the rice monoculture system on a calcareous soil. Field Crops Research, 2004, 86: 225—238.

［4］李仁岗．不同土壤供肥水平下冬小麦氮磷肥效应与经济合理施肥量的确定．见：国际平衡施肥学术讨论会论文集．北京：农业出版社，1989.

［5］李仁岗，樊景忠，王克武，等．水稻施肥模型的建立．见：中国土壤科学的现状与展望．南京：江苏科技出版社，1991.

［6］刘建玲，杨福存，李仁岗．长期肥料定位试验栗钙土中磷肥在莜麦上的产量效应及行为研究．植物营养与肥料学报，2006，12（2）：201—207.

［7］边秀举，王维进，李仁岗，等．冀北高原草甸栗钙土春小麦中化肥氮去向的研究．土壤学报，1997，34（1）.

石元春

（1931—　）

石元春，中国科学院院士，中国工程院院士，第三世界科学院院士。土壤学家。长期从事"黄淮海平原旱涝盐碱综合治理和农业发展"研究，提出了"半湿润季风气候区水盐运动"理论、水盐运动调节模式与技术。通过古土壤和土壤地理学研究，提出"地学综合体"概念和黄土高原古土壤类型及演替规律。

石元春，1931年2月10日出生在湖北汉口的一个商人家庭。1937年进入汉口私立竟成小学学习。1943年进入法国天主教会办的汉口法汉中学念初中。1946年秋进入美国基督教教会办的武昌文华中学念高中。1949年毕业于武昌文华中学，当年考入清华大学农学院，后合并入北京农业大学。1953年大学毕业后在北京农业大学继续进行研究生学习，导师是我国著名土壤地理学家李连捷教授。研究工作是参加中国科学院黄河中游水土保持综合考察队的第四纪地质组，由著名第四纪地质学家刘东生先生任副导师。

1956 年石元春毕业后留校。20 世纪 50 年代参加中国科学院黄河中游综合考察队和新疆综合考察队 6 年。50 年代末到"文化大革命"期间，在校讲授"土壤学"，并从事北京郊区土壤普查和盐渍土动态研究。1973 年开始，持续在黄淮海平原从事中低产地区旱涝盐碱综合治理和农业发展的国家科技攻关课题研究达 20 年。1978—1990 年先后是该项目的专家组组长和课题主持人，该项目曾获 1993 年度国家科技进步奖特等奖等十多项国家和部委级奖励。1992—1997 年，主持国家自然科学基金的重大项目"华北平原节水农业应用基础研究"。近 20 年来，他参与制定国家重大基础研究和高技术研究规划工作，从事农业和科技方面的宏观性和战略性研究，并在农业高技术产业化方面做了许多开创性的工作。

1985 年石元春担任北京农业大学副校长兼研究生院院长，1987—1995 年任校长。中国农学会副会长、国务院学位委员会委员、国家科委"中国农业及农村科学技术专家咨询委员会"副主任等。1991 年、1994 年和 1995 年先后被评为中国科学院院士、中国工程院院士和第三世界科学院院士。曾任中国科学技术协会副主席、国务院资源环境委员会科学顾问等职。

石元春长期从事土壤地理和盐渍土发生与改良方面的工作。在土壤形成的地学条件、干旱、半干旱和半湿润地区易溶盐积聚规律和古地球化学过程、我国黄土高原更新世古土壤及其分类、地理和时空上的发展演替系列等方面，均取得了重要成果。他在黄淮海平原研究中的重要学术成就主要是，提出了"半湿润季风气候区水盐运动理论"，揭示了黄淮海平原旱涝盐碱共存和交相为害的十分复杂的自然现象；提出了旱涝盐碱必须实行综合治理和综合治理的实质是对区域水盐运动的科学调节和管理，以及调节管理的枢纽和杠杆是浅层地下水的采补等一系列观点，在黄淮海平原旱涝盐碱治理实践上有重要指导意义，并发挥了重要作用。他应用系统科学、遥感和地理信息系统技术，提出了对区域水盐调节和旱涝盐碱综合治理有重要实用意义的"PWS 区域水盐运动监测预报体系"。在华北平原节水农业应用基础研究中，提出了"生物性节水"的理论。他参与制定国家重大基础研究和高技术研究规划工作中，提出了农业高新技术革命、现代农业、农业生物技术和生物质能源等主要学术观点和研发领域，并在一系列国家重大科技和产业计划中得到了落实。

著有《黄淮海平原的水盐运动和旱涝盐碱的综合治理》、《盐渍土的水盐运动》、《区域水盐运动监测预报》、《决胜生物质》等学术著作 7 部，发表论文 100 余篇。个人曾先后获陈嘉庚农业科学奖、王丹萍科学奖和何梁何利基金科学与技术进步奖。

提出"地学综合体"观

1953 年，从农学本科的毕业的他响应组织号召，转读土壤农业化学研究生，师从我国著名土壤地理学家李连捷先生。因为转行，他必须补修地学、化学等课程，得以有机会接触名师袁复礼、王乃梁先生学习《第四纪地质学》、《地貌学》等课程，获益匪浅。研究生实习期间，李连捷先生推荐他参加了中国科学院黄河中游水土保持综合考察队。在晋西野外考察时，有幸受教于著名的第四纪地质学家刘东生先生。刘先生言传身教，一丝不苟。为了观察描述一个地质剖面的性状，甚至不畏艰险亲自攀上一二十米高的峭壁。这次考察成果《晋西黄土及其形成》，被两位导师推荐为"中国第四纪地质研究会成立暨第一次代表大会"的大会报告学术论文。研究生毕业后，他跟随李连捷先生参加了中国科学院新疆综合考察队，从准噶尔到塔里木，从阿尔泰到天山，穿沙漠涉冰川，多学科野外综合考察 4 年。新疆综合考察回京后，通过参加北京郊区土壤普查以及带同学土壤调查实习，他撰写了《北京东南郊土壤改良综合区划》论文，这些研究和实践使得石元春有机会综合运用第四纪地质、地貌、水文和水文地质、土壤、植被等多学科的地学知识，也孕育了他"地学综合体"的科学思想。

在自然界，第四纪沉积物、地貌、水文和水文地质、土壤、植被等五个地学要素不是各不相干和随机叠置，而是有规律和相互协调的一个统一的地学系统。第四纪沉积物是地学综合体的基础，决定了地貌的基本骨架和构成物质的岩性与年代，以及水文和水文地质特征；地貌是水、风、重力等外营力作用与第四纪沉积物的一种外在表观；土壤和植被则是在一定的沉积物、地貌特征及水文与水文地质条件下发育生成的。地学五要素及其综合体形形色色，繁复多样，但在空间分布上与地貌类型的相关性和一致性最高。"地学综合体"观的形成，是石元春在科学实践中的初次理论结晶。

提出"半湿润季风气候条件下的水盐运动理论"

黄淮海平原是我国最大的平原，是重要的农业区，也是盐碱地治理之前最大的中低产田地区。这里自然条件复杂，春旱夏涝，土碱水咸，百年来一直是无药可医的"痼疾"。中华人民共和国成立之初，曾修渠引水灌溉抗旱，但却因引起土壤盐渍化而告终。1958 年的大跃进和盲目大搞水库建设，把干旱的平原弄成了白花花的盐碱地。20 世纪 50 年代末 60 年代初，冀鲁豫平原的土壤盐渍化面积几乎扩大了 1 倍。1960 年，石元春参加了河北黄淮海平原土壤次生盐渍化的学术讨论会，专家们对平原大面积次生盐渍化的成因莫衷一是。石元春将在新疆荒漠带考察的土壤盐渍化与华北平原的情况作对比，认为弄清土壤水盐运动的规律是关键。

当时没有科研课题也没有经费，石元春却坚持每月一次，晨出晚归，扛着土钻带着铝盒，坐 5 小时公共汽车，步行 30 里路到北京南郊大兴县芦城村，一人打钻取土 4 个多小时，回学校再花近一周时间处理和分析，进而采样作图，以了解土壤中水盐的周年动态，该工作资料还未整理完，因"文化大革命"而被毁。

20世纪70年代，黄淮海平原成了盐碱旱涝重灾区："春天白茫茫，夏季水汪汪；只闻楼声响，不见粮归仓。"1972年周恩来总理在河北召开了北方17省抗旱工作会议，指示国家科委在河北黑龙港地区组织"合理开发地下水"的科技大会战，其中设置了综合治理旱涝盐碱的课题和9个试验区。1973年秋，北京农业大学土壤化学系的6名教师（之后有各系二三十位教师参加），淌水驻扎河北曲周县北部老碱窝张庄村，建起了"曲周旱涝盐碱综合治理试验区"，开始了综合治理试点工作。参与综合治理的教师们与农民同吃、同住、同劳动、同治碱，后来组建北京农业大学曲周实验站至今。从1973年到1993年，石元春在曲周实验站和黄淮海项目中一干就是20年。

头三年中，石元春和他的研究组用双手打土钻在实验区的土壤上凿出"千疮百孔"。数以万计的观测数据由此获得，基本了解了试验区水盐运动特点。石元春提出以开采浅层地下水为杠杆调节区域水盐运动和综合治理旱涝盐碱的主体思想和"沟渠林路建（建筑物），井田肥机电"的综合治理工程系统。

通过大量观测研究和治理实践，以石元春为首的科研团队运用地理对比的方法提出了"半湿润季风气候区水盐运动"的理论。其理论要点是：旱涝盐碱和地下水盐分共存以及交相为害是半湿润季风气候和泛滥平原条件下区域水盐运动所表现出的自然现象，是独立的地理景观和生态系统；旱涝盐碱是统一的系统和有机整体，必须综合治理；综合治理旱涝盐碱的实质是对区域水盐运动（降水、地下水、地表水、土壤水及其中易溶盐分）进行科学调节和管理，从而达到旱季不旱、雨季不涝、土壤脱盐和地下水淡化的目的；浅层地下水的开采与回补是调节管理区域水盐运动的枢纽和杠杆，与此理论体系相应的技术有：区域水盐运动的概念模型和数学模型、PWS区域水盐监测预报体系、不同条件下的水盐调节模式和技术等。

在这一理论指导下，石元春研究组大胆从地下碱水入手，提出"以浅井深沟为主体，农林水并举"的综合治理方案。在这段漫长的实验过程中，石元春领导和组织了黄淮海平原旱涝盐碱综合治理区域的研究、黄淮海平原农业发展战略的研究、黄淮海平原水均衡分析、中国的耕地问题及对策的研究和主持编制了黄淮海平原农业图集等，系统积累整理和分析研究了大量科学资料和成果，提出了许多重要理论观点和建议。1985 年，石元春担任组织委员会主席，主持召开"国际盐渍土改良学术讨论会"，来自14 个国家的 200 多位世界知名土壤学家到曲周等地考察后称"中国的盐渍土改良工作是世界第一流的"，在会议纪要和《国际土壤学会会刊》上写道："对中国科学家提出的半湿润季风气候区盐渍土水盐运动及其调节的有关理论以及采用灌溉、排水、农业、林业对区域水管理的综合治理盐渍土的办法予以肯定，与会科学家认为，中国人民应为盐渍土改良利用已取得的成就而自豪。"

1988 年初，石元春被任命为"黄淮海平原综合治理与农业发展"的大型综合国家科技攻关项目的顾问专家组组长及项目主持人。这个 4 个部委主持，北京农业大学、中国科学院、中国农科院、中国林科院、水利科学研究院等 204 所科研单位 1141 名科技人员参加的大会战，治理范围涉及 32 万平方公里，耕地1800 万公顷。项目组在应用基础理论研究、综合配套技术研究、重大关键单项技术和农业发展宏观战略四个方面取得突破性进展。在不同类型地区设置的 12 个试验区治理中，建立了不同的田间工程系统和管理模式、农田水盐运动监测预报体系、农田综合防护林体系、作物种植制度和水肥管理体系等，显著地改善了这些地区的自然和农业生产条件。

治理前，政府每年要为黄淮海平原调进救济粮 50 多万吨。通过 20 年的治理，耕地中的盐渍土面积由 5000 多万亩减少到 1500万亩以下；粮食年总产由 4000 万吨提高到 7500 万吨；小麦、棉花和玉米产量分别占全国总产的 43%、52% 和 30%；每年还可向区外提供商品粮 150 多万吨；农民收入翻了四番。喝水不忘挖井人，1988 年，喜气洋洋的曲周农民走进了北京农业大学，把一块镌刻有"改土治碱，造福曲周"的汉白玉碑竖立在校园内，以表感激之情。该项成果于 1993 年荣获国家科技进步奖特等奖。

提出新农业科技革命观倡导生物质能源

1995 年，石元春卸任中国农业大学的校长，但他依然没有停止对中国农业的思考。他清醒地认识到，在当今世界农业新技术革命形势下，中国农业要转向现代化，必须改变过去不考虑环境、资源、效益的高物质投入，要重视人才和科技投入，使农业转向科学的、理性的、资源节约型和可持续发展的状态。

"S-863 计划（2001—2010）"（高技术）、"973 计划"（基础研究）、"国家中长期科技发展计划"，这可谓是世纪之交国家科技战略研究的"三大战役"，他积极参与到其中，他在"S-863 计划"中分析了 21 世纪初世界农业高技术领域发展的基本态势，提出了中国发展农业高技术的战略定位与目标；在"国家重点基础研究 973 计划"中提出中国农业基础研究的战略和重点支持方向；在《国家中长期科技发展规划》报告中，全面分析了 21 世纪前二三十年世界和中国的农业及农业科技形势，围绕中国的粮食安全、农业生态安全、农民增收和科技支撑四大主题，分别提出了替代战略、解铃战略、拓展战略和跨越战略。

1995 年石元春提出了"农业正在进入一次以生物技术和信息技术为主导的新的科技革命时期"的概念，当时农学界对生物技术尚可接受，认为信息技术有些勉强。在《农业呼唤信息技术》一文中，提出了"农业是以土、肥、光、温、气等自然要素为基本生产资料，从事生命物质生产的产业；是个变量因素很多，时空变异很大的复杂系统。所以，经验性强、稳定性差和可控程度低成为先天性的行业弱势，而计算机和信息技术的强大功能以及数字化、智能化、精准化和网络化将使农业的行业弱势得到全面改善"的观点。其后又发表了《土壤学的数字化和信息化革命》(2000)、《我国农业信息化发展战略》(2003) 等一系列文章。这一"新的农业科技革命"的思想逐渐被学界接受并写入到了中央文件。

作为一名共产党员的石元春，他的心中一直就有一幅新农村的建设蓝图：发展生物质能源。通过大量的调查和文献分析研究，石元春提出要利用农林废弃物和边际性土地，种出一块块"生物油田"的大胆假设。石元春设计的"绿色油田"是利用农作物的秸秆、畜禽粪便、有机垃圾等农村废弃物和环境污染物，利用边际性土地和水面种植能源植物，不与农业争粮争地。随着不可再生物质资源的减少和接近枯竭，可再生的生物质必将成为未来社会物质生产的主要资源，石元春坚信他设想的生物质能源的发展是符合国际的发展态势的，"生物经济"时代的到来是不以人们的意志为转移的。

石元春长期从事农业高等教育，他治学严谨要求严格，常于闲暇时与年轻人交流思想，使学子们受益匪浅。他长期担任《土壤地理》、《土壤调查制图》、《地貌学》和《第四纪地质学》的授课任务，这些课程讲授难度大，但他充分利用幻灯录像，加强课堂讨论和野外实习，调动学生的主动思维，生动有序的讲述，启发培养了一代又一代学子，现如今已成为我国土壤学和农业科学等领域的骨干成员。

中国农业大学的学生专门为三院院士石元春撰写了一副对联。上联是：志在天地得失寸心大家风范；下联是：惠及蒹葭桃李满园名师功勋；横批"高山景行"。恰如其分地表达了学子们对这位科学家的崇敬之情。

(刘　忠　李保国)

简　历

1931 年 2 月 10 日　出生于湖北汉口。

1949—1953 年　北京农业大学农学系学士。

1953—1956 年　北京农业大学土壤和农业化学系硕士。

1958—1978 年　北京农业大学讲师。

1979—1985 年　北京农业大学副教授。

1985 年至今　中国农业大学教授。

1983—1985 年　北京农业大学研究院副院长。

1985—1987 年　北京农业大学副校长。

1987—1995 年　北京农业大学校长。

1991 年至今　当选为中国科学院院士。

1994 年至今　当选为中国工程院院士。

1995 年至今　当选为第三世界科学院院士。

1996—2001 年　中国科学技术协会副主席。

主 要 论 著

[1] 石元春. 晋西地区的黄土及其形成过程. 见：中国第四纪研究. 北京：科学出版社, 1958, 1（1）：252—253.

[2] 石元春. 塔里木盆地北部盐分的积聚规律和盐渍土的利用改良问题. 见：新疆维吾尔自治区的自然条件论文集. 北京：科学出版社, 1959, 130—149.

[3] 石元春, 等. 掌握水盐运动规律, 综合治理旱涝碱咸. 中国农业科学, 1976, 9（3）：37—41.

[4] 石元春, 辛德惠, 等. 黄淮海平原的水盐运动和旱涝盐碱综合治理. 石家庄：河北人民出版社. 1983.

[5] Shi Y C. The characteristics of water and salt movement and the regulation of salt – affected soils in semi – humid monsoon climate regions. Proc. of the International Symposium. on the Reclamation of Salt – affected Soils, Jinan,

China. 1985, 191—210.

[6] Shi Y C. China's salt – affected soils and their reclamation. Transaction of the XIII Congress of International Society of Soil Science, 1986, 1539—1540.

[7] 石元春, 等. 盐渍土的水盐运动. 北京: 北京农业大学出版社, 1986.

[8] 石元春. 中国黄土中古土壤的发生学研究. 第四纪研究, 1989（2）: 113—122.

[9] 石元春, 等. 区域水盐运动监测预报. 石家庄: 河北科学技术出版社, 1991.

[10] 石元春. 挑战和适应性调整思考——面向 21 世纪的中国农科高等教育. 中国高教研究, 1995（4）: 9—12.

[11] 石元春. 新的农业科技革命与我国农业的发展. 求是, 1998（3）: 30—33.

[12] Shi Y C. High technology and agricultural development in China. T C Tso, Francis Tuan, Miklos Faust. eds. Agriculture in China, 1949 – 2030. IDEALS, INC, 1998, 398—414.

[13] 石元春. 开拓中的蹊径: 生物性节水. 科技导报, 1999（10）: 3—5.

[14] 石元春. 关于生物工程产业. 中国工程科学, 2000, 2（7）: 29—34.

[15] 石元春. 土壤学的数字化和信息化革命. 土壤学报, 2000, 37（3）: 289—295.

[16] 石元春. 建设现代农业. 求是, 2003（7）: 18—20.

[17] Shi Y C. Comprehensive reclamation of salt – affected soils in China's Huang – Huai – Hai plain. J Crop Prod, 2003, 7: 163—179.

[18] 石元春. 我国农业信息化发展战略. 科技导报, 2003（8）: 3—6.

[19] 石元春. 决战生物质. 北京: 中国农业大学出版社, 2011.

参 考 文 献

北京农业大学年鉴. 1988—1995, 共 8 册.

朱鹤健

（1931—   ）

朱鹤健，土壤地理学家。通过对水稻土和红壤的研究，总结出高产水稻土的地理分布规律和红壤区土壤垂直带谱。明确特定地理环境与红壤特性变异的关系。运用农业资源耦合理论，研发区域特色的土壤与土地资源配置模式，并创建土壤地理学教学和教材新体系。

朱鹤健，1931 年 6 月 5 日出生于福建省福州市。1953 年福建农学院毕业后留校任助教，随即参加福建红壤、苏北盐碱土、江西庐山土壤垂直带的调查研究工作。1958—1959 年在中国科学院原子能研究所和中国农业科学院原子能研究所学习同位素应用。1959—1962 年负责筹建农业物理系，组织、领导同位素在农业上应用的教学与研究工作。

1976 年至今在福建师范大学任教，在承担土壤地理学课程教学工作的同时，从地理学视角研究水稻土。1979 年受聘福建省第二次土壤普查顾问组副组长，指导并参加土壤普查工作。

20 世纪 80 年代，以土壤学的微观研究与地理学的宏观分析相结合的方法为支撑，寻求学科发展新的空间。以福建两大山脉（武夷山与戴云山）土壤垂直分布带对比，总结出红壤区域土壤垂直带谱规律性，这一成果被广为引用，对我国南方山地土壤垂直带谱研究起了示范作用。揭示特定地理环境与红壤特性变异的关系，提出了红壤多种空间变异模型，并获得开发利用的新认识。承担中国科学院南京土壤研究所主持的"中国土壤系统分类"课题中富铁土、铁铝土、雏形土、淋溶土研究工作，并在福建发现变性土，对其进行系列研究，获得国家自然科学奖二等奖（参加者），福建省科学技术进步奖二等奖（主持者）。1989年，受聘《中国农业百科全书·土壤卷》编委会委员。

20世纪90年代以来，朱鹤健以土壤与土地资源开发利用问题为轴心，注重系统的综合研究。在福建山区和沿海地区建立试验区，定点观测，研究土壤与土地资源的优化配置。系统总结与完善了农业系统耦合理论，设计了区域特色的农业资源系统耦合模式，并探讨其定量化评价的方法。参加14届国际土壤学大会（日本，京都，1990年）和15届国际土壤学大会（墨西哥，Acapulco，1994年），并三次赴美国讲学和参加国际学术会议（1991年，1992年，1994年）。

1990年任国家教委首届全国高校地理学教学指导委员会委员、土壤地理学及植物地理学学科组副组长。1992年出版的《土壤地理学》教材（高等教育出版社），1995年被评为全国高校优秀教材一等奖。创建了土壤地理学系统化教学新体系，1996年获福建省优秀教学成果奖一等奖，1997年获国家级教学成果奖二等奖。

1999年和2007年两度赴台湾地区进行交流。与台湾大学同行合作研究海峡两岸土地利用/土地覆被变化对比课题。2001年受聘欧亚科学院院士。2002年参加欧亚科学院举办的学术研讨会（俄罗斯，圣·彼斯堡）。2005年中国科学技术协会授予全国优秀科技工作者。

拓展水稻土、红壤研究的新空间

1973—1974 年国家派他往非洲塞拉利昂共和国考察土壤 1 年多，他利用英国学者提供的美国土壤系统分类图件与调查资料，研究了美国土壤系统分类在红壤的应用，写出塞拉利昂土壤调查报告。他在《世界土壤地理》一书中，全面介绍了美国土壤系统分类制及其在世界各地的应用。该书被同行广为引用，并被认为是"中国学者撰写的第一部有关世界土壤地理专著，具有特殊重要意义"，成为中国传播与实践土壤新分类法的先行者。他树立从土壤属性认识土壤的理念，又结合地理学的区域整体性理念，两相交融，在红壤分类、分布与发生的研究上开辟新空间。20 世纪 80 年代，通过深入红壤区域调查以及定性与定量的系统分析，研究红壤区域的环境与红壤发生发育的关系；应用土壤物理、土壤化学和土壤生物的分析技术，对区域红壤属性进行系列研究，微观研究与宏观分析相结合，提出了新认识。他以武夷山与戴云山土壤垂直分布带对比研究，总结出红壤区域土壤垂直带谱规律性，否定传统将黄壤带确定为黄棕壤的说法。这些成果被广为引用，对我国南方山地土壤垂直带谱研究起了示范作用。他认定本区红壤未有灰化作用，其土壤自然肥力并不低。这一研究成果被日本土壤学家久马一刚认为"对于认识日本的红壤、黄壤等类土壤的发生学过程是非常有价值的"（Kyuma，Pedosphere，1998，8（5））。他观察到高海拔地区土壤可能出现三水铝石，但它不能视为高度风化产物，于是提出，通行的以胶体的硅铝率、硅铁铝率作为划分红壤风化壳依据具有局限性。还提出游离铁、岩性在鉴别红壤上的意义。揭示特定地理环境与红壤特性变异的关系，提出了红壤多种空间变异模型。应用土壤新分类法，把福建一种砖红壤性红壤划定为变性土，并探明其成因，科学总结出其管理特殊性。这些成果被联合国粮农组织

（FAO）及国内外土壤学专家所引用。

朱鹤健的学术成就融会于他的《土壤学与地理学交叉研究》的著作中。为该书撰写序言的陈述彭院士对其评价指出："他以土壤地理学与土地资源学为主轴，坚持深入分析基础上的综合和综合指导下的分析思路，通过土壤学的微观研究与地理学宏观分析，去探索地球系统陆地表层的自然过程，达到了融会贯通、得心应手、出神入化、游刃自如的境界。这些宝贵的经验，来之不易，既要有高屋建瓴的真知灼见；又要有求真务实的实践能力。从中看到一位教育工作者为探索、构建新的交叉体系所作的努力！他所走过的正是一条符合中国国情、自主创新的道路。"

研发区域特色的土壤与土地资源配置模式

20世纪90年代以来，在福建山区和沿海地区建立试验区，以土壤与土地资源开发利用问题为轴心，注重系统的综合研究方法，定点观测，研究土壤与土地资源的优化配置。宏观上以区域理论为指导，通过调查—试验—评价—规划和设计的研究方法，在获取大量翔实的数据基础上，应用信息化研究手段对各种数据进行全面和系统分析计算。微观上引入土壤学的分析技术，通过不断调整和完善农作系统结构，以构建特色农业为目标，设计出土壤与土地资源优化配置的三个模式付诸实践对比，选出高效的土壤与土地资源优化配置系统，取得经济效益和生态效益，并为农户所接受。研究工作从大南坂农场、马坪镇、漳州市、闽东南以至扩大到福建全省，点面相结合。而重点研究是面向闽东南沿海人多地少地区的土壤与土地资源的优化配置。应用GIS技术，评价闽东南土壤与土地资源，分析该区特色农业的主导产业，建立以规模特色农业为目标的土壤与土地资源开发利用的空间布局以及外来农业投资空间模拟等。基于国产组件式GIS平台Super-Map，建立了与闽东南及漳州市相关的国民经济以及土壤与土地资源基础数据库；设计了多目标线性规划模型；开发了漳州市土壤与土地资源开发决策支持系统示范性软件，为地方政府制定土壤与土地资源开发政策提供辅助支持。在国内农业信息化示范性研究中，首次在福建省应用组件式 GIS 技术介入农业信息化领域，为福建省开展数字农业提供了示范性应用案例。其研究成果刊于《地球信息科学导论》 （廖克等，科学出版社，2007：419－451）中。同时他根据多年研究成果，提出"建设闽东南特色农业带"，"把发展特色农业作为解决'三农'问题的突破口"等建议，得到福建省多个部门的肯定与采纳，产生较大的社会影响。研究成果列入福建省可转化为生产的重点项目，得到政府资金支持推广。这些成果汇集于他的《Sustainable Development and Land Utilization》 （China Hong Kong Yearbook Press，1997）著作中。

鉴于中国农业资源系统耦合研究局限于北方草原地区这一现实，他充分分析了中国南方地区农业资源系统耦合的结构、功能和特点。认为南方地区农业资源系统耦合预期会取得比北方草原地区有更明显的效益。于是，在已取得土壤、土地资源合理配置的研究成果基础上，2000 年又在福建省漳浦业县马坪镇建立农业资源系统耦合试验区。进一步以土壤学与地理学交叉的研究方法，在中国南方设计农业资源系统耦合新技术体系。从地理学着眼，以土壤与土地资源为基础，扩大与其他农业资源要素的结合，将分散、单一的农业资源要素耦合开发利用，使其优势互补，发挥农业资源系统耦合的优势。又从土壤学着手，运用土壤化学、物理与生物手段，诠释植物、动物与土壤之间物质良性循环的机理，丰富农业耦合理论，完善耦合技术体系的内在关联性。试验区实现时序、空间、生态的三耦合，单位土地收入增加 2～4 倍，同时提高地力，增强水土保持能力，取得了明显的经济、社会和生态效益。于是提出"把农业系统耦合作为农业科技创新的战略需求"建议。在《农业资源系统耦合模拟与应用》

一书中，系统地总结与完善了农业系统耦合理论，展示了农业资源系统耦合模式及其定量化评价的研究成果，为进一步发展本技术体系打下理论与实践基础。

长汀县在历史上一直是土壤侵蚀综合治理的重点，早在20世纪40年代就成为中国仅有的三个土壤侵蚀试验站的地区之一。2000年福建省政府每年投入2000万元治理长汀县水土流失，为此，朱鹤健率领学术梯队在长汀县实施山地生态重建示范工程，定点观测追踪。在示范区基础上，进行山区生态重建与生态补偿机制的研究，列入国家与福建省的科学基金项目。他以区域的整体性综合性为指导，从侵蚀因子到环境效应，从时空规律到模型研究、土壤侵蚀预测及至生态重建、经济发展有机联系起来研究，突出了土壤侵蚀问题的区域性、整体性，揭示土壤侵蚀发生发展规律及其与环境要素的关系，评价不同水土流失类型对生态环境的影响，设计水土流失治理和生态建设的技术体系，提出以发展区域经济为基础的水土保持策略，探求治理水土流失与经济发展的良性循环的研究范式。这一系统化研究范式，填补了本领域在区域尺度上的研究不足，这是区域水土保持研究史上的一种新的尝试。

朱鹤健参加并指导福建省土壤普查。他根据福建省情，提出"三种模式"，"四重战略"和"五色开发"等土壤与土地资源的开发方案，彰显区域特色，对福建土壤与土地资源开发利用作出贡献。

开展土壤地理学教学

为了全面反映本学科新的研究成果，朱鹤健与何宜庚教授合作编写了《土壤地理学》教材，教材突出地理性，形成新的教材体系，1995年被评为全国高校优秀教材一等奖。2009年又对本教材进行修订，应用系统论的观点，对土壤学基础体系做了较大幅度的更新，2010 年由高等教育出版社再度出版发行。他还主译英国大学课本《Principle and Application of Soil Geography》（Longman Publishing Co., Inc. 1982）作为大学教学参考书（高等教育出版社，1985），提高了中国土壤地理学的教学水平。

朱鹤健针对土壤地理学实践很强的特点，提出"课堂授论理，野外觅验方"。他除了改革教学内容，建立教材新体系外，还对课堂教学、实验、野外实习等各教学环节实施不同方式的改革，并将各教学环节配套成完整体系，经 10 余年实践，创建了土壤地理学系统化教学新体系，提高了教学质量。

爱教育　爱学生　爱读书

朱鹤健自 1953 年从教，至今已执教 57 年，多次被评为省级优秀教师直至全国教育系统劳动模范。他自述"耕耘忙作乐，只为桃李芳"，热心培养青年教师，甘为人梯，把自己积累教学、科研经验与资料毫不保留地传授给青年教师，指导青年教师讲课，开展科研，撰写论文，出版著作。在学生心目中，他不仅是一位要求严格的老师，而且又是一位宽厚仁爱的长者。他培养的博士生已授予博士学位 21 位，成为国内外科技、经济和教育战线的高级人才。他把培养博士生视为师生共创新知识过程，实施教学与科学研究相结合。结合培养博士生，联合相关学科攻关，组建重点学科，充分发挥多学科优势。从福建省自然资源重点学科（1991 年）发展到福建省"211 工程"资源与环境学重点学科（1996 年）又提高到福建省亚热带资源与环境重点实验室（2003 年），学术团队水平不断提高，发挥了他作为学科带头人的作用。同时他多次赴海外讲学。早在 1984 年，朱鹤健就应邀到香港大学讲授中国热带、亚热带土壤。1992 年和 1994 年两度应邀到美国路易斯安那州立大学和南俄勒冈州立学院讲学。因其教学效果吸引了路易斯安那州立大学美籍学生慕名来福建，在他的指导下完成山地研究的博士学位论文。

他曾在其专著的自序中满怀深情地说："我教过本科生、硕士生和博士生，以教育为己任，教书育人萦绕于怀，乐此不疲。每见一批批学生毕业，就像农民喜见丰收一样，策励我再作耕耘，犹似生活的滋养剂，催我奋进。每当我遇到不愉快事情的时候，投入教学，一切烦恼皆烟消云散。如今步入老年，依然眷恋讲坛，醉心教学，有人不甚理解，诚是'犹记擎桅杆，后生好远航'。这都出于爱学生、爱教育之心怀。事实上在教书育人的同时，也不断教育与充实自己，为人师表悬于心头，不断提醒自己行为举止规范。我语言笨拙，在不断教学实践中却练就讲课、发言能自由发挥，吸引听众。"他这种爱教育、爱学生、爱读书的精神，2010 年被选入"感动福建"2009 年度十大人物。

（陈松林）

简　　历

1931 年 6 月 5 日　出生于福建省福州市。

1949—1953 年　在福建农学院学习。

1953—1976 年　任福建农学院助教，讲师。

1955—1956 年　在南京农学院、南京大学进修，参加江西庐山土壤垂直分布调查。

1957 年　带领学生赴苏北调查盐碱土。

1958—1959 年　在中国科学院原子能研究所、中国农业科学院原子能研究所学习同位素应用技术。

1973—1974 年　在非洲塞拉利昂共和国考察土壤。

1976 年至今　任福建师范大学讲师、副教授、教授、博士生导师；自然资源研究中心主任。

1984 年　到香港大学讲授中国热带、亚热带土壤，指导学生土壤野外实习。

1986 年　参加 13 届国际土壤学会（德国，汉堡）；参加 26 届国际地理学会（澳大利亚，悉尼）和国际山地生态学术研讨会（新西兰，基督教城）。

1989 年　受聘《中国农业百科全书·土壤卷》编委会委员；参加全球山地环境学术研讨会（前苏联亚美尼亚）。

1990 年　受聘国家教委首届全国高校地理学教学指导委员会委员、土壤地理及植物地理学科组副组长；参加 14 届国际土壤学会（日本，京都）。

1991 年　受聘博士生导师；访问美国加州北岭州立大学。

1992 年　到美国路易斯安那州立大学讲学。

1994 年　到美国南俄勒冈州立学院讲学；参加 15 届国际土壤学会（墨西哥，Acapulco）；受聘国际欧亚科学院院士，参加海峡两岸地理学术会议（台湾，台北）。

2000 年　参加国际欧亚科学院举办的国际学术研讨会（俄罗斯圣·彼斯堡），主持海峡两岸资源互补与永续利用学术研讨会（福建福州）；访问台湾大学、台湾彰化师范大学。

主 要 论 著

［1］朱鹤健. 苏联学者对土壤结构形成条件的几种见解. 土壤通报，1958 (2).

［2］朱鹤健. 研究土壤水分的新途径. 土壤通报，1959 (2).

［3］朱鹤健，张开泰，潘廷国. 应用示踪原子法研究水稻等作物磷营养的吸收和运转. 原子能科学技术，1963 (2).

［4］朱鹤健. 挖掘南方山区渍水田土壤潜在肥力的问题. 中国农业科学，1978 (1)：73—77.

［5］朱鹤健，郭成达，林振盛，等. 福建高产水稻土肥力特性的研究. 土壤通报，1982 (4)：1—4.

［6］朱鹤健，郭成达，谭炳华，等. 福建东南部山地丘陵土壤的基本特征. 土壤学报，1983，20 (3)：225—237.

［7］朱鹤健. 水稻土. 北京：农业出版社，1985.

［8］朱鹤健．世界土壤地理．北京：高等教育出版社，1986.

［9］朱鹤健．福建山地土壤的形成发育与成土条件的关系．见：中华人民共和国土壤研究近代进展．南京：江苏科技出版社，1986.

［10］朱鹤健，谭炳华，陈健飞．福建变性土特性的研究．土壤学报，1989，26（3）：287—297.

［11］Zhu H J. Present state and developmental orientation of land utilization in mountainous red earth regions in China. GeoJournal，1990，20（4）：375—379.

［12］朱鹤健，严平，陈健飞，等．福建山地土壤分类的研究．土壤通报，1991（1）：1—4.

［13］朱鹤健，何宜庚．土壤地理学．北京：高等教育出版社，1992.

［14］朱鹤健，郑建闽，谭炳华．母质和微地形条件对变性土形成的影响．土壤学报，1992，29（2）：226—231.

［15］Zhu H J，Tan B H，Chen J F，et al. Properties，formation and fertility of vertisol in Fujian province. Pedosphere，1995，5：1—20.

［16］朱鹤健，江用锋，谭炳华．福建变性土肥力特征和农业生产特性的研究．土壤学报，1996，33（1）：37—47.

［17］朱鹤健，程炯．闽东南特色农业生态模式研究．自然资源学报，2002，17（3）：311—318.

［18］朱鹤健，何绍福．农业资源开发中的耦合效应．自然资源学报，2003，18（5）：583—588.

［19］朱鹤健．土壤学与地理学交叉研究．北京：科学出版社，2006.

［20］朱鹤健，何绍福，姚成胜．农业资源系统耦合模拟与应用．北京：科学出版社，2009.

须湘成

(1931—)

　　须湘成，土壤学家。在土壤分类研究中为我国棕壤的特性和系统分类提供了新的资料。长期从事土壤肥力研究，获得了调控土壤有机质平衡的 4 个参数，制订了计量施用有机肥公式，为有机培肥土壤提供了科学依据。

　　须湘成，1931 年 11 月 1 日生于江苏省武进县三河口镇。曾先后在无锡、常州和上海市读小学和中学，1950 年考入沈阳农学院土壤农化系，1954 年毕业留校任教。1980 年加入中国共产党。1985 年晋升为教授。参加或主持了"六五"、"七五"和"八五"农业部重点科研项目，以及国家教委博士学科点专项科研基金项目等科研项目，获农业部科技进步奖二等奖 2 项、三等奖 1 项。

　　1986 年至 1987 年在美国农阿华（Iowa）大学农学院进行土壤肥力方面合作研究。

　　曾先后任沈阳农学院土壤农化系土壤教研室副主任、土壤农化系副主任、沈阳农业大学副教务长。1988—1993 年任沈阳农业大学副校长，兼任中央农业管理干部学院沈阳农业大学分院院长、辽宁省高等教育学会副会长、《沈阳农业大学学报》主编、中国土壤学会第六至第八届理事。1983—1990 年任《土壤通报》副主编，1991 年至 2004 年任主编。参与编写了《辽宁土壤》（1992 年辽宁科技出版社出版）。

培养农业技术人才

须湘成从事教育工作 42 年，曾先后讲授六门课程，其中主讲的《区域土壤》被评为校优秀课。共培养硕士、博士生共 15 名。曾参编教材《土壤学》（北方本）和《区域土壤》（北方本）。

须湘成热爱教育事业，用先进的科研成果充实教材；参加第一、第二次全国土壤普查工作，带领学生参加土壤调查及从事科研活动。在教学中既重视教书，又重视育人；既重视提高学生的理论水平，又重视教给学生的动手能力，深受学生欢迎和好评。他教过的已经毕业二三十年的学生在聚会时，还念念不忘他的教诲，都说爱听他的课，既生动又深入浅出，理论联系实际。他的学生许多已经是各单位的技术骨干，这是他最愉悦的事。

重视理论联系实际

须湘成在 20 世纪五六十年代曾协助唐耀先教授从事土壤地理研究，进行了 6 年棕壤定位研究，对棕壤的基本性质、水分物理及养分特性做了深入研究，定期观测水分、温度和养分动态，在全国还没有先例。其成果发表在《沈阳农学院学报》上，为一些专著和大学教材引用。

70 年代开始，须湘成先后参加或主持了"六五"农业部重点科研项目"耕地土壤有机质平衡及有机肥培肥改土作用的研究"、"七五"农业部重点科研项目"有机肥改土及调控土壤营养物质供应机理"和"八五"农业部重点科研项目"有机肥养分在土壤生态系统中的循环及利用"。国家教委博士学科点专项科研基金项目"有机肥料对土壤培肥作用实质的研究"等,力求既要进行理论研究,又注重为生产服务。其主要研究内容及成果包括以下两个方面。

(1)有机肥料对土壤培肥作用实质的研究,分三方面进行研究。第一部分研究了施用有机肥对土壤有机碳组分及活性的影响,对土壤有机氮组成及活性的影响,有机磷和土壤酶活性的变化,土壤微团聚体组成的变化;第二部分研究了施用有机肥对土壤有机质组分的组成和结构性质的影响;第三部分研究了施用有机肥对土壤氨基酸和中性糖特性的影响。须湘成指导研究生戴晓燕完成了"土壤微团聚氮素矿化势的研究"。该研究阐明了有机肥培肥土壤的机理,1990年获农业部科技进步奖二等奖。

(2)有机肥改土及调控土壤营养物质供应机理研究,阐明了有机肥改土作用显著,有机肥能够调控土壤 NP 养分供应,提高产量。深入地研究了土壤有机质适宜含量、土壤有机质矿化率、有机物料的腐殖化系数和作物根茬量,利用以上 4 个参数推导出保持土壤有机质平衡,计量施用有机肥公式,为有机培肥土壤,提供了科学依据。在辽宁的沈阳、昌图农村推广应用,获得显著成效。该项成果 1991 年获农业部科技进步奖二等奖。

办好《土壤通报》

《土壤通报》是由中国科协主管、中国土壤学会主办、沈阳农业大学承办、科学出版社出版的土壤科学学术期刊。1957 年创刊后,须湘成即参加并协助主编做好编辑出版工作至 1966 年。1966 年 9 月至 1978 年停刊 12 年。1979 年复刊后他继续参加编辑出版工作。1983—1991 年任副主编，1991—2004 年任主编，离休后仍协助主编做好编辑出版工作至今。在编辑出版岗位上辛勤工作已经 42 年。

须湘成一贯重视办刊质量，刊物水平不断提高、影响逐步扩大。《土壤通报》请中国学术期刊（光盘版）电子杂志社制作了 1957—2000 年《土壤通报》发表的全部论文的光盘，为土壤工作者进行学术交流和学习，提供了有利条件。在稿件的编审过程中他认真把关，保证文章的政治质量和技术质量。对每篇稿件，都提出修改意见，供作者修改时参考，对没有达到刊出标准的稿件提出改进意见，请作者继续努力。所以，《土壤通报》成为广大土壤工作者的良师益友。为了尽量满足作者需求，《土壤通报》由每期 48 页增加到 256 页，每期刊出的文章增加了 5 倍。《土壤通报》现被 CA、CBST（日）引用，为中国科学引文数据库来源期刊、中国学术期刊综合评价数据库（CAJCED）来源期刊、中国期刊全文数据库（CJFD）全文收录期刊、《中国核心期刊（遴选）数据库》收录期刊、中国科技论文统计源期刊和《中国期刊网》、《中国学术期刊（光盘版）》全文收录期刊，也是《中国生物学文摘》和中国生物学文献数据库收录期刊。为农业基础科学类核心期刊，曾获得《CAJ – CD 规范》执行优秀奖。

（张继宏）

简　　历

1931 年 11 月 1 日　　生于江苏省武进县三河口镇。

1950—1954 年　　毕业于沈阳农学院土壤农化系，留校任助教（后改名为沈阳农业大学）。1952 年 8 月，恢复沈阳农学院。

1962—1964 年　　任沈阳农学院土壤教研室副主任。

1963—1985 年　晋升为讲师、副教授、教授。

1982—1983 年　任沈阳农业大学土壤农化系副主任。

1983—1988 年　任沈阳农业大学副教务长。

1983—2004 年　任《土壤通报》副主编，主编。

1988—1993 年　任沈阳农业大学副校长，兼任中央农业管理干部学院沈阳
　　　　　　　农业大学分院院长，辽宁省高等教育学会副会长，沈阳农
　　　　　　　业大学学报主编。

1992 年　享受国务院政府津贴。

1986—1987 年　美国衣阿华（Iowa）大学农学院访问学者。

1987—2004 年　中国土壤学会第六至第八届理事。

1991—2004 年　任《土壤通报》主编。

1994 年　离休。

主 要 论 著

［1］须湘成. 辽宁义县耕地土壤利用改良. 土壤通报, 1959, 3（3）:
　　40—47.

［2］须湘成, 等. 开原县金沟子土壤肥力普查工作总结. 辽宁农业科学
　　（增刊）, 1975.

［3］须湘成, 等. 山地砂石土高产稳产田的培肥与增产措施. 土壤肥料,
　　1979（5）.

［4］唐耀先, 须湘成, 蒋玉超, 等. 沈阳地区棕壤的基本性质和水热动态
　　的研究. 沈阳农学院学报, 1979（2）: 1—9.

［5］Xu X C, Zhang J H, Tong G L, et al. Calculating by approximate method
　　the amount of organic manure required to increase soil fertility. in: Current
　　progress in soil research in people's republic of china edited by soil science
　　society of China. Nanjing: Jiangsu science and technology publishing
　　house, 1986: 189—196.

［6］张继宏, 须湘成, 唐耀先. 施用有机肥是增加土壤有机质培肥土壤的
　　根本途径. 盐碱地利用, 1986（4）: 10—14.

［7］Xu X C, et al. Effect of pH on N mineralizztion in crop residuetreated soils.

Biology and fertility of soil（USA），1987（5）：115—119.

[8] 张旭东，须湘成，陈恩凤．施用猪粪培肥土壤后土壤氨基酸含量的变化．土壤通报，1989，20（6）：260—262，248.

[9] 窦森，陈恩凤，须湘成，等．土壤胡敏酸的核磁共振研究．土壤通报，1989，20（6）：263—266.

[10] 戴晓燕，须湘成，陈恩凤．不同肥力棕壤和黑土各粒级微团聚体氮素矿化势．沈阳农业大学学报，1990，21（4）：327—330.

[11] 张继宏，汪景宽，须湘成，等．地膜覆盖栽培与土壤肥力．见：土壤肥力研究进展．北京：中国科学技术出版社，1991.

[12] 窦森，陈恩凤，须湘成，等．土壤有机培肥后胡敏酸结构特征变化规律的探讨 I·胡敏酸的化学性质和热性质．土壤学报，1992，29（2）：199—207.

[13] 贾文锦主编，须湘成，等副主编．辽宁土壤．沈阳：辽宁科学技术出版社，1992.

[14] 须湘成，等．有机物料在土壤中腐解残留率及其对腐殖质组成及光学性质的影响．土壤通报，1993，24（2）：53—56.

[15] 窦森，陈恩凤，须湘成，等．施用有机肥料对土壤胡敏酸结构特征的影响—胡敏酸的光学性质．土壤学报，1995，32（1）：41—48.

[16] 汪景宽，张继宏，须湘成，等．长期地膜覆盖对土壤氮素状况的影响．植物营养与肥料学报，1996，2（2）：125—130.

[17] 梁成华，唐咏，须湘成，等．日光温室菜园土的磷素形态及吸附和解吸特征．植物营养与肥料学报，1998，4（4）：345—351.

庄作权

(1931—)

　　庄作权，土壤学家。结合土壤调查，土壤化学和土壤肥力与植物营养的专长，长期致力我国台湾地区土壤铵固定作用，有机质肥料矿化，有机复合肥料的研发及合理化施用研究。

　　庄作权，1931 年出生于浙江省鄞县横溪镇奉化市，祖籍浙江省。1948 年随母来台依父生活，以同等学力考入台湾省立台中高工化工科，每学期成绩均名列前茅。为减轻父母的负担庄作权舍弃第一志愿台大化学系，而选择可住家通学的台湾省立农学院农化系。大学期间在盛澄渊教授（留德，博士）、刘和教授（美国马里兰大学土壤学博士，中国第一位留美土壤学博士）及郭魁士教授的指导及熏陶下，庄作权对土壤科学产生了浓厚的兴趣，愿将一生奉献于土壤研究和教学，因而促成了庄作权对台湾土壤学术研究及人才培育的莫大贡献，并奠定其在台湾土壤界的重要且受尊崇的地位。

自营农场土壤调查及甘蔗营养诊断制度

　　1956 年应郭魁士教授之邀，庄作权返回母校担任助教工作，并参加台湾地区西海岸盐土调查工作。虽然要忍受风砂拍击及土壤剖面采样调查的辛劳磨练，但可实地接触土壤并可学以致用，更加深庄作权对土壤探研的兴趣及肯定抉择的正确性。1958 年应台湾糖业试验所之聘，从事甘蔗产区土壤肥力及农业化学研究，开始了在台糖试验所约 20 年的研究生涯。

　　由于庄作权杰出的工作表现，1962 年获得美国东西文化中心奖学金，赴美国夏威夷大学研习黏土矿物。1964 年以《夏威夷土壤中云母矿物的生成》论文获颁硕士学位。由于论文内容有创新发现，而被农学院院长评为最杰出论文，并鼓励他继续攻读博士学位。唯因糖业试验所主管殷切希望庄作权能返回以奉献所学，所以庄作权婉谢博士奖学金而返回糖研所复职。1965 年接任土壤肥料系主任，在其冲劲及理想的驱策下，庄作权带领全系同仁强化糖试所土壤肥料的研究工作，并展开台糖自营农场的土壤调查工作，不到 3 年就完成 5 万多公顷的详测并建立台糖的土壤实用分类。嗣担任植物营养小组召集人，建立各糖厂的植体营养诊断及施肥推荐制度，使肥料之施用达合理化及科学化，并节省施肥成本获评绩效优良。另，庄作权为推动甘蔗微量元素研究，进而建立甘蔗园土壤锌缺乏及施用量的标准。1968 年，他请辞系主任后，再次赴美夏威夷大学进修博士学位，钻研微量元素锌对甘蔗营养的相关研究，且于 1971 年完成博士论文获夏威夷大学土壤农艺系土壤哲学博士。当年 11 月返回糖业试验所服务，主持微量元素及营养诊断小组，并于 1972 年受聘成功大学地球科学系兼任教授，1973 年应聘中兴大学土壤系兼任教授。1975 年完成甘蔗营养诊断及施肥推荐研究工作，并获台湾糖业公司优异服务奖。

提升台湾地区土壤教学及学术研究水平

1976 年因母校中兴大学之遴聘，庄作权担任土壤学系系主任及土壤研究所所长。当时土壤学系师资中仅有两位获得博士学位教授，研究计划只有二三个，研究经费贫乏庄作权积极争取经费，礼聘国内外优秀人才及改良教学研究风气为第一要务。庄作权积极向农委会及国科会提出多项研究计划，使土壤学系的研究经费大增，成为农学院研究经费最多的系所。庄作权为激发助教们的进修意愿，在 1978 年及 1979 年选用 3 位硕士毕业生为讲师，后进修博士而获得博士学位。庄作权的苦心及魄力对提升土壤学系的师资水平有着不可磨灭的贡献。庄作权在任内礼聘日籍国际大师青峰重范教授来系担任客座教授。并邀请学术地位高、位居中央研究院院士的王世中教授至系任教。此两位大师成为系内教师和学生的典范和仿效的楷模。庄作权还积极争取 4 位在美国名校获得博士学位的学者，加入师资阵容，更鼓励和协助 3 位讲师先后赴美进修，并获得博士学位。由此看出，庄作权对土壤学系的贡献是有目共睹的。

他获得了台中市特优教授之尊荣，且荣膺第一届名誉教授之衔。

提升亚太粮食肥料技术中心之功能与地位

1982 年庄作权受聘出任亚太粮肥中心主任，主持亚太地区国际农业信息收集及推广工作。在其任内（1982—1986），庄作权扩展亚太粮肥中心的功能，提升中心的国际农业地位，并使中心的国际合作有着辉煌的绩效。他建立了亚太粮肥中心的优良制度，包括：①与 20 个亚太及美国农业教育及研究机构签订合作协议，使亚太中心地位及绩效更见提升；②订立专家及行政人员更优厚及健全的离职金给予办法；③实施年满 60 岁应予退休制度，使中心年轻化及活力化；④建立信息计算机化，提高工作效率；⑤鼓励及奖励专家参加国际会议，提高中心专家的专业地位。庄作权在亚太粮肥中心任劳任怨，勇于改革，其在亚太粮肥中心的卓越建树，永铭人心。

致力台湾地区土壤铵固定之研究

台湾地区地处亚热带，夏季高温多雨的气候特性造成土壤的氮潜在肥力相对较低，尤其是水田。1970 年代在台湾地区，氮肥的施用使稻谷增产约为 1000 公斤/公顷，显示水稻对氮肥的利用率低（＜30％）。庄作权结合其在黏土矿物、土壤化学和植物营养的专长，致力于土壤铵吸附和固定的研究。1978 年庄作权与日本籍客座教授青峰重范教授发表第一篇有关台湾地区水稻田铵吸附性质与氮素供应能力的研究报告，报告指出台湾地区的水田土壤中，铵吸附特性是一估计铵在水田中移动的可行性方法。之后，庄作权针对台湾 12 种代表性土壤铵的吸附与固定，进行20 多年持续性及系统性的研究，发表研究报告 20 余篇。庄作权的研究可分为三大项：

（1）台湾地区水稻田铵吸附特性。分别探讨水田土壤中铵离子的吸附与移动；水田土壤中氮素的变化及潜在肥力；水田状态下铵吸附量的估计与 pH 值关系及阴离子的特殊吸附对铵固定的影响。

（2）不同土壤表面化学性质与铵固定作用的关系。分别探讨膨胀性黏土矿物的种类与含量，干湿效应，层面电荷，黏粒表面铵离子交换选择性，土壤黏粒净表面电荷，膨胀性黏土矿物表面电荷的非均匀性对土壤铵固定作用的影响。另外，还研究了气态氨在黏土矿物表面的固定作用。

（3）田间施氮肥及堆肥后的铵离子动态变化。分别研究施用堆肥对水田土壤中交换性与固定性铵的影响；施用猪粪堆肥对水田土壤铵离子转换的影响；不同堆肥种类，化肥及半量堆肥与半量化肥的组合处理对土壤中铵离子潜势缓冲能力与铵固定量的关系和施用有机复肥及堆肥对不同土壤及不同作物长期土壤氮变化的影响。

庄作权的教学及学术研究成果，深得土壤学界的肯定。庄作权精心将所有的研究成果撰成《台湾土壤中铵之吸附与固定》专书，且大部分均免费分赠大陆与台湾土壤界的老、中、青学者。庄作权实为中华民族土壤界的典范。

阐明土壤肥力和植物营养的精髓及应用价值

庄作权在担任台湾糖业公司土壤肥料系主任期间，亦担任植物营养小组召集人，完成甘蔗园施肥推荐制度，此为台湾早期最有系统的土壤肥力和植物营养的研究和应用。庄作权在中兴大学任教期间，还担任《高等植物营养》及《放射性同位素应用技术》的课程，讲授植物营养学的学理及应用，并培育许多研究生进行植物营养和土壤肥力的专业研究。庄作权有感台湾许多农地狭小，部分地力不佳，甚至部分地区欠缺可耕地（如金门、马祖），而在联合国基金的协助下，庄作权开发全台第一套的立体栽培及养液栽培系统，建立无土栽培介质配方，蔬果营养液配方和栽培管理技术，成果甚佳，而吸引许多农友、农业团体、学术机构及战地（金马地区）单位前来观摩和学习。可以说庄作权是台湾立体栽培研究的先驱。庄作权于 2002 年将 40 多年来在土壤肥力和植物营养的研究成果，撰写了《土壤肥力植物营养基本观念的探讨》专著。此外，他力创及推动有机质肥料与化学肥料复合的研发与应用，该等有机复合肥料，不仅具有化学肥料的功能，也含有机质肥料的功效，能适时提供作物生长期所需的各种养分，以维持作物的生长，并能节省堆肥的施用量和费用，是一种较合理的新型肥料。

海峡两岸土壤肥料学术交流之推手

庄作权在促成及推动海峡两岸土壤肥料学术交流的贡献，为两岸所肯定及推崇，可谓两岸土壤肥料交流之重要"推手"。1990 年庄作权参加在日本京都召开的第 14 届国际土壤学大会，发表有关黏土矿物固定铵的论文，会中结识不少国际及大陆土壤界人士。会后参加南京、太湖、上海、宜兴、苏州、杭州及宁波水田土壤考察及学术机构的访问。藉由朱祖祥院士的引导，访问了浙江农业大学及中国水稻研究所，并交换两岸学术交流及合作的意见。1992 年庄作权参加在湖南长沙举行的第九届中国土壤学会代表大会，并参加数个专业分组的论文发表及大会综合讨论，了解大陆各地的土壤研究工作及范围。自此，庄作权即积极参与及推动两岸土壤肥料界之学术交流，并促成了 1995 年召开的第一届海峡两岸土壤学术交流研讨会（杭州），并约定每隔两年轮流由大陆及台湾主办。每一届研讨会，庄作权均热心参加，鼎力相助，深获两岸土壤肥料工作者的感佩。

除海峡两岸土壤肥料学术研讨会外，庄作权个人或组团参加中国大陆主办的研讨会甚多，如国际干旱土壤研讨会（乌鲁木齐，1993），国际永续农业综合资源管理研讨会（北京农业大学，1993），海峡两岸水土保持研讨会（陕西杨凌，1995），两岸现代农业技术交流研讨会（宁波，1998），植物营养研讨会（兰州，1998），河姆渡文化研讨会（宁波，1999）等，并发表论文，分享研究经验及成果。庄作权亦曾应邀参访许多研究机构、农业专区，除交换意见外，并提供建言。综观自 1989 年以来，庄作权曾至大陆访问参观超过 20 次以上，绝大多数以促进学术交流及合作为主，接触学术界人士甚多，参观的科研机构不少，遍及西北、西南、华南、华中、江南、华北、东北新疆等地，根据自己的亲身体验，提供台湾土壤工作者对大陆土壤资源及研究发展的了解，并由参访及座谈中提供大陆土壤工作者有关台湾土壤资源及研究成果的信息，使两岸土壤肥料工作者能相互学习并汲取新知。

庄作权竭力促成大陆土壤工作者赴台参访并亲自陪同，曾先后接待过多名院士及农业考察团。庄作权分别于 1995 年及 1996 年应邀至浙江农业大学土化系及西北农业大学土化系，以客座教授身份讲授《黏土矿物学》1 个月，2004 年庄作权获得由中国土壤学会颁发的"促进两岸土壤学术交流杰出贡献奖"。

领航台湾地区之土壤研究

庄作权以《南靖鹿草看天田土壤化育及改良》一文获得学士学位，并先后以《夏威夷红壤中云母矿物之生成》及《甘蔗锌元素营养研究》论文获得夏威夷大学硕士及博士学位。

庄作权在土壤学术方面深耕了四十多年。在其三任的土壤肥料学会理事长任期内，对学术活动的推动、基金之募集，及后进之奖励和培植上可谓尽心尽力、功绩彪炳。由于庄作权在学术和实务经验的杰出表现，被教育部聘为学术审议委员，且长年被聘为烟叶试验所、香蕉研究所、台湾农业试验所、糖业研究所、林业试验所等农林研究机构的研究评议员，审议各单位的研究计划并提供建言。由于在学术上的卓越表现，庄作权先后获得中国农化学会、中华农学会及中华土壤肥料学会学术荣誉奖及中华土壤肥料学会最崇高的学会奖。另，庄作权也积极进行国际研究合作，他于 1990—1993 年与南非的土壤灌溉研究所进行 3 年的"氮肥肥效"及"作物模式"的合作研究，并获得相当良好的成果。庄作权多次与美国农部土壤调查部门的 Dr. Eswaran 合作，完成台湾地区平地及森林土壤调查，并合作出版专刊。庄作权积极扩展台湾地区土壤学术研究的深度及加强国际合作，使台湾地区的土壤研究水平得以提升，此贡献深为同侪及后辈土壤工作者所敬佩。

庄作权曾发表中英文学术研究报告超过 170 篇，编译《植物营养学》，与 Dr. Eswaran 合著《Benchmark Soil of Taiwan（台湾地区平地之土壤）》，并出版《土壤肥料（1997）》、《台湾地区土壤中铵之吸附与固定（1999）》及《土壤肥力、植物营养基本观念的探讨》三书，深受好评。1998 年及 1999 年获选录入《世界科技名人录》。他治学严谨，知识渊博，诲人不倦，成为带动台湾土壤肥料界的"领航者"。

（陈仁炫）

简　历

1931 年　　出生于浙江鄞县横溪镇。

1951 年　　台湾省立农学院农化系毕业，获学士学位。

1956—1958 年　担任台湾糖业试验所土壤肥料系技术员、助理技师。

1962—1964 年　在美国夏威夷大学农艺土壤系攻读硕士并荣获硕士学位。

1964—1968 年　担任台湾糖业试验所土壤肥料系主任。

1969 年　　至美国密执安州立大学土壤系进修博士课程。

1970 年　　转入美国夏威夷大学攻读博士学位。

1971 年　　荣获美国夏威夷大学农艺系土壤哲学博士，并返回台湾糖业研究所复职。

1972 年　　升为 14 等正研究员，并受聘担任成功大学地球科学系兼任教授（至 1976 年），中兴大学土壤系兼任教授（至 1976 年）。

1976—1982 年　担任中兴大学土壤系教授兼系主任及研究所所长（二任）。

1982—1986 年　借调受聘出任亚太粮食肥料技术中心主任，并获聘为教育部学审会委员（1982—1997）。

1987—1991 年　获选担任台湾地区土壤肥料学会理事长。

1986—2000 年　获选列入世界科技名人录。亚太粮肥中心主任任期届满，

返校继续服务。获聘为糖业研究所研究评议员，台肥公司
顾问，台湾省烟类试验所、台湾省林业试所研究评议员。

1998 年　于中兴大学退休，转兼任教授。

1992 年迄今　积极推动海峡两岸土壤肥料界之学术交流活动。

2004 年迄今　荣任中兴大学名誉教授，并担任中兴大学退休联谊会会长。

主 要 论 著

[1] 庄作权. 土壤肥料. 台湾：三民书局，2005.

[2] 庄作权. 土壤肥力植物营养基本观念的探讨. 台湾：富林出版社，2002.

[3] 庄作权. 台湾土壤中铵之吸附与固定. 台湾：富林出版社，1999.

[4] 庄作权，王明光. 黏土矿物. 见：土壤分析手册（第二版）. 中华土壤肥料学会编印，1996.

[5] 庄作权，谭镇中. 植物营养学. 国立编译馆，1989.

[6] 庄作权，陈鸿基. 膨胀性粘土矿物中的层面电荷在铵固定作用上的影响. 中国农业化学会志，1991，29（4）：427—438.

[7] 庄作权，陈鸿基. 施用有机堆肥及白云石配合水保处理对坡地土壤肥力及荔枝营养之影响. 中华水保学报，1993，14（2）：1—14.

[8] 庄作权，陈鸿基，洪国良. 阴离子的特殊性吸附对铵固定的探讨. 兴大农林学报，1993，42（2）：19—30.

[9] 庄作权，张宇旭，陈鸿基. 有机质肥料养分供应能力之评估. 中华生质能源学会会志，1993，12：132—146.

[10] 庄作权，陈鸿基. 黏粒表面铵离子交换选择性对铵固定之影响. 中华农学会报，1993，163：18—38.

[11] 庄作权，陈鸿基. 土壤黏粒净表面电荷在铵固定上的影响. 中国农业化学会志，1993，31（6）：703—716.

[12] 庄作权，陈鸿基，郑宏宽. 气态氨在粘土矿物表面上之固定作用研究. 兴大农林学报，1994，43（4）：1—13.

[13] 庄作权，陈鸿基. 膨胀性粘土矿物表面电荷的非均匀性对铵固定作用的影响. 中国农业化学会志，1994，32（5）：522—532.

［14］ 庄作权，郑宏宽，陈鸿基．施用堆肥对水田土壤中交换性与固定性
铵之影响．中华农学会报，1995（169）：122—133．

［15］ 庄作权，张宇旭，陈鸿基．有机质肥料之氮素矿化量预测．兴大农
林学报，1995，44（4）：91—106．

［16］ 庄作权，陈鸿基，蔡宜峰．施用不同堆肥对水稻玉米作物次序下土
壤肥力、养分含量及作物产量之影响．中华农学会报，1996（175）：
127—140．

［17］ 庄作权，郑宏宽，陈鸿基．施用猪粪堆肥对水田土壤铵离子转换之
影响．兴大农林学报，1996，45（4）：77—95．

［18］ 庄作权，郑宏宽，陈鸿基．不同施肥处理对水田土壤中铵离子潜势
缓冲量与固定量间的影响性．中华农学会报，1997 新（180）：
120—139．

［19］ 庄作权，曾国力，蔡宜峰，陈鸿基．施用有机复合肥料及堆肥对轮
作作物产量及不同生长期养分吸收之影响．农林学报，1997，
46（4）：83—96．

［20］ 庄作权，陈鸿基，樊小林．台湾土壤铵固定的研究．西北农业大学
学报，1997，25（4）：33—38．

［21］ 庄作权，曾国力，蔡宜峰，陈鸿基．施用有机复肥及堆肥对不同土
壤及不同作物生长期土壤肥力变化之影响．土壤与环境，1998，1
（3）：185—200．

［22］ 陈鸿基，庄作权．土壤黏土矿物晶格构造在固定性铵释放上的影响．
中华农学会报，1999，新185：1—21．

［23］ 陈鸿基，庄作权．铵离子的固定与释放在土壤供应氮素能力上的影
响．土壤与环境，2001，4（4）：251—264．

［24］ Chen H J, Tzou Y M, Juang T C, et al. Effect of net surface charge and
NH^{4+} exchange selectivity on ammonium fixation of soil clays. Soil and En-
viron, 2001, 4（2）: 93—103.

［25］ Chen H J, Juang T C, Wang M K, et al. Ammonium released from added
ammonium in surface soil clays. Soil Science, 2002, 167（5）:
327—332.

陆申年

(1932—　)

　　陆申年，土壤农业化学家。根据广西自然条件和作物需求，开发出适合广西土壤特点的硅钙镁肥和针对杉树和果树的复合肥；采用综合技术，对渍害、复垦、低产田进行改造。

　　陆申年 1932 年 2 月 11 日出生于上海。中国共产党党员。1954 年自广西农学院毕业后留校任教。1954—1955 年在北京农业大学土壤与农业化学系（土化系）进修。1960 年负责筹建广西农学院土化系（土化专业 1961 年起停止招生），1978 年土化专业恢复招生后，负责土化专业的领导并担任农业化学、植物营养学等课程的教学工作。1985 年起招收国内外硕士研究生 12 人，毕业研究生中 7 人已获得博士学位，4 人晋升为教授，3 人为博导。

　　从 1954 年 8 月至 2004 年 10 月，任教 50 年，他主要担任农学专业、土化专业本科及植物营养学硕士研究生的教学工作。教学中他注意理论联系实际，针对广西土壤条件下磷、钾及中微量元素肥料的施用等问题进行了研究。20 世纪 70 年代，南宁地区玉米大小斑及茎腐病十分严重。面对这种情况，他进行深入调查，确诊主要是由于缺钾，经推广施用钾肥后，此病得到明显控制；80 年代初，他参与主持"广西海洋带和海涂资源综合调查"项目，查清了广西沿海地区相关情况，此项目获广西农业厅科技进步奖二等奖、广西科技进步奖一等奖；80 年代中期，武鸣—菠萝园的菠萝苗发黄并停止生长，他确诊为锰铁平衡失调，锰过多引起缺铁。他针对性地施用铁肥后，菠萝园得以挽救，德国李比希大学植物营养研究所所长霍夫纳教授对此给予了高度评价。他针对此问题撰写的论文发表后，先后有 11 个国家的 21 个单位来函索要拷贝。80 年代末，梧州地区贺县一工厂附近水稻大面积出现烧苗黄化现象，他发现是由于土壤中过多的锰结核引起的锰中毒，此研究成果获得了梧州地区科技成果奖二等奖和广西科技成果奖三等奖。他主持宾阳大桥七星峒渍害低产田的综合改良研究，查清低产原因后，采取综合配套措施，使低产田获得了丰产，此成果获得农业厅科技成果奖二等奖。90 年代初，为了解决柳州钢铁（集团）公司大量堆积的钢渣问题，他带领科研小组与柳钢合作，成功地采用磁选的方法将钢铁回收，然后将其余部分适当搭配，生产出富含硅钙镁成分，适合广西条件的硅钙镁肥，并获得国家专利局的发明专利登记。此肥料在广西 50 多个县市 18 种作物中使用后，都收到了良好的效果。他主持的上林金矿复垦田项目，采取田园化规划，合理布置田间排灌系统，配合施肥措施，实施 1 年，产量就超过了附近农田。他根据土壤条件和作物需要，指导采用有机无机复混肥使用后，使天峨县的杉树和恭城县的柿子及柑橘生产获得了高产。

提出酸性土壤中的"铁锰失衡"观点

20 世纪 70 年代初，陆申年开始从养分平衡方面研究广西土壤供钾能力与钾肥的施用。1987 年开始，他在研究武鸣县太平乡菠萝黄化病的基础之上，提出"酸性土壤中的铁锰失衡"理论，就此问题所写的论文于 1988 年在"国际平衡施肥学术讨论会"上进行交流，并发表于德国的《植物营养与土壤科学》杂志，引起 11 个国家 21 个研究单位的关注。

　　1973—1974 年陆申年利用试验田所得的数据发表《广西土壤的供钾能力和钾肥的施用》一文，深入分析施用钾肥的效果及原因，探讨植物体含钾与发病的关系，并提出重视钾肥的施用，以保持植株体内养分的平衡。

　　1985 年 9 月至 10 月，陆申年应邀到美国密歇根大学、爱阿华大学、路易斯安那州立大学、佛罗里达大学、夏威夷大学、夏威夷甘蔗研究所访问考察。访问期间他与学界同仁切磋探讨，相互学习，开阔了眼界，在治学研究理念上启发颇多。1987 年 8 月，武鸣县太平乡一处菠萝园 4 亩多菠萝全部失绿黄化，其症状是植株大小基本正常，全株除下部几片老叶仍保持青绿色之外，中上部所有叶片均失绿，呈黄白色并带浅紫红色，根系无异常，又无渍水受害的情况。据该农户反映，种植时施有 N、P、K 肥，菠萝前期生长正常，但从 9 月开始出现黄化症状后，生长变慢进而趋于停止，叶色逐渐褪失，虽喷农药防治，但全不见效。经过对病株的上述症状及栽培条件的分析，陆申年排除植株缺乏 N、P、K 和病菌侵染两种情况，初步诊断为可能是由于缺铁而引起的生理性病害。为了验证这一判断，陆申年对病株和土壤进行化验，测定土壤的 pH 值为 6.2，属微酸性。一般情况下，酸性土壤铁的有效性较高，不应该缺铁，但仔细观察病株根系所带的土壤，颜色呈褐色，含很多铁锰结核。经了解，菠萝园附近为一锰矿场。综合这些情况，陆申年诊断为可能是由于锰过多而引起的生理性缺铁失绿症。后经小面积喷施硫酸亚铁试验，所喷菠萝叶片逐渐显出带青绿的颜色。经二次喷施一星期后，整个菠萝园的植株就开始变为青绿色，新叶长得更为青绿，生长恢复正常，而不喷施的对照株，全部仍然是黄白色，生长停滞。到 1988 年 3 月，凡喷施铁肥的已开始开花，而不喷的则濒临死亡，说明喷施铁肥有效地防治了生理性缺铁黄化症。当时适逢德国李比希大学植物营养研究所所长霍夫纳在广西农学院进行合作科研，他参观武鸣菠萝园治理后，大加赞赏地说："生产中复杂的问题你能一次性判断正确并很好地解决，应给以奖赏"。这是对陆申年学术和实践能力的肯定。陆申年就"酸性土壤中的铁锰失衡"这一问题所写的论文，于 1988 年在北京举行的"国际平衡施肥学术讨论会"上进行交流，并被与会专家、学者肯定。1989 年他的论文《Manganese induced iron chlorosis in pineaple and its control by foliar application of iron – citrate》在德国《植物营养与土壤科学》（《Zeitschrift Für Pflanzenernährung und Bodenkunde》152 (2)，1989，125 – 126）杂志第 2 期发表，引起国内外广泛关注。美国、法国、捷克斯洛伐克等 11 个国家 21 个科学院、大学及研究机构的学者来函进行学术交流；国内的兄弟院校也极感兴趣，中国农业大学的学者还专门来南宁实地调研。陆申年因此赢得了国际声誉和国内同仁的尊敬。

1988 年梧州地区贺县（今贺州市）水稻田水稻发黄烧苗事件再次验证陆申年"酸性土壤中铁锰失衡"理论。由于农田近化工厂，农民认为是化工厂"三废"污染所致，而化工厂则称废水已经治理，不再流入农田，以此引起争执。此事搁置数年，地区农业局、环保部门和两家科研单位均未解决此问题。广西农学院专家组现场调查后，排除化工厂"三废"污染的可能性。由于水稻叶片发黄与菠萝的发黄类似，陆申年提出可能是土壤中铁锰不平衡所致。专家组在田间钻土观察，发现凡是出现水稻叶片发黄处的土层都有较多的锰结核，而生长正常处则无此情况，这一规律在各田块都相同。经取土和植株样品分析化验，结论验证烧苗处的土壤和植株所含的锰都比稻株生长正常处高。为进一步确证，专家组还挖土壤剖面观察，将水稻模拟相同条件进行培养实验，结果都证明该问题是铁锰平衡失调中毒引起的。经过专家组的努力，最终成功解决这一问题。这一成果获得 1992 年梧州地区科技进步奖二等奖和广西壮族自治区科技进步奖三等奖。

开展植物生长调节剂对水稻效果的国际合作研究

1988 年，德国李比希大学植物营养研究所所长霍夫纳（Höfner）来广西农学院进行合作科研。广西农学院专家与之开展密切的合作，在广西土壤、气候、环境条件下，测试植物生长调节剂在水稻上的效果。经过一年多的努力，1990 年以陆申年为第一作者的论文《Effect of plant growth regulators on paddy rice》在德国《Zeitschrift Für Pflanzenernährung und Bodenkunde》杂志第 5 期总 153 卷发表。此成果亦引起国际关注，美国、波兰和古巴三个国家六个单位来函索要相关研究的副本。1991 年，由陆申年主持的"宾阳大桥渍害低产田综合改良研究"项目，获广西壮族自治区农业厅科技进步奖二等奖；同年，他参加的"广西河池地区大面积粮食增产综合技术开发"项目，获河池地区科技进步奖二等奖。1992 年陆申年被评为享受国务院颁发的"政府特殊津贴"的专家，同年获"广西壮族自治区优秀专家"荣誉称号。

用钢渣开发适合广西土壤特点的硅钙镁肥

1990 年代初，陆申年应柳钢金鹏实业公司之邀，及时成立攻关课题小组，着手研究解决困扰柳州钢铁（集团）公司多年的钢渣处理问题。柳钢的钢渣含有较多的钙、铁、硅、镁，含磷较少，所以不适宜开发为钢渣磷肥，也不适宜直接把钢渣作为肥料，在酸性土壤中施用。经过研究，他们决定先将其中的钢铁回收用于炼钢，再用尾渣中的硅、钙、镁做成肥料。经过与柳钢的合作试验，他们成功采用磁选的方法将钢铁回收，然后将尾渣适当搭配，生产出富含硅钙镁的肥料，这是一种适合广西土壤条件、农业生产急需而又尚无供应的肥料。从 1993 年至 1998 年，共处理钢渣 65 万吨，回收含铁 35% 左右的磁选铁粉 26.8 万多吨，铁的回收率达 40%～50%，同时生产出硅钙镁肥 1.7 万多吨，在广西 50 个县市及广东汕头 40 万亩水稻、玉米、甘蔗、花生、番茄等 18 种作物使用，都收到增加产量，改善品质，增加抗病虫、抗倒伏和抗寒等抗逆能力的效果。《人民日报》华南新闻 1997 年 10 月 23 日第一版刊登标题为《华南地区：80% 以上的土壤为酸性；改良酸土：广西推出个世界首创》的新闻。《中国科学报》、《广西日报》等多家报纸刊登了硅钙镁肥研制成功的消息。国家专利局信息中心检索查实此方法为国内外首创，此成果获得发明专利的登记。这一成果为广西的农业生产作出了贡献，也受到其他钢铁企业的关注。1998 年陆申年获得广西壮族自治区政府颁发的"广西壮族自治区荣誉勋章"。

老当益壮　奉献不止

尽管陆申年 2004 年 10 月已退休，但退休而不退岗，依然投入教学督导工作中，对广西大学的农学、林学、动科、社管、法律、外语等学院进行教学检查与论文答辩评审，为学校作出了贡献。他积极参加服务"三农"活动。通过开展科技咨询、技术培训、科普演讲和讲座活动等为广西农业的发展贡献自己的余热。他积极开展科普讲座、讲演，提供防控综合技术，还为农民培训编写教材。为学生社团"三农学会"、"科技学会"的社会实践提供指导，并在田间给学生上课，安排学生与村干、专业户开展座谈会。

陆申年辛勤执教 50 年，桃李遍天下。正如他所言："在这几十年里，我热爱党，热爱社会主义事业，不论在哪里，我努力做好每一份工作。"他就是靠着这种"勤恳朴诚，厚学致新"的精神，在农学院的讲台上"好好任教 50 年"。1988 年，他在《广西农学院学报》上撰文《着眼锻炼能力，精心指导毕业实习》指导学生把校内研究和校外调查相结合，把理论学习和生产实践相结合。他治学严谨，对人谦逊，风趣幽默，和蔼可亲，有君子风度、大家风范。1989 年他获广西壮族自治区教委优秀教学成果奖三等奖。多次被评为"自治区青年积极分子"、"先进工作者"、"优秀党员"。

（强利苗　张国成　李伏生）

简　历

1932 年 2 月 11 日　出生于上海。

1950—1954 年　在广西大学农学院（后改名广西农学院）学习，任农学院助教、讲师、副教授、教授。

1978 年　晋升讲师。

1982 年　晋升副教授，11 月任植保系副主任。

1985 年 7 月　晋升教授。

1987 年 1 月—1992 年 8 月　任植保系主任。

1979 年始　任中国土壤学会第 4、5、7、8、9 届理事会理事。

1982—1986 年　任广西土肥学会副理事长。

1984—1988 年　任广西农学会理事。

1986 年至今　任广西土肥学会理事长。

1988—2005 年　任广西农学会常务理事。

2004 年　退休。

主　要　论　著

[1] 陆申年. 磷矿粉在广西有效施用问题的初步探讨. 华南农业科学,

1958（1）：35—43.

［2］陆申年．广西土壤供钾能力和钾肥的施用．土壤，1979（2）：50—52.

［3］陆申年．菠萝的铁锰平衡及铁肥施用．广西农学院学报，1988，7（2）:21—24.

［4］蒋世云，陆申年，等．香蕉的钙素营养状况对其耐贮藏性的影响．广西农学院学报，1989（4）：55—60.

［5］Lu S N. Manganese induced iron chlorosis in pineapple and its control by foliar application of iron – citrate. Zeitschrift Für Pflanzenernährung und Bodenkunde, 1989, 152（2）：125—126.

［6］Lu S N, et al. Effect of plant growth regulators on paddy rice. Zeitschrift Für Pflanzenernährung und Bodenkunde, 1990, 153（5）：319—321.

［7］陆申年．农业生产中的铁锰平衡问题．广西农学院学报，1992（1）：18—21.

［8］陆申年．发展土壤科学，提高土壤生产力．广西农学院学报，1992，11（3）:43—47.

［9］顾明华，陆申年，等．铝毒在不同作物上的差异及温度的影响．热带亚热带土壤科学，1994，3（2）：59—65.

［10］黎晓峰，陆申年，等．铁锰营养平衡与水稻生长发育．广西农业大学学报，1995，14（3）：217—222.

［11］顾明华，陆申年，等．硅钙镁肥料应用试验初报．广西农学报，1994（2）：7—14.

［12］陆申年，顾明华，等．硅钙镁肥料应用试验第二报．广西农学报，1996（1）：1—6.

［13］何勇强，陆申年．废矿还耕矿区土壤上菠萝锰毒害的研究．农业环境保护，1996（1）：15—18.

［14］何勇强，陆申年．桂东北某矿区复垦水田土壤重金属污染现状评价初探．广西农业大学学报，1998，17（3）：241—246.

［15］李伏生，陆申年．灌溉施肥的研究和应用．植物营养和肥料学报，2000，6（2）：233—240.

［16］陆申年．广西磷肥施用问题的探讨．广西农学报，2002（2）：15—18.

［17］顾明华，陆申年，等．龙眼钙、镁营养元素诊断技术的研究．广西

农业生物科学, 2002, 21（2）: 83—86.

[18] 陆艳, 陆申年, 等. 施用锌肥对蕹菜含锌量及产量的影响. 广西农业生物学报, 2004, 23（4）: 296—298.

[19] 韦翔华, 陆申年. 硅、镁、硼肥对甘蔗产量和产糖量影响的研究. 广西农业生物学报, 2004, 23（3）: 193—196.

[20] 庞承彰, 陆申年, 等. 实用肥料手册. 南宁: 广西科学技术出版社, 1994.

李韵珠

(1932—   )

　　李韵珠，土壤学家。长期从事土壤水盐运动研究与盐碱土综合治理，在我国土壤水盐运动规律、溶质运动模型研究和盐碱地改良方面作出了重要贡献。开展了土壤水氮过程定量化与资源有效利用研究，是我国这一领域研究的奠基者之一。

　　李韵珠，女，1932年2月14日生于上海，祖籍浙江湖州南浔镇（原属吴兴县），中共党员。中小学就读于上海允中女子中小学和上海清心女中。1949年考入清华大学农学院，后并入北京农业大学（现中国农业大学），入农学系就读。1953年于北京农业大学农学系毕业，1956年北京农业大学土壤和农业化学系研究生毕业后留校任教。1981年成为北京农业大学土壤和农业化学系和农业资源、环境和遥感研究所副教授。1981年9月—1982年12月在美国加州大学戴维斯分校进修，回国后任北京农业大学土化系副主任两年，而后任北京农业大学农业资源、环境和遥感研究所所长。1985年后曾兼任多届中国土壤学会土壤学名词审定委员会委员、土壤物理专业委员会委员和盐碱土专业委员会副主任。

早在攻读研究生期间，李韵珠师从我国著名土壤学家华孟教授，从事察北牧场滩地盐渍化土壤分布的研究。在参加工作后的十余年间，她主要承担土壤学的实习指导和教学。1972年周恩来总理在河北召开了北方17省抗旱工作会议，并指示国家科委在河北黑龙港地区组织"合理开发地下水"的科技大会战。1975年李韵珠参加了由周恩来总理指示的黑龙港地区地下水合理开发利用（曲周旱涝碱咸综合治理）项目，1979年参加黄淮海平原旱涝盐碱综合治理研究，先后获得全国科学大会奖、河北省重要科技成果奖一等奖和农业部牧业技术改进奖一等奖；1983年后参与区域水盐运动和旱涝盐碱监测预报技术研究和土壤水及其调节的研究，获得国家计委经委科委和财政部表彰；1985年参加并后期主持第一期中德科研协作项目——黄淮海平原盐渍土小麦节水灌溉方案的研究；1986年参与区域水盐运动规律和水盐监测预报技术研究，获得国家教委科技进步奖一等奖、国务院表彰奖励（二等奖）；1987年参加盐渍化地区土壤水调节和利用潜力的研究，1990年开始主持中德协作项目第二期——土壤水和养分的调节，同年主持了作物旱情和土壤湿度的红外温度监测和模型研究；1991年参与国家自然科学基金项目——农田旱（涝）情的遥感（NOAA）监测及其模型研究及土壤对作物水肥供应特征的研究，同年被农业部评为农业部部属院校教书育人先进教师；1992年参加国家自然科学基金重大项目——农业节水的生物学基础。

旱涝盐碱综合治理与土壤水盐运动研究

黄淮海平原是我国最大的平原，其0.2亿多公顷耕地中盐渍化土壤占1/6强（现在已大大减少），在长期耕作历史过程中，形成了低质量的盐渍化农田生态系统。位于河北省南端的邯郸地区曲周县是盐碱地的重灾区之一。

从 1975 年开始，李韵珠开始参加曲周旱涝盐碱试验区的水盐运动研究工作，先后参与了黑龙港地区地下水合理开发利用（曲周旱涝碱咸综合治理）、黄淮海平原旱涝盐碱综合治理研究、区域水盐运动和旱涝盐碱监测预报技术研究等多项国家重点项目。盐渍土是以含过量盐分为其特征的土壤，李韵珠注意到应以动态的观点对其进行研究，从此开始了水盐运动和溶质运移的长期研究。在近 30 年的研究中，李韵珠及其研究团队关于水盐运动研究的科学历程可分为以下几个阶段：结合盐渍土的综合治理、监测和调节水盐运动；半湿润季风气候区的水盐平衡、水盐运动特点和调节模式的研究；土壤水盐运动的动力学研究；区域性水盐运动的监测预报等。

区域土壤盐渍化状况的研究主要是了解一个地区土壤盐渍化程度、类型和分布，决定其综合治理、利用方向和改良措施。李韵珠对曲周盐渍土治理区浅层地下水的化学类型，各类地下水的基本化学性质、主要化学组分和形式的特点以及微量元素的状况和分布等化学特征进行了分析；研究了曲周盐渍土区土壤元素全量、1:1 浸出液和土壤溶液中各元素的浓度范围和特征，及其与地下水中元素的联系；并对该区土壤—地下水系统化学类型和垂向主组分的动态特点进行了分析和研究，获得近年来该区不同地貌条件下和不同人为措施下土壤盐渍化演变方向的信息；应用了多元统计分析方法对曲周北部盐渍土区的土壤盐渍化类型和土壤盐分剖面类型进行了分析，由此得出近年来该区盐渍土处于脱盐化过程的结论。

从 20 世纪 70 年代中后期开始，为了开展水盐运动的动力学方面的研究，李韵珠在国内较早地设法从国外引进了一批研究土壤水盐的仪器设备，如土壤盐分传感器、溶液提取器、压力膜仪、中子水分测定仪和离子色谱等，为开展土壤水分和溶质运移的研究提供了有利条件；其研究团队应用土壤水和溶质运移动力学原理，对土壤水盐动态规律进行了比较系统和大量的研究，在水盐运动的参数和模型方面取得了重要成果；李韵珠分析了在浅层地下水和蒸发条件下含有黏土层土壤的水和 Cl 离子的运移状况，探讨了两种黏土的层位和层厚对水和 Cl 离子运移影响的差别及原因。研究结果表明，黏土层对土壤的水和溶质运移影响的程度，与层状土壤中该黏土和其组合的土壤的水分特征性质和导水性能有关。一般情况下，在浅水位和持续蒸发条件下，随黏土层层位的升高和层厚加大，土壤水分蒸发和地下水补给速率降低，Cl 离子积累减少。但如该黏土与轻壤土所组成的层状土壤，它们的导水率曲线在压力水头 h 某一点处相交，则当土壤水分减少，h 低于此值时，黏土的导水率就大于轻壤土的导水率，在这种情况下，蒸发、补给速率和 Cl 离子积累强度会出现相反情况，甚至出现高于均质轻壤土的现象，此研究结论也适用于其他组合的层状土壤；李韵珠及其领导的团队在国内率先开展了饱和、非饱和条件下土壤中多离子运移和交换反应的实验和模型研究，研究结果在同期处于国际先进水平。她的团队还进行了包括钾、钙、重金属等在土壤中的吸附与竞争吸附动力学的研究。

从 1984 年开始，李韵珠及其所在团队在曲周县建立了一个较为完善的区域水盐监测系统。为区域水盐运动测报和建立区域水盐监测预报体系的研究提供了丰富和确切的资料。经过 30 余载的春播秋收，曲周换来了翻天覆地的变化。经过多年运行，取得了显著生产—经济—生态—社会综合效益，抗旱和防涝能力大大提高。曲周人民怀着无比感激之情将镌刻有"改土治碱，造福曲周"的两块汉白玉碑分别竖立在中国农业大学校园和曲周试验站内，永志不忘。

关于土壤水盐运动与盐碱土综合治理的研究李韵球他们发表了大量的文章，先后出版了《黄淮海平原的水盐运动和旱涝盐碱的综合治理》、《盐渍土的水盐运动》、《区域水盐运动监测预报》等专著，获得了多项科研成果奖励。1998 年编著了《土壤溶质运移》一书，成为国内第一部土壤溶质运移的研究生教学参考教材。

水分养分定量化与资源高效利用研究

调节水分养分是农业生产中的重要课题。李韵珠深知提高土壤水分/养分资源利用效率，是解决当前世界性的粮食、资源、环境问题的一个重要方面。从 20 世纪 80 年代中期开始，在继续水盐运动研究的同时，李韵珠开始启动土壤水分养分与资源高效利用研究。从研究土壤水分养分利用的一开始，李韵珠带领的团队就从土壤—作物系统的水分养分过程定量化为核心开展工作。

以氮素为研究对象，将土壤 NH_4^+ 和 NO_3^- 视为土壤溶质，根据土壤溶质运移原理，选用描述土壤溶质运移的对流 – 弥散模型，建立了一个田间条件下土壤氮素运移的数值模拟模型，其中考虑了矿化、生物固持 – 释放、土壤氨挥发、硝化和反硝化等转化作用，并用线性模式描述土壤铵吸附，在源汇项中也考虑了作物根系吸收。各转化参数均需用土壤温度和湿度进行修正，所建模型为土壤水、热和氮素联合模拟模型。这一模型在冬小麦 – 夏玉米体系中得到不断的验证、修订和应用，李韵珠及其团队是国内提出该类模型的先行者。

以北京地区冬小麦 – 夏玉米种植制度为背景，应用作物 – 土壤联合模型，模拟了不同水氮管理措施和降雨年型下的周年相对产量、土壤水氮资源利用、损失和周年利用效率，分析了水氮管理措施对它们的影响，以期为合理进行水氮管理，提高周年的产量和土壤水氮资源利用效率服务。应用非线性目标规划模型，用线性化逼近法求解，对冬小麦 – 夏玉米种植制度下，不同降雨年型的水氮管理措施进行了优化。以灌水和施氮总量为决策变量，以产量和土壤水和氮资源利用效率为优化目标，其中以经济产量为第一优先层，以土壤水、氮资源利用效率为第二优先层。根据作物－土壤联合模型模拟所得的目标函数，得到了不同降雨年型下小麦和夏玉米单季和中等降雨年型小麦－夏玉米周年的优化水氮管理措施方案。

在田间点尺度研究的基础上，李韵珠领带团队也进行了区域尺度的定量化研究。以华北平原为研究区域，研究了土壤类型的区域分布，并得出了以 72 个典型土壤剖面为代表的华北平原土壤类型分布概略图。通过对作物生长发育参数、土壤和气候资料的简化处理，将土壤水、热、氮联合模拟模型应用于区域农田土壤水、氮素行为的模拟计算。结果表明，通过模型计算与地理信息系统相结合，便于评价不同水氮管理、不同降雨年型条件下区域农田土壤水、氮素行为。通过以中等水氮处理为例的计算，评价了不同降雨年型所得到的水分利用效率（WUE）和氮素利用效率（NUE）。区域内 WUE 明显在干旱年型下最高，湿润年型下最低，而 NUE 的规律相似但不太明显。各指标在区域上分布有一定的规律，与气候分异和土壤类型分异密切相关。在区域农田土壤水、氮素行为的模拟计算的基础上，以水、氮补充量为决策变量，以作物产量、1m 土体氮素淋洗量、水分利用效率和氮素利用效率为目标，建立多目标混合最优化模型，采用线性加选择法优选水氮处理。通过模型计算，获得了研究区域内六类主要质地、不同降雨年型、冬小麦－夏玉米轮作条件的较优水氮处理。

在研究土壤作物系统水分养分整体模型的同时，李韵珠带领的团队，还重点关注不同水分养分条件下的根冠关系与根系吸收过程。提高土壤水分和养分资源利用效率的诸多途径中，增加根系对水分和养分的吸收，从而促进作物的生长，是一个重要环节。李韵珠从提高土壤水分和养分资源利用效率出发，研究与此有关的土壤水氮条件与作物根系生长的关系，以及适宜的水氮范围。

除氮素以外，李韵珠还带领团队对"钾在土壤作物系统中的行为"进行了定量研究，重点研究了土壤的钾吸附动力学特征。对潮土、褐土在五种 K^+ 浓度下吸附 K^+ 的动力学的研究结果表明：不同浓度下的表观吸附过程均可用一级反应动力学方程描述；表观吸附速率常数及其与表观平衡吸附量的乘积与淋洗液 K^+ 浓度之间均表现为极显著的直线正相关；表观平衡吸附量与浓度之间的关系符合等温吸附公式。

关于资源利用效率方面，李韵珠系统分析了各相关研究资料和报道，对土壤水分/养分资源利用效率的涵义，提高的主要途径，以及以高产高效的统一为目标的土壤水分、养分管理措施的优化开始了深入的研究。

10 余年的研究发表了大量文章，出版了《土壤水和养分的有效利用》、《根土系统与作物水氮资源利用效率》等专著。

辛勤耕耘，诲人不倦

秉着尊重科学，坚持真理的信念，李韵珠在科学研究中一丝不苟，迎难而上，锲而不舍，对她一生所挚爱的土壤学研究工作倾注所有，孜孜追求，终身不倦。在退休之后，她仍然继续指导年轻一代学者并亲自指导研究生，可谓退职不离岗。即使在年近古稀离开教学科研第一线，她仍亲自整理发掘在黄淮海试验区的多年历史资料，并发表了多篇关于盐渍土区土壤和地下水的元素、地球化学特征的文章，这种忘我奉公的精神实在难能可贵。

李韵珠执鞭教坛三十余载，爱岗敬业，言传身教。她将自己全部的精力和心血都奉献给了科研和教育事业，奉献给了学生。她先后讲授《土壤学》、《土壤物理学》、《土壤溶质运移》等多门课程，均受到学生的欢迎。她为人谦逊，平易近人，对年轻一代总是满腔热情，循循善诱，鼓励大家多读书，多思考，多提问。她指导研究生时，在学术上严格要求、精心培育，在生活上又像慈母般对他们关怀备至。正是在李韵珠的培养和关怀下，一批批年轻的知识广博、思维活跃、富有创新精神的学科带头人脱颖而出，推动了我国土壤学的研究。李韵珠渊博的学识，甘为人梯无私奉献的精神及良师益友的风貌，使同行称道，让学生敬佩。她曾被农业部评为教书育人先进教师，实至名归！

（黄元仿）

简　历

1932 年 2 月 14 日　出生于上海。

1949—1953 年　北京农业大学农学系本科生。

1953—1956 年　北京农业大学土壤和农业化学系研究生。

1956—1960 年　北京农业大学土壤和农业化学系助教。

1960—1981 年　北京农业大学土壤和农业化学系讲师。

1981—1982 年　美国加州大学戴维斯分校进修。

1983—1985 年　北京农业大学土化系副系主任。

1985—1988 年　北京农业大学农业资源、环境和遥感研究所所长。

1981—1987 年　北京农业大学土壤和农业化学系和农业资源、环境和遥感研究所副教授。

1987—1992 年　北京农业大学农业资源、环境和遥感研究所和土地资源系研究员。

1992 年底　退休。

主 要 论 著

[1] 石元春，李韵珠，陆锦文，等. 盐渍土的水盐运动. 北京：北京农业大学出版社，1986.

[2] Chen W L, Li Y Z, Rienk R van der Ploeg. Modelling multi – ion transport in the saturated soil and parameter estimation. Ⅰ. Theory. Pflanzenernahr,

Bodenk, 1990, 153: 167—173.

[3] Chen W L, Li Y Z, Rienk R van der Ploeg. Modelling multi – ion transport in the saturated soil and parameter estimation. Ⅱ. Experimental. Pflanzenernahr, Bodenk, 1990, 153: 175—179.

[4] 石元春, 李保国, 李韵珠, 等. 区域水盐运动监测预报. 石家庄: 河北科学技术出版社, 1991.

[5] 李韵珠, 陆锦文, 吕梅, 等. 作物和土壤的温差模型. 气象, 1992, 18 (5):9—15.

[6] Li Y Z, Shi Y C, Li B G. Monitoring and prognosis of regional water and salt. Geoderma, 1993, 60: 213—233.

[7] 黄元仿, 李韵珠, 陆锦文. 田间条件下土壤氮素运移的模拟模型Ⅰ·模型. 水利学报. 1996 (6): 9—14.

[8] 黄元仿, 李韵珠, 陆锦文. 田间条件下土壤氮素运移的模拟模型Ⅱ·田间检验与应用. 水利学报, 1996 (6): 15—23.

[9] 罗远培, 李韵珠, 等. 根土系统与作物水氮资源利用效率. 北京: 中国农业科技出版社, 1996.

[10] 李韵珠, 李保国. 土壤溶质运移. 北京: 科学出版社, 1998.

[11] 李韵珠, 王凤仙, 刘来华. 土壤水氮资源的利用与管理Ⅰ·土壤水氮条件与根系生长. 植物营养与肥料学报, 1999, 5 (3):206—213.

[12] 王凤仙, 李韵珠. 土壤水氮资源的利用与管理Ⅱ·土壤水氮资源的利用、损失和周年利用效率模拟. 植物营养与肥料学报, 1999, 5 (4):297—306.

[13] 王凤仙, 陈研, 李韵珠. 土壤水氮资源的利用与管理Ⅲ·冬小麦 – 夏玉米水氮管理措施的优化. 植物营养与肥料学报, 2000, 6 (1): 18—23.

[14] 李韵珠, 王凤仙, 黄元仿. 土壤水分和养分利用效率几种定义的比较. 土壤通报, 2000, 31 (4): 150—155.

[15] 黄元仿, 李韵珠, 李保国, 等. 区域农田土壤水和氮素行为的模拟. 水利学报, 2001 (11): 87—92.

[16] 李韵珠, 陆锦文, 吴金绥. 河北曲周盐渍土区的地下水化学特征. 土壤学报, 2001, 38 (3): 342—352.

[17] 龙怀玉, 李韵珠, 蒋以超. K^+浓度对潮土和褐土钾吸附动力学的影

响. 土壤学报, 2001, 38 (2): 226—234.

[18] 李韵珠, 陆锦文, 吴金绥. 河北曲周盐渍土区土壤元素特征. 土壤学报, 2002, 39 (5): 627—635.

[19] 李韵珠, 石元春. 土壤和地下水化学类型和垂向主组分的动态——以河北曲周盐渍土区为例. 土壤学报, 2003, 40 (4): 481—489.

[20] 李韵珠, 胡克林. 蒸发条件下黏土层对土壤水和溶质运移影响的模拟. 土壤学报, 2004, 41 (4): 493—502.

参 考 文 献

李保国, 李韵珠, 石元春. 水盐运动研究 30 年. 中国农业大学学报, 2003, 8 (增刊): 5—19.

李学垣

（1932—　）

　　李学垣，土壤学家。长期从事土壤化学的研究与教学工作。在国内开展磷肥有效施用研究，为提高磷有效性奠定了理论基础；研究了中南地区基带及山地土壤黏粒矿物组成与演化特征，揭示了土壤中1.4纳米过渡矿物的形成、分布与表面化学特性。深入剖析了酸性土壤中铝的形态与铝毒机制，阐明了单体铝对农作物的毒害并提出缓解措施。

　　李学垣，1932年3月11日出生于河南息县，祖籍湖北红安，母亲早逝，3岁就寄养在邻居家。小学、初中阶段处于抗日战争年代，读书，生活得到亲友、同学帮助，学习成绩优异，名列前茅。1947年由同乡带领到武汉就读光汉中学高中部。1949年以同等学历考进武汉大学农业化学系学习，1950年元月加入新民主主义青年团。1951年暑假在武汉商品检验局做农产品、土肥检验实习。1952年3—7月在海南橡胶宜林地土壤查勘中被评为优秀和甲等劳模。1952年9月加入中国共产党。

1953 年毕业于华中农学院并留校任教。一踏上工作岗位，他就带领土化 50 级学生去庐山、南昌红壤试验站进行教学实习。1954 年春参加威廉斯土壤学讲习班学习，结识并向我国土壤学界老前辈侯光炯、李连捷、朱祖祥等学习。1955—1958 年带领几届学生把参加荒地建农场、流域规划、农田基本建设、大中型水利枢纽建设所需的土壤调查分析作为教学实习。1956 年他考取中科院南京土壤所李庆逵院士的研究生。后因故未能成行。1960 年他被列为校重点培养的青年教师之一。

1961 年陈华癸教授带领李学垣主持了磷矿粉肥有效化研究。学校派李学垣到南京土壤所在李庆逵院士指导下进行土壤有机磷与无机磷研究，这为他从事的磷肥、土壤磷素化学、合理施肥、培肥与改良土壤的教学科研奠定了良好基础。1970—1972 年在办试点班和半耕半读农作班完成教学与田间试验中，编写了援力刚果土壤学教材。1973 年他所在的磷矿粉有效化研究组被评为湖北省农业学大寨先进集体。1973—1974 年完成援外班土壤学教学、土壤调查和农业考察，进行了湖北省 12 个磷矿的矿粉肥效试验。1975—1976 年在共产主义劳动农作班教学中，主持的"后湖农场土壤普查与作物营养诊断"获农业部科技进步奖二等奖。1979 年他开始招收土壤学硕士研究生，相继开展了高产水稻土、双三制下水稻土性状恶化、绿肥与秸秆还田及稻棉轮作等研究。

1981 年李学垣经选拔考试考取由美方资助去夏威夷大学按研究生要求学习研究两年。在 G. Uehara 教授指导下，他超额完成了学分要求，进行了可变电荷土壤表面电荷性质与合理使用磷肥两项研究，并去 Louisana 湿地中心与 Davis 分校分别进行磷与氮转化的研究。1983 年返校，适逢国家设立国家自然科学基金，李学垣便将科研方向逐渐转向应用基础为主。对我国中南地区地带性土壤和山地垂直带土壤黏粒矿物组成与表面化学特性历时十余年的研究，分别获国家教委、农业部科技进步奖二等奖。1986

年被国务院学位委员会批准为土壤学博士生指导教师，在华中农业大学设立土壤学博士点。1990 年起进行了酸性土壤中铝的形态、铝毒、有机酸对土壤、黏粒矿物吸附离子影响的研究。1994—1995 年，李学垣获加拿大自然科学与工程研究院资助赴萨斯卡通大学与 P. M. Huang 教授合作研究后，将土壤化学研究内容扩充为土壤矿物、有机物与微生物的相互作用。

李学垣主持了 20 多项科研项目的研究，曾先后到美国、加拿大、日本、德国、意大利、法国、泰国等 10 多个国家和港、台进行合作研究、讲学、参加学术会议，并数十次邀请十多个国家的专家学者来华讲学，1998 年他被评为全国农业引进国外智力先进工作者。

李学垣在华中农业大学任教的 50 年间先后主讲过土壤学、土壤肥料学、土壤化学等十余门课程。培养硕士 21 名、博士 15 名；主编或参与编写的教材、学术著作 11 部；发表学术论文 250 余篇；获省部级科技进步、自然科学奖二等奖 5 项。

李学垣 1984—1998 年任中国土壤学会第 5、6、7、8 届理事兼土壤化学专业委员会委员、副主任、主任。1994—2000 年任中国植物营养与肥料学会常务理事，1990—2000 年任湖北省土壤肥料学会理事、副理事长、理事长，1985 年任全国土壤普查科学技术顾问，1986—1993 年任全国高等农业院校教材（教学）委员会土化植保学科组成员，1988 年任《中国农业科学》编委，1990—1998 年任国家自然科学基金第 3、4、5、7 届地理学科评审组成员。

土壤资源调查与培肥

1952 年李学垣参加海南橡胶宜林地和五三农场建场土壤调查后，1953—1958 年他带领几届学生，参加中南地区大型国营农场（如黄泛区农场、东西湖农场等）建场、丹江口水利枢纽、长江三峡建设需要而进行的土壤资源利用规划调查，并培养和提供了土肥人才。1975—1976年李学垣主持的后湖农场土壤普查与作物营养诊断为开展全国第二次土壤普查提供了一个良好的先例。

李学垣团队针对华中地区水田长期水稻连作（如冬水田）、水旱轮作复种，旱地长期种棉花或棉麦轮作复种及化肥用量超标，使土壤性质变劣、病害增多、农产品质量与肥力下降、投入多收益少、增产后劲不足等问题，连续十多年进行了"高产水稻土水旱轮作下土壤肥力的变化及调节"、"双三制下高产水稻土性状的恶化"、"稻棉轮作"、"绿肥、秸秆和稻草还田与土壤培肥"等多项研究。有关专家高度评价了水旱轮作和秸秆、稻草还田的优越性，明确指出水旱轮作、长期秸秆稻草还田可增加土壤有机质与无机部分的复合，有利于土壤结构的改善和养分释放。在实施大豆稻稻、油稻稻、蚕豆稻稻、肥稻稻、麦稻稻的示范地，水稻、小麦、油菜每亩增产91.9公斤、34.5公斤和25.3公斤。另据"湖北省四湖地区低产田改良及土壤培肥研究"显示，1984—1988年5年累计推广水旱轮作270万亩，可谓生态、经济和社会效益三丰收。不仅如此，而且如棉花的黄枯萎病、凋枯病、小麦的锈病与赤霉病等单一耕作易发的病虫害都得到一定的控制。同时，在有血吸虫病的平原湖区，对血吸虫病起到了一定的抑制作用。

磷肥有效施用和土壤磷素化学

湖北省磷矿资源居全国第二，为了缓解磷肥供应紧缺，70年代初李学垣与同仁们一道对湖北12个主要磷矿进行了系统调研与整理，用矿石薄片矿物鉴定、测磷含量与农化性质分析，在不同施用条件和方法下进行不同作物当季施用效果与后效试验。他们按矿床成因、矿石类型、农化性状和作物肥效将供试磷矿分为三类：枸溶率高的胶磷矿，对喜磷作物的当季肥效接近过磷酸钙；晶质磷灰岩，对一般作物当季无效；磷矿粉介于前两者之间，并发现磷矿粉直接施用其当季肥效与其枸溶磷含量呈正相关，与全磷量无明显关系，但全磷量高对作物后效也高，还提出了测定土壤供磷水平的油菜幼苗法。该研究引起了农业部的重视，1975年湖北省农办、农业局将直接施用磷矿粉列为全省十大重点技术项目，对湖北推广、合理施用磷矿粉、缓解磷肥供应不足和增产起到了促进作用。1989—2000年李学垣率团队开展了磷矿粉改土作用的研究与示范，发现在满足作物其他养分下，施磷矿粉的产量与磷肥后效随施磷水平的提高而提高、磷的后效比施等磷量重过磷酸钙的高，在酸性土壤上直接施用磷矿粉还能提高土壤交换性钙、镁含量，缓解铝毒。

1982年李学垣开始用磷的吸附曲线预示不同风化程度土壤对磷肥的需要及其后效。在随后的十多年中，他率领其团队对中南地区的不同利用下潮土、黄棕壤、红壤、砖红壤、水稻土磷的含量、组分、有效性、吸附–解吸与有效性等进行的研究，证实了供试土壤磷的有效性与其 pH 值、黏粒含量、黏土矿物与黏粒氧化物、磷的组分与各组分的含量和形态等有关；水旱轮作、秸秆还田、增施有机肥可促使磷组分的转化并改变其有效性。发现供试土壤对磷吸附–解吸的不同，除影响磷的有效性外，还影响土壤中 K、NH_4、Zn、Cu、Cd 等离子的有效性与迁移，首次提出并证实土壤中黏粒氧化物，尤其是氧化铁的类型形态与含量对磷的配位吸附的不同是造成土壤磷吸附–解吸不同的主要原因。

中南地区地带性土壤与山地土壤矿物组成与表面化学

我国中南地区的地带性土壤和山地土壤处于水、热、生物及土壤资源丰富，生产潜力大的亚热带，亚热带土地面积约占全国总面积的21%，其中70%以上为丘陵山地，合理开发利用和保护这些土壤资源已成为国家重大科研项目。

从 1984 年开始，历时十余年，李学垣带领其团队对中南地区的黄棕壤、红壤、砖红壤和神农架、大别山、武当山、天宝山、幕阜山、衡山、莽山等十余个山体的垂直系列土壤，200 余个土样的基本理化性质，黏土矿物和黏粒氧化物的组成及其表面化学特性进行了深入系统的研究。经过李学垣及其团队的努力，最终运用 X 射线衍射分析与化学选择溶提相结合的技术，从热稳性与黏粒表面化学特性的差异，对中南地区主要土壤类型中的蛭石与 1.4 纳米过渡矿物进行了区分。发现 1.4 纳米过渡矿物的层间除羟基铝外还有硅酸。该研究还在山体土壤中 1.4 纳米过渡矿物的成因、分布与特性，氧化铁的活化，铝的相对富集，三水铝石的成因，山地土壤电荷特性等方面有大量创新。他们从成土条件、成土过程、胶体物质组成和表面特性等方面论证了山地土壤随海拔上升的变化与基带土壤随纬度提高的变化之间有重大区别，从而对土壤学上长期认为"山体垂直带土壤演变是从基带土壤开始，随着山地海拔升高，依次出现一系列与较高纬度带相应的土壤类型"的传统观念有所突破。

这一项综合性的应用基础研究具有相当高的学术价值，为我国中南地区地带性土壤和山区农、林、牧、果、药、茶的布局，经营管理，土壤资源的合理开发、培肥和持续利用提供科学依据；并推动了我国热带、亚热带土壤矿物学和可变电荷土壤表面特性研究的发展。

铝化学与酸性土壤的改良

我国热带、亚热带地区广泛分布着酸性土壤，土壤的酸化、铝毒、养分贫乏都与铝有关。铝离子的增加，会增强土壤的酸性，改变土壤的理化性质，影响土壤生物活动，有碍植物正常生长，而且铝本身对植物根系的毒害是酸性土壤上植物生长不良的主要原因。加之铝离子与土壤胶体的亲和力强，铝含量的增加会加剧土壤其他养分离子的淋失，使得土壤养分含量趋于贫乏，土壤退化和生产力下降。

1990年李学垣开展了酸性土壤中铝的形态、铝毒及与其他离子的相互作用研究。李学垣率领其团队，在实验区有代表性的土壤和有关田间试验中采集土样，进行小麦土培和溶液培养，研究了土壤中铝的形态、铝毒及与其他离子的相互作用。他们用不同浸提剂提取出土壤固相中几种形态铝及土壤溶液铝，测定全铝、聚合态铝和交换性铝。

这项研究主要取得了两个重要结果：一是对铝形态的区分有重大突破。以往认为DCB溶液提取的铝为游离态，其含量高于酸性草酸铵提取的非晶态，而李学垣研究发现，对地带性土壤而言，DCB溶液提取的是晶形氧化铁同晶替代的铝，对山地土壤而言，则提取的仍然是非晶形铝。这对完善铝的形态区分，具有重要指导意义。二是明确了对小麦致毒的土壤铝形态，揭示了哪些形态的铝对小麦产生直接致毒作用，哪些形态对小麦有潜在毒性，并拟定出相应的提取与测定方法。在此基础上，他还带领学生对缓解铝毒的措施进行了探讨，提出采用硅肥、磷矿粉、有机质等可有效减轻土壤铝毒。这项研究对减少土壤铝毒、矫正土壤酸性、提高酸性土壤生产力有重要意义。

1986年李学垣被农业部评为部属高校优秀教师，1990年被评为全国优秀教师，1991年享受国务院政府特殊津贴。

2002年李学垣从他工作近50年的教学科研岗位上退休。但他仍然经常到实验室指导科研工作，并对学生的科研选题、实验操作、论文撰写和生活等进行细致帮助。

（胡红青　刘　凡）

简　历

1932 年 3 月 11 日　出生于河南省息县城关。

1949 年 9 月—1952 年 8 月　在武汉大学农业化学系学习。

1952 年 9 月—1953 年 7 月　在华中农学院土化系学习、毕业。

1953 年 8 月—1960 年　华中农学院土化系任助教兼土壤教研组秘书。

1961—1978 年　华中农学院土化系任讲师兼土壤教研组副主任、主任。

1969—1970 年　华中农学院土化系讲师兼大渡试验班教研组负责人。

1971—1972 年　华中农学院土化系讲师。

1978—1986 年 10 月　任华中农学院副教授兼土化副系主任；土壤资源与
　　　　　　保护研究室副主任、主任。

1986 年 11 月—2002 年　任华中农业大学教授、博士生导师；华中农业大
　　　　　　学农业部亚热带土壤资源与环境重点开放实验室
　　　　　　学术委员会副主任。

1984—1988 年　任中国土壤学会第五届理事会土壤化学专业委员会副
　　　　　　主任。

1985 年　任全国土壤普查科学技术顾问组成员。

1988 年　任中国农业科学编委会委员，中国土壤学会第六届理事会土壤化
　　　　　　学专业委员会主任。

1989 年　任《中国农业百科全书·土壤卷》编委会委员。

1989—1991 年　任《城市环境》编辑委员会委员。

1990 年　国家自然科学基金委员会第三届地理学科评审组成员。

1991 年　任中国土壤学会第七届理事会土壤化学专业委员会主任。

1993 年　任全国高等农业院教学委员会土化、植保学科组成员。

1998—1999 年　任国家自然科学基金委员会第七届学科评审组成员。

1998—2000 年　任湖北省土壤肥料学会理事长。

2002 年　退休。

主 要 论 著

[1] 李学垣，韩德乾. 绿肥压青后水稻生长期间土壤中还原性物质的动态

变化. 土壤学报, 1966, 14（1）: 60—64.

[2] 李学垣. 两种夏威夷热带土壤的表面电荷特征. 土壤学报, 1985, 22（2）: 120—126.

[3] 杨东方, 李学垣. 几种绿肥秸秆还田对土壤有机无机复合状况的影响. 中国农业科学, 1987, 20（5）: 55—63.

[4] 贺纪正, 李学垣, 徐凤琳, 等. 土壤中蒙脱石形成的1.4nm过渡矿物. 科学通报, 1993, 38（22）: 2096—2098.

[5] 刘凡, 贺纪正, 李学垣, 等. 磷溶液浓度与针铁矿表面吸附磷的化学状态. 科学通报, 1994, 39（21）: 1996—1999.

[6] Li X Y, Xu F L Liu F. Study on 14A intergrade mineral of red earth and yellow brown earth in Hubei province. Current progress in soil research in China, 1986, 675—684.

[7] He J Z, Li X Y, Xu F L, et al. Forms of free aluminum in soils. Chinese Science Bulletin, 1995, 40（11）: 930—934.

[8] Zhou D H, Li X Y, Xu F L. Influence of electrolyte concentration on heavy metal ions desorption on surfaces of Fe and Al oxides. Chinese Science Bulletin, 1996, 41（5）: 421—425.

[9] Zhou D H, Xu F L, Dong Y Y, et al. Some problems relating to characterizing specific adsorption of heavy – metal ions on surface of oxide. Chinese Science Bulletin, 1996, 41（17）: 1483—1487.

[10] He J Z, Li X Y, Violante A. Sequential extraction of Al by chemical selective dissolution methods from Chinese acidic soils. Pedosphere, 1998, 8（1）: 37—44.

[11] Liu F, Tan W F, He J Z, et al. Changes of clay mineral association after high – gradient magnetic separation. Pedosphere, 1998, 8（1）: 79—84.

[12] Zhang G Y, Wang T Z, Dong Y Y, et al. Study on mechanisms of Cd^{2+} sorption on goethite by microcalorimetry. Pedosphere, 1999, 9（4）: 357—362.

[13] Li X Y, Dong Y Y, Luo H T. Effects of phosphate on adsorption – desorption and availability of Cu and Zn ions in Ultisols and Alfisols. Pedosphere, 2000, 10（4）: 355—362.

[14] Tan W F, Liu F, Li Y H, et al. Mineralogy of manganese oxide minerals

in iron – manganese nodules of several main soils in China. Pedosphere, 2000, 10 (3): 265—274.

[15] Huang Q Y, Wu J M, Chen W L, et al. Adsorption of cadmium by soil colloids and minerals in presence of rhizobia. Pedosphere, 2000, 10 (4): 299—307.

[16] Hu H Q, Li X Y, Liu J F, et al. The effect of direct application of phosphate rock on increasing crop yield and improving properties of red soil. Nutrient Cycling in Agroecosystems, 1996, 46: 235—239.

[17] Hu H Q, Tan C Y, Cai C F, et al. Availability and residual effects of phosphate rocks and inorganic P fractionation in a red soil of central China. Nutrient Cycling in Agroecosystems, 2001, 59: 251—258.

[18] Hu H Q, He J Z, Li X Y, et al. Effect of several organic acids on phosphate adsorption by variable charge soils of central China. Environment International, 2001, 26: 353—358.

[19] Hu H Q, Li X Y, He J Z, et al. Secondary adsorption of phosphate on aluminum oxides surfaces as influenced by several organic acids. Journal of Plant Nutrition. 2004, 27 (4): 637—649.

[20] Li H, Hu H Q, Li X Y, et al. Influences of low molar mass organic acids on the adsorption of Cd^{2+} and Pb^{2+} by goethite and montmorillonite. Applied Clay Science (2010), doi: 10. 1016/j. clay. 2010. 06. 005.

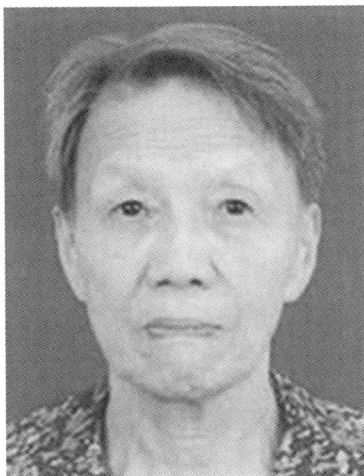

胡霭堂

(1932—)

　　胡霭堂，土壤农业化学家。在土壤微量元素研究和土壤污染的调查与治理等方面作出了重要贡献。

　　胡霭堂，女，1932 年 4 月出生在广东省中山市，后随父母迁到上海。小学和初中时代都在上海度过，父母从小就严格要求子女。胡霭堂早年就受到家庭的影响，从小刻苦认真，积累了丰富的人生信条和知识储备，并培养了农业方面浓厚的兴趣。

　　胡霭堂 1950 年考入金陵大学农学院。1954 年从该院土壤农化系毕业，并留校任助教。1955 年，通过国家公派前往乌克兰农学院学习。经过 4 年的认真刻苦学习，获得乌克兰农学院副博士学位。1960 年回国并在南京农业大学土化系任讲师。1972 年随着南京农业大学整体搬迁到扬州与苏北农学院合并为江苏农学院，胡霭堂继续从事土化系农业化学等相关课程的教学工作，她积极投入到教材《农业化学总论》的编写工作中。

　　1981 年胡霭堂作为优秀人才被国家选派至瑞士作为访问学者进行最新学术前沿交流。通过与 Hani 博士合作，进行了"瑞士主要土壤中重金属元素的存在形态（包括提取方法）及生态行为"相关课题的研究，在国外期刊上发表了一系列相关科研成果。1982 年，胡霭堂回国后，一方面受学校委托开始招收硕士生。另一方面继续从事"农业化学"教学工作，并将国外所学与自己研究成果结合起来，讲授深入浅出，受到了广大学生的欢迎；同时她还组织并参与建立农业环保实验室，继续从事在瑞士的研究项目。胡霭堂自 1983 年被批准为硕士生导师后，先是自带硕士生，协助培养博士生，成为博士生导师后，她注重学术交叉，在植物营养、农药、矿产污染方面对学生进行指导。

胡霭堂在科学研究中，十分重视科研为国民经济建设服务，她参与并主持了湖北土壤污染调查及其环境影响方面的课题，并在全国率先展开了城市污水污泥处理与合理利用的研究。一系列科研成果曾获得国家科技进步奖三等奖。在南京市蔬菜局主持的合理使用农药进行无公害蔬菜生产的科研工作中，她的研究成果使南京市的蔬菜品质上了一个台阶，为南京市民食品安全健康作出了重大贡献。胡霭堂曾担任中国土壤学会、江苏省环境学会常务理事。

开展土壤微量元素、重金属和稀土元素的
环境行为与生物效应的研究

1955 年，胡霭堂前往苏联乌克兰农学院学习，她的老师是苏联著名学者 BAACROK 院士。由于胡霭堂基础扎实，勤奋好学，得到 BAACROK 的赞赏。在乌克兰农学院求学期间，BAACROK 院士在学术研究方面给了她重要的指引。在他的指导下，她将自己以前在国内所学与 BAACROK 院士的研究方向有机地结合起来，即将微量元素与土壤研究相结合，先后在重点杂志上发表过相关的论文并出版了专著，在我国土壤微量元素研究方面作出了重要贡献。

1981 年胡霭堂在瑞士苏黎世近郊的农业与园艺研究所进行短暂的考察与学习，此间她初步了解了欧洲相关专业的学术动态与研究成果。而后她又前往首都伯尔尼郊外的农业化学与卫生研究所进行课题研究。在农业化学与卫生研究所工作期间，她通过室外的实习点了解了当时瑞士国内环境状况以及联邦政府在环境保护方面所做的努力。在科研方面她通过与 Hani 博士合作，进行了"瑞士主要土壤中重金属元素的存在形态（包括提取方法）及生态行为"相关课题的研究，在国外期刊上发表了一系列相关科研成果。其重金属研究方面的科研成果曾获国家科技进步奖三等奖。

组织编撰土化专业新教材

在迁往扬州的办学过程中，胡霭堂深感我国土化专业课程教科书的不足与落伍。在一次座谈会上，她指出："我们的教育是为了人民的生产实践服务，教育不单单是老师的经验传授，也不能照本宣科，必须以经典的课本为依托，提出疑问，因势利导，启发学生自己去下结论，这样才能使知识真正为学生所掌握。"之后她积极投入到由学校组织的土化专业新教材《农业化学总论》的编写工作中。在参与编写的过程中，她查阅大量的相关文献资料，不断借鉴前人的教学科研成果，再通过与自己在教学科研中理解的丰富教学经验相结合，并且组织教材编写老师进行编写交流。在交流学习的基础上，她几易其稿完成了教材编写。新教材深受广大师生的欢迎，为学生们更加灵活地掌握土壤农化学专业基础知识作出了重要贡献。

推广农业环境保护工作

在留学期间，胡霭堂经常思考旧中国积贫积弱的原因，她认为是教育不发达，人才匮乏造成的后果。于是更加坚定了"献身科教为人民谋福祉，培养人才图国家之富强"的心愿。在与国外科研工作者的交流以及对土化专业前沿学术期刊的阅读中，她深感我国科研教育经过十年"文化大革命"，已经远远与当前国际研究脱节。这促使她将更多的时间投入到工作与学习中。

从事本科教学工作同时，胡霭堂还组织并参与建立农业环境保护实验室，专门从事土壤重金属元素、土壤中稀土元素以及土壤污染的调查与治理方面的研究。并在系内、校内倡导开展有关农业生态环境保护的理念和教学科研工作。首次面向全校学生讲授农业环境保护课程，并亲自带领系内师生开展有关环境污染的调查。同时她还邀请土化专业国内外知名专家、学者来校进行交流，开拓学生的知识面。她不仅参加《农业环境保护》教材的编写工作，且是该教材的主审。在胡霭堂的倡导下，南京农业大学建立了农业环保专业，成为我国最早建立农业环保专业的农林类高校之一。经过十余年的努力，实验设备与课程都具备了很大的规模，为学校环保专业的蓬勃发展奠定了坚实基础。

胡霭堂治学严谨，对每一个教学环节都严格要求，注意培养学生实事求是的科学态度。对学生因材施教，改进教学方法，以利学生接受。对于学生做错的题目，她在备课时和重点一起作为改进教学的参考。在被全国学术委员会直接批准为博士生导师后，她不仅在本专业指导学生，更是注重学术交叉，并且为理学院设立理学博士点创造了条件。

在学生眼中，胡霭堂是一位极为认真负责的人，她带领学生下乡实践调查，真正做到了授人以渔。她总是对学生强调，实践是研究的起点，从人类社会进步的要求和国家民族的需要出发，从事各自领域的研究工作。她同时也强调，对一个研究者来说，很难做到事无巨细，事必躬亲，科学研究工作在很大程度上要借助于理论联系实际；实地调研固然重要，大量阅读科学著作和文献资料也不能忽视；需要做到实践为理论服务，理论能经得起实践的检验。她培养的学生大多踏实肯干，一步一个脚印，专业上扎扎实实；她的教学始终遵循理论联系实际。如在南农江浦农场工作期间，她一边教学一边将通过劳动实践总结出的经验再讲授给学员们。她曾主动申请去南京农业大学与宜兴县政府联合开办的"开门办学点"进行农业科技推广活动，并积极主动参加各类教学与科研工作。在给广大学员讲授土化课程时，她发现很多工农兵学员基础知识不够扎实，学习专业课程知识很吃力，她不辞劳苦地组织、领导学员补习基础课程知识，使学员们学到学以致用的科学知识。

尽管她的一些课程已经讲授了几十年，但每次教学前，总像进入新领域那样细心准备。学生交上的作业和提出的疑问，她总是亲自查看，并提出中肯的意见，并对自己的教学加以改进。她经常对青年教师说："想要知道这门课教的情况如何，主要看学生是否掌握这门课的核心。因此讲课不在于多，而是能讲得清，讲得精。"她十分重视科研为国民经济建设服务。她目睹湖北广阔农田被严重污染、有田而不得耕的情景后，便一心为改变湖北耕地的面貌而努力。她参与并主持了"农业大省湖北的土壤主要污染"课题研究，领导组织科技人员，调查研究，认真规划，开展了改良土壤、污水治理的科学研究，在污水治理与污水污泥处理与合理利用中获得了一系列科研成果，获得了国家科学进步奖三等奖。

（占新华）

简　历

1932 年 4 月　出生在广东省中山市。

1950—1954 年　金陵大学农学院学习（1952 年院系调整进入南京农学院），获学士学位。

1954—1955 年　留校任助教。

1956—1960 年	在苏联乌克兰农学院学习，获副博士学位。
1960—1981 年	在南京农学院土化系任讲师（1972 年随南农搬迁至扬州办学）。
1981—1982 年	赴瑞士进行学术交流。
1983—1998 年	在校从事科研教学活动，建立农业环保实验室继续从事在瑞士的研究项目，担任《农业环境保护》教材主审，中国土壤学会、江苏省环境学会常务理事。
1999 年	退休。

主 要 论 著

[1] 胡霭堂. 稀土元素在小麦体内分配行为的研究. 生态学报, 2000, 20 (4): 639—645.

[2] 胡霭堂. 植物营养学（下册）（第二版）. 北京：中国农业大学出版社, 2001.

[3] 周立祥, 胡霭堂, 戈乃玢. 城市污泥土地利用研究. 生态学报, 1999, 19 (2): 185—192.

[4] 王立军, 胡霭堂, 周权锁. 稀土元素在土壤－水稻体系中的迁移与吸收累积特征. 中国稀土学报, 2006, 24 (1): 91–97.

[5] 兰叶青, 黄骁, 胡霭堂. 有机难溶盐膜抑制黄铁矿氧化的研究. 环境科学学报, 1999, 19 (4): 406—409.

[6] 赵秀兰, 王勤, 胡霭堂. 磷锌颉颃作用研究进展. 土壤通报, 1999, 30 (3): 136—142.

[7] 郑绍建, 杨志敏, 胡霭堂. 玉米、小麦细胞磷、锌营养及交互作用的研究. 植物营养与肥料学报, 1999, 5 (2): 150—155.

[8] 杨志敏, 郑绍建, 胡霭堂. 植物体内磷与重金属元素锌、镉交互作用的研究进展. 植物营养与肥料学报, 1999, 5 (2): 366—376.

[9] 杨志敏, 郑绍建, 胡霭堂. P、Zn 在小麦细胞内的积累、分布及交互作用的研究. 应用生态学报, 1999.

[10] 杨志敏, 郑绍健, 胡霭堂. 不同磷水平下植物体内镉的积累、化学形态及生理特性（英文）. 应用与环境生物学报, 2000.

参 考 文 献

［1］王荣．南京农业大学校友录 1914—1994. 南京：南京大学出版社，
　　 1994 年 9 月．

［2］南京农业大学教授名录（1994）．南京：南京农业大学，1994 年
　　 10 月．

［3］南京农业大学科学研究处．南京农业大学获奖科技成果汇编 1986—
　　 1990. 南京：南京农业大学，1991 年 7 月．

陈世正

（1932—　）

　　陈世正，土壤学家。曾参加调查和编制四川省土壤区划，并发现川西山原新的土壤类型。在土壤黏粒矿物对钾离子固定的氧化还原机制、不同分子结构有机化合物对黏粒矿物的膨胀与凝絮的影响规律、稻田土壤有机无机体的复合作用及复合体的稳定性和复合度变化规律等方面进行了深入研究。

　　陈世正，1932 年 5 月 9 日出生于湖北省襄樊市。1949 年毕业于贵州省立贵阳中学，同年考入贵州大学农学院农化系。1951 年冬因故休学，1952 年秋复学回校学习。1953 年春，贵州大学农化系与四川大学农化系合并于西南农学院，成立新的土壤农化系。陈世正转入西南农学院就读，于 1955 年毕业后留校任助教，从事土壤学的教学和研究工作。在教学岗位上，先后担任本科生的《土壤学附地质学原理》、《土壤学》、《水土保持（农学）》及《专业英语》等课程的教学任务，为研究生开设《土壤化学》、《高级土壤学》课程。同时担任土壤学专业硕士研究生

《专题报告》课程的指导教师。参加编写了《土壤学》（南方本）教材，主编了《水土保持（农学）》教材。

发现川西山原地貌区有红棕壤的形成

1977 年，四川省规划办公室要求西南农学院土化系调查和编制完成四川省土壤区划图，为进一步编制四川省农业区划做好基础工作。占有全省 3/5 面积的川西高原，土壤资料几乎是一片空白。土化系决定组织一个精干的小组，深入川西高原进行实地考察，收集资料，完成整个四川省的农业土壤分类分区报告，及四川省农业土壤分类分区图。陈世正参加了由 6 人组成的小组，赴四川省的西部地区，包括甘孜、阿坝、凉山 3 个少数民族自治州和当时的西昌专区，进行土壤及农业生产调查。陈世正只身进入木里高原。那里的海拔高，河流对地形的切割极深，相对高差可达 2000 米，是典型的山原地貌。调查中发现干热河谷气候条件下的土壤垂直带，在山地红壤与山地棕壤之间有一个过渡土壤带，在土壤腐殖质层下的土壤淋溶层为红棕色。与湿润气候条件下的土壤垂直带有相似的规律。在收集了自然成土条件资料和土壤标本后，根据野外调查结果，暂名为"山地红棕壤"。后来的研究表明，在川西山原地貌的干热河谷气候条件下，在针叶林与阔叶林的混交林植被下的土壤垂直带中，有红棕壤这一特殊土壤类型的生成条件。

把土壤生产性能和农业土壤肥力的新概念编入教科书

1977 年全国高校恢复招生后，农业部召集专家编写一套新的教材，以适应教学需要。其中《土壤学》（南方本）教材交由西南农学院侯光炯院士主编。在编写过程中，各校参加编写的成员表示，要在教材中建立新的农业土壤学理论体系和土壤肥力生物热力学观点，无论在编写中和教学应用中都比较困难。侯光炯听取了大家的意见，决定只在原来的自然土壤学体系上，作出比较大的修改。删除一些旧的不适应生产需要的内容，加入一些当时对农业土壤研究的新成果，使其尽量与农业生产相联系。另外加写一章土壤生产性能与土壤肥力，专门讲述侯光炯教授多年来对农业土壤及土壤肥力研究的成果，并以此为主线，贯穿于各章的内容中。侯光炯教授把编写这一章的任务交给了陈世正。根据多年来追随侯光炯工作与学习的积累，查阅并参考国内外对土壤肥力研究的资料，陈世正如期完成了"土壤生产性能与土壤肥力"这一全新章节的编写任务。这一章首先把土壤生产性能写入教材，在总结农民经验的基础上，以理论与实践相结合的方式，论述了土壤生产性能的概念，分析了不同土壤对作物生长发育影响表现不同的原因，以及影响土壤生产性能表现的土壤及环境因素。随后引入农业土壤肥力的概念及研究的途径。并对农业土壤肥力的新观点进行了界定，论述了土壤肥力机制，阐明了以改善生态环境条件与土壤本质特性为基础，提高土壤肥力的基本途径。该书于 1980 年由农业出版社出版发行。

研究长期施用有机肥对土壤的培肥作用

"六五"至"八五"期间，农业部下达了重点科研项目，陈世正作为主研人员后来成为主持人，参加了有机肥料的研究任务。在长达 15 年的定位试验研究过程中，深入研究了有机肥料在土壤中的腐解、残留及对土壤微团聚体的复合和土壤腐殖质化学的影响。证实长期科学施用有机肥料，并与化学肥料相结合施用，能稳步提高作物产量；对土壤有机质的积累作用虽然不大，但对土壤有机质的更新和土壤腐殖质化学性质，以及有机无机复合体的复合作用，均有较大的改善作用，使土壤供肥性能有所提高。为西南地区水田的科学施肥，有机与无机肥料的合理配搭，提供了科学依据。经过 15 年的研究，总结了有机肥料再循环及利用技术的研究成果，1995 年，撰写了《西南地区稻田秸秆还田技术规程》一书，供农业生产参考使用。

发现黏粒矿物对钾离子固定的氧化还原机制

1984 年陈世正到美国普渡大学农学系土壤化学实验室学习，在美国科学院院士菲利普·劳的指导下，进行土壤化学的研究。陈世正在选题过程中，回想起在国内进行的田间试验，水稻土中钾离子养分的有效性，往往随着土壤的排干和复水而发生季节性的变化。长期以来未能探知其变化机理。现在有了研究工作所需的设备和必要的条件，能否一探究竟？劳教授知道了陈世正的想法后，给予了鼓励和支持，并亲自对项目申请书作了必要的修改，然后提交到自然科学基金会。通过三个层次专家评议，最后获得通过，得到了经费支持。但是这一实验研究的难点，是要求在与外面空气隔绝的条件下，进行氧化还原化学反应，既不受外界空气的干扰，又能够达到操控自如的要求。于是陈世正查阅了资料，在实验室技师罗伯特·赫庆生的帮助下，安装了一个实验装置，使实验得以顺利进行。在良好的研究环境中，陈世正抓紧时间，日夜在实验室工作。功夫不负有心人，终于在实验过程中，发现蒙皂石类黏土矿物，在还原后其晶层间距收缩，固定态的钾离子增多，有效性钾减少；蒙皂石类黏土矿物氧化后，晶层间距发生膨胀，固定态钾离子减少，又被释放出来。并通过统计得出相关函数公式。这不仅解释了有效态钾离子的季节变化的原因，同时证明了黏粒矿物的膨胀性受氧化还原条件的影响，得出了钾离子被黏土矿物固定的氧化还原机制，在土壤表面化学的基本理论上，作出了新的贡献。

根据该项研究的成果写出了论文《Relation Between Potassium Fixation and the Oxidation State of Octahedral Iron（钾的固定作

用与黏粒八面体中铁的氧化还原状态的关系）》。当这篇论文寄到《美国土壤学会学报》编辑部后，不久就收到了评审意见。一位审稿人杰·怀特写道："This paper will become a classic in providing understanding of the variations in measured exchangeable K values for soils as a function of seasonal variations in moisture, temperature, oxidazing – reducing conditions. It is an outstanding study from the conceptual and experimental viewpoint. 这是一篇杰作，提出了土壤交换态钾离子含量的变化，是季节性水、热、氧化还原条件的函数，无论从理论和实验方面来看，都是一篇卓越的研究。"另一位审稿人 P. 斯派克如此评论："I regard the development of these concepts as being among the most significant developments relative potassium fixation that have occurred in the last 25 years. 我认为这一理念的发展，是近 25 年来在钾的固定作用中，最为显著的进展。"随后该论文在《美国土壤学会学报》第 51 卷第 1 期刊载。后来经过进一步的研究补充后，1990 年，论文送交第 14 届国际土壤学大会，选定在土壤化学专题会议上作为大会宣读论文。1985 年普渡大学农学系给予陈世正访问副教授的头衔。

探讨有机化合物与黏粒矿物复合体的形成机制

1985 年在普渡大学工作期间，得知美国能源部有一个科研项目进行招标，即有机污染物在地表下的迁移规律，该项目由 Oak Ridge（橡树岭）实验室负责，下面分好几个分课题，其中有一个课题是有机化合物与矿物质胶体的相互作用。菲利普·劳鼓励陈世正申请这个课题，他说："对于土壤有机质我没有研究过，你在国内研究过有机无机复合体，根据你的经验，可以写一个申请书去投标，很有希望被选中。"于是陈世正仔细研究了招标项目计划，根据过去研究土壤有机无机体的复合作用积累的基础，写了一个项目申请书递交上去。不久，果然获得通过，得到了研究经费，并顺利加入了 Oak Ridge 实验室领导的有机污染物在地表下的迁移规律研究小组，开展了对有机化合物与矿物质胶体相互作用的研究。陈世正以化学模拟的方法，选用具有不同分子结构、有不同功能基、在溶液中具有不同极性和带有不同电荷的有机化合物，分别与黏粒矿物作用。研究其对矿质胶体微粒的凝絮特性，并应用物理与化学的方法。探讨了有机化合物对矿质胶体表面的水化膜的干扰及对电荷的影响。研究结果对有机无机复合体的形成机制，补充了新的理论。同时也为有机污染物在地表下的迁移率，提供了必要的参数。

根据上述研究的成果，撰写出论文《Organic Compounds Effects on Swelling and Flocculation of Upton Montmorillonite（有机化合物对 Upton 蒙脱石的膨胀性和凝絮作用的影响)》，并交到《美国土壤学会学报》编辑部。不久反馈回审稿人的评审意见："I found it very interesting, concise, and well written, and to my knowledge, contributes new concepts about the effect of organic compounds on the physical properties of clay。这篇论文引起我的极大兴趣，写得简明扼要。根据我的理解，在有机化合物影响黏粒物理性方面，提供了新的概念。"这一研究成果引起了极大重视，以至在陈世正回国后，Oak Ridge 实验室仍然与他保持联系，邀请他参加学术会议，并要求其推荐学生前去工作等。

建立学校图书馆信息检索系统

陈世正于 1987 年回国后，担任西南农业大学土壤农化系系主任。在担当系主任期间，他感到土化系只有一个土壤农化专业，已不能适应发展要求。当时国家对农业生产环境的保护，和农产品安全性的监管，日益提上议事日程，环境污染的危害也备受人们重视。陈世正申请成立农业环境保护专业，并亲自到农业部高教司交涉沟通，争取并获得他们的支持和批准，使农业环境保护专业得以正式成立。与此同时，三峡工程正在酝酿上马，为保障三峡工程的安全运行，长江上游地区被国务院划定为全国水土保持重点区域。然而面对如此重要的工作，西南地区乃至整个南方的高等院校，都没有一个水土保持专业，培养和为国家输送这方面的人才。重庆市位于长江上游的中心，西南农业大学理应成立水土保持专业，培养专业人才，适应社会的需要。过去系里有一个农田水利教研组，有水土保持、农田水利、水力学等方面的教师，可以此为基础，组建水土保持专业。于是，陈世正又亲自到北京水利水电部和高教司，争取他们的支持和批准。农田水利司和高教司立刻表态支持西南农业大学筹办水土保持专业。这样把土壤农化系的专业领域拓宽了，且适应了当时社会发展和经济建设的需要。

陈世正在担任系主任期间，深感当时办学思想比较封闭，缺乏学术交流的风气，信息不灵，与发达国家大学在科学水平上的差距较大。为此，他利用在国外期间结识的外国学者，邀请他们来学校交流，使教师们了解国际上本专业学科的发展前沿水平。他先后邀请了第三世界科学院院士、新西南皇家科学院院士、加拿大土壤环境化学专家、美国土壤化学家、德国土壤与植物营养学家等前来讲学。同时又帮助和支持年轻教师出国深造，中年教师出国访问，鼓励支持教师参加国内外的学术会议。改变过去封闭的办学状态，为提高教师的科学视野和学术水平，起到了促进作用。

1991 年陈世正改任学校图书馆馆长，当时图书馆的设施和功能比较落后，仅起到藏书楼的作用。陈世正极想改变现状，增加图书馆的科技信息交流的功能。他决定首先建立光盘检索系统。于是向学校争取必要的经费，购买了几台电子计算机，并向美国订购了文献检索光盘，培训人才，建立了科技信息检索室，提供给教师和研究生使用，对教学和科研有极大的促进作用，并为后来建立互联网信息系统和图书馆的计算机管理系统，打下了基础。同时又与美国国会图书馆建立联系，互相交换正式出版的图书。自从建立了这种交换关系以后，通过与美国国会图书馆的交流，换回了不少国外新出版的科技书籍，既节约了经费，又丰富了学校图书馆的馆藏，为师生及时提供了国外新出版的科技书籍。

编写《水土保持（农学）》教材

1998 年，西南农业大学水利水电类专业教学指导委员会决定，在水土保持专业的教学计划中，新设立一门《水土保持（农学）》课程，以讲授适应水土流失区域的农业技术体系，为水土保持的生物措施储备人才和技术。这是一门全新的课程，教学指导委员会决定组织编写一本新教材，提供给各校使用。这一任务交给了陈世正。接到编写任务以后，陈世正立即投入工作。他考虑到，作为一门课程，不能只讲实际经验或试验成果，更需要有该门课程的基本理论、基本专业知识和基本实践方法，并形成一个完整的系统，才能成为一本教材。此外，根据教学的特点，教材内容必须要循序渐进，理论与实践相结合，才能够达到理想的教学效果。陈世正当年曾经到美国国家土壤侵蚀实验室、水土保持实验区和印第安纳州的林肯资源保护与开发利用综合试验区进行过考察。回国后，被聘任为四川省和重庆市政府的科技顾问。他在总结各地水土流失综合治理的经验后，从中抽取了国内外应用于水土流失区的各种行之有效的农业技术措施，结合我国小流域综合治理的实际情况，梳理出一套水土保持农业技术体系。然后，从中分析归纳出水土保持各项农业技术所依据的理论基础，再按照循序渐进的方式，编为各个章节。以农业生态学的理念和可持续发展的原则为指导思想，贯穿于各章内容中，形成一本完整的《水土保持（农学）》新教材。该教材于2002年由水利水电出版社出版，填补了水土保持专业教材的空白。也为以后这门课程的修改完善，奠定了基础。

乐于建言献策

20世纪90年代，四川遭受几场大旱，农业生产受到严重影响，尤以川中丘陵区更为严重。当时水源缺乏，不仅影响到农业生产，甚至影响到城市的供水，于是四川省确定了要实施"治水兴蜀"的战略。根据多年来对这一问题的关注和实地考察，陈世正提出了《关于实施"治水兴蜀"战略的建议》。文中分析了干旱缺水的原因，主要是川中丘陵区缺乏骨干水利工程，小型农田水利工程在大旱之年发挥不了作用；已有的水利工程年久失修，塘堰不能装水，渠道渗漏而不能用以灌溉；农区的森林砍伐殆尽，无法涵养水源，使降雨随地表和地下径流进入江河而无法利用，以至井、泉干枯；仅有的过境江河水源，又因为严重污染而不能利用，致使水源短缺。故农业生产缺水减产，城市供水困难时有发生，缺水已成为川中丘陵区农业和工业发展，以及城市人民生活的制约因素。因此治水兴蜀，在战略上不仅要考虑工程措施，更需要进行综合治理，才能收到成效。建议要花大力气宣传和推动人工造林，进行农区生态建设，才能够涵养水源；要重视每年农闲时整修水利设施，还清保养水利设施的欠账，使已有的工程起死回生，重新发挥作用；积极筹措资金规划设计建造骨干工程，提高工程措施的抗旱能力和提供城镇人民及工业用水；重点加强治理环境污染的力度，保护清洁水源；健全农田水利管理制度，达到科学用水；实施节水农业生产模式，节约水资源；科学调配城镇用水计划，解决城乡用水矛盾。使川中丘陵区成为新的经济增长点。此建议受到各有关方面的重视，《巴蜀锦囊》和《四川科技报》分别登载。随后，陈世正又写出《重庆市实施"治水兴蜀"战略的思考》，提供市政府参考。

1997年，重庆改为直辖市以后，如何使城乡均衡发展，大城市如何带动大农村的问题凸显出来。陈世正立即写出《大城市带大农村，推动农业产业化进程》的建言。文中分析了重庆市农业生产的现状，阐明了发达国家和发达地区，把弱势产业的农业转变为高产值和高效益的现代基础产业的经验。选择农业产业化作为当前突破方向，逐步建立现代化农业。建言政府要通过政策导向，市场驱动，因势利导，促使大城市优势资源，如资金、技术、人才、信息等生产要素向农村转移，推动农业产业化建设；促使城市基础雄厚、辐射面广、带动力强的农副产品加工企业，到农村联系种养殖业大户，形成产业链，带动农业产业化的发展；以城市科教优势，送技术下乡，提高农业生产的科技含量，培训农民提高他们的科技知识水平；以市场优势，建立农副产品批发市场，联系国内和国外的营销渠道，带动农村专业化生产；以项目开展城乡合作，鼓励企业和个人到农村投资，带动农村的第一、二、三产业的发展。上述建议受到市委市政府的高度重视。

随着三峡工程上马，库区的生态环境和农村经济发展受到极大关注，鉴于库区水土流失严重，直接危害三峡工程的安全运行，影响到城市建设和农业的可持续发展。陈世正在各种场合下呼吁加强水土保持工作，并撰写出《水土保持是三峡库区可持续发展的基础》、《加强水土保持维护三峡库区可持续发展》、《发展生态经济是重庆市实施可持续发展战略的重要选择》等建议。《中国三峡工程报》、《重庆日报》、《重庆民盟报》均有转载。对重庆市三峡库区的社会和经济发展，提出了重要的建言献策。随后国家加大了对库区水土保持工程的投入，并作为后续配套工程立项。重庆市也把三峡库区经济发展定位为生态经济区。

陈世正于1997年正式退休，在退休后的十年间，仍然为高等农业教育和社会发展与经济建设奔波于城乡各地，笔耕不止。编写出版《水土保持（农学）》教材，不断向政府建言献策，继续为社会主义的现代化建设，贡献微薄之力量。

（高　明）

简　历

1932 年 5 月 9 日　出生于湖北省襄樊市。

1951—1955 年　毕业于西南农学院土壤农化系。

1955—1979 年　任西南农学院土壤农化系助教。

1979—1983 年　任西南农学院土壤农化系讲师。

1983—1984 年　任西南农学院土壤农化系副教授。

1984—1985 年　在美国普渡大学农学系做访问学者。

1985—1987 年　任美国普渡大学农学系访问副教授。

1987—1991 年　任西南农业大学土壤农化系教授，系主任，土壤肥力研究室主任。

1991—1993 年　任西南农业大学图书馆馆长，土壤肥力研究室主任。

1993—1997 年　任西南农业大学土壤农化系教授。

1988—1995 年　任中国土壤学会土壤化学专业委员会副主任。

1988—1995 年　任四川省土壤学会副理事长，《土壤农化通报》副主编。

1989—1998 年　任四川省科技顾问团顾问。

1990—1994 年　任重庆市科技顾问团顾问。

1989—1997 年　中国民主同盟重庆市委员会常务委员。

1993—1997 年　任重庆市政治协商会议农林专业委员会副主任。

主 要 论 著

[1] 陈世正．因地制宜，合理用土．土壤通讯，1981（2）

[2] 陈世正．水稻土的培肥．土壤通讯，1981（2）．

[3] 陈世正．低产田的改良．土壤通讯，1981（2）．

［4］陈世正，宋光煜．丘陵区新建条田高产培肥途径的探讨．西南农学院学报，1981，3（3）．

［5］陈世正．土壤生产性能与土壤肥力．见：土壤学（南方本）．北京：农业出版社，1980.

［6］陈世正，曾觉廷．因地制宜，合理布局，发挥川东南水稻生产的优势．西南农学院学报，1982，4（4）．

［7］宋光煜，陈世正．有机肥的腐解、残留对土壤性状及稻麦生产的关系．西南农学院学报，1985，7（1）．

［8］Chen S Z and Low P F. Relation between potassium fixation and the oxidation state of octahedral iron. Soil Science of America Journal, Vol. 51, No. 1. 1987.

［9］Chen S Z and Low P F. Organic compounds effect on swelling and flocculation of Upton Montmorillonite. Soil Science Society of America Journal, Vol. 51, No. 6. 1987.

［10］Chen S Z. Interaction of inorganic colloidal particles with organic compounds. 有机污染物地表下的迁移国际学术讨论会论文集，1988.

［11］宋光煜，陈世正．土壤生理性、生产性和土壤肥力．见：土壤学（南方本）．北京：农业出版社，1998.

［12］Shizheng Chen. Relation between fixation – release of potassium and oxidation of octahedral iron of clay. 见：第十四届国际土壤学会论文集（第二卷），1990.

［13］王军，陈世正．四川盆地紫色水稻土胶体比表面积及其主要影响因素的研究．西南农业大学学报，1991，13（3）．

［14］王军，陈世正．四川盆地紫色水稻土胶体电荷性质研究．西南农业大学学报，1991，13（5）．

［15］魏朝富，高明，陈世正．四川盆地水稻土有机无机复合体铁铝氧化物组成研究．西南大学学报，1991，13（5）．

［16］魏朝富，高明，陈世正．不同耕作制度对紫色水稻土有机无机复合体性状的影响．土壤肥力研究进展，1991.

［17］高明，陈世正．稻草还田对土壤性状及水稻产量的影响．西南大学学报，1995，17（3）．

［18］魏朝富，车福才，陈世正．长期施用有机肥料对紫色水稻土有机无

机复合性状的影响．土壤学报，1995，32（2）．

[19] 陈世正，高明，车福才．有机肥料与化肥长期配施对紫色水稻土肥力的影响．西南区土壤学会学术年会宣读论文，1996.

[20] Shizheng Chen. Irrigation, Drainage and Water Supply, North/East Sichuan Integrated Agriculture Development Project. Word Food Program & International Found for Agricultural Development, 1996.

[21] 陈世正．关于实施"治水兴蜀"战略的建议．巴蜀锦囊，1997.

[22] 陈世正．大城市带大农村，推动农业产业化进程．重庆日报，1997，5.

[23] 陈世正．水土保持是三峡库区可持续发展的基础．中国三峡工程报，1999 – 04 – 01.

周礼恺

（1932— ）

　　周礼恺，土壤学家。中国土壤酶学研究的开拓者之一。在土壤酶学研究基础上，开拓出应用土壤酶学领域。在利用酶抑制剂调节土壤－植物系统营养元素转化方面成效显著。对国家肥料产业发展、新型抑制剂改性类高效肥料研制等方面作出了很大贡献。

　　周礼恺，1932 年 8 月 11 日出生于湖北武汉的一个教育世家。中学时期在当时著名的教会中学——武昌文华中学高中部学习，打下了深厚的英文基础。1949 年入武汉大学农学系学习，1953 年于全国高校院系调整后的华中农学院毕业，分配到华中农学院水利系工作并任助教，大学求学期间熟练掌握了俄语。

　　1957 年赴中国科学院林业土壤研究所（今中国科学院沈阳应用生态研究所）师从我国土壤学奠基人之一的陈恩凤先生攻读硕士学位。1960 年周礼恺硕士毕业后留所工作，期间德语读写有了相当的基础。硕士研究期间，周礼恺利用其深厚的英文功底翻译了美国贝尔等著的《作物的饥饿征状》，于 1959 年在科学出版社出版，硕士毕业后一年又翻译出版了苏联陶松等著的《植物生物力能学的基本原理》。1966 年苏联科诺诺娃著的《土壤有机质：它的性质、特征及其研究方法》又由其译出在科学出版社出版。三部译著的出版均填补了我国相关研究的空白。

20 世纪 70 年代末，周礼恺在陈恩凤先生的指导下主要从事土壤肥力实质研究。他领导研究组揭示了土壤酶在肥力表征中的作用，为丰富陈恩凤先生的土壤肥力学理论作出了贡献。

20 世纪 80 年代初，周礼恺的研究重点集中在中国主要土壤类型的酶活性特征和脲酶抑制剂对尿素氮在土壤中转化的调节机理和应用等研究上。这期间他不仅于 1980 年和他人合作翻译出版了苏联哈兹耶夫的《土壤酶活性》一书，还系统总结国内的土壤酶学研究成果，并广泛参考国际土壤酶学最新成就，于1987 年撰写出版了《土壤酶学》专著，现在仍是此领域的最权威的参考书。此期间其脲酶抑制剂等研究成果获得辽宁省科技进步奖一等奖和中国科学院科技进步奖三等奖。

1990 年起，周礼恺认识到脲酶抑制剂在调节尿素氮土壤转化中的局限性，倡导脲酶和硝化抑制剂协同调控理论。基于此理论于 1995—1999 年与比利时根特大学开展为期 5 年的国际合作，探讨提高尿素肥效，减少环境污染的土壤酶学和生化途径，取得了有意义的研究成果。

周礼恺于 1960 年硕士毕业后留所工作，历任助理研究员、副研究员（1981）、研究员（1986）、研究室主任等。工作 40 年期间培养硕士、博士研究生 10 余名，发表文章 60 余篇，主编、参编专著各 1 部，主译著作 2 部，参译著作 3 部，获得辽宁省科技进步奖一等奖、辽宁省科技进步奖三等奖、中国科学院科技进步奖三等奖和中国专利发明创造优秀奖各 1 项。从中国科学院沈阳应用生态研究所主办的两刊创始至今，他一直是《应用生态学报》和《生态学杂志》的英文摘要主审。

领会土壤大家思想，探索土壤肥力酶学指标

从 1957 年师从陈恩凤先生伊始，周礼恺就在陈先生的指导下开展土壤肥力实质的研究。陈恩凤先生的土壤肥力学理论，以"微团聚体组合"作为土壤的基础物质，从"体质"和"体型"两方面阐述土壤肥力的实质。其中的"体质"研究，除基础物质及其功能外，土壤酶活性及其作用是另一重要方面。但此项研究虽酝酿于 20 世纪 60 年代初，但直到"文化大革命"结束才系统并卓有成效地开展。土壤酶的研究，从一开始就与土壤肥力的研究紧密地结合在一起。1950 年起，国际上一直有将土壤酶活性作为土壤肥力指标的呼吁，也进行过一些初步的探讨，其原理是建立在土壤酶活性与土壤肥力指标直接相关的基础上。但由于土壤酶活性和土壤肥力水平并不总是呈密切的相关关系，因此国际上许多学者认为，土壤酶活性不能全面反映土壤的生物学状况和土壤肥力水平。

周礼恺敏感地发现上述争议的原因是对酶的专性特征和土壤的异质性缺乏辩证考虑的结果。他通过单变量和双变量统计分析研究结果，指出土壤酶除了表现出专性特征外，也表现出一些共同的特征，即绝大部分供试酶类均与土壤腐殖质的存在状况相联系，不同酶类间也有一定的关联，从而肯定了土壤酶活性在表征土壤肥力水平中的作用。但这种单变量和双变量统计分析研究只是定性的初步探讨。他引入聚类分析的数学方法，对不同肥力水平土壤的酶活性和肥力指标进行定量研究后证明，用与土壤肥力因素有关的酶活性的总体，而不是单个土壤酶活性来表征土壤肥力水平是可行的。这一研究结果开土壤肥力水平的酶活性表征研究之新范式，即使在现在也具有重要的意义，并被更多地推广到土壤质量的酶学指标研究中去。

开拓土壤酶学研究，为中国土壤酶学发展奠定基础

国际上对土壤酶的研究萌芽于 1844 年，其后直至 1980 年相关研究进展迅速。当人们认识到土壤中一切生物化学反应都是在土壤酶的作用下进行的时候，无论从土壤肥力水平还是从生态系统功能的角度出发，土壤酶都成为一个重要的又无法回避的命题。我国的土壤酶学研究大致始于 20 世纪 50 年代后期，为适应当时全国性的农村深耕改土工作，确定适宜的土壤耕翻深度和适宜的耕翻时间间隔成为迫切需要解决的问题。中国科学院林业土壤研究所土壤肥力室在陈恩凤先生领导下进行上述研究，土壤酶活性的研究由周礼恺主持。他带领相关研究人员对耕翻和不同施肥处理的东北棕壤和黑土酶活性进行了定期测定，为拟定适宜的耕翻和施肥制度提供了重要的科学依据，开我国土壤酶学研究之先河，成为中国土壤酶学研究的开拓者之一。

周礼恺不仅在我国率先开展土壤酶学研究，更注重将国际上最新的土壤酶研究成果介绍给国内同行。1980 年前，我国土壤酶研究者苦于没有系统的土壤酶活性研究方法而限制了研究的深入开展。鉴于此，他和合作者将苏联哈兹耶夫的《土壤酶活性》翻译成中文于 1980 年出版，为土壤酶研究者提供了重要参考书，促进了中国土壤酶学研究和发展。周礼恺充分重视与国际同行的交流以保证及时获悉世界最新的土壤酶研究成果，他不仅与国际上土壤酶研究的同行保持密切的联系，还受邀赴新西兰、罗马尼亚、澳大利亚、苏联等进行学术访问，系统了解了国际土壤酶学的研究前沿。1987 年，他结合中国土壤酶研究成果，并广泛参考国际最新进展，撰写了国内首部《土壤酶学》专著。土壤酶在国际研究中一直处于附属工具的地位，而将其系统地归纳为土壤学的一个分支学科，即冠以"土壤酶学"之名则始于 1971 年苏联库普列维奇出版的英文专著《Soil enzymology》。但明确给出

"土壤酶学"的定义，并确定其内涵和外延的，则首推周礼恺《土壤酶学》一书。《土壤酶学》不论是当时还是现在，都是国内土壤酶研究者最重要的参考书。周礼恺在国内率先对土壤酶学这一新的分支学科进行了系统的研究和全面的总结，为土壤酶学在中国的发展作出了重要贡献。

应用土壤酶学成果，拓展土壤酶学应用领域

1980 年后，我国农业生产上使用的氮肥品种以尿素为主。尿素在土壤中只有被脲酶水解成 NH_3 后，方可被植物利用。自然条件下这种水解过程很快，造成短时间内 NH_3 在土壤中大量积累和 pH 值升高，一方面可能产生氨毒，伤害幼苗和幼龄植株；另一方面可能导致氨的挥发损失。周礼恺充分认识到调节尿素水解速率的重要性，在国内率先开展了氢醌对尿素 N 土壤转化影响的研究。发现氢醌除对土壤脲酶有显著的抑制作用外，对土壤中其他酶活性没有影响，适宜作为土壤脲酶的专性抑制剂；通过 ^{14}C 标记的氢醌和 ^{15}N 标记尿素，研究氢醌对尿素 N 去向的影响，同时证明了氢醌在土壤中不会残留，打消了其环境风险的疑虑。1991—1993 年，周礼恺的研究团队在国际土壤学最具影响力的刊物《Soil Biology and Biochemistry》上发表了 3 篇文章，在国际上产生了较重要的影响。周礼恺还领导其研究团队对将氢醌复合于尿素工业化生产中的可行性及技术难点进行了研究，在克服了尿素造粒过程中均匀添加氢醌的技术难题后，开发出新型"长效尿素"，可提高尿素利用率 10 个百分点，产量提高 10% 以上，研究成果获得了辽宁省科技进步一等奖和中国科学院科技进步奖三等奖。此项研究也为我国抑制剂改性研究之滥觞，极大地促进了我国缓释肥料的研究和发展。

1990 年后，周礼恺又将长效尿素的研究引向深入。他发现只用脲酶抑制剂调节尿素 N 转化有其局限性，因为尿素水解成

氨后的硝化过程也会引起尿素 N 的损失，而且是尿素 N 损失的主要途径之一，而硝化抑制剂可有效抑制该过程，周礼恺提出了尿素 N 土壤转化的脲酶 – 硝化抑制剂协同调控的观点，并利用 1995—1999 年与比利时根特大学的国际合作在中、比两国不同地域、不同土壤类型上加以验证，系统阐明了二者的组合可比脲酶 – 硝化抑制剂单独使用更有效地调节尿素 N 转化，尿素利用率可提高 10~18 个百分点，作物产量提高 15%~22%。在此基础上，周礼恺还将生态环境理念引入尿素 N 转化脲酶 – 硝化抑制剂组合调节中，阐明脲酶 – 硝化抑制剂组合不仅可有效减少尿素 N 转化过程中产生的温室气体 N_2O，而且在水田使用可同时减少 N_2O 和 CH_4 的排放，其机理是氨氧化菌对 CH_4 的选择氧化引起的。该研究为中国科学院沈阳应用生态研究所获得辽宁省科技进步一等奖（2007）和国家科技进步奖二等奖（2008）奠定了重要的理论基础，也推动了我国具有自主知识产权的抑制剂改性肥料的快速发展。周礼恺在土壤酶学研究基础上将相关研究成果加以应用，开拓出应用土壤酶学领域，在利用酶抑制剂调节土壤 – 植物系统营养元素转化方面成效显著。

（陈利军）

简　历

1932 年 8 月 11 日　出生于湖北武汉。

1949—1953 年　武汉大学农学院（华中农学院）本科学习。

1953—1957 年　武汉大学水利学院助教。

1957—1960 年　中国科学院林业土壤研究所（现中国科学院沈阳应用生态研究所）硕士研究生。

1960—1980 年　中国科学院林业土壤研究所助理研究员。

1981—1986 年　中国科学院林业土壤研究所副研究员。

1986—1999 年　中国科学院林业土壤研究所/中国科学院沈阳应用生态研

究所，研究员，博士生导师。

1985—1998 年　第一至第四届全国科学技术名词审定委员会土壤学名词审
　　　　　　　定委员会委员。
1987—1991 年　中国土壤学会土壤生物与生化专业委员会副主任。
1988—1990 年　中国科学院沈阳应用生态研究所土壤生态室主任。
1989—1991 年　中国科学院沈阳应用生态研究所技术开发公司新型肥料开
　　　　　　　发部顾问。

主 要 论 著

[1] 贝尔，等．周礼恺译．作物的饥饿征状．北京：科学出版社，1959.

[2] 陶松．周礼恺译．植物生物力能学的基本原理．北京：科学出版
社，1961.

[3] M. M. 科诺诺娃著．周礼恺译．土壤有机质：它的性质、特征及其研
究方法．北京：科学出版社，1966.

[4] 周礼恺，张志明，陈恩凤．黑土的酶活性．土壤学报，1981，18（2）：
158—166.

[5] Chen E F, Zhou L K, Qiu F Q, et al. An approach to the essence of soil
fertility. Zeitschrift für Pflanzenernährung und Bodenkunde, 1982, 145
（2）：207 – 220.

[6] 周礼恺，张志明，曹承绵．土壤酶活性的总体在评价土壤肥力中的作
用．土壤学报，1983（20）：414—418.

[7] 周礼恺．土壤酶学．北京：科学出版社，1987.

[8] 周礼恺，武冠云，张志明，等．脲酶抑制剂氢醌在提高尿素肥效中的
作用．土壤学报，1988，25（2）：191—198.

[9] 陈恩凤，周礼恺．土壤的自动调节性能与抗逆性能．土壤学报，1991，
28（2）：168—176.

[10] 周礼恺．土壤生态研究的展望．应用生态学报，1991，2（2）：
178—180.

[11] Zhao X Y, Zhou L K. Effect of the urease inhibitor, hydroquinone on soil
enzyme activities. Soil Biology and Biochemistry, 1991, 23 （11）：

1089—1091.

[12] Zhao X Y, Zhou L K, Wu G Y. Urea hydrolysis in a brown soil: Effect of hydroquinone. Soil Biology and Biochemistry, 1992, 24 (2): 165—170.

[13] Zhao X Y, Li S D, Zhou L K, et al. Fate of [^{14}C] hydroquinone and [^{15}N]urea in a soil – rice system: A pot trial. Soil Biology and Biochemistry, 1993, 2 (1): 143—146.

[14] Ladd J N, Amato M, Zhou L K, et al. Differential effects of rotation, plant residue and nitrogen fertilizer on microbial biomass and organic matter in an Australian alfisol. Soil Biology and Biochemistry, 1994, 26 (7): 821—831.

[15] Chen L, Boeckx P, Zhou L, et al. Effect of hydroquinone, dicyandiamide and encapsulated calcium carbide on urea – N uptake by spring wheat, soil mineral N content and N_2O emission. Soil Use and Management, 1998, 14: 230—233.

[16] Xu X K, Zhou L K, Van Cleemput O, et al. Fate of urea – 15N in a soil – wheat system as influenced by urease inhibitor hydroquinone and nitrification inhibitor dicyandiamide. Plant and Soil, 2000, 220 (1 – 2): 261—270.

[17] Xu X K Wang Y S, Zheng X H, Wang M X, Wang Z J, Zhou L K, Van Cleemput O. Methane emission from a simulated rice field ecosystem as influenced by hydroquinone and dicyandiamide. The Science of the Total Environment, 2000, 263: 243—253.

[18] Xu X K, Huang Y, Zhou L K, et al. Effect of dicyandiamide and hydroquinone on the transformation of urea – nitrogen – 15 in soil cropped to wheat. Biology and Fertility of Soils, 2001, 34 (4): 286—290.

[19] Xu X K, Boeckx P, Van Cleemput O and Zhou L K. Urease and nitrification inhibitors to reduce emissions of CH_4 and N_2O in rice production. Nutrient Cycling in Agroecosystems, 2002, 64 (1 –2): 203—211.

[20] Sun C X, Chen L J, Wu Z J, Zhou L K, Shimizu H. Soil persistence of *Bacillus thuringiensis* (Bt) toxin from transgenic Bt cotton tissues and its effect on soil enzyme activities. Biology and Fertility of Soils, 2007, 43 (5): 417—420.

徐国健

(1932—　)

徐国健，土壤肥料专家。长期从事土壤肥料与农业资源的调查研究。在安徽的黄褐土、黄棕壤和砂姜黑土的分布，基层土壤分类的命名和黄山、九华山、大别山土壤的垂直分布等方面取得了一系列研究成果。

徐国健，1932 年 11 月 19 日出生于安徽省滁州市南谯区乌衣镇白庙村小塘庄一个农民家庭。中共党员。1952 年高中毕业后，就读于安徽大学农学院（现安徽农业大学）。1956 年毕业后分配在安徽省农业厅从事农业科学技术方面的工作。他把"发展农业，振兴农村，服务农民"作为终生追求和奋斗的目标。先后参加过第一、第二次土壤资源普查，第一次土地资源详查和农业资源调查，多次参加专题性的调查研究，长期从事农业科学技术推广，成绩显著。先后获国家科委、国家农委农业科学技术推广奖，农业部农业资源先进成果奖一等奖，安徽省科技进步奖一等、二等奖。获得的表彰有：农业部先进个人，省劳动模范，省优秀老科技工作者。享受国务院特殊津贴。曾任中国土壤学会、中国土地学会理事，安徽省土壤肥料学会理事长，安徽省土地学会副理事长，全国土壤普查技术顾问组华东组顾问，安徽省第二次土壤普查办公室副主任兼土壤普查技术指导组组长，安徽省第一次土地资源详查技术指导组副组长，安徽省农学会、安徽省农业资源与区划学会常务理事，安徽省作物学会、安徽省战略发展研究会理事和省老科协农业分会常务理事等职。退休后，先后受聘于安徽省科委科技兴农办公室、安徽省教委农科教统筹办公室和安徽省农资公司等单位的专家顾问组任顾问。

主持安徽省土壤资源普查工作

1958 年徐国健参加安徽省第一次土壤普查，并主持蚌埠地区的土壤普查工作，编写了《蚌埠地区土壤志》及其"土壤图"、"土壤改良利用分区图"等项研究成果，为发展农业生产提供了科学依据。以后又参加了省级土壤普查资料汇总，参与《安徽省土壤调查报告》（内部资料）的编写工作，此项成果为安徽省第二次土壤普查提供了重要经验。

从 1979 年 2 月开始徐国健主持全省第二次土壤普查，历时10 年多的时间完成了任务，通过了国家验收。验收组对这次土壤普查的成果评价是：

（1）成果丰硕。首次查清了全省土壤数量、质量、类型与分布，编写了大量的成果资料：《安徽土壤》（120 万字）、《安徽土种》（79 万余字）和以土壤图为主的系列成果图件 18 幅（以上三项成果均由科学出版社出版）；地、市、县级《土壤志》90 部，土种册 15 部，调查报告 908 份，专题调查报告 691 份，各种成果图件 12000 多幅；省、地市、县土壤数据资料册各一册，共有数据 300 多万项次。上述成果为生产、科研和教学等部门提供了翔实的科学资料。

（2）成果创新。本次土壤普查成果在以下三方面有所创新：

一是对土壤高级分类单元（土类、亚类）中的黄褐土、黄棕壤、砂姜黑土的分布、分类及改良利用上，较前人研究有新的突破；二是在基层分类单元及命名上，建立了安徽省土壤分类新系统，丰富和发展了土壤分类科学；三是对黄山、九华山、大别山土壤的垂直分布，也较前人有新的认识和突破，拓宽和延伸了土壤地理学的内容。该项目获安徽省科技进步奖一等奖。

（3）培养人才。在土壤普查期间，全省累计举办土壤科学培训班 1301 期，培养科技人员 33000 余人；还委托南京农业大学为安徽承办一期有 100 多学员参加的土壤函授班（大专班），为本省各级土肥机构培养了一批中高级科技人才，为发展安徽土壤肥料事业奠定了人才资源基础。

（4）效益显著。十余年来，采取了边土壤普查，边推广应用成果的方针，取得显著效益。据当时统计，全省共创造经济效益 15.01 亿元（见 1990 年 7 月 7 日《安徽日报》一版和 1990 年 7 月 14 日《安徽科技报》一版），有力地推动了农业生产的发展。

主持安徽省土地资源详查工作

20 世纪 80 年代初期，徐国健作为安徽省土地资源详查技术指导组副组长，参加了土地资源详查的全过程，取得了许多开拓性成果。主要是：首次查清了安徽省土地资源的类型、数量、分布和利用现状，编绘了各种文字资料和图件。在土地详查过程中，参与制定了验收标准和有关技术规程，参加地、市级的质量验收和省级资料汇总，主持编写了《安徽土地资源》（100 多万字）一书。土地资源详查所取得的多项成果，为各级政府编制国民经济发展规划、制定相关政策提供了资料，为依法管理和合理利用土地提供了依据，也为科研和教学部门提供了科学数据。该项目通过了国家验收，并获安徽省科技进步奖三等奖。

参加安徽省"低、荒"资源调查

安徽农业水土生物资源十分丰富,其中有一部分为低、荒资源,开发利用水平不高。20世纪80年代后期,农业部部署开展"四低"(低产田、低产林、低产园、低产水面)、"四荒"(荒山、荒地、荒水、荒滩)资源调查。徐国健参加了这一项大规模的农业资源调查活动。该调查以县级为单位,组织技术力量,从乡、镇开始,全面查清低、荒资源的类型、面积与分布。通过逐级汇总,层层验收,取得了大量成果资料,其中:县级低、荒资源调查报告70余份,地市级汇总报告16份,低荒、资源分布图80余幅。全省第一次查清了"四低"、"四荒"资源的数量、质量、分布及其构成,摸清了低、荒资源的存量,提出了低、荒资源综合治理及其开发利用措施,为开发利用低、荒资源和扩大耕地面积提供了依据,拓展了低、荒资源开发利用的前景。编写了《安徽省"四低""四荒"调查与开发》(安徽科技出版社出版)一书。该项成果获农业部农业资源调查先进成果奖一等奖。

20世纪50年代末到60年代初,受"大跃进"的影响,安徽省农业耕作制度受到一定程度的破坏。主要是有些地区不考虑当时的生产条件与生产水平,盲目追求提高复种指数,强调扩大双季稻面积,给农业生产带来一定的负面影响。1961年,徐国健参加了省农业厅与省农科院共同组织的淮北平原、江淮丘陵和沿江圩区的耕作制度调查研究,对不同地区的耕作制度发展模式,发展双季稻的常年积温条件和地区界限,提出了调查意见,受到领导重视。在1962年召开的全省农业工作会议上,此意见作为会议材料印发给与会者,对恢复和发展传统耕作制度起了一定的促进作用。调查报告分别在当时的《安徽日报》与《安徽农业科学》发表。

高粱在历史上曾是淮北地区的主要粮食作物之一,在当时的农民生活和耕作制度中均占有一定的地位。但在20世纪60年代初，高粱生产面积不断减少，产量逐渐下降，群众的生产生活都受到一定程度的影响。为了恢复和发展淮北地区的高粱生产，1962年，徐国健参加了由安徽省农业厅与安徽省农科院组织的调查组，对淮北地区高粱生产情况及栽培技术等问题进行了专题调查研究，总结了当地生产经验，分析高粱生产萎缩的原因，提出了恢复和发展高粱生产的措施，受到当地领导部门的重视，推动了当时高粱生产的发展。调查报告于1962年在《中国农报》发表。

砂姜黑土是我省淮北地区的主要土壤，面积2400余万亩，占淮北地区土壤面积2/3以上，常年产量不高，一直被认为是低产土壤。如何合理开发利用大面积的砂姜黑土资源，是当时农业生产一个重要课题。20世纪90年代初，在徐国健的主持与参与下，与中国科学院南京土壤研究所合作，在涡河流域进行了"淮北地区中低产土壤综合治理与高产高效农业持续发展的研究"。研究结果表明，砂姜黑土本身蕴藏着巨大的增产潜力，并非低产土壤，主要是开发利用不当。研究提出了综合治理和开发利用的措施。该项目获安徽省科技进步奖二等奖。

20世纪90年代初，徐国健参加安徽省农业资源与区划办公室组织的"安徽省退耕还林的调查研究"和"长江中下游水土生物资源的调查研究"。调查成果受到有关部门的重视，并由省发改委转发各地参考。

江淮分水岭易旱地区地处皖中腹地、省会周围，临近经济发达的长江三角洲地区，土地总面积和耕地面积分别占安徽省的17.7%和19.1%。是安徽省粮、油、棉等主要农产品的重点产区。但受自然等因素的影响，农作产量不高不稳。省委、省政府十分重视对这一地区的开发治理。20世纪90年代中期，徐国健参加省发改委组织的"江淮分水岭易旱地区水土生物资源的调查研究"，提出了江淮分水岭易旱地区避灾保收和合理利用水土生物资源的措施，受到有关部门的重视。参与撰写了《江淮分水岭地区水土生物资源调查》（安徽科技出版社出版）一书。

援外工作受到表彰

1973—1975 年间，徐国健参加中国专家组赴多哥共和国就援助项目进行考察。期间，他考察了多哥的全国土壤资源，发现该国西澳河的两岸土壤母质为河流沉积物，土层深厚，土壤肥沃，适宜开发种植水稻，是我国农业专家组理想的援助地点。当地雨量丰沛，但时空分布不均，水稻生长期常因旱季雨水不足而受到影响。为此，他建议在西澳河上游建立一座拦水坝，以调节水资源的分配。这一建议受到中国农业专家组的赞同，也得到国内援外部门的采纳，随后批准在西澳河上游克贝基（KPJI）处兴建一座拦水坝（水坝工程由浙江省水利部门承建），解决了水源时空分布不均问题，为中国专家组指导当地发展水稻生产创造了条件。在此期间，他对发展当地水稻生产布局、栽培技术和今后的发展方向也提出了一些建议，这些建议得到当地政府的采纳，也受到了驻在国使馆和专家组的表彰。

农业技术推广能手

绿肥是安徽省主要有机肥源，当年面积在 1000 万亩左右。为了扩大绿肥资源利用面积，20 世纪 60 年代初期，徐国健参加了绿肥资源的调查与推广，除在水稻地区大力推广紫云英外，还在江淮丘陵旱地区的旱田和荒坡地，推广耐旱的毛叶苕子、夏季短期绿肥柽麻、棉田套种苕子、紫穗槐、黄荆条和水生绿肥红萍等，绿肥面积迅速得到了扩大。1976 年全省栽培绿肥曾达到 1460 余万亩，占当时水稻面积近 50%。此外，还推广绿肥的"早"（适时早播）、"密"（密植）、"磷"（以磷肥做基肥）三项技术，提倡以磷增氮，紫云英每亩鲜草产量由 1500 多斤提高到 3000 斤以上。协助编写《安徽主要绿肥栽培》（安徽科技出版社出版）一书。

油菜是安徽省主要油料作物。20 世纪 50 年代，油菜大多为直播，产量不高。60 年代初，徐国健主持油料作物生产，推广油菜育苗移栽技术，提倡冬前油菜幼苗要达到三个"6"（6 片叶子、根直径 6 毫米、苗龄 60 天）的标准，保证安全越冬，提高了油菜产量。为扩大油菜种植面积，他还推行了两项改革措施：一是在沿江地区推广"改沤（沤水田）种油"（油菜），不仅扩大了油菜种植面积，沤水田经过改旱种油菜后，也改善了土壤理化性质，降低了土壤潜育化性能。二是在 20 世纪 60 年代初期，在淮北地区冬闲田试种油菜，经过几年的试验、示范和推广，获得了成功。推广这两项改革措施，使该省油菜由几百万亩扩大到 1000 万亩以上。徐国健获得了国家科委、国家农委农业科技推广奖。

60 年代我国从罗马尼亚引进一批玉米自交系种子。为了加快繁殖速度，1966 年秋，作为技术负责人，徐国健首次受命组织技术人员，赴海南繁殖玉米杂交种，参加了南繁制种的全过程。次年春天获得玉米杂交种三万余斤，为安徽省南繁制种提供了经验，也为该省大面积推广玉米杂交种奠定了基础。

70 年代初期，按照当时安徽省委提出的"抓淮北、促全省"的部署，在淮北主攻小麦生产。徐国健是当时主攻小麦生产技术的负责人，他提出小麦适时早播、带肥播种、推广"丰产 3 号"等早熟、抗锈品种和提倡冬灌等措施，使当时的小麦单产由 100 多斤提高到 200 多斤，为以后实施的小麦高产攻关提供了经验。

山芋是淮北地区主要粮食作物，70 年代初期常年面积在 1000 多万亩，但当时春山芋秧苗大多为露地育苗，育苗迟，不能及早栽插，影响产量。为了解决这一问题，在学习外地经验的基础上，经过多次试验示范和召开现场会议，推广春山芋火炕加塑料薄膜覆盖的育苗方法，解决了春山芋早育苗问题，提高了春山芋产量，也为夏山芋提供了大量秧苗。为了解决山芋冬季贮藏问题，他还推广半地下式大屋窖贮藏技术，保证了山芋安全越冬。编写了《山芋育苗与贮藏》（安徽科技出版社出版）一书。在淮北山芋主产区普及了育苗与贮藏这两项关键技术，推动了山芋生产的快速发展。

旱杂粮（主要是大豆、绿豆、赤豆等）是淮北和江淮丘陵地区主要粮食作物之一，但产量不高，面积也很不稳定。70 年代初，他在淮北大豆主产区推广施用磷肥、钼肥和选用良种等技术，使大豆产量由亩产 100 多斤提高到 200 斤以上。在江淮丘陵易旱的定远、凤阳和嘉山等地，推广"中绿一号"绿豆良种，使亩产不到 100 斤提高到 200 斤以上，摘掉了绿豆"低产"的帽子，使绿豆生产得到了恢复和发展。

发挥余热　再作贡献

徐国健退休后仍十分关心农业科技事业的发展，以省老科技工作者协会为平台，宣传科学技术，开展调查研究，撰写科技文章，积极建言献策，继续发挥余热，做到老有所为，体现一个老科技工作者的人生价值观。主要做了以下工作：

（1）宣传和推广土壤肥料科学技术。20 世纪 90 年代中期，受聘为省科委科技兴农办公室、省教委农科教统筹办公室和省农资公司的专家顾问组成员，深入基层推广科学施肥技术，举办科学施肥培训班，为基层培训科技人员约 2000 余人，提高了科学施肥水平。

（2）建言献策。退休后先后写了多篇有关发展我省农业生产的建议性文章，仅 2005 年、2006 年两年响应省农委组织的"我为安徽农业崛起献一策"征文活动，共写了 20 篇建议性文章，获得征文特等奖，其中，《小麦高产攻关，重在固本强基》

一文受到省委领导的重视和省农委领导的表扬。

（3）编写科技资料。退休后为有关单位单独编写或合作编写了一些科技资料。

（4）参与建立科技档案室。2004 年协助安徽省土壤肥料总站建立了一座 600 平方米的土壤肥料科技档案室。将历年所收藏的资料（包括第一次、第二次全省土壤普查资料）和科技书籍，按档案要求分类编目归档。此项工作受到省农委领导的表扬，并组织委属单位参观学习，也获得了国家档案局"科技档案"二等奖。

（5）调查研究。近几年，参加安徽省老科协农业分会和有关单位组织的调查研究，撰写了多份调查报告。

实事求是，开拓创新。徐国健在工作中十分重视实事求是，坚持一切从实际出发，既尊重上级有关规定，又有开拓创新精神，研究新问题，开创新途径。在土壤普查中，国家制定的《土壤普查技术规程》中的高级土壤分类系统（土类、亚类）有明确规定，而对基层分类单元只有原则意见而无具体标准。根据这一情况，徐国健本着实事求是的精神，通过多次调查，与有关专家共同研究，制定出符合本省情况的《安徽省土壤基层分类系统》，首创了以中心地域名称冠以当地土种名称为土种名。这一创新的命名方法，在国家验收会上受到了专家的赞赏。为了保证土壤普查质量，加快土壤普查进度，在 80 年代中期，他首次推行省级与地市两级签订土壤普查承包责任书，明确各级任务与责任；在基层工作中采取分段承包，签订承包协议书。推行这一办法，充分调动了地市、县和基层的积极性，保证了土壤普查工作的顺利进行。

深入基层，勇于实践。徐国健经常深入基层，无论是蹲点或调查研究，都以严谨的科学态度，亲自调查研究，勇于实践，树立样板，带动一片。固镇县新马桥乡是淮北一个低产地区，常年粮食亩产当时只有三四百斤。1969 年他下放到这里后，经过实地调查分析，认为当地水土资源较好，唯耕作粗放，生产技术落后。于是在下放地点，首先试种水稻，推广稻田种绿肥和旱地小苗育秧技术，使水稻亩产达到千斤；其次是扩大玉米种植面积，推广杂交种和实行宽窄行种植、大窝种植等技术，使玉米亩产提高到 800 斤以上。这两种主要粮食作物获得了高产，在全县产生了很大反响，许多周边群众来参观学习，带动了周围农业生产的发展，得到当地广大群众的赞赏，也受到当时省革委会主要负责同志的表扬。

虚心求教，集思广益。在学术上，徐国健十分尊重老科学家和老专家的意见，虚心向他们学习，倾听他们的意见，集思广益，指导工作。中科院南京土壤研究所席承藩院士、地理室龚子同、张俊民、周明枞、杜国华、王浩清、张效朴等研究员，南京农业大学朱克贵、徐盛荣教授，中国土壤学会臧双副秘书长，都经常被请到安徽指导和帮助工作，是安徽土壤普查办公室的座上宾。在土壤普查期间，他多次去南京登门求教，或请他们来办训练班和讲学，或请他们来安徽作技术指导，每遇难题都请他们来帮助解决。南京土壤所和南京农业大学的许多专家和研究人员，为安徽土壤事业作出了巨大贡献，安徽的土壤普查成果无不包括他们的奉献和艰辛劳动。

勤勤恳恳，爱岗敬业。徐国健家住农村，在近 40 年的工作中，有 25 年与家人分居两地，但他以事业为重，踏踏实实，埋头工作，从未因个人的困难而影响工作，直到十一届三中全会以后，落实了知识分子政策，才得以和家人团聚。在工作期间，国家规定，每年有两个星期的休假期，他都让别人休息，而自己却坚持工作，从未休过公假。

坚持学习，与时俱进。徐国健退休后经常到原单位和其他熟悉的部门，收集了几千份有关业务资料，分类装订成册，供自己学习。平时也很注意学习有关科技资料，做到与时俱进。在 75 岁高龄之际，还学会使用电脑。2005 年在参加党的先进性教育学习时，他为自己撰写了一副对联，上联是："入党三十余年，党性仍不强，要坚持学习做一个合格党员。"下联是："工作近四十载，贡献还不多，仍需发挥余热为人民作奉献。"横批是："活到老学到老"。这就是一个老科技工作者的夙愿和精神境界。

（赵建勋）

简　　历

1932 年 11 月 19 日　出生于安徽省滁州市。

1952 年 9 月—1956 年 2 月　在安徽大学农学院（现安徽农业大学）学习。

1956 年 2 月—1956 年 7 月　调到农业部土地规划讲习班学习。

1956 年 7 月—1969 年 4 月　在安徽省农业厅工作。

1958 年 3—8 月　在黄河水利委员会水土保持试验研究训练班学习。

1960 年 4—8 月　在东北农学院土地规划讲习班学习。

1969 年 4 月—1971 年 9 月　集体下放到固镇县新马桥公社。

1971 年 9 月—1973 年 12 月　调回安徽省农业厅工作。

1973 年 12 月—1975 年 5 月　作为中国专家组成员赴非洲的多哥共和国援外。

1975 年 5 月—1993 年 4 月　先后任安徽省农业厅土壤肥料处副处长（高级农艺师）、处长和安徽省土壤肥料总站站长（研究员）等职。

主 要 论 著

[1] 徐国健，周衍模. 论种豆养地. 安徽日报，1961 年 8 月 27 日四版.

[2] 徐国健，马镇寿. 淮北盐碱土的利用与改良. 安徽日报，1964 年 5 月 25 日四版.

[3] 徐国健. 我省午季作物丰收的基本经验. 安徽日报，1977 年 6 月 21 日.

[4] 徐国健. 安徽土壤. 见：安徽大辞典，上海：上海辞书出版社，

1992 年.

[5] 徐国健，钱晓华. 跨世纪农业发展一个重要问题——地力的退化和对策. 战略研究通讯，1994（9）：24—27.

[6] 徐国健，田杰. 安徽省耕地承载力的研究. 战略研究通讯，1995，（2）：2—9.

[7] 徐国健. 安徽省土地资源及其开发利用. 战略研究通讯，1999（2）：5—8.

[8] 徐国健. 市场经济条件下的土地资源保护. 见：中国土地科学二十年. 中国大地出版社，2000.

[9] 徐国健. 安徽农业崛起之要–首推建设高标准农田. 见：中部农业崛起与湖北省两型农业发展论文集. 武汉：湖北科学技术出版社，2009，308—313.

[10] 徐国健. 粮食问题不容乐观. 战略研究，2010（2）：7—10.

[11] 徐国健. 山芋育苗与贮藏. 合肥：安徽科技出版社，1979.

[12] 主持并参加编写《安徽土壤》、《安徽土种》. 北京：科学出版社，1994.

[13] 安徽省"四低""四荒"资源调查与开发. 合肥：安徽科技出版社，1993.

[14] 江淮分水岭地区水土生物资源调查. 合肥：安徽科技出版社，1996.

[15] 黄山土壤. 合肥：中国科技大学出版社，1997.

[16] 化肥农膜实用手册. 合肥：安徽科技出版社，1998.

[17] 安徽农业资源区划二十年之辉煌. 合肥：安徽科技出版社，2000.

杨 锋

(1933—)

杨锋，土壤学家。研究涉及土壤地理、土壤分类、土地资源调查与利用以及土壤改良培肥等方面，为湖南省和西藏自治区土壤普查、湖南省中低产田改良及红壤发生分类作出了贡献。

杨锋，1933 年 1 月 12 日出生于广东省揭阳县（今揭西县）。1955 年 12 月提前毕业于湖南农学院农学专业，1956 年 1 月被选送到北京参加农业部举办的"土地规划讲习班"学习，系统接受苏联专家"土壤改良与利用"、"土地规划"等专业知识培训半年，同年 7 月分配到湖南省农业厅土地利用处工作。从此，开启了他的土壤人生之旅。

1956 年 7 月—1958 年 6 月，从事土地规划工作；1958 年 7 月—1968 年 9 月，参加湖南省第一次土壤普查与土壤普查成果应用工作，参与湘乡、花垣、大庸等三县和中国农科院麻类研究所境内土壤调查工作，牵头组织湘西自治州所辖十县开展土壤调查和资料汇总工作，主持编写《湘西自治州土壤志》；全程参加全省第一次土壤普查资料汇总工作，负责完成《湖南省土壤志》中"合理深耕"、"重沙田的改良"、"翻秋田的改良"与"荒山荒地的开垦利用"等章节的编写。为加快土壤普查成果应用，杨锋长期深入双峰县等地驻村办点，开展田间试验示范，探索与总结中低产田改良技术措施，主持编著的《湖南低产田改良》和《怎样营造绿肥林》，对指导当时全省中低产田改良和发展绿肥生产起到了十分重要的作用。1968 年 11 月—1972 年 4 月，到湖南贯塘"五七"干校学习；1972 年 5 月—1977 年 7 月，下放资兴县农业局工作；1977 年 8 月，调回湖南省土壤肥料工作站工作；1978—1984 年，任湖南省第二次土壤普查顾问组副组长，负责全省土壤普查的组织与技术指导工作，主持编写《湖南省第二次土壤普查技术规程》（附《湖南省第二次土壤普查土壤分类暂行草案》），组织全省分 5 批次以县级为单位开展土壤普查，率先在全国开展地区级土壤普查资料汇总工作，湖南省涟源县、岳阳地区分别为全国第一个验收合格的县和地区。1984 年，湖南省在全国土壤普查办公室组织的地级、县级资料评比中，荣获中南地区唯一的 1 个一等奖；负责组织湖南省第二次土壤普查资料汇总工作，主持编写《湖南土壤》专著。该书对湖南土壤的成土条件、分类、分布、理化性质与改良利用等方面进行了全面系统的论述，对指导全省农业区划、土地资源合理利用、土壤改良培肥、科学施肥等方面奠定了坚实的理论与实践基础；与此同时，参与《湖南土种志》、《湖南土壤改良与培肥》等书的编写工作。1981 年评聘为农艺师；1984—1991 年，受全国土地资源调查办公室委派，作为湖南援藏队队长和西藏自治区土地资源调查技术组成员之一，带队圆满完成了西藏土地资源调查工作，主持编写《林芝地区土壤资源》，参与《西藏土壤》编写工作。1985 年 7 月，被农牧渔业部聘请为全国第二次土壤普查科学技术顾问组成员，参与中南各省土壤普查的技术指导和成果验收工作；1987 年 3 月，被全国土壤普查办公室聘请为全国第二次土壤普查汇总编辑委员会委员，参与《中国土壤》专著编写工作。1987年评聘为高级农艺师。1991年享受国务院政府特殊津贴。1992—1994年，回到湖南省土壤肥料工作站从事土地规划与土壤改良工作。1994年评为国家首批农业技术推广研究员。在此期间，受农牧渔业部农业技术职称办的聘请，起草、修改、补充《全国农业技术系列职称标准（土肥专业部分）》。1994年在全国第一次农业技术推广研究员评聘中得到应用。同年被聘为全国农业技术推广研究员土肥专业评委，是年6月退休。

1984年，杨锋加入了中国共产党。工作39年来，他先后获国家科技进步奖二等奖和三等奖各1项，省（部）级科技进步奖特等奖1项、一等奖1项、二等奖2项、三等奖3项，省农业科技进步奖一等奖2项、二等奖4项；在国内外发表论文20余篇，专著2部。

杨锋热心土肥学会工作。1977—1996年，连任湖南省土壤肥料学会第三至六届秘书长。1991年当选中国土壤学会第七届理事会理事。对团结全省土壤肥料科技工作者，为振兴和发展湖南省的土壤肥料科学付出了艰辛的努力，作出了重大贡献。

为湖南省土壤普查作贡献

土壤是农业生产的基础。开展土壤普查，是全面掌握土壤资源状况，科学合理利用土壤资源，调整农业生产布局，指导土壤改良培肥与科学施肥，促进农业生产持续稳定发展的一项重要基础性工作。

新中国成立以来，农业部曾先后组织开展了二次大规模的全国土壤普查。1958—1960年，根据农业部的统一部署，湖南省组织开展了以耕地为主的全省第一次土壤普查。大学毕业不久的杨锋，全身心地投入全省第一次土壤普查工作中。1958—1959年，先后参加湘乡、花垣、大庸（今永定区）等三县和中国农业科学院沅江麻类研究所的土壤调查工作，并负责湘西自治州十县的土壤调查和资料汇总工作，主持完成了《湘西自治州土壤》编写和相关图件编绘工作。1960年回长沙参加全省第一次土壤普查汇总工作，负责《湖南土壤志》中"合理深耕"、"重沙田的改良"、"荒山荒地的开垦利用"等章节的编写。针对土壤普查过程中发现农民普遍存在盲目深耕的问题，他提出了因地制宜，合理深耕的四种方法，即：①一次深耕。对土层深，上下土层肥力均匀的潮泥田等土壤可采用一次深耕；②逐年深耕。对土层深，但上下土层肥力不一，如五花黄泥田，耕作层浅，下层为坚硬的网纹层，应采用逐年加深耕作层方法；③客土深耕。对山区的岩板底田和重沙田，耕层以下多为岩板或沙砾，提倡逐年客土加深的方法；④暂不宜深耕。对烂泥田、冷浸田、深泥脚田等潜育性稻田宜采用免耕或浅耕而不应深耕。这对纠正当时深耕越深越好的错误倾向，指导农民因土合理深耕，该技术广泛应用于农业生产起到了良好的效果。

　　1979年，湖南省农业厅根据全国土壤普查办公室统一部署，在当地各级党政领导的大力支持和全省多部门多单位的通力协作下，有计划、有步骤、分期分批地开展了全省第二次土壤普查工作。1979—1984年，杨锋任湖南省第二次土壤普查顾问组副组长和总技术负责人，负责组织与指导全省第二次土壤普查工作，主持编写《湖南省第二次土壤普查技术规程》（附《湖南省第二次土壤普查土壤分类暂行草案》），组织开展县级土壤普查技术培训，主讲《湖南土壤分类系统与方法》，组织全省分5批次以县级为单位开展土壤普查，率先在全国开展地区级土壤普查资料汇总工作。湖南省涟源县（今涟源市）、岳阳地区（今岳阳市）分别为全国第一个由全国土壤普查技术顾问组验收合格的县和地区。1984年，湖南省在全国土壤普查办公室组织的地级、县级资料评比中，荣获中南地区唯一的1个一等奖，湖南省成为全国第一个完成地区级资料汇总的省份，岳阳地区在1984年全国地区级土壤普查汇总工作会议上进行经验介绍。

在全面总结县级、地区级土壤普查汇总工作经验基础上，他主持编写《湖南土壤》，负责该书的前言部分、土壤分类、棕红壤、红黏土、石质土等章节的撰写和全书的修改、统稿、审稿、定稿等工作。该专著系统全面地对湖南土壤的成土条件、分类、分布、理化性质与改良利用等方面进行了的论述，对指导全省农业区划、种植结构调整、土地资源开发利用、土壤改良培肥、科学施肥等方面奠定了坚实的理论与实践基础；与此同时，还参与《湖南土种志》、《湖南土壤改良与培肥》等书的编写工作。在此期间，他集思广益，多次征求省内土壤专家对湖南省土壤分类的意见与建议，在《中国土壤分类暂行草案》框架下，正式形成了包括 7 个土纲、13 个土类、29 个亚类、129 个土属、463 个土种的《湖南省第二次土壤普查土壤分类系统》，供湖南省土壤普查各项成果汇总统一使用，并一直沿用至今。该分类系统是我国有史以来最完整、最科学的一个省级土壤分类系统，成果鉴定时得到全国同行专家的高度评价，一致认为是我国土壤科学的突破性进展。杨锋在该土壤分类系统中首次创造性地划分出了棕红壤亚类，并提出了棕红壤的主要形成特点、特性、类型的一些技术指标；在调查湘西山地黄壤的基础上，提出了黄壤与红壤、黄壤与黄棕壤的区别方法；针对湘西这一以寒武纪和奥陶纪等石灰岩发育的土壤不同的发育程度，确定了黑色石灰土、黄色石灰土和红色石灰土区分与判别方法。与此同时，为了统一省、地两级土壤类型的汇总和分类中存在的问题，他先后在《湖南农业》和《湖南土肥学会论文集》中，发表了《水稻土的土体构成与土壤分类》和《土壤分类中几个问题商榷》两篇文章，从理论和实践的结合上说明土层形成的原因、划分的原则和划分的标准，为全省土壤分类的系统化、科学化打下了良好基础。他还组织土壤野外调查人员，带队翻山越岭对衡山、莽山、雪峰山等全省 5 个有代表性的山地土壤进行了土壤垂直分布调查，纠正了过去笼统地认为海拔越高、土壤硅铝率越高的错误观点，首次证明花岗岩发育的土壤，不是海拔越高硅铝率越大，而是越小的观点。同时，通过大量的土壤样品比重检测结果分析，提出了湖南土壤的比重参数值以 2.55 g/cm^3 比较恰当，而非原采用的土壤比重值 2.65g/cm^3。

杨锋厚实的专业理论功底、丰富的实践经验、娴熟的野外工作能力和技巧，深受同行赞赏。1985 年 7 月，农牧渔业部聘请他为全国第二次土壤普查科学技术顾问组成员，参与中南各省土壤普查的技术指导和成果验收工作；1987 年 3 月，全国土壤普查办公室聘请他为全国第二次土壤普查汇总编辑委员会委员。他参与《中国土壤》专著编写工作，为湖南省土壤普查事业作出重要贡献。

援藏八年　科技支边

湖南省被全国土壤普查办公室确定为六个援藏省份之一，其主要任务是援助西藏的"两土一草一评"工作，即土壤普查、土地利用现状调查、草资源调查和土地评价工作。1984 年，杨锋受聘为西藏自治区土壤普查技术组成员，随农牧渔业部组织的考察组前往西藏进行为期两个月的考察工作。他们从成都出发，途经二郎山、横断山，过金沙江、澜沧江和激流汹涌的怒江，从藏东南的沙马前哨，到与不丹交界的错那，从珠穆朗玛峰之边到班戈大草原，从西藏的江南到藏北的无人区，挖掘了各种土壤剖面 50 多个，整段标本 20 个，完成了西藏土壤的路线考察工作。考察期间，参与研究制定了《西藏自治区土壤普查技术方案》和《西藏自治区土壤分类方案》，商定了各省对口援藏分工事宜，湖南省对口援藏的地区为林芝地区。杨锋作为湖南省援藏队队长与技术负责人，带领湖南省 21 名援藏队员，起早摸黑、风餐露宿、跋山涉水，边行进，边调查，边工作，圆满完成了林芝地区所辖 7 县的县级土壤普查、土地利用现状、草资源现状调查和土地评价任务，并全部通过了由西藏自治区农牧厅组织的成果验收，其中"朗县土地利用现状调查"获西藏自治区农牧林委员会优秀科技成果奖二等奖；"察隅县土壤普查"、"工布江达县草地资源调查"均获西藏自治区农牧林委员会科技进步奖和优秀科技成果奖二等奖。1989 年，湖南援藏队在完成林芝地区县级土地资源汇总并全部验收合格后，他又牵头组织对林芝地区土地资源调查资料汇总工作，主持编著了《西藏林芝地区土地资源》（中国农业科技出版社出版）一书，负责完成的"林芝地区土地资源调查"获全国农业区划委员会、农业部优秀科技成果奖三等奖。与此同时，杨锋还积极参与了《西藏自治区地（市）级第一次土草资料调查汇总技术方案实施细则》和《西藏自治区土壤普查汇总方案》的制定和《西藏自治区土壤资源》一书中土壤理化性质、石质土、风沙土等章节的编写工作；参与完成的"西藏自治区土地资源调查与利用研究"成果获西藏自治区科技进步奖特等奖、国家科技进步奖二等奖；参与完成的"西藏自治区土地利用现状调查与土地利用研究"获国家土地管理局科技进步奖一等奖；撰写的《西藏高原土壤的黏土矿物》论文提交到第十五届国际土壤学大会上交流。

杨锋带队援藏 8 年，率先垂范，以身作则，团结一班人，战胜了各种常人难以想象的高山缺氧、泥石流、山洪、严寒等自然灾害，克服了家庭与身体不适的困难，实现了"为湖南争光，为西藏作贡献"的诺言，出色地完成了对口援藏任务，赢得农业部、西藏自治区人民政府的高度评价。因工作业绩突出，他被西藏自治区农委评为先进工作者。

注重成果应用，着力改造中低产田

杨锋先后组织参与了祁东、祁阳、双峰、零陵等地的低产田改良工作，特别是 1961—1965 年在双峰县蹲点期间，重点开展了低产田改良试验示范工作，并将获得的低产田改良试验示范资料和发展绿肥生产调查情况编著成《湖南低产田改良》和《怎样营造绿肥林》（两书由湖南科技出版社出版），对推动和指导湖南省低产田改良和野生绿肥的推广应用上发挥了重大作用。1972—1977 年，他下放到资兴县，组织该县开展了第二次土壤普查试点工作，编写了《资兴县土壤》，对该县土壤类型、特性、分布、存在问题和改良利用措施等方面进行全面阐述，提出"磷肥治标，绿肥治本"的论点。他总结多年低产田改良实践经验，撰写的《资兴县低产田改良》一文在《湖南农业》杂志上刊载。

杨锋十分注重普查成果的应用工作，特别是中低产田改良工作，结合湖南实际，就中低产土壤的概念、障碍因素、改良措施及改良后应达到的技术指标等方面提出了许多真知灼见。他组织实施的"湖南省第二次土壤普查及应用"项目，组织编写的《潜育性水稻土改良技术规范》和《湖南土壤的改良与培肥》一书，总结提出了"明暗（沟）结合、工程措施与生物措施相结合"等改造潜育性稻田技术措施。因湖南省土壤普查成果应用效果显著。"湖南省第二次土壤普查及应用"项目 1990 年获省科技进步奖一等奖，1991 年获国家科技进步三等奖（排名第一）。1992 年，杨锋荣获第二届"湖南省优秀科技工作者"称号。

以土壤调查为基础，研究红壤发生与分类

杨锋凭借丰富的野外调查工作经验，对红壤分类与改良利用研究等方面有其独到的见解。湖南省第一次土壤普查将整个湘西，包括武陵山脉和雪峰山脉都划分为黄壤区。他调查发现，武陵山脉和雪峰山脉以东确为红壤区，就对同属于亚热带气候条件下土壤类型不一致产生了质疑。于是，他在湖南省第二次土壤普

查初期，深入湘西地区调查，查阅相关资料，实地证明了武陵山脉和雪峰山脉红壤的存在。湖南省第二次土壤普查初期将红壤只划分了红壤和黄红壤二个亚类，在第二次土壤普查中后期，他在研究分析了湖南省、湖北省土壤分类系统的基础上，带领相关土壤专家在洞庭湖周边进行实地考察和取土分析，并将这一区域定为棕红壤亚类，是红壤向棕壤的一个过渡性土壤。

1990年，杨锋总结多年红壤改良利用实践经验，撰写了《湖南红壤开发利用》论文，参加亚太地区红壤开发治理研讨会，全文登载在《Proceedings of international symposium on management and development of red soils in asia and pacificregion》论文集中供大会交流。

勇于担当

长年从事土壤野外调查，特别是西藏土壤普查，工作的苦累与辛酸是常人难以想象与克服的。西藏地广人稀，有时走上几天都见不到一个人，"青天当被，草地当床"的事时有发生。挖掘土壤剖面是野外调查的一项重要工作。有时候，由于请不到当地藏民挖剖面，援藏干部在经长途跋涉上气不接下气的情况下还要自己挖剖面。有一次，杨锋同湖南援藏队的几位同志到加查县挖褐土整段土壤剖面时，竭尽全力挖了60厘米左右后，深感体力不支。当时，正好有两个年轻藏民在附近放羊，于是请他们帮忙挖，藏民挖了近20厘米深后，杨锋同志用钢卷尺一量，告诉藏民还差20厘米，他们一听立即放下锹，连工钱都不要就走了，说这个"波拉"（老头的意思）真坏，他的尺子会长。从这件小事可以看出两个问题：一是表明藏民对土壤调查工作的不理解，二是折射出了土壤调查工作之艰辛。西藏林芝地区系泥石流频发地区，1985年该地区林芝县迫龙天险附近，一次泥石流就淹埋了95辆大小汽车，而此地是湖南援藏队去波密的必经之地。为了抢时间赶进度完成土壤调查任务，杨锋率领湖南援藏队的同志们，肩扛沉重的行李，冒着被石头砸、泥石流冲走的生命危险，多次往返于泥石流路段，晚上露宿山脚下，提心吊胆熬过了一个又一个漫漫长夜，终于按计划圆满完成了湖南援藏土壤调查任务。

忘我工作

杨锋无论是省内办点示范，还是援藏工作期间，都坚持深入生产一线，亲力亲为，率先垂范，为不辱使命，圆满完成组织交办的工作，经常负重奋进，加班加点，废寝忘食，公而忘私。特别是 8 年援藏期间，按照有关规定，援藏人员每年可回家休养一个月到一个半月时间，但他每次援藏归来后都顾不上休息，第二天就匆忙赶到办公室处理长时间积压下来的信件和科室里的其他业务工作。年事已高的他由于长时间在高山缺氧的环境下生活与工作，心脏负荷重，经常出现不适症状，但他仍坚守工作岗位或稍作休息后继续工作，从不退让。1990 年，他在住院手术的前一天，仍抓紧时间修改《西藏自治区土壤资源》书稿。

杨锋从事土壤工作 39 年，期间恰逢全国第一次、第二次土壤普查和西藏土地资源调查，因工作需要，长年累月奔波在外。家对他来说像旅馆，每年平均与家人团聚的时间不足 2 个月，深感没有尽到做丈夫和父亲的责任。1991 年，完成西藏自治区土地资源调查返回长沙，正值他花甲之年，便写了一首打油诗送给妻子："而立之年结姻缘，东南西北跑四方，花甲之年始相聚，白头到老享晚年"，以此表达自己婚后聚少离多的负疚之情。

（夏海鳌）

简　历

1933 年 1 月 12 日　出生于广东省揭阳县（今揭西县）。

1956 年 2 月—1958 年 6 月　湖南省农业厅土地利用处，从事土地规划工作。

1958 年 7 月—1960 年 3 月　湖南省农业厅土地利用处，参与全国第一次土壤普查。

1960 年 3 月—1965 年 3 月　湖南省农业厅土地利用处，双峰低产田改良。

1968 年 11 月—1972 年 4 月　湖南贯塘"五七"干校。

1972 年 5 月—1977 年 7 月　资兴县农业局，从事土壤调查、腐殖酸肥料工作。

1977 年 8 月—1987 年 7 月　湖南省农业厅土壤肥料工作站，全国第二次土壤普查，科长。

1984 年 7 月—1991 年 12 月　湖南省农业厅土壤肥料工作站，西藏土地资源调查。

1992 年 1 月　退休。在湖南省农业厅土壤肥料工作站从事土地规划与土壤改良工作。

主 要 论 著

[1] 杨锋. 湖南低产田改良（上册）. 长沙：湖南人民出版社，1963.

[2] 杨锋. 怎样营造绿肥林. 长沙：湖南人民出版社，1964.

[3] 杨锋. 资兴县土壤普查报告. 资兴科技，1976.

[4] 杨锋. 水稻土的土体构型与土壤分类. 湖南农业，1980（11）.

[5] 杨锋. 潜育性水稻土成因危害及防治. 见：中国土壤学会论文集（第三册），1980.

[6] 杨锋. 湖南水稻土基层分类. 湖南土肥科技，1983，1.

[7] 杨锋. 潜育性稻田改良利用技术规范. 湖南农业，1983.

[8] 杨锋. 湖南土壤. 北京：农业出版社，1989.

[9] 杨锋. 湖南棕红壤的研讨. 土壤学报，1989，1.

［10］杨锋．湘西山地黄壤．土壤，1989，2.

［11］杨锋．湘西冰糖橙土宜的研讨．土壤，1990，1.

［12］杨锋．Development and utilization of red soils in hunan province. 亚太地区红壤开发利用研讨会，1990.

［13］杨锋．西藏林芝地区土壤资源．北京：中国农业科技出版社，1991.

［14］杨锋．西藏林芝地区土壤黏土矿物．见：中国土壤学会第七次代表大会论文集，1991.

［15］杨锋．西藏土壤．北京：中国科技出版社，1991.

［16］杨锋．中国土壤．北京：中国农业出版社，1992.

［17］杨锋．湖南省基本农田保护规划．长沙：湖南科技出版社，1993.

［18］杨锋．The clay minerails in soil of xizang plateau of china. 第 15 届国际土壤学大会，1994.

杨玉爱

（1933—　）

杨玉爱，土壤农业化学家。长期致力于植物营养和微量元素与生物健康的科研和教学工作。证明了施用有机肥与土壤酶活性有关、施用有机肥有利植物内源激素的调节，从而更深层地揭示了有机肥的增产机理和营养功效。

杨玉爱，女，1933 年 6 月 13 日生于福建省莆田市。1942 年就读于仙游县教会学校——仙游铸德女子小学，慕陶中学（中华人民共和国成立后，改名为仙游县第二中学）。1952 年高中毕业于仙游县第一中学。1952 年 8 月考入沈阳农学院土壤农业化学系。在校就读期间，在农业化学教研组王方维教授和劳家木圣先生的指导下，参加学校学生科学兴趣小组，曾在校庆的学术研讨会上，代表学生科研兴趣小组宣读《韭菜应用微量元素效应》的研究论文，得到与会的中国科研院植物研究所崔徵研究员的赞扬。从此杨玉爱更坚定了学农的决心并产生了对科研的兴趣。1956 年 6 月，沈阳农学院毕业后，由国家统一分配到中国科学院沈阳林业土壤研究所（今沈阳应用生态研究所）农业化学研究室工作，师从陈恩凤教授（该所兼职研究员），参与"东北五种土类需肥速测法"课题的研究。陈恩凤教授是全国著名的土壤、农业化学家。他学风严谨，科学态度一丝不苟，特别是对刚毕业的大学生，更是谆谆教导，严格要求。在一年的试用期中，在技术上，必须过"三关"：第一关，实验室化验测试技术，要求操作熟练，数据真实可靠；第二关，盆栽试验的设计，操作与管理，要求观察仔细，记录完善；第三关，田间试验设计，管理与数据整理。这"三关"各项都有明确的考核指标，陈恩凤先生的严格要求，为她打下了扎实的科学研究工作基础。

1958 年，农业生产大跃进，辽宁省掀起了全民性的积肥造肥运动。但当时，土化肥的生产、矿渣、污水等工业废物的应用都存在相当的盲目性，也出现了以肥造肥、不合理施肥等问题。在辽宁省肥料指挥部和吴维中、朱淇先生的领导下，杨玉爱与沈阳农学院、辽宁省农业科学研究所等单位合作，在省内开展广泛性的土化肥种类的调查与鉴定（包括制造方法、性质成分的分析和应用情况），特别对辽宁省南部的硝土、抚顺的石油污水灌溉、油母页岩及干馏渣、鞍山的高炉渣、平炉渣等还做了简单的肥效应用及田间试验，为往后的工业废物管理利用、污水处理和环境保护等方面的研究提供了重要的参考价值。

1960 年，中国科学院开展土壤、植物微量元素研究。杨玉爱受院、所委托，与土壤研究室的方肇伦合作负责筹建土壤、农业化学微量元素研究室和建立土壤、植物微量元素测试方法。在这期间，杨玉爱先后参加了多项微量元素研究的课题，主要有"辽宁省土壤、植物微量元素含量与分布"、"东北大豆微量元素含量及钼肥施用技术研究"、"土壤、植物微量元素含量的化学及植物光谱测试方法研究"、"辽南苹果病害与微量元素关系的研究"、"黑龙江省海伦农业现代化基地综合考察与区划"等，为东北地区微量元素的科学研究应用与发展奠定了良好的基础。

1978 年，杨玉爱调入浙江农业大学任教，早期协助孙羲教授参与农业化学教研组的科研、教学工作和各级学术活动。孙羲教授是中国著名的农业化学家和教育家。在孙羲教授的带领下，参与了多项研究项目，主要有"农作物微量元素经济有效施用条件的研究"、"有机肥料对土壤微量元素及酶活性的研究"、"浙江高产大豆微量元素及配套施肥技术的研究"、"油菜耐缺硼性状的基因型差异及机理"、"水稻品种对石灰性土壤缺锌耐性机理"、"有机肥料改土作用机理"、"有机肥料螯合作用及应用技术"、"有机肥料提高作物产品质量及增强抗逆性研究"、"酸性土壤葡萄低产原因探讨"、"稀土元素在农业上利用探讨"等。"八五"之后，主要参与国际合作项目，与澳大利亚莫道克大学（Murdoch University）Dr. R. W. Bell 联合主持"中国油料籽作物硼、锌营养调控研究（编号 ACIAR – 9120）"，为培育科技人才，促进国际科研合作和学术交流作出了重要的贡献。

1987 年，由杨玉爱主持的"锰、锌、硼提高红麻产量效应及影响因素"项目获浙江省人民政府奖励；1989 年参与孙羲教授主持的"有机肥料营养作用机理"课题，获国家教育委员会科技进步奖二等奖；1990 年参与中国农业科学院肥料研究所牵头的全国 12 个单位合作研究的"几种主要作物硼、锌肥料施用技术规范"项目获国家科学委员会科技进步奖三等奖，农业部科技进步奖二等奖；1994 年与湖北省农科院牵头全国 5 个单位合作的"有机肥料对油、菜、烟、茶等品质改良效果研究"获农业部科技进步奖二等奖。1992—1997 年，杨玉爱与 Dr. R. W. Bell 联合主持的中澳国际合作项目，1997 通过由国内外专家组成的学术鉴定组鉴定，研究结果得到与会的一致肯定，并获ACIAR（澳大利亚国家农业研究中心）的通报奖励。

杨玉爱于 1984 年 12 月加入中国共产党。1985—1997 年期间，先后担任中国土壤学会理事，土壤－植物营养与施肥专业委员会副主任，土壤学名词审定工作委员会委员，浙江省土壤肥料学会理事，浙江省微量元素与健康研究会常务理事，《植物营养与肥料学报》编委会委员，浙江农业大学校学术委员会委员，《中国农业百科全书农业化学卷》编委会委员、肥料分支主编等。

微量营养元素的研究与应用

生物的微量营养元素研究是一门跨学科的新领域。它与农业、畜牧业、人类健康及生物圈的物质循环都有密切的关切。微量营养元素的特点是：在自然环境生态系统中含量低，生物需要量少，在生物体内具有很强的专一性，其营养浓度严格遵循 G. D. Bertrend 最适营养浓度定律。生物摄取量不足或缺乏时，会发生生理缺素病害，摄取量超出生物容量时，会产生急性或慢性中毒，甚至引起生物死亡。因此研究它的方法及测试手段均有特殊的要求。1960 年，杨玉爱负责建立中国科学院林业土壤研究所农化研究室的微量营养元素化学分析和光谱测试方法。长期以来，作物缺铁一直被认为是一个机理不清、难以与其他元素缺乏相区分及有效矫治的营养问题。生产上，栽培在石灰性土壤和海涂土壤上的作物，多数受缺素病症的危害而影响产量和品质。有关铁营养诊断的方法虽然很多，但普通单一的诊断方法不能有效地应用于田间生产实际。1985 年杨玉爱在国家自然科学基金的资助下，带领吕滨、徐和昆等研究生，在浙江省椒江国营农场海涂橘园，通过对柑橘叶片的总铁量、活性铁、叶绿素、有机酸、磷（P）、锰（Mn）、钙（Ca）含量、元素比值、酶活性、柑橘根系还原力，根系阳离子代换量等多种断诊方法的相关比较研究，探讨适用于柑橘铁营养诊断的有效方法。研究结果表明，上述各种单独的诊断方法，虽与柑橘的铁营养状况有一定的关系，但以与叶片的叶绿素含量、1M 盐酸提取干样的活性铁（或 1.5% 邻菲罗啉浸提的活性铁）及过氧化氢酶活性与柑橘铁营养状况关系较为密切，首次提出这三种方法的综合诊断是准确判断柑橘铁营养的有效方法。

土壤硼的生物有效性是土壤硼缺乏或毒害诊断研究的基础，土壤有效硼是决定土壤供硼能力的重要指标。多年来，中国多以沸水浸提土壤，并用姜黄素比色测硼值作为作物硼营丰缺诊断指标。但在长期实践中，发现作物硼营养状况与沸水溶性硼的相关性不稳定，而且测定值重现性不良，不同分析人员，不同季节，不同实验室的测定结果难以比较。为提高作物硼营养诊断和预测的准确性，1993—1995 年杨玉爱与叶正钱和魏幼璋等研究人员，参照国际先进研究方法，采用 0.01mol/L $CaCl_2$ 在 260℃ 35min 浸提土壤条件下，用甲亚胺比色与沸水浸提，姜黄素比色法测定土壤有效硼方法的对比研究，证明甲亚胺法测定结果稳定，操作方法简便，更适用于低硼土壤的大批量试样的自动分析。同时为了甲亚胺测定方法的推广与应用，在国内首次研制成甲亚胺粉状试剂，与进口的甲亚胺试剂比较，性能完全一致。

随着果园的发展，20 世纪五六十年代，北方果园因缺素曾先后出现各种生理病害，并对果品产量和质量带来不良的影响。辽宁省是我国重要苹果产区之一，为探讨苹果果树的叶片、果实中微量元素含量与苹果生理病害的关系，1961—1963 年杨玉爱与朱淇等在辽宁省南部地区的 11 个果园的土壤进行了野外调查并采集各果园的土壤、果树的叶片和果实样品，分别测定其中的微量元素含量。研究证明，在所调查的果园土壤中，微量元素硼、铁、锰、和铜的含量差异较大，发育于页岩上的土壤其微量元素含量较发育在花岗岩和黄土上的富裕；有缩果生理病害的果树，其叶片和果实中的硼含量低；正常树和有缩果病树之间叶片硼的比值为 1.3 ~ 2.4:1，果实的比值为 2.0 ~ 3.9:1；有黄叶病的苹果树，铁和锰含量较低，特别是叶片中的锰含量很低，有黄叶病叶片中 Fe/Mn 比值较正常树的比值高。经过硼砂液喷施有缩果病的果树能显著提高该果园的苹果产量和降低缩果病的发生率。

　　土壤中的微量元素含量是植物微量元素的主要来源。土壤中的微量元素相对平衡是动物、植物生长、发育和健康的前提，也是生物圈食物链营养元素平衡调控的依据。20世纪70年代末，我国对微肥的研究和应用已取得较大的进展，证明微量元素在多种土壤上对多种作物具有增产作用，其中以微量营养元素钼的研究和应用最早，施用钼肥已成为我国豆科作物增产的重要措施。但是连年施用钼肥能否连续增产，特别是重金属微量元素在土壤和作物体内积累的影响如何？微肥的后效如何？应几年施用一次为妥等问题，都值得探讨。为搞清微肥和作物的供需关系，了解在施用中元素在植物体内的积累和分布情况，20世纪80年代初，杨玉爱在辽宁省土壤微量元素含量普查和钼肥示范推广研究的基础上，测定了辽宁省五个主要土类及生长其上的大豆植株中的微量元素含量，同时调查研究东北三省四个土类不同施钼方法对大豆籽粒中微量元素钼积累的影响。结果表明大豆植株中含有丰富的硼、锰、钼、锌、铜、铁、钴、铅、锶、钡等微量元素，其中锰、铁、铅、锶、钡主要分布在叶片中；钼、钴主要分布在籽粒中，大豆籽粒还含有相当数量的锌、铜和硼。在耕作土壤上，大豆籽粒中钼的含量与表土含量存在良好的相关性；施用钼肥不仅提高了大豆产量，而且也提高了籽粒中的钼含量。在不同施钼方法中，喷施钼肥对大豆籽粒中钼的积累量影响最大。为钼肥施用后效的评价提供了依据。

　　油菜是世界五大油料作物之一，中国是油菜生产大国，又是一个土壤缺硼、缺锌面积较大的国家。土壤缺硼对油菜生产是限制因素。首先，新育成和引进双低（低芥酸、低硫代葡萄苷含量）或单低（低芥酸或低硫代葡萄苷）油菜新品种，对土壤缺硼更为敏感；其次，对双低或单低油菜对硼的供需关系缺乏认识；第三，对不同土壤类型和各种轮作下硼肥的后效及残留量的研究尚处空白，至于油菜锌的研究，我国当时处于起始阶段。针对我国国情和油菜生产的发展方向，在中国农业部国际合作司的领导和澳大利亚国际农业研究中心（ACIAR）的资助下，1992—1997年杨玉爱与R. W. Bell博士共同主持中澳国际合作项目"中国油料籽作物硼、锌营养调控（Management of Boron and Zinc Nutrition of Oilseed Crops in China）（编号ACIAR – 9120）"研究项目。中方研究以硼为主，澳方研究以锌为主，澳方合作的单位有莫道克大学（Murdoch Univ.）和阿德莱德大学（Adelaide Univ.），中方合作单位有浙江农业大学、湖北省农业科学院等，研究成果主要有：①筛选对比研究了不同油菜品种对缺硼的基因型差异及鉴别指标，研究证明移栽后的油菜植株存活率，落叶数比率，叶面积和根系生产速率是鉴别油菜硼有效品种的重要标志。为长江中下游新油菜品种（系）的施硼程度提供了依据；②在中国首次大批量应用甲亚胺测硼方法代替姜黄素比色法诊断和预测土壤和油菜作物硼的营养状况，从而建立了一套新的适用于油菜硼营养诊断和预测的技术和指标，并运用这套技术对大田油菜进行普测，查明了浙江省主要油菜产区的缺硼程度和区域分布；③在浙江省和湖北省的不同土壤类型、不同土壤肥力水平及水旱轮作条件下，系统地研究了优质单低、双低油菜品种的硼、锌肥施用量、施用方法、硼肥施用后效及环境因素等对油菜生长和苗期存活率的影响。试验证明，硼、锌肥效与施用方法有关，在缺素土壤上，油菜苗期供硼（或锌）是发挥肥效的关键时期；土施硼肥肥效比喷施稳定；硼肥后效与土壤性质有关；冬油菜移栽后1~2月内的干旱或多雨，是导致植株缺硼而引起油菜苗高死亡率的主要原因。通过澳大利亚与中国组成专家联合鉴定认为，项目成果在中国单、双优质油菜硼营养和施硼的研究中居领先地位，达国际先进水平，研究成果和方法不仅有助于促进中国单、双低油菜生产的发展，而且对世界类似国家的油菜生产也有借鉴作用。

有机肥料营养作用与机理研究

利用有机肥料参与农业生态系统的养分循环，再利用和培肥土壤是中国农业特色之一。有机肥料不仅含有作物必需的大量、微量无机营养成分，而且还有多种氨基酸、核酸、可溶性糖、维生素等有机营养成分，酶及多种活性物质，其有机营养作用是化学肥料无可比拟的。20 世纪 90 年代初期，杨玉爱、叶正钱、陈峰及孙羲等对有机肥料延缓日本黄瓜早衰作用的研究证明，有机肥料配合化肥施用，对黄瓜的根系、雌花数和产量品质有明显的影响；施用有机肥料可增加黄瓜植株的总叶片数、叶绿素 a/b 比值，可溶性蛋白，气孔导度和净光合速率，并显著降低过氧化物酶活性等生理指标，从而有效地减少植株的衰老脱落叶片指数；而在影响作物衰老的众多因素中，内源激素是其重要因素之一，施用有机肥料有利于提高黄瓜根尖的生长素（IAA）含量和降低叶片中的脱落酸（ABA）含量，IAA 可活化 DNA，促进蛋白质的合成，而 ABA 在光条件下，促进气孔关闭，抑制 RNA 聚合酶活性，而导致叶片早衰。

20 世纪 80 年代末，在国家自然科学基金的资助下，杨玉爱、叶正钱等采集了浙江省杭州市、绍兴等 7 个市县畜牧场 8 种不同类型的有机肥料，测定其中的锌、锰总量及不同形态的含量，并研究了其酶活性对土壤锌、锰有效性的影响。研究证明各种有机肥料锌、锰总量都很丰富，是提供锌、锰营养的良好肥源，但其水溶态、交换态含量不高，提供给作物营养的能力低，速度慢；猪粪和厩肥中的各种酶活性比土壤中相应的酶活性高得多，有机肥料施入土壤经过 2 个月的培养，可显著提高土壤中各种酶活性及有效锌的含量，但却降低土壤有效锰的含量，这表明有机肥料和土壤中酶活性的高低，不仅只是提供营养物质数量的反应，而且也表征其所进行的各种生物生化过程的方向和强度；

盆栽和田间试验表明，有机肥料配合化肥施用，随化肥施用比例的增加，土壤有效锌含量逐渐减少，到第三季晚稻作物种植后，土壤出现锌的严重亏缺；施肥对土壤有效锰的影响，与锌的反应不同，到第三季水稻种植后，施有机肥的处理，土壤有效锰的残留量远大于施化肥的处理。

培养人才与国际交流

杨玉爱于 1987 年调入浙江农业大学土壤农业化学系任教。先后主讲的课程主要有：《农业化学》、《微量元素研究法》、《土壤、动植物体系中的微量元素》、《植物营养科学进展》、《作物营养与施肥专题》等。除给本科生上课外，主要承担研究生的培养工作。1979 年开始，先协助孙羲教授培养硕士研究生。1984 年独立招收硕士研究生。1993 年开始独立招收博士研究生。

在培养研究生过程中，严格依照培养研究生的学位条例，既重视学生基础理论的学习，也重视学生自我获取知识、应用知识和开拓创造革新的能力。在基础理论学习方面，把课程分为：专业必修课、方向必修课、选修课和补修课四大类。用学分制规范学生的基础理论学习和操作技能。专业必修课要求任课教师在教学内容上强调一个"新"字；方向必修课的任课教师必须结合自己的科研特色及工作体会，把本学科的新发展、新动向及最新成果反应到教学内容中去，并尽可能让学生参加有关专业的全国性学术讨论会，以促进他们尽快接近学科发展前沿；在选修课方面，强调技术技能的锻炼。如新仪器分析、同位素研究法、显微技术、植物营养生化实验法、盆栽、田间生物试验设计管理与考察等，为培养学生的自我独立开创工作打下基础。多数专业课程，采用课堂讲授与自学、讨论和实验相结合的教学方法。任课教师主讲课程理论概念、重点或难题，在讲授的各单元中布置参考书目，让学生自学，并抽出时间进行课堂讨论，以加深理解教学内容，巩固所学理论知识。坚持学生读书报告会也是教学中的重要环节，要求每个研究生结合外语学习，在校 4 年期间至少要做 3～4 次的读书报告，从而有效地提高研究生的外语专业水平、文献综述及表达能力，为论文选题和撰写论文打下了良好的基础。论文选题是直接关系到研究生毕业论文成败的关键，也是衡量科研能力的重要标志。因此，要求学生在第二学期末就要结合读书报告，在导师的指导下，进行论文开题报告，并动员全系专业教师参加，集体审议评分，从而大大提高了选题的准确性和可行性。至杨玉爱退休时，先后培养硕、博研究生 30 余名，如王珂、张国平、徐和昆、夏宜平、吕滨、薛建明、叶正钱等同学，现已成为国内外教学或科研的骨干。

在 ACIAR－9120 国际合作项目执行期间，通过中澳双方人员的不断互访往来，学术交流，不仅促进科学信息的交流，而且加速了年青科教人员的培养。5 年间，澳方与农业有关的官员、专家、学者先后有 50 多人次来杭州或武汉访问考察。如澳洲第一能源部长杰夫瑞·米勒（J. Miler），ACIAR 机构管委会主席约翰·狄龙（J. Dillron）、中心主任乔治·罗斯其尔德（G. Rothschiled）项目管理伊恩·威利特（I. Willete），其中阿德莱德大学罗宾·格拉厄姆（R. Graham）教授、莫道克大学理查德·贝尔（R. W. Bell）博士，昆斯兰大学派克斯·布莱米（P. C. Blamey）教授等多次被聘为专家来浙江农业大学讲学，并举行学术讨论会。如 1993 年 3 月专家和项目组成员与浙江省微量元素与健康研究会联合在杭州举办微量元素研究学术报告会；1997 年 3 月在浙江农业大学举办"微量元素研究理论与实践"国际研讨班，参加研讨班的国内外专家、留学生及国内 13 个省、市的兄弟院、校，农业科学院的代表共 60 余人，共同交流微量元素研究成果、经验及最新研究动向。在 ACIAR 的资助下，浙江农业大学与湖北省农业科学院也先后有十余名科研人员赴澳进行短期科研、访问和考察。通过国际科研合作与学术交流，既提高了青年科教人员的业务水平、外语水平也拓宽了视野。1993 年课题成员中，有 5 名成员被邀参加在澳大利亚举行的第 12 届国际植物营养讨论会，1997 年有 9 名成员被邀参加在泰国举行的硼、锌营养讨论会，2 名被邀参加在日本举行的第 13 届国际植物营养学术讨论会，有 1 名被聘为硼营养国际顾问。之后，分别有 2 名新获博士、硕士学位，各有 2 名被新聘为教授和副教授，有 2 名青年教师获 ACIAR 攻读博士奖学金。

杨玉爱常以"尚贤兼爱、诚挚立身、勤奋敬业、拥抱成功"的座右铭与学生共勉。退休前，人称杨玉爱为"科教人生"；退休后，杨玉爱以"科学休闲、健康休闲"为目标，以"快乐自己，快乐大家"为目的。为丰富退休后的生活，常免费为街道、社区市民学校上课，教做丝网花、串珠等编织工艺等。2006 年 4 月杭州世界休博会"民间休闲高手"的选拔赛中曾获 16 强的殊荣。

（叶正钱）

简　　历

1933 年 6 月 13 日　　出生于福建省莆田市。

1952—1956 年　　毕业于沈阳农学院土壤农业化学系。

1956—1977 年　　中国科学院沈阳林业土壤研究所农业化学研究室实习研究员、助理研究员。

1978—1983 年　　浙江农业大学农业化学教研室讲师、副教授。

1983—1989 年　　浙江农业大学农业化学教研室副教授、教授。

1989—1997 年　　浙江农业大学农业化学教研室、教授。

1992 年　　享受国务院政府特殊津贴。

1993 年 2 月　　批准为博士研究生导师。

1997—1999 年　　浙江大学环境与资源学院教授、博士研究生导师。

1993—1996 年　　任中国土壤学会土壤植物营养专业委员会副主任。

1999 年 12 月　退休。

主 要 论 著

[1] 杨玉爱，朱淇．辽宁省土壤中的微量元素．见：中国科学院微量元素工作会议汇编．北京：科学出版社，1964，259.

[2] 杨玉爱，朱淇．微量元素与苹果病虫害的关系．浙江农业大学学报，1981，7（2）：93—98.

[3] 杨玉爱．大豆植株中微量元素含量与积累．浙江农业大学学报，1984，10（1）：43—48.

[4] 杨玉爱，鲍碧娟等．锰、锌、硼提高红麻产量效应及其影响因素的研究．中国麻作，1986（4）：22—28.

[5] 杨玉爱，吕滨．柑橘铁营养诊断方法研究．土壤通报，1988（2）：74—77.

[6] 杨玉爱，徐和昆，叶正钱等．硼、氮、钾营养水平对油菜吸收硼及产量品质的影响．中国农业科学，1989（2）：44—51.

[7] 杨玉爱．建立高产、优质、高效益的施肥体制——论化肥与有机肥料配合施用．见：土壤肥科学会论文集，1989，17—19.

[8] 杨玉爱，何念祖，叶正钱．有机肥料对土壤锌、锰有效性的影响．土壤学报，1990，27（2）：195—201.

[9] 杨玉爱，叶正钱，陈峰，等．有机肥料延缓日本黄瓜早衰作用的研究．土壤学报，1992，29（4）：447—450.

[10] Yang Y, Xue J, Ye Z Q. Responses of rape genotypes to boron application. Plant and soil, 1993, 155/156：341—324.

[11] 杨玉爱，叶正钱．施用微量元素肥料调节食物链中的养分平衡．见：微量元素与食物链研究会论文集，1993，45.

[12] 杨玉爱，王珂，叶正钱等．有机肥料资源对微量元素螯合作用及应用研究．土壤通报，1994，25（7）：21—27.

[13] 杨玉爱，王珂，叶正钱．有机、无机螯合微肥增效作用及生物效应研究．见：现代农业中的植物营养与施肥．北京：中国农业科技出版社，1995，188—191.

［14］ 杨玉爱，谢正翅，R·W. Bell. 中国油料籽作物硼、锌营养调控成果简介. 土壤学报，1995，32（4）：449—453.

［15］ 杨玉爱. 我国有机肥料研究及展望. 土壤学报，1995，33（4）：414—422.

［16］ 叶正钱，魏幼璋，杨玉爱. 甲亚胺与姜黄素测定土壤有效性硼方法对比研究. 广东微量元素科学，1996，2（7）：36—44.

［17］ Wang K, Yang Y, Bell R W, et al. Low risks of toxicity from boron fertilizer in oilseed rape – rice rotaions in Southeast China. Nutrient Cycling in Agroecosystems，1999，54：189—197.

［18］ Yang X, Yang Y, Yu Y, et al. Residual effectiveness of boron fertilizer for oilseed rape in intensively cropped rice – based rotations. Nutrient Cycling in Agroecosystems，2000，57：171—181.

［19］ 杨玉爱，叶正钱. 微量元素营养生态学的研究与发展. 世界元素医学，2000，7（1）：8—10.

［20］ 杨玉爱. 微量元素测定方法. 见：农业仪器分析. 北京：农业出版社，1983.

［21］ 杨玉爱. 我国钼肥研究进展. 见：微量元素研究与应用. 武汉：湖北科技出版社，1986.

［22］ 杨玉爱（参编）. GB6274—国家标准肥料术语与定义. 上海化学工业研究院主编. 国家标准局颁布，1986.

［23］ 杨玉爱，郭鹏程，张耀栋. 农业化学名词. 见：中国自然科学名词——土壤学名词. 北京：科学出版社，1989（第一版），1998（第二版）.

［24］ 杨玉爱，等. 微量元素肥料施用新技术. 杭州：浙江省科技出版社，1994.

［25］ 杨玉爱，林荣新，张耀栋，等. 肥料. 见：中国农业百科全书—农业化学卷. 北京：农业出版社，1996.

［26］ 吴求亮，杨玉爱，谢正苗，等. 微量元素与生物健康. 贵阳：贵州科技出版社，2000.

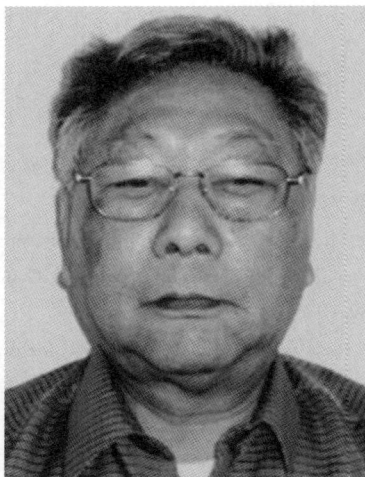

陶勤南

(1933—   )

陶勤南，土壤植物营养学家。提出了石灰性土壤施磷效果的氮磷生态平衡理论，是农业科学界最早采用正交设计、回归设计者之一；制成了标准化的水稻叶色诊断卡，并建立了水稻氮素营养叶色诊断技术；建成有机营养实验室，进行了以氨基酸为唯一氮源的拟南芥完成生命周期的试验。

陶勤南，1933 年 6 月 28 日出生于江苏省苏州市。1951 年于苏州市晏成中学毕业后考入南通学院农艺系（1952 年院系调整为苏北农学院农学系），1955 年农学系毕业后分配在西北农业科学研究所土壤肥料系（先后更名为中国农业科学院陕西分院土壤肥料研究所、陕西省农业科学院土壤肥料研究所）从事科研工作。1960 年起担任化肥组负责人。1980 年从研究实习员越级晋升副研究员。1983—2003 年在浙江农业大学土壤农业化学系（现为浙江大学环境与资源学院资源科学系）任教，任硕士生导师，1986 年晋升教授，1990 年批准为第四批博士生导师。1994

年起担任植物营养学科带头人，至 2003 年 6 月底在浙江大学退休。1984 年加入九三学社。曾任九三学社浙江省委员会三届、四届副主任委员，浙江省七届、八届政协常委。

陶勤南学生时代曾得到我国植物生理学奠基人罗宗洛教授的指点学习植物生物化学。参加工作后，时任西北农业科学研究所所长、著名科学家俞启葆研究员担任陶勤南的导师，在其指导下开始从事农业化学研究。俞先生治学严谨，要求试验设计严密、试验数据确凿可靠，试验结论慎重，并为他指定了生物统计农化应用的发展方向。由此养成了他严肃的科学态度，也练就了娴熟的试验设计技能。扎实的数理化基础造就了他对新兴学科的敏感性与接受能力，善于在科研中引进相关学科的新理论与新技术。

提出石灰性土壤施磷效果的氮磷生态平衡理论

20 世纪 30 年代，张乃凤先生组织全国地力测定，基本探明了不同地区氮磷钾化肥的反应。当时在石灰性土壤地区磷肥效果普遍不明显。中国科学院黄土试验站彭祥林先生 1955 年在杨陵头道塬的小麦施磷试验效果极显著，次年陶勤南在杨陵二道塬也取得了磷肥显著的增产结果。当时磷肥有效与无效试验结果在相邻不远的地块并存。因此，磷肥研究的本质就由施磷是否有效，转变为施磷有效的条件探索。

陶勤南通过连续进行 10 多年试验研究，并经过三次从实验场到农村反复验证后作出解答：北方有机肥是以土粪形式施用的，由于体积笨重加之肥源不足，形成了就近施用的习惯，使邻近村庄的地块有效磷大量积累，而以往的地力测定试验大都在试验场的这类土壤上实施的，因此难以得出磷肥的增产效果。而远离村庄的地块主要种植粮食作物并依靠豆科饲料轮作养地，土粪投入极少。土壤磷素进入作物与饲料后，再转化成土粪，从远地向近地迁移，远地磷素消耗后得不到补充，土壤有效磷含量迅速降低。苜蓿种植年限长，硝化力/有效磷比值极大，土壤中氮磷比例失调，缺磷严重，施磷肥常可成倍增产。轮作养地后又种植粮食作物，氮素消耗形成氮磷俱缺，严重的地块单施氮、磷肥都不增产，氮磷配合效果极佳。以后又通过在相距不远的缺磷与不缺磷两种类型土壤上，进行相同设计的氮磷配合定位试验，证实了上述推论。连续 4 年平均磷肥效果最高的处理为每公斤 P_2O_5 增产小麦 20.18 公斤、玉米 20.85 公斤，这些数据都是经过严格可靠性检验的。总之由施肥养地与轮作养地引起土壤磷素迁移现象，导致土壤中硝化力/有效磷比值及有效磷含量的在不同地块间的分异，在相距不远的范围内形成施磷及氮磷配合效果差异悬殊的多种表现。农业措施对土壤有效磷积累或消耗以及氮磷平衡起着决定性作用，预示着磷肥效果必将随着农业生产条件的改善随之变化。

该项技术在 60 个县进行大规模成果推广，使过磷酸钙从滞销商品转变为最受欢迎的肥料之一，使用量猛增数十倍，发挥了巨大的增产作用。1964 年通过国家科委鉴定，"磷肥肥效研究"被评为中华人民共和国成立后第一批重大成果。陶勤南也因此被推荐为陕西省青联常委。

在长达十多年的过程中，尹正熙、李皓、刘杏兰、张明泉、薛勇、刘锡源等参加了阶段性工作。

现代试验设计技术的应用与低产面貌改造

1973 年，陶勤南在关中灌区农村寻找硝酸根含量高的地下水，凿井灌溉增产显著，深受农民欢迎。1974 年调到干旱低产的渭北高塬，在当地县委、县政府支持下，提供 120 亩土地、抽调 20 名劳力组成科研队，研究快速提高作物产量的技术措施。他采用能容纳多因素的较大型的正交表 L16（215）、L32（231）、L18（2×37）、L27（313）等，巧妙地运用不等水平、拟水平、并列、拟因子、并表等技巧设计试验，对当地 5 种主要农作物同时开展种植密度、肥水管理等多因素多水平的大规模田间试验，小区数多达 300 个，对各项技术措施进行筛选，提出了整套的栽培技术。考虑到正交设计试验中有些交互作用被混杂，将正交试验筛出的主要因素采用二次通用旋转设计方案进行下年度的试验，取得了数学模型中包含线性项、二次曲线项及交互效应项等各项参数。经过连续四年努力提出了该地区主要作物的整套高产栽培措施，将一个低产队变成当地高产典型，全大队平均亩产大幅提升：小麦由 43 公斤提高至 200.5 公斤、秋粮（玉米、高粱）由 120 公斤提高至 341 公斤、油菜由 26.5 公斤提高至 101 公斤、豌豆由 66 公斤提高至 127.5 公斤，有些高产地块玉米达 523 公斤、高粱达 600 公斤、小麦超 350 公斤，基本上达到或超过关中灌区当时的水平，人均口粮由 56 公斤提高到 200 公斤以上，农民生活大为改善。这方面的工作成为当时我国农业科学界成功运用正交设计与回归设计进行大规模田间试验、研究高产农艺措施的一个范例。以这些试验结果为例，他撰写了《农业试验设计与统计方法 100 例》。其研究成果"现代试验设计方法的应用与研究"获陕西省 1979 年度科技成果奖二等奖。1979 年后向全国肥料试验网介绍了现代试验设计方法，回归设计方案被全国肥料试验网采用。

在这方面朱文英协助做了大量工作。

将 $L^*a^*b^*$ 均匀颜色空间及色差公式应用于水稻叶色诊断研究

日本采用孟塞尔新标系统制成了塑料质的水稻叶色诊断卡，并掌握了高超的色复现技术。但该系统的相邻色样间的色差，比人的视觉阈值间的色差大得多，在国际上已有更优的技术——$L^*a^*b^*$ 均匀颜色空间，取代孟塞尔新标系统，因此需要研制国产高质量的色卡及水稻氮素营养叶色诊断技术。制成的色卡及诊断标准必需满足下列要求：①色卡的色级与水稻的氮素营养有关的性状密切相关；②确定标准叶色级；③色卡具有精确的色度学参数并掌握色复现技术，以保证诊断技术标准化。

水稻叶色卡的标准色级与水稻叶色是规定在标准照明体 D65 与 2 度视角条件下的同色异谱匹配，由此规定了叶色判读的技术规范。由于通过叶色诊断追施氮肥的时期主要在水稻的分蘗盛期与幼穗分化期。在这两个时期判读的叶色数据与植株叶片内全氮量、蛋白氮、C/N、叶绿素、类胡萝卜素、净光合率、气孔导度、叶绿体体积密度、叶绿体表面积密度、基粒堆平均直径、基粒堆平均高度、基粒的平均类囊体层数、单个类囊体腔的平均厚度等性状都达到统计学极显著的相关性。

插秧到分蘗始期、分蘗始期到分蘗盛期、分蘗盛期到分蘗末期每增加一个叶色级依次增加 2.63、2.96、5.38 个新分蘗。前期新分蘗可转化为有效穗，后期新增分蘗增加了无效分蘗。叶色过深导致叶片中游离氨基酸大量增加，造成褐稻虱、褐纵卷叶螟、纹枯病、白叶枯病严重发病。通过在浙江、湖南、贵州、广东、广西、湖北、安徽、黑龙江、江苏、江西、四川、云南、陕西、宁夏、新疆等 15 个省（自治区），历时 5 年的 165 个统一设计的田间试验，共取得包含籼、粳、杂交稻 35 个品种共 4620 个小区的叶色诊断数据。总结出叶色级与产量关系的模式为一元三次曲线，叶色过浅过深都不利高产，存在一段高产的叶色范围。找出了高产的叶色范围的起点后，加 0.3 个叶色级为叶色诊断指标。分蘗盛期与幼穗分化期的叶色诊断指标为：15 个籼稻品种平均值依次为 5.54 与 5.55、不同品种数据的标准差依次为 0.18 与 0.17；13 个粳稻品种依次为 5.98、6.00、0.17、0.16；7 个杂交稻品种依次为 6.46、6.46、0.10、0.08。可以确定籼、粳、杂交稻的叶色诊断指标依次为 5.5、6.0、6.5 级，微小的标准差说明不同品种间的叶色诊断指标变化较小，表现出高度稳定性。

国际照明委员会 1976 年推荐了 $L^*a^*b^*$ 均匀颜色空间及色差公式，是国际公认的最精确颜色测量与控制的理论与技术，也被定为国家标准。我国水稻的叶色深于日本富士平色卡的 1、2、3 三个色级。用 $L^*a^*b^*$ 均匀颜色空间及色差公式对它的 4、5、6、7 四个色级测定后，发现它们分布在色度坐标 a^* 及 b^* 构成的一条特定曲线周围，于是将这条曲线称为"水稻叶色特性曲线"。由于日本富士平色卡，只有 4、6、7 三个色级分布在曲线上，5 级偏离了曲线，而且由低到高四个相邻色级的色差依次为 5.08、5.21 与 6.90 个 NBS 色差单位，已属于色度学中"感觉很明显"到"感觉强烈"范围内。于是提出国产色卡要增添 4.5、5.5、6.5、7.5 四个新色级，同时 8 个新色级的色度指数要调整至全部落在水稻叶色特性曲线上，还要求相邻色级的色差尽可能接近。结果制成了由低到高相邻色级的色差依次为 2.67、2.81、2.62、2.60、2.67、2.89、2.99 的 8 个新色级的色卡，达到了相邻色级的色差控制在色度学中的"感觉明显"色差范围内，比日本富士平色卡的判读精度几乎提高一倍。还做到了不同批次同一色级色卡内的色差只有 1.04、1.07、1.05、0.90、1.20、1.08、1.01、0.73 个 NBS 色差单位，做到了控制在色度学中的"感觉轻微"范围内，掌握了高要求的色复现技术。

其研究成果"水稻叶色诊断法追施氮肥的研究与应用"获农业部 1993 年度科技进步奖二等奖。

在这方面方萍、吴良欢、陈峰做了大量工作。

初步确立植物有机营养理论

李比希提出的植物矿质营养学说，认为根系只能吸收无机态的营养物质。鉴于洛桑试验站进行的无机肥料试验的影响深远，以及大量施用化肥所发挥的巨大作用，使植物矿质营养学说普遍公认。然而，有机态与无机态营养物质在土壤中同时存在，并随时进行着相互间的转化，加之外加的无机态营养物质经土壤微生物或根系作用后会转变为有机形态。大量的无机肥料试验中植物根系都是生长在无机与有机形态营养物质共存环境中，施肥的增产效果只能证明其外源营养物质的作用，却不能区别营养物质是以什么形态被根系吸收的。植物矿质营养学说中根系只能吸收无机态营养物质的论断，实际上缺乏严密的实验证据。

他们对现有的无菌培养技术进行筛选试验，未能找到能长时间保持无菌环境、适用于有机营养研究的现成方法。原因是空气中飘浮的微生物会随时侵入，发现了前人进行的有机营养无菌实验不够严密，必须设计专用实验室。为此，设计建成了对空气进行多道过滤净化的有机营养实验室：从室外进入的空气，通过二道对 > 0.5μm 粒径的尘埃过滤效率为 99.95% 空气自净器，再经一道洁净层流罩进入植培台，空气净化等级达 100 级（空气中 > 0.5μm 粒径的尘埃 ≤3 粒/L），然后空气进入循环过滤过程。开机 48 小时后菌检，培养皿中菌落数依次为：外室 66 ± 17 个/皿、更衣室 48 ± 18 个/皿、无菌化验室 3.4 ± 1.9 个/皿、组织培养室 2.4 ± 1.3 个/皿、无菌工作室 0.2 ± 0.2 个/皿、植培台 0 个/皿，达到了设计要求。对无菌操作技术也进行了一系列研究，掌握了这方面的实验技术。

为确保植物有机营养研究的严密性，必须明确根系是否分泌脱氨基酶。为此，进行了专门设计的对比试验，结果表明无菌培养条件下籼稻、粳稻、拟南芥培养液中未检测到脱氨基酶活性，而非无菌培养条件下 3 种作物的培养液中均具有强烈的脱氨基酶活性，证明后者的脱氨基酶来自环境中的微生物，而作物根系并未向环境分泌脱氨基酶。

以甘氨酸作为有机氮源，^{15}N 标记的硫酸铵作为无机氮源，设计了不同配比的无菌培养水稻试验。植株体内来源于氨基酸态氮、硫酸铵态氮与种子氮的百分比为：单施氨基酸态氮的处理依次为 73、0 与 27；单施硫酸铵态氮的处理依次为 0、71 与 29。

在不同配比的处理中，随着氨基酸态氮或硫酸铵态氮配比增加，相应氮源的贡献也逐步增加。为了验证氨基酸态氮进入体内后是否参与代谢，测定了有机氮源处理的谷草转氨酶（GOT）活性较等氮量无机氮源处理增加 9.6% ~ 11.9%；谷丙转氨酶（GPT）的活性则增加 21.8% ~ 27.9%。植株叶绿素含量、株高、干物重等性状也有明显增加。以后又对小麦、大白菜、绿豆等作物试验得到类似结果。至此已证明有机态氮与铵态氮一样可以被根系吸收，并且参与到碳氮中间代谢过程，促进了植株生长。多种作物试验得到类似结果，证明有机营养具有普遍意义。

选定拟南芥作为全生育期试验供试材料，在严密无菌试验条件下，以甘氨酸作为唯一氮源的处理 29 天开花，36 天结荚，69 天平均每瓶结 2.5 个荚，每荚结籽 13 粒，总共获得 116 粒种子。将收获的种子在自然环境下种植均能开花结实，证明这是首个在严密无菌条件下，以氨基酸作为唯一氮源，使拟南芥完成生命周期而取得正常种子的试验，证明高等植物依靠有机氮源可以完成生命周期。

至此植物有机营养理论初步确立。在这方面吴良欢、莫良玉等做了大量工作。

与此同时对植物营养基因研究做了准备与组织工作，培养了一批植物营养基因研究人才。

（方　萍）

简　历

1933 年 6 月 28 日　出生于江苏省苏州市。

1939—1951 年　就读于苏州市的中街路小学与晏成中学。

1951—1955 年　南通学院农艺系，1952 年院系调整为苏北农学院农学系，1955 年农学系毕业。

1955—1983 年　西北农业科学研究所土壤肥料系（先后更名为中国农业科学院陕西分院土壤肥料研究所、陕西省农业科学院土壤肥料研究所）从事科研工作。

1983—2003 年　浙江农业大学土壤农业化学系（现为浙江大学环境与资源学院资源科学系）任教。当年任硕士生导师，1986 年升教授，1990 年批准为第四批博士生导师。1994 年至 2003 年担任植物营养学科负责人。

2003 年 6 月底　在浙江大学退休。

主 要 论 著

[1] 陶勤南. 以磷增氮的生物学基础及其应用方式. 中国农业科学，1964（1）：33—37.

[2] 陕西省土壤肥料研究所. 土壤中氮磷营养状况与磷肥肥效的关系. 中国农业科学，1977（2）：73—79.

[3] 陶勤南. 农业措施对氮肥肥效的影响. 中国农业科学，1978（4）：51—54.

[4] 陶勤南. 氮磷平衡与磷肥肥效. 见：土壤养分、植物营养与合理施肥论文集. 1983，北京：中国农业出版社，230—245.

[5] 陶勤南. 农业试验设计与统计方法 100 例. 西安：陕西科学技术出版社，1987.

[6] 陶勤南，方萍，吴良欢，等. 水稻氮素营养的叶色诊断研究. 土壤，1990，22（4）：190—193，197.

[7] 陶勤南，方萍，吴良欢，等. 不同叶色水稻叶绿体密度及基粒结构的计算机图像分析. 植物生理学报，1992，18（2）：126—132.

[8] 吴良欢，吴平，陶勤南，等. 水稻肥料试验误差差数经验分布及在产量比较中的应用. 中国水稻科学，1995，9（4）：230—234.

[9] 吴良欢，陈峰，方萍，陶勤南. 水稻叶片氮素营养对光合作用的影响. 中国农业科学，1995，28（1）：104—107.

[10] 方萍，陶勤南. 水稻氮肥效应的分段线性估计与聚类分析. 植物营养与肥料学报，1996，2（3）：256—260.

· 280 ·

[11] 陶勤南，吴良欢，方萍．风干水稻土氮矿化过程的相对稳定性．土壤学报，1996，33（1）：101—104.

[12] 陶勤南主编．肥料试验与统计分析．见：全国高等农业院校教材．北京：中国农业出版社，1997.

[13] 吴良欢，陶勤南．水稻叶绿素计诊断追氮法研究．浙江农业大学学报，1999，25（2）：135—138.

[14] 吴良欢，陶勤南．植物有机营养无菌培养试验方法的研究与应用．土壤学报，1999，36（4）：551—558.

[15] 吴良欢，陶勤南．水稻肥料多点试验聚类分析阈值及其应用．中国水稻科学，2000，14（3）：144—148.

[16] 吴良欢，陶勤南．水稻氨基酸态氮营养效应及其机理研究．土壤学报，2000，37（4）：464—473.

[17] 方萍，陶勤南，吴平．水稻吸氮能力与氮素利用率的QTLs及其基因效应分析．植物营养与肥料学报，2001，7（2）：159—165.

[18] 方萍，季天委，陶勤南等．两种供氮水平下水稻穗长QTLs的检测．中国水稻科学，2002，16（2）：176—178.

[19] 莫良玉，吴良欢，陶勤南．无菌条件下小麦氨基酸态氮及铵态氮营养效应研究．应用生态学报，2003，14（2）：184—186.

[20] 朱维琴，吴良欢，陶勤南．水稻有机营养研究中完全及局部无菌培养方法探讨．植物营养与肥料学报．2004，10（5）：516—521.

庄季屏

(1933—)

　　庄季屏，土壤学家。在低吸力段持水性能与土壤干旱的关系、区域性土壤的农业水文评价及分区管理、低山丘陵半干旱地区土壤水分调控及其机理等方面均取得较好的科研成果。

　　庄季屏，1933年9月29日生于江苏省常州市（祖籍）。中共党员。小学至高中曾在上海、常州两地求学，1955年毕业于东北农学院（今东北农业大学）。同年分配至中国科学院林业土壤研究所（今中国科学院沈阳应用生态研究所）土壤室，在宋达泉、曾昭顺两位先生指导下从事土壤地理及发生分类研究。1956—1959年全程参加中苏合作黑龙江流域综合考察队自然条件组的工作，主要从事土壤科考。在1957年学习苏联科学院土壤发生定位研究方法的基础上，1958年即在曾昭顺先生领导下，于黑龙江省饶河县建立白浆土定位研究站。在当地生长季（5-9月）内定期、定点、分层采集棕壤、白浆土和草甸土三个典型土类的土样，用自行改装的压榨机和不锈钢筒，利用高压直接榨取不同土壤的土壤溶液，并在实验室内进行各种理化分析。这在当时国内尚属首创。事实证明，该研究方法和结果不仅可以及时了解供试土壤的季节性变化规律，对正确阐明白浆土发生发育的成土过程和制订改良利用对策均有重要意义。

20世纪60年代初至"文化大革命"前后，在林土所土壤室着手组建土壤物理组，同时添置相关的仪器设备，加强实验室工作。组内同志各有分工，重点研究东北地区主要土类的基本物理性质，其主要成果均已反映在《中国东北土壤》及《中国土壤》的有关章节中。

80年代初因工作需要，被调至农业生态研究室，并在"七五"、"八五"期间担任国家重点攻关课题"北方旱农区域治理与综合发展研究"所属喀左试区主持人。十几年来，不仅较出色地完成该课题合同规定的各项任务和技术指标，还对辽西低山丘陵半干旱地区农林牧综合发展、土壤水肥条件的改善和人民生活水平的提高做出较大贡献。作为承担单位之一的中国科学院沈阳应用生态研究所和专题主持人均在2001年获得国务院颁发的国家科技进步奖二等奖。

此外，庄季屏还获有：国家科技进步奖二等奖1项（2001年12月）、中国科学院科技进步奖二、三等奖各1项（1991年10月；1988年12月）、农业部科技进步奖二等奖1项（1992年11月）、黑龙江省科委科技进步奖二等奖1项（1989年12月）、辽宁省星火一等奖1项（1988年12月）、辽宁省科协优秀论文奖二等奖1项（1988年5月）等。

揭示低吸力段持水性能及其与早期土壤干旱的关系

对东北各地春旱尽管程度不同，但却普遍存在这一特点。庄季屏应用现代能量概念，通过实验室模拟试验，研究了东北5种主要耕作土壤在1巴以下（＜1bar）低吸力段的持水性能，主要包括影响低吸力段持水量的因素、所吸持水分对植物的有效程度以及比水容量、脱水速度等。同时比较研究了各种土壤基质本身存在的差异，并就各自对早期土壤干旱抗逆能力的大小作出评价。其顺序为：熟化程度较高的草甸棕壤＞改良后的苏打盐土和耕作棕壤＞深厚黑土＞砂壤质冲积性草甸土。这项成果不仅揭示了低吸力段持水性能与早期土壤干旱的关系，也为因地制宜及时采取有效的防旱、抗旱措施提供了科学依据。

其代表性论著为：《低吸力段持水性能及其与早期土壤干旱的关系研究》。该文曾在 1988 年被辽宁省科委评为优秀论文。

区域性土壤的农业水文评价及其分区

基于东北地区幅员广大，气候、地形和土壤均十分复杂，从而使他产生一种思考：能否根据当地气候条件、土壤供水潜力和作物的需水情况等，对土壤的农业水文进行综合评价。并在此基础上分级、分区，以便在不同区内分别采取相应的水分管理原则和措施。经过近一年的资料搜集、数据计算和综合评价以及实地调查和考察等，除林区及山地土壤外，对东北 41 个市、县或地区分属 9 个土类的各种农业土壤进行系统的评价和分级、分区。

评价的依据和方法是：根据 SPAC 原理（即"土壤—植物—大气是一个连续体系"的概念），将该区的气候条件（主要指根据多年气象资料所得生长季内的平均降水量和蒸发量）、土壤供水能力及生长季作物的需水量（通常用作物的可能蒸散量表示）作统一考虑，并进行综合评价。

用下式可求出农业水文评价的综合指数 S 值，即整个生长季内该土壤所能提供的有效水量（mm）。当 S 为负值时，即表明有不同程度的干旱发生。

$$S = P + W_1 - Etp \qquad (1)$$

（1）式中 P 为生长季内的降水量（mm）；

W_1 为该土壤 1m 土层内有效水的起始贮量（mm）；

Etp 为生长季作物的可能蒸散量，用以表示作物需水量（mm）。通常可用（2）式估算：

$$Etp = 0.16\Sigma \geqslant 10℃ \qquad (2)$$

（2）式中 $\Sigma \geqslant 10℃$ 为该区生长季内稳定通过 10℃ 和 10℃ 以上的积温。

在用上述方法计算出东北 41 个地点所得不同 S 值的基础上，再进行分级、分区。分级、分区的具体内容在《Soil agro - hydrological assessment of Northeastern China》一文中有详细的阐述。该文曾于 1986 年 8 月在德国汉堡举行的第 13 届国际土壤学大会的分组学术会议上宣读。

开源节流，利用一切可利用的水源，提高作物的系统生产力

鉴于辽西低山丘陵半干旱地区因受自然条件和经济、技术水平的限制，农林业生产最大的限制性因素是干旱和缺水。但在对当地农业生态系统水循环特征进行探讨和分析后，发现喀左地区年降水量平均可达 480 ~ 500 mm，其绝对值并不太少。但因时空分配不合理，以及受地形、土壤、植被等多种因素影响，径流、渗漏及蒸发等分量较大，导致在生长季内能被作物充分利用的水分则相对较少。

因此，庄季屏及科研人员根据喀左下河套地区的实际情况，并在总结当地群众经验的基础上，采取一系列能充分利用当地一切可以利用的水资源的有效措施，主要有：

（1）优质冬灌。利用当地相对丰富的浅层地下水资源，在农田土壤结冻前进行质量较高的冬灌，增补冻层储水，可以较大幅度地增加作物生长季 1m 土层（小麦为 0 ~ 50cm 土层）内的储水量，根据观测，一次高质量的冬灌，可使 1 米土体内增加 100 ~ 110mm 储水，约相当于当地年降水量的 20% ~ 25%。

（2）春季覆膜播种，不仅可减少土壤蒸发损失，并可提高地温，促进作物种子发芽和苗期生长。

（3）利用防渗效果较好的优质水窖，或条件稍差，但仍有一定防渗作用的土水窖，尽量在雨季截留坡面径流，在生长季内根据作物需求，进行局部灌溉。

（4）在地下水源相对丰足，且经济、技术条件较好的地区，特别是针对某些经济价值较高、种植面积不大的经济作物或果蔬等，必要时可进行喷灌或滴灌。

应该指出的是：该成果在喀左试区承担的"北方旱农区域治理及综合发展研究"项目中起到了重要作用。

甘愿做琐事

1956年中苏黑龙江流域综合考察队组建之初，自然条件组野外实地考察之前，由多学科组成的中苏双方专家曾在北京饭店举行一次规模较大的学术报告会。所有报告均需通过俄语译员现场口译。因受当时条件所限，既无文字材料，更无录音设备，庄季屏就主动承担大部分报告的现场记录任务，记录稿经曾昭顺先生审阅后，则汇编成《中苏黑龙江流域综合考察队学术报告专集》，供大家参阅。

1957年，庄季屏被派往苏联科学院土壤发生定位研究站短期学习，带回大量文字资料，包括研究、观测方法；仪器、设备及水、土采样和各种理化分析的速测方法，他均毫无保留地提供给林土所内拟建定位研究站的同志，使该所土壤发生定位研究工作早在1958年即全面开展。

20世纪90年代，他担任应用生态所青年学术报告会评委会主任，在每次学术报告会结束后，他除了鼓励优秀、指出不足外，还介绍自己多年来在国内外各种场合做学术报告时的点滴经验和体会，由衷地希望所有青年科技工作者在做好本职工作的同时，能在学术水平和表达能力上不断提高。

他曾先后主持召开第五届（1992 年 10 月，山东泰安）和第六届（1996 年 10 月，北京）全国土壤物理学术讨论会。1994年还在西安理工大学主持召开"节水农业中的土壤物理问题"专题学术讨论会。除了在开会和学术活动期间有机会和大家广泛接触和交流外，平时也经常有各地同行来信，或邮寄论文、报告，向他征求意见、咨询或讨论有关学术问题。作为土壤物理专业委员会主任，除了感到有一种责任感外，更多地觉得这在某种程度上也应该是另一种服务性的学术工作。所以基本态度是坦诚、热情、有问必答，来信必复。对个别特别是学术问题存在不同意见或理解不同时，则采取在尊重对方的前提下求同存异。

（尹光华）

简　　历

1933 年 9 月 29 日　生于江苏省常州市。

1955 年　毕业于东北农学院（今东北农业大学），同年 9 月由国家统一分
　　　　配至沈阳中国科学院林业土壤研究所土壤室，研究实习员。

1962 年 2 月　任助理研究员，兼任室学术秘书。

1979 年 12 月至 1999 年　历任林土所学术委员会委员、兼第三学组（土
　　　　壤、农业生态、污染生态）组长及应用生态所第
　　　　五、第六届学术委员会委员。

1981 年 1 月　调至农业生态研究室任副主任。

1981 年 8 月　晋升为副研究员。

1984 年 10 月　加入中国共产党。

1986 年 12 月　晋升为研究员。

1994 年　博士生导师。

1991—1999 年　中国土壤学会理事、土壤物理专业委员会主任，之前
　　　　（1983—1990 年）曾先后任委员及副主任。

1999—2003 年　中国土壤学会顾问。

1990—1998 年　中国科学院土壤系统分类第一、第二届专家委员会委员。

20 世纪 90 年代　曾任《土壤学报》、《土壤通报》及《生态学杂志》的编
　　　　　　　　委；中国科学院封丘农业生态试验站学术委员会委员。

1999—2003 年　国家自然科学基金委员会专家评审组成员。

1999 年 7 月　在中国科学院沈阳应用生态研究所退休。

主 要 论 著

[1] 李昌华，庄季屏，陈彦雄．湖南省会同、江华林区的土壤条件及其与
杉木生长发育的关系．土壤学报，1962，10（2）：161—174.

[2] 曾昭顺，庄季屏，李美平．论白浆土的形成和分类问题．土壤学报，
1963，11（2）：111—129.

[3] 庄季屏，南寅镐．土壤硬度及其田间快速测定的方法．土壤，1978，
（2）：61—63.

[4] 庄季屏．英国土壤物理研究概况．土壤，1982，14（1）：34—37.

[5] 庄季屏．东北黑土区生态系统的演变对土壤结构性质的影响．生态学
杂志，1985，（6）：5—9.

[6] Zhuang J P. Soil agro – hydrological assessment of Northeastern China. Cur-
rent progress in soil research in People's Republic of China. Jiangsu science
and Technology Publishing House, 1986：1—9.

[7] 庄季屏，王伟．低吸力段持水性能及其与早期土壤干旱的关系研究．
土壤学报，1986，23（4）：306—313.

[8] 庄季屏．土壤—植物—大气连续体系中的水分运转．干旱区研究，
1986，3（3）：5—16.

[9] 庄季屏，刘作新．增补冻层储水抗御春旱的初步研究．土壤通报，
1987，18（6）：262—265.

[10] 庄季屏，卢启琼．沈阳：农田生态系统的养分循环与平衡．燕辽易旱
区生态农业的雏型．沈阳：辽宁科学技术出版社，1988：449—463.

[11] 庄季屏．四十年来的中国土壤水分研究．土壤学报，1989，26（3）：
241—248.

［12］庄季屏. 农业生态和资源环境研究中的土壤物理工作. 西南农业大学学报, 1989 (6): 22—24.

［13］王仕新, 庄季屏. 辽西半干旱地区春小麦农田水分循环特征的研究. 生态学杂志, 1990, 9 (3): 32—37.

［14］Zhuang J P. Soil hydrological process of drought resistance by supplemenling the water storage of frozen soil layer. Transactins of 14th ICSS, Kyoto, 1990, 1 (1): 280—281.

［15］庄季屏, 刘作新, 王仕新. 东北西部旱农区农业持续发展的土壤水分调控管理. 见: 土壤科学与农业持续发展. 北京: 中国科学技术出版社, 1994: 286—290.

［16］庄季屏. 近半个世纪以来的中国土壤物理研究. 见: 中国土壤学在前进. 北京: 中国农业科技出版社, 1995, 81—83.

［17］庄季屏. 从水分条件看中国半干旱地区作物生产的潜力. 见: 土壤物理与农业持续发展. 北京: 科学出版社, 1995: 1—8.

［18］庄季屏. 土壤物理学科发展趋势与展望. 中国农业大学学报, 1997, (增刊): 1—7.

［19］崔剑波, 庄季屏. 田间非饱和流条件下土壤硝态氮运移的模拟. 应用生态学报, 1997, 8 (1): 49—54.

［20］Cui J B, Zhuang J P. Solute transport in cinnamon soil: measurement and simulation using stochastic models. Agricultural water management, 2000, (46): 43—53.

邢光熹

（1933—　）

　　邢光熹，土壤学家。系统研究了稻田温室气体 N_2O 排放规律，提出编制国家 N_2O 排放清单时稻田和旱地不能用同一换算因子的见解。系统研究了氮循环与环境问题。首次发现了银、钽、钌和铱在中国不同土壤带剖面表层富集，为工业排放到大气的微量重金属元素已广泛降到地表提供了直接证据。

　　邢光熹，1933 年 10 月 25 日出生于江苏省高淳县薛城镇二村。1950 年 6 月毕业于高淳私立国华初级中学（今桠溪中学）。同年考入江苏省宜兴农业技术学校。1953 年从该校毕业。当时国家急需培养各类高级技术人才，决定选拔少数品学兼优的应届中专毕业生报考相应专业的高等院校。邢光熹入选，报考了南京农学院（今南京农业大学），并被该院土壤农业化学系录取。1957 年 8 月以优异成绩从南京农学院毕业后，系主任黄瑞采教授将其推荐给时任中国科学院综合考察委员会土壤考察队队长的熊毅教授，由国家分配到该考察队。1959 年土壤考察队改名为中国科学院土壤及水土保持研究所。1962 年该所又与设在南京的中国科学院土壤研究所合并。熊毅先生把邢光熹推荐给时任土壤植物营养化学研究室主任的李庆逵教授。李先生确定他的研究方向为土壤微量元素。1966 年因"文化大革命"，所有研究工作中断。1972 年恢复了部分研究工作，因研究工作需要，李先生把他的研究方向从土壤微量元素转向土壤氮素。他首先从建立稳定性同位素^{15}N 质谱分析方法入手。1978 年熊毅先生恢复所长职务，胸怀发展土壤科学的许多设想，于 1979 年成立了土壤实验技术室（现代土壤分析化学实验室），任命邢光熹任实验室主任。熊毅所长仿效英国马可来土壤研究所光谱化学室确定这个实验室的研究方向，把现代分析化学应用于土壤科学，推动土壤科学基础性研究工作的发展。由此，邢光熹的研究工作涉及土壤微量元素和土壤氮素两个研究领域。自 1984 年起，中国科学院的一些研究所陆续开始建立第一批向国内外开放的实验室。1985 年，时任中国科学院土壤研究所所长的赵其国先生委派邢光熹筹建中国土壤科学的第一个开放实验室。1987 年，经中国科学院批准，成立了"中国科学院土壤圈物质循环开放研究实验室"。实验室主任由赵其国所长兼任，邢光熹任实验室副主任，主持实验室常务工作，直至 1994 年。

1983 年，邢光熹加入中国共产党。

在几十年的学术生涯中，邢光熹得到了老一辈土壤科学家和历届所领导的关爱与信任，他也未辜负他们的信任，不仅在学术上取得了一定的成就，对于推动我国土壤学事业发展也作出了贡献。他对科学事业的执着追求精神和为人处世风格颇受称道。

研究中国稻田温室气体 N_2O 的排放规律

20 世纪 70 年代，由温室效应引发的全球变暖引起了国际关注，氮循环过程中形成的 N_2O 是一种重要温室气体。70% ～

90%来自土壤生物源。已往国际上对 N_2O 的研究侧重于温带旱作地区，稻田温室气体排放规律很少研究。自 1990 年起，邢光熹及其合作者对中国稻田 N_2O 排放规律进行了系统研究，得出了新结论：稻田 N_2O 排放低于旱地，但也不是零排放，稻田也是一个不可忽视的 N_2O 源。提出在估算农田 N_2O 排放量时旱地和稻田不能用同一排放因子。这一提议被全球气候变化专门委员会（IPCC）所接受，在 IPCC 发布的国家温室气体排放清单编制指南中，决定用不同的因子来分别计算旱地和稻田 N_2O 排放量。发现稻田 N_2O 排放的主要控制因素是淹水时间长短和水稻生长期间的水分管理，而不是施氮量。稻田不仅淹水的耕作层存在反硝化产生 N_2O，而且地下饱和土壤层也进行反硝化，有高浓度的 N_2O 存在。水稻植株不仅是 CH_4 的排放通道，也是 N_2O 的排放通道。在稻田有水层时，N_2O 通过水稻植株排放，稻田无田面水层时，通过土壤排放。这些结果都先后发表在《Soil Biology & Biochemistry》。邢光熹及其合作者在中国稻田系统 N_2O 排放规律的研究结果和蔡祖聪及其合作者的中国稻田和自然湿地 CH_4 排放规律的研究结果整合后，联合申报省和国家自然科学奖。2004年获江苏省科技进步奖一等奖，2008 年获国家自然科学奖二等奖。邢光熹均排名第二。

研究稻麦轮作农田单位肥料氮
不同去向的定量分配

至 21 世纪初中国化学氮肥的年消耗量已占世界的 1/3 以上，化学氮肥对保障中国 13 亿人口的粮食安全起到了不可替代的作用，但也引发了令人担忧的环境问题。单位肥料进入农田后的不同去向即作物吸收、土壤残留、排放到大气（N_2O 和 NH_3）和迁移到水体的不同形态 N（NO_3^-、NH_4^+ 和 DON）的数量分配是评判单位化肥氮进入农田后的农学和环境效应的基本依据。自

2003 年起，在国家自然科学基金重大项目和多项国际合作项目等资助下，邢光熹系统研究了我国太湖地区稻麦轮作农田单位肥料氮不同去向的定量分配及其农业和环境效应。发现农田氮平衡已严重失衡，农田氮已超过作物需求，出现了氮盈余，盈余氮量已占全年施氮量的 1/3。来自大气和灌溉水带入的氮在农田氮平衡中已占有很大分量，占全年施氮量的 $1/5 \sim 1/6$，而当季肥料 N 的利用率只占了 30% 左右，比欧美国家当季化学氮肥利用率 50% 低得多。由中国农业大学和土壤研究所共同撰写的相关论文发表在美国科学院院报（PNAS），引起广泛的国际关注。该文中邢光熹排名第二。

　　他发现进入稻田生态系统的肥料氮形成的不同氮化物由于转化机制不同，NH_3 挥发和 N_2O 排放与施氮量的倍比关系不同。稻田既是水体氮污染源，又有汇的功能。稻田生态系统能消纳氮磷污染灌溉水中 60% 的氮和 80% 以上的磷。这些结果部分发表在《Plant and Soil》。

水体氮污染源研究

　　中国经济发达地区河湖水体氮磷污染日趋严重，太湖"藻华"频频发生受到关注。邢光熹及其合作者通过在太湖苏州、常熟和宜兴等地的长期观测结果，指出当前太湖地区河湖水体的污染已相当严重，氮磷污染源主要来自未经处理的人畜排泄物和其他生活废弃物向河湖直接排放。部分结果发表在《Science in China，series B》。

　　2007 年太湖蓝藻暴发，引起国家重视。国家环保局学术和政策性刊物—《环境保护》编辑部特约邢光熹撰文，在文中进一步阐述了当前水体氮污染源问题，指出除人畜排泄物的直接排入河湖外，大气干湿沉降氮也是一个重要的潜在污染源。

研究中国土壤微量元素和稀土元素分布规律及其化学行为

邢光熹自 20 世纪 60 年代至 90 年代初，主要从事土壤微量元素和稀土元素研究。主要结果汇集在 2003 年由科学出版社出版的《土壤微量元素和稀土元素化学》一书中。邢光熹及其主要合作者采集了中国不同生物气候带的 50 个代表性土壤剖面，243 个土壤样本。应用等离子体光谱/质谱联用仪（ICP/MS）分析了 57 个元素在土壤剖面中的丰度及在不同地带的地球化学分布规律，并研究了微量元素和稀土元素在土壤不同粒级矿质组分和土壤有机质不同组分及土壤溶液中的浓度分配。研究了土壤微量元素的化学行为，包括它们与土壤氧化物、层状硅酸盐矿物和土壤胡敏酸结合的化学性质。所有这些研究结果，在已往的著作中尚不多见。

（1）20 世纪 80 年代有人推测，从动力、冶金和机械等工厂排放到大气的微量元素已沉降到陆地和海洋，但缺乏证据。他们只证明了从工业排放到大气的微量重金属元素 Cu、Zn、Pb 和 Cr 等元素在动力、冶金和机械工厂的周围土壤中的浓度高于远离工厂地区土壤中这些元素的本底浓度。因为这些重金属元素在土壤中的自然丰度值很高，难以证明它们散落到遥远地区。邢光熹及其合作者首先发现从中国不同气候土壤带收集的 28 个土壤剖面中 Ag（银）、Ta（钽）、Ru（钌）和 Ir（铱）四个元素在表层土壤明显富集。通过对中国不同地区 12 个主要煤矿样本和 3 个粉煤灰样本包括这四个元素在内的微量重金属元素分析，指出来自工业排放的重金属元素已不再局限于工厂周围的土壤，已通过大气沉降，广泛地散布在陆地土壤，这一研究结果发表在 2004 年《Global Biogeochemical Cycle》。

（2）发现土壤 Ba/Sr 比值的地带性规律。Ba 和 Sr 两个元素有相似的化学性质，它们在土壤和母质中常以钡和锶的碳酸盐，硫酸盐和氯化物存在。但 Ba 和 Sr 的这些盐类的溶解度不同，后两者易溶，在不同地带的表生地球化学循环过程中产生了有规律的分异。发现 Ba/Sr 比值从寒冷湿润的森林土壤→草原土壤→干旱荒漠土壤 Ba/Sr 比值从 12.47 降至 3.13 和 0.83。从荒漠土至半干旱半湿润土壤带→过渡带土壤→北部亚热带→南部亚热带→热带土壤，Ba/Sr 比值又分别从 0.83 升至 2.78，2.79，4.78 和 8.73。这一研究结果发表在 1991 年英文版土壤学刊物《Pedosphere》。

（3）土壤胡敏酸与 Fe 等金属元素形成稳定的金属络合物，但结合的化学性质和结构还不清楚。邢光熹及其合作者应用稳定性同位素 ^{57}Fe 和 Mössbauer 谱学方法，为 Fe 与胡敏酸形成多核络合物增添了证据。研究结果发表在 1986 年《科学通报》。他还应用 ESR 谱学方法（电子自旋共振谱）证实了在冬季淹水、富含有机质的稻田土壤中存在胡敏酸与 Cu 的络合物。为自然环境中存在 Cu – 胡敏酸络合物提供了新证据。

筹建土壤科学开放实验室　创办英文版土壤学刊物

邢光熹 1985 年受命筹建土壤学科的开放研究实验室。1987年经中国科学院批准，"中国科学院土壤圈物质循环开放研究实验室"成立，并设立了由国内外专家组成的学术委员会。同年正式对外开放，成为中国土壤科学对外开放的第一个实验室。邢光熹任实验室副主任，主持实验室常务工作达 8 年之久。2003年该实验室晋升为"土壤与农业可持续发展国家重点实验室"。

创办英文版土壤学刊物是几代中国土壤科学家的夙愿。开放实验室成立不久，邢光熹受命筹办英文版土壤学刊物。历经 4 年的努力，中国第一个英文版土壤学学术刊物《Pedosphere》于1991 年正式出版，向国内外发行。现在该期刊已成为 SCI 论文源的国际学术期刊。

建立稳定性同位素实验室

邢光熹及其合作者于 1964—1965 年建立了 ^{15}N 光谱分析法，1972 年建立了 ^{15}N 质谱分析法。在这个基础上，该实验室稳定发展，目前已拥有四台精密同位素质谱计，能分析土壤、植物的 ^{15}N、^{13}C、^{18}O 丰度和水样中的 N_2O，气体中的 N_2O、CH_4 和 CO_2 的 N、O、C 的同位素自然丰度值。还建立了把水样或土壤提取液中微量 NO_3^-、NO_2^- 用化学方法转化为 N_2O 后测定 NO_3^-、NO_2^- 的 ^{15}N 丰度的新方法。目前已成为中国稳定性同位素分析实验基地。国际原子能机构（IAEA）认为这是国际上可比对的稳定性同位素实验室之一。

参与国际学术活动

1995—1997 年，应国际组织 IPCC/OECD N_2O 专家工作组组长 A. Mosier 教授邀请，作为该工作组成员，参与 1996 年出版的《国家温室气体排放清单编写指南》的讨论和修改。

1996—1998 年，应国际 SCOPE 氮项目（International SCOPE Nitrogen Project）组组长 Robert W. Howarth 教授邀请，参加了从区域到全球尺度氮循环的研究活动（The Nitrogen Cycle at Regional to Global Scales）。

1995 年组织了国际温室气体会议。会议名称为"土壤作为温室气体的源和汇（Soil Source and Sink of Greenhouse Gases）"。会议在南京召开。参会人数 100 多人，其中国际知名学者 40 多人。邢光熹任会议秘书长。这是继 1990 年在荷兰召开的"Soil and Green house Effect"大会后，把土壤科学推到全球变化国际前沿的又一次行动。会议论文作为国际学术刊物《Nutrient Cycling in Agro – Ecosystems》1997 年的一期专刊出版发行。

2004 年，经国务院批准，第三次国际氮素大会在中国召开。参会人数 500 多人，其中国外学者 270 多人。大会由中国科学院主办，国家自然科学基金委、中国科协、农业部、国家环保总局、国家海洋局等协办。邢光熹作为大会秘书长协助朱兆良和 K. Minami（日本）两主席组织了这次大会。大会发表了《南京氮素管理宣言（Nanjing Declaration on Nitrogen Management)》，出版了会议论文集。《中国科学》编辑部为大会报告出版了专刊。

执着追求　重信轻利

作为一个科学家应有的品质：热爱科学事业，求真务实，勇于探索，不计名利，关爱年青一代等等，在邢光熹身上都能找到。其中两点，我等耳闻目睹，值得浓墨记录。

（1）对科学事业的执着追求。欧洲有一位科学家说过："科学家对于探索未知的欲望是没有止境的"。邢光熹很赞赏这句话，因为这句话也代表了他的心声。从中学到大学，他都是品学兼优的学生。上大学，工作分配都得到了特别推荐。1957 年大学毕业后进入中国科学院的下属研究所，此时正是风华正茂展现才华的时期。然而，此时恰逢政治运动频频，动荡多于平静，科研工作几经中断。因此他发表重要论文、专著和获奖的高峰期并不是出现在中青年时期，而是在退休前后，主要是退休后。在他的经历中，组建了两个实验室，连任实验室主任、副主任长达 15 年之久，花了不少时间和精力用于行政管理工作。在他年近退休的岁月，曾多次深有感慨地说："失去的时间太多了，要把它补回来"。怎么补？他计算过，把节假日都用上，一年等于一年半。近十几年来，他把节假日都用上了。常有人问他："你这样干不觉得累吗"？他说："当在试验中发现一个新现象，或所做的研究成果得到国内外同行的认可时，劳累也就忘记了。"也许正是由于这种心态，他身体非常健康，思维敏捷。

对科学的执着追求，不只是表现在争抢时间，更表现在他的坚韧不拔、不达目的决不罢休的精神。1997 年初夏，他为了证实一个科学现象，与同事一起，在田间进行了 24 小时的连续观测。那时他已 64 岁了。

2002 年的一个初夏，他与同事乘小快艇去太湖中心区采水样。突遇狂风大浪，玻璃钢材质的小快艇都快有被撕裂和沉没的危险，处于进退两难之中。他遇险不惊，破浪前进，终于采回了水样。而那时，他已经年近古稀。

在研究工作中，他十分强调亲自到试验现场的重要性。虽然他已年过七旬，从试验小区播种、施肥到小区单打单收测产，他都要亲自参与。有些试验他还要亲自动手，以便及时的发现和解决问题。2006 年他为一位硕士研究生选了一个题目，研究人、奶牛、猪和鸡排泄物堆腐过程中 N_2O、CH_4 的排放及其 $\delta^{15}N$ 和 $\delta^{13}C$ 自然丰度的变化。这个试验的四种材料都是新鲜的排泄物，装到每一个试验盆的材料都必须是均匀的，为了达到这一要求，他亲自用手去拌和，体会均匀与否，他的这一动作使这位女学生感叹不已。

（2）重信义，轻名利。一个人立足于世，都面临着一个为人处世的问题。邢光熹认为，为人处世的核心是讲不讲信义和如何对待名利。他处事是以信为本，以义为先。对名利淡然处之。在科学界常遇到论文、成果署名，排名和奖金，报酬的分配问题，他总是退后一步。有几个事例令人感叹！2004 年国际氮素大会的组织工作得到了国际组织领导人和与会者的赞赏。所领导打算给他奖励，被他婉拒了。他说："你任命我为大会秘书长，这是职责所在。"邢光熹不仅不要奖金，还自己拿出 400 美元，补助了一位在挪威工作的亚洲学者的国际机票费用。因为对参会学者的国际机票资助费用，在开会前都已分配好了，无法从大会

费用支出。这位学者很受感动，还平息了他对一位日本学者原先
答应为他提供国际机票而未能兑现的质难。

2007 年，庆祝国家重点实验室建立 20 周年，需要编写一本
国家重点实验室创建和发展进程的材料。实验室主任希望邢光熹
能接受这个任务。他回答说："义不容辞。"事后，实验室主任
要给他奖励，也被婉拒了。他说，如果我拿了你的奖金，这个
"义"字往那里放？邢光熹的治学精神和为人处事风格，实为我
等晚辈敬重。

（徐 华　赵 旭）

简　　历

1933 年 10 月 25 日　出生于江苏省高淳县。

1947—1950 年　高淳国华初级中学（现桠溪中学）学习。

1950—1953 年　江苏省宜兴农业技术学校学习。

1953—1957 年　南京农学院土壤农业化学系学习。

1957—1962 年　中国科学院综合考察委员会土壤考察队（后改为中国科学
院土壤及水土保持研究所），任研究实习员。

1962—1978 年　中国科学院土壤研究所，研究实习员。

1978—1979 年　中国科学院土壤研究所助理研究员。

1979—1986 年　中国科学院南京土壤研究所助理研究员、副研究员，土壤
实验技术室主任。

1987—1994 年　中国科学院南京土壤研究所副研究员，研究员，中国科学
院土壤圈物质循环开放研究实验室常务副主任。

1995 年　中国科学院南京土壤研究所研究员（退休返聘）。

主 要 论 著

[1] 邢光熹，朱建国. 土壤微量元素和稀土元素化学. 北京：科学出版

社，2003：328.

[2] 邢光熹，张汉辉，韩勇．用穆斯堡尔（Mössbauer）谱学方法研究 Fe^{3+}、Fe^{2+} 与胡敏酸的结合．科学通报，1986，22：1739—1741.

[3] Xing G. X., Hou W. H., Yang W. X. Ratios of Closely related elements in soil and their implications. Pedosphere, 1991, 1 (4): 333—343.

[4] Cai Z C, Xing G X, Yan X Y, et al. Methane and nitrous oxide emissions from rice paddy fields as affected by nitrogen fertilizers and water management. Plant and Soil, 1997, 196: 7—14.

[5] Xing G X, Zhu Z L. Preliminary studies on N2O emission fluxes from upland soils and paddy soils in China. Nutrient Cycling in Agroecosystems, 1997, 49: 17—22.

[6] Xu H, Xing G X, Cai Z C, et al. Nitrous oxide emissions from three rice paddy fields in China. Nutrient Cycling in Agroecosystims, 1997, 49: 23—28.

[7] Cai Z C, Xing G X, Shen G Y, et al. Measurements of CH_4 and N_2O Emissions from Rice Paddies in Fengqiu, China. Soil Sci. Plant Nutr, 1999, 45 (1): 1—13.

[8] Xing G X, Zhu Z L. An assessment of N loss from agricultural fields to the environment in China. Nutrient Cycling in Agroecosystems, 2000, 57: 67—73.

[9] Yan X, L S Shi, Xing G D. Pathways of N_2O emission from rice paddy soil. Soil Biology & Biochemistry, 2000, 32: 437—440.

[10] Xing G X. N_2O Emission from cropland in China. Nutrient Cycling in Agroecosystems, 1998, 52: 249—254.

[11] Yan X, Du L J, Shi S, Xing G. Nitrous oxide emission from wetland rice soil as afected by the application of controlled – availability fertilizers and mid – season aeration. Biol Fertil Soils, 2000, 32: 60—66.

[12] Xing G X, Cao Y C, Shi S L, et al. N Pollution sources and denitrification in waterbodies in Taihu Lake region. Science in China (Series B), 2001, 44 (3): 304—314.

[13] Xiong Z Q, Xing G X, Tsuruta H, et al. Field Study on Nitrous Oxide Emissions from Upland Cropping Systems in China. Soil Sci. Plant Nutr,

2002, 48 (4): 539—546.

[14] Sun L G, Zhu R B, Xie Z Q, Xing G X. Emissions of nitrous oxide and methane from Amtarctic Tundra: role of Penguin dropping deposition. Atmospheric Environment, 2002, 36: 4977—4982.

[15] Xiong Z Q, Xing G X, Tsuruta H, et al. Measurement of nitrous oxide emissions from two rice – based cropping systems in China. Nutrient Cycling in Agroecosystems, 2002, 64: 125—133.

[16] Xing G X, Shi S L, Shen G Y, et al. Nitrous oxide emissions from paddy soil in three rice – based cropping. Nutrient Cycling in Agroecosystems, 2002, 64: 135—143.

[17] Xing G X, Zhu Z L. Regional nitrogen budgets for China and its major watersheds. Biogeochemistry, 2002, 57/58: 405—427.

[18] Xing G X, Cao Y C, Shi S L, et al. Denitrification in underground saturated soil in a rice paddy region. Soil Biology & Biochemistry, 2002, 34: 1593—1598.

[19] Zhu J G, Liu G, Zhang Y L, Xing G X. Nitrate distribution and denitrification in the saturated zone of paddy field under rice/wheat rotation. Chemosphere, 2003, 50: 725—732.

[20] Xiong Z Q, Xing G X, Zhu Z L. 2006, Waterdissolved nitrous oxide from paddy agroecosystem in China, Geoderma, 136: 524—532.

[21] Xiong Z Q, Xie Y X, Xing G X, Zhu Z L, Butenhoff C. 2006, Measurements of nitrous Oxide emission from vegetable Production in China Atmos Environ, 40: 2225—2234.

[22] Xie Y X, Xiong Z Q. , Xing G X, et al. Assessment of nitrogen pollutant sources in surface water of Taihu Rake region. Pedophere, 2007, 17 (2): 200—208.

[23] Xiong Z Q, Xing G X, Zhu Z L. Nitrous oxide and methane emissions as affected by water soil and nitrogen. Pedosphere, 2007, 17 (2): 146—155.

[24] Xie Y X, Xiong Z Q, Xing G X, et al. Source of nitrogen in wet deposition to a rice agroecosystem at Tai lake region. Atmosphere Enviroment, 2008, (42): 5182—5192.

[25] Xiong Z Q, Khalil M A K, Xing G X, et al. Isotopic siguature and concentration profiles of nitrous oxide in a rice – based ecosystem during the drained crop – growing season. Journal of Geophysical Research, 2009, 114 , Go2012.

[26] Zhao X, Xing G X. Variation in the relationship between nitrification and acidification of subtropical soils as affected by the addition of urea or ammonium sulfate. Soil Biology and Biochemistry, 2009, 41: 2584—2587.

[27] Zhao X, Yan X Y, Xiong Z Q, Xie Y X, Xing G X, Shi S L. Spatial and temporal variation of inorganic nitrogen wet deposition to the Yangtze river delta region, China. Air Soil Pollut, 2009, 203: 277—289.

[28] Zhao X, Xie Y X, Xiong Z Q, Yan X Y, Xing G X, Zhu Z L. Nitrogen fate and environmental consequence in pqddy soil under rice – wheat rotation in the Taihu Lake region, China. Plant Soil, 2009, 319: 225—234.

[29] Shi S L, Xing G X, Zhou K Y, et al. Natural nitrogen – 15 aboudance of Ammonium nitrogen and fixed ammonion in soils. Pedosphere, 1992, 2 (3): 265—272.

[30] Xing G X, Zhu J G, Xiong Z Q, et al. Ag, Ta, Ru ang Ir enrichment in surface soil: Evidence for Land Pollution of heavy metal from atmospheric deposition. Global Biogeochemical Cycles, 2004, vol. 18, GB1046.

[31] Xie Y X, Xiong Z Q, Xing G X, et al. Source of nitrogen in wet deposition to a rice agroecosystem. at Tai lake region. Atmosphere Enviroment, 2008, 42: 5182—5192.

[32] Xiong Z Q, Huang T Q, Ma Y C, Xing G X, Zhu Z L. Nitrate and Ammonium Leaching in Variable and Permanent – Charge Paddy soils. Pedosphere, 2010, 20 (2): 209—216.

马同生

（1934—　）

　　马同生，土壤学家。在水稻土发生分类诊断指标方面提出铁的氧化物晶硅率作为分类的依据，并在第二次全国土壤普查中得到应用；对水稻土硅素养分进行了卓有成效的研究，研制成功高效硅素化肥。

　　马同生，回族，1934 年 3 月 5 日出生于江苏省南京市，祖籍陕西，中共党员。祖父和父亲经商。幼年处于苦难的岁月，当时正值日本侵略军侵略我国，战事逼近南京，马同生一家逃离南京。日本侵略军一时猖狂得逞，大片国土沦陷，无处安宁。经历近十个月的艰辛逃难生活，父亲和妹妹相继去世，马同生一家又回到南京。

　　马同生幼年丧父，是母亲抚育他成长，在生活上百般呵护，在教育上严格要求。那时上学没有年龄限制，5 岁即上小学。小学距家有一段路程，那年冬天下大雪很冷，地面积雪很深。母亲对他说：从小就要做一个好学生守时遵纪，上学不能迟到，下雪路难走，要提早起身，才能准时到校。出了家门，雪地行走很难，走了一段母亲就背他一段，按时到了学校。老师表扬他：下雪不旷课，还能准时到校。母亲对他说：读书不能怕困难，就和雪地走路一样。这是母亲对他儿时的素质教育，从小养成他勤奋守时遵纪。母爱无限、母教永记。

抗日战争胜利进入中学，1952 年考入南京农学院土壤肥料系（1953 年改为土壤农化系，现为资环学院），1954 年被评为校三好学生受到表彰。1956 年毕业留校任教，从事土壤农化教学与科研工作。在教学工作中认真执教，1985 年首届教师节，被农牧渔业部授予优秀教师、1986 年获中央农业管理干部学院优秀教师称号。

科研方面主要从事水稻土形成与分类、水稻土硅素养分和硅素化肥的研制。

（1）全国第二次土壤普查中，经研究提出水稻土铁的氧化物晶胶率概念，以及铁的氧化物晶胶率层段系数，阐明水稻土层段发育和分类的诊断指标，被全国土办 1984 年《中国土壤分类系统》（第二次修订稿）采纳，各省水稻土分类广泛应用。该项获国家教学 1990 年科技进步奖三等奖。

（2）为了改变硅肥只有缓效性矿渣硅肥的现状，与南京无机化工厂合作，通过无机化工制造，研制成功高效硅素化肥，使硅肥实现速效性化肥产品。1990 年被国家计委列入国家级重大新产品试产计划，1993 年中国专利局授予发明专利证书。

（3）研究阐明沿江含碳酸钙水稻土硅素养分供应不足的机理，水稻施用硅肥增产显著，1993 年在南通地区大面积推广。经江苏省科委主持鉴定，1999 年获农业部科技进步奖二等奖。

（4）参加《中国土种志》编写，任副主编，《中国土种志》被中国农业出版社列为"九五"重点出版书目。

1956 年留校任教后，历任助教、讲师、副教授，1988 年升为教授。曾任土壤农化系主任；中国土壤学会第六届、第七届常务理事、第八届顾问；江苏土壤学会第五届至第十届理事、常务理事、副理事长、理事长和顾问；1992 年享受国务院颁发的政府津贴；1994 年被农业部评为先进工作者。

水稻土的发生分类诊断指标的研究

1980 年全国第二次土壤普查全面开展之际，全国土办提出要开展我国分布面积最广、对农业生产影响最大、分类指标又比较混乱的水稻土、红壤、盐碱土三个土类的分类指标研究，藉以指导土壤普查工作，为资料汇总作好技术准备。

水稻土是周期性的水旱交替下形成的耕种土壤。马同生经过两年对地带性母土起源与沼泽土起源的水稻土发育的研究，发现水稻土剖面层段发育与分异，是与土壤黏土矿物中铁的氧化物及其水化物的晶质态和无定形态部分的数量转化两者在土层中相对多寡密切相关。也就是说，水稻土剖面发育程度和层段划分，可用土壤中铁的氧化物晶硅率作为诊断指标，因此提出了土壤铁的氧化物晶硅率的概念。

1982 年冬在全国土办水稻土分类研究协作组南宁学术交流会上，他提出铁的氧化物晶硅率对水稻土发生与分类的意义，受到与会者的赞同和采纳，作为协作组统一的测定项目。

经过进一步对江苏地带性土壤、沼泽土、潮土三种不同起源类型母土上发育的不同水型水稻土的研究，马同生发现不同地区、不同母土上发育的相同水型水稻土，其相同发育层段晶胶率数值也不相同，但相同水型的剖面自上而下晶胶率却有着相似的变化规律。为了更好应用铁的氧化物晶胶率变化规律，对水稻土进行亚类划分，他进一步提出铁的氧化物晶胶率层段系数（Kh 值）——即以水稻土耕层以下各发育层段的晶胶率与其耕层晶胶率的比值。再计算出各层的比值绘成剖面图式，即可清楚看出相同发育程度的水稻土有着相似的图式，共绘出了淹育、渗育、潴育、潜育、脱潜潴育六个分布图式，解决了按水型进行水稻土亚类的划分依据。

自铁的氧化物晶胶率概念提出后，首先在苏、浙、闽、皖等省土壤普查中应用。先后被全国土办 1984 年《中国土壤分类系统》（第二次全国土壤普查分类系统）修订稿和南京土壤所分类课题组 1985 年《中国土壤系统分类初拟》采用。

1986 年在写作组总结中，即以铁的氧化物晶胶率层段系数图式，作为水稻土分类依据，对华南、华东、华中、华北等地区不同母土上发育的不同水型的水稻土 60 个剖面，进行分类得到比较满意的结果。此项研究 1990 年获全国农村教育示范基地建设委员会科技进步奖三等奖。

关于水稻土硅素养分与硅素化肥的研究

水稻是喜硅作物，硅是水稻生长良好所必需的元素，水稻土硅素养分丰缺状况，关系到水稻能否获得高产稳产。我国虽然是世界上产稻主要国家，在这方面研究起步较晚，20 世纪 70 年代末 80 年代初才逐步开展部分试验工作和介绍国外有关硅素养分方面的资料。马同生从 1981 年开始至 1998 年对水稻土硅素养分与硅素化肥的研究，前后 17 年主要做了以下工作。

（1）对沿江丘陵区水稻土（马肝土）缺硅原因诊断与施硅肥增产的研究。马肝土是沿江两岸下属黄土丘陵区的主要类型水稻土，广泛分布于苏、皖、赣、鄂诸省，就江苏而言占水稻土面积 16% 左右。在全国第二次土壤普查中观察到马肝土土层深厚、无僵枝、冷烂、酸碱等问题。随着农业技术推广，高产品种的采用，氮肥用量相应增加，但产量仍徘徊在中等水平。水稻长势虽好，后期若稍遇不良天气，则倒伏严重，瘪粒增加难以高产。通过对该地区黄棕壤和水稻土（马肝土）的土壤普查化验分析数据，表明黄棕壤铁的游离度在 40% ~ 60%，具有一定程度脱硅富铁作用。马肝土继承了母土黄棕壤的特性，其铁的游离度高，有缺硅的可能。为此在镇江、丹徒、溧水进行水稻土和水稻植株采样分析。分析结果发现，土壤剖面有效硅含量随剖面深度而增高，耕层最低与其他土壤营养元素一般具有表聚作用相反。水稻土耕层中有效硅受淹灌水的淋移和随水稻茎秆的携走，致使含量普遍低于 $100mg \cdot kg^{-1}$，水稻植株含 SiO_2 低于 $100mg \cdot kg^{-1}$，成为该地区水稻高产限制因子。1982 年开始与镇江市、丹徒县土肥站合作，连续进行 5 年的使用硅肥田间试验（熔渣硅肥、高效硅素化肥），并得到溧水县、丹阳县土肥站的支持，配合施硅肥田间试验。结果表明施用硅肥改善了因土壤有效硅不足产生倒伏问题，水稻植株 SiO_2 含量明显增高，茎秆坚硬、挺拔、抗倒伏性能显著；稻叶张角变小、减少披叶现象，光合作用提高，水稻实粒数与个粒重增加，增产率在 10% 左右。此项研究是国家自然科学基金课题，研究成果在《新华日报》1989 年 1 月 17 日作了新闻报道。

（2）新型高效硅素化肥的研制。自 20 世纪 50 年代中期，日本通过研究确认钢铁厂熔渣粉碎加工为硅肥，从此开始有了硅肥施用。此后天然硅灰石、发电厂粉煤灰相继作为硅肥，它们均属缓效性硅肥，当季水稻对其利用率低，每亩需用量大，且只能作基肥施用。硅肥化学肥料化，必定是发展的趋势，缓效性硅肥显然与当前化肥向高浓度发展的形势不相适应。马同生从 1986 年起进行高效硅素化肥研制，经原料选取，工艺可行性试验探索、室内土培模拟施用和田间试验，根据数年大田熔渣硅肥试验，以及土壤和植株分析的结果来计算出用量，研究土壤反应与肥效。高效硅素化肥的水玻璃为原料，与南京无机化工厂合作进行研制，通过水玻璃调整模数后，运用高速离心喷雾、热风干燥固化成白色粉状结晶工艺。主要成分为过二硅酸钠、偏硅酸铵的混合物，全水溶性、含硅素（以 SiO_2 计）达 50% 以上，完成了试制工作。高效硅素化肥在制造和使用中对环境和作物无污染之虞，每亩用量只需 5 ~ 6kg。经在镇江、扬中、丹阳、句容、南通、海安、如皋等 14 市县土肥站试验示范，水稻增产 5%～10%。高效硅肥可作基肥、追肥和喷施。1991 年南京无机化工厂开始投产，此项发明 1989 年 2 月 11 日中央电视台新闻联播作了报道，1993 年中国专利局授予发明专利权证书。

（3）沿江地区含碳酸钙水稻土硅素供应力与硅素应用的研究。国内外测定土壤有效硅的方法，多以弱有机酸缓冲液或有机酸、稀无机酸为提取剂。以 pH4 醋酸缓冲液法应用最广，并依据水稻施用熔渣硅肥效果确定其临界值（多在 100mg·kg^{-1} 左右）。我国亦沿用此法，在 pH<7 的水稻土上得到满意的效果，但在富含碳酸钙质的水稻土，测定结果多在 130～200mg·kg^{-1}，部分 >200mg·kg^{-1}，因此认为硅素供应充足。而从田间试验与植株分析数据来看却表现缺硅，为此进行供硅力的诊断研究。通过研究发现，含碳酸钙水稻土用上法测得的含量，与淹水模拟植稻试验测出水溶性硅含量并不成正比。同时对土壤中硅酸结合形态作了探讨，得出是以钙结合态为主。根据土壤理化性质测定数据，运用逐步回归方法分析，有效硅含量与 pH 值、石灰及黏粒含量呈现显著相关，石灰含量越高者有效硅含量也越高。碳酸钙与土壤中硅酸结合成非活性硅钙结合物不易水解，淹水后难以生成单硅酸供水稻作物吸收，而却能部分被 pH4 醋酸缓冲液提取，因此导致对含碳酸钙水稻土中硅素供应力的错误认识。为此马同生设计了淹水模拟提取试验，土样采取连续浸提方法，置于 25℃ 恒温箱中培养，定期用离心机分离出清液测定含硅量，连续培养提取，总计 60 天 14 次，相当于大田水稻生长期，其累积量为硅素养分提供的容量。与上述缺硅的马肝土容量相比，含硅酸钙的水稻土的供硅力还要低于马肝土。因此，测定种稻期间土壤能提供水溶性硅酸的数量多寡，才能正确判断含碳酸钙的水稻土硅素供应力。1990—1991 年与南通市土肥站合作，在所辖 6（市）县 16 个乡镇 2124 亩水稻上施硅肥示范，1991 年在冬小麦上进行同样试验，结果表明增施硅肥水稻增产幅度在 5%～

10%，小麦也有相同效果。1992 年扩大示范面积 1.5 万亩，1993 年开始南通地区大面积推广。该项是省科委列项研究课题，1993 年 12 月通过省科委科技成果鉴定，1994 年 1 月 5 日《新华日报》作了新闻报道，1999 年获农业部科技进步奖二等奖。

（4）其他土壤硅肥养分与作物硅素养分的研究。除了着重从事上述三方面的研究之外，还作了四点研究。①江苏水稻土硅素养分丰缺状况的调查。江苏省水稻土面积 3323 亩，采集 400 余样点的土样，分部在 47 个主要水稻土土种，代表了江苏水稻土面积 70% 以上。化验结果统计，耕层有效硅含量（pH4 $1mol \cdot L^{-1}$）醋酸缓冲液提取法 $\leqslant 100mg \cdot kg^{-1}$ 近 1000 万亩，占江苏水稻土 30%；（$>100 \sim 130$）$mg \cdot kg^{-1}$ 者近 700 万亩。据数年的多点施硅田间试验，$\leqslant 100$ $mg \cdot kg^{-1}$ 增产效果可达 10%，（$>100 \sim 130$）$mg \cdot kg^{-1}$ 能增收 5% ~ 8%。②对我国水稻土中硅素丰缺原因探讨。我国水稻土中存在硅素供应失调问题较为常见，已引起土壤科技工作者重视。通过探讨归纳为八个原因，以供推广硅肥施用参考。酸性和弱酸性水稻土多表现缺硅；土壤质地砂性者供硅力低，土壤有效硅素养分主要来源于黏粒部分；耕层土壤中胶体态铁的氧化物含量影响供硅力，无定形铁含量高的水稻土易出现硅素供应不足；土壤中硅素有移动特性，受地形部位影响；低湿田、冷水田增施硅肥具有一定增产效果；土壤有机质含量低，少用有机肥者有缺硅的可能；富含 $CaCO_3$ 的水稻土中硅酸形成非活性硅钙化合物，不易水解，供硅力低下；土壤有效磷与有效硅之间具有一定相关性。③对水稻与小麦吸硅规律与硅肥应用的研究。通过田间试验植株分析，初步说明禾谷类作物水稻和小麦分蘖至拔节期即进入吸收硅素旺盛阶段。在硅肥应用上，熔渣类缓效硅肥用量大，而且只宜做基肥；水溶性硅素化肥可做基肥也可做追肥，尤以小麦冬前苗期未进入吸收硅素旺盛阶段，硅素化肥应在开春后小麦分蘖末期与拔节初期追肥为宜。④土壤、植物中硅与磷的相互关系研究。硅与磷两个元素的化学性质相似，磷素与硅素养分的相互关系国外学者已有研究。在我国许多种稻地区广泛存在缺磷与缺硅，为此对土壤和植物中有效硅与磷的相互关系作探讨。长江以南热带雨林地区酸性水稻土缺硅与缺磷正相关性；长江以北地区 >pH7 的石灰性水稻土缺硅与缺磷的相互关系；水稻中硅与磷的相互作用，合理配合施用硅肥与磷肥能提高产量。这些研究共发表论文 18 篇。

（张 军）

简 历

1934 年 3 月 5 日　出生于江苏省南京市。

1952 年　考入南京农学院土壤农化系。

1956 年　毕业，留校任教。

1954 年　加入中国共产党。

1962 年　任土壤农化系教学秘书。

1984 年　任江苏土壤学会第五届理事会理事。

1986 年　任土壤农化系主任、土壤学副教授。

1987 年　任中国土壤学会第二届理事会常务理事、江苏土壤学会第二届理事会常务理事。

1988 年　任土壤学教授。

1991 年　任中国土壤学会第七届理事会常务理事、江苏土壤学会第七届理事会副理事长。

1995 年　任中国土壤学会第八届理事会顾问、江苏土壤学会第八届理事会理事长。

2000 年　任江苏土壤学会第九届理事会顾问。

2004 年　任江苏土壤学会第十届理事会顾问。

主 要 论 著

[1] 马同生. 黏土矿物的差热分析原理、仪器装置及其技术. 土壤通报，

1963（4）：5— -53.

[2] 朱克贵，马同生，等．两种不同起源的水稻土中铁的活化与剖面的形成．南京农学院学报，1983（4）：56—63.

[3] 马同生，张海林．水稻土的和氧化还原电位的周年变化．南京农学院学报，1984（4）：63—69.

[4] 马同生，朱克贵．探索铁的氧化物品胶率层段系数图式进行水稻土分类．土壤通报，1989，20（3）：97—100.

[5] 马同生，钱在仁，张正丰，等．江苏丘陵地区水稻土中有效硅状况与熔渍硅肥效果初报．南京农业大学学报，1985（4）：64—70.

[6] 马同生，王大平，梁永超．江苏沿江丘陵地区水稻土中产原因诊断及其改善．江苏资源与环境，南京：江苏教育出版社，1989，109—112.

[7] 马同生，王大平，等．水玻璃作速效硅肥的可行性探索．南京农业大学学报，1987（2）：129—130.

[8] 马同生，钱在仁，等．水玻璃硅肥田间试用效果．南京农业大学学报，1988，11（1）：132—133.

[9] 马同生．我国水稻土硅素养分与硅肥施用研究现状．土壤学进展，1990，18（4）：1—5.

[10] 硅肥的研制和应用．化肥工业，1991，18（6）：24—26.

[11] 马同生，李优军，梁永超．江苏水稻土硅素养分丰缺与硅肥增产效果．土壤通报，1993，24（16）：262—264.

[12] 马同生，王大平，梁永超，等．高效硅肥对水稻的效果．土壤，1992，24（3）：168—169.

[13] 马同生，李伏军，等．持续农业与中国营养元素的补给．见：土壤科学与农业持续发展，北京：中国科学技术出版社，1994，216—218.

[14] 马同生，冯亚军，梁永超．江苏沿江地区水稻土硅素供应力与硅肥施用．土壤，1994，26（3）：154—156.

[15] 马同生，张永春，陈兴华．水稻与小麦吸硅规律与硅肥施用．植物营养与肥料学报，1994（4）：51—53.

[16] 马同生．我国水稻土中硅素丰缺原因．土壤通报，1997，28（4）：169—171.

[17] 马同生．土壤和植物硅素及硅肥研究回顾和展望．见：江苏土肥科技与农业持续发展．南京：河海大学出版社，1997，251—255.

[18] 马同生．土壤、植物中硅与磷的相互关系．见：土壤与植物营养研究全集．西安：陕西科学技术出版社，1999，90—93．

[19] 马同生．化学在农业上的应用．南京：江苏科学技术出版社，1979，1—184．

[20] 朱克贵主编，马同生等副主编．中国土种志（1－6卷）．北京：中国农业出版社，1994—1996．

张桂兰

（1934—2009）

　　张桂兰，土壤农业化学家。研究小麦、玉米、大豆、芝麻和西瓜等农作物的高产需肥规律、吸肥特点和优化施肥技术，取得了一批高质量科研成果，为促进河南省农业现代化和粮食安全作出了贡献。

　　张桂兰，女，1934年4月30日出生于河南省镇平县贾宋乡下户杨村的一个极其清贫的农民家庭。3岁时父亲因受生活所迫逃至异地，母亲因病去世，靠务农的舅舅抚养长大。8岁时就读当地下户杨小学，毕业后，考入河南省南阳农业学校。南阳农校毕业后留校任教，1956年8月14日加入中国共产党。1959年调干保送至华中农学院土壤农业化学系学习。家境贫寒的她，进入高等农业学府后，受到美丽校园、优良校风和浓厚学习氛围的熏陶，视野日渐开阔，内心里已萌生了要在土壤农业化学专业上不断进取的火种。在学习专业课程中通过自身的勤奋钻研，以出色的成绩完成了本科学习。1963年大学毕业后，分配到河南省农业科学院土壤肥料研究所工作，先后参加过盐碱土利用与改良、化验室分析和几种农作物测土配方施肥等项试验研究工作。1974年开始主持研究课题，任肥料研究室化肥组组长。1977年4月任土壤肥料研究所副所长。1991年继任副所长，主持全面工作，至1994年5月退休。2009年5月25日在郑州去世。

三十多年来，张桂兰一贯坚持科研工作面向农村、服务农业生产。她的足迹遍及商丘县大吴庄、郑州郊区纪公庙、长葛县孟排村和汝南县新坡村，不畏严寒酷暑，勇于攻克难关，科研成果促生产，振兴农业做贡献，为当地当时农业大增产付出了汗水和精力。工作期间共获得省部级重大科研成果奖16项，其中主持的课题获农牧渔业部二等奖1项，省科技进步奖二等奖2项，省科技进步奖三等奖6项，协作完成国家三等奖1项。在工作历程不足20年的她，于1982年被评为河南省劳动模范。1983年被省科协评为河南省先进科技工作者。1992年经国务院批准，享受政府特殊津贴。这些奖励与荣誉都是对她个人真诚奉献和学术成就的肯定。主要社会兼职有：1979年当选为河南省土壤学会副理事长兼秘书长，连任三届。1980年任所学术委员会副主任和院学术委员会委员。1994年4月至1999年4月任中国植物营养与肥料学会第四届理事。

农业科研工作就是为三农服务

"农业科研工作就是为三农服务，只有农民富裕了，才能真正实现国家富强"。这种责任感和使命感一直推动着张桂兰为配方平衡施肥的发展而扎实工作，所以她的科研工作不完全在实验室完成的，主要是在农村科学试验基地进行。把生产实践中的关键问题列入研究课题内容，同农民群众一起开展田间试验，使科研与农业生产紧密结合起来，取得的成果及时服务于当时当地农业生产。1981年，张桂兰带着"中低地区小麦经济施肥"的研究课题与课题组同志们一起，来到生产条件落后和生活艰苦的汝南县水屯乡新坡村，在这里建立农村科学试验基地。经受了酷暑和严寒的考验，坚持试验研究 11 年，开展了 170 次的田间小区试验，完成了小麦、玉米、大豆、芝麻、花生、西瓜和蔬菜的配方平衡施肥等八项专题，大大促进了汝南县新坡村的农业增产，小麦亩产量由原来的 150 公斤稳定在 360 公斤，玉米亩产量由不足 250 公斤稳定在 500 公斤，达到了人均吨粮、人均收入近千元，成为全县科技示范村和粮油高产村，带动了水屯乡粮油大增产，使水屯乡成为全县的科技示范和高产乡。"中低产区小麦经济施肥"1985 年获得农牧渔业部科技成果奖二等奖，"小麦高产优质高效施肥技术"1993 年获省科技成果奖二等奖。科技成果由新坡村推广到汝南全县。省有关单位和有关地（市）先后邀请张桂兰讲课 20 多次，使新坡村的小麦施肥成果推广到 7 个地（市）47 个县的 1240 万亩麦田得到应用，增加收益 1.5 亿元。《河南日报》曾四次报道过汝南县水屯乡新坡村农村科学试验基地。其中 1987 年 8 月 9 日《河南日报》以《张桂兰的论文写在丰收大地上》为标题，头版头条报道：汝南县水屯乡新坡村 1.8 万亩小麦虽然遭受了多种自然灾害，仍获得平均亩产 345 公斤的好收成，农民捧起金黄的麦粒，怀着喜悦的心情，异口同声的称赞说：这丰收的果实里凝聚着张副所长的心血。说明张桂兰深入农业生产第一线开展科学研究，为当地农民增收做了突出贡献，自然受到农民群众的热烈欢迎。河南电视台在《奉献者》栏目中也曾多次播发。

善于学习　勇于实践

张桂兰的科研作风严谨，勇于创新，她为了获得高质量、高水平的研究成果，不断将先进的试验研究方法或手段，引进到研究项目之中加以应用，验证研究的结论的可靠性。1985 年在研究大豆配方施肥时，将美国学者 Beaufis 1973 年提出的诊断与推荐施肥综合系统，通常称 DRIS 诊断法，在大豆配方施肥试验中应用，取得了良好的效果，准确求出正常大豆植株顶端第三功能叶片 K_2O/N 低于 0.11，而生长差的缺钾植株顶端第三功能叶 K_2O/N 为 0.12 以上，这与被试验缺钾土壤施钾与不施钾结果相符，当时国内尚未见到在大豆应用 DRIS 法营养诊断的报告，在我省至今仍属首次。1993 年引进北美阳离子交换树脂膜，测定土壤速效钾的含量，其结果与常规分析法的数据具有极显著的相关性，不用取土、称土和浸提过滤等繁琐工序，方法简便快速并能准确得出速效钾含量，说明有广泛应用价值，在我省亦属首次。张桂兰在 1985 年前一直从事测土配方施肥的研究过程中，深感肥料效应函数法计算复杂，测土操作繁琐费工耗时，不易在广大农业生产上应用，当她得知美国学者 Hunter 制订的"土壤养分状况系统研究法（ASI）"是一种快、准、易的先进诊断土壤技术。她在 1985—1990 年间与加拿大磷钾肥研究所驻北京办事处主任金继运博士合作研究，将美国国际农业化学服务中心的"土壤养分状况系统研究法（ASI）"的全部技术包括室内化学分析、吸附试验、盆栽生物效应试验和田间试验应用于"河南省高产平衡施肥研究"项目之中，对我省七大土类 41 个典型土样作了 11 种营养元素 574 次化学分析，2009 个样次的吸附试验，2200 盆次的生物效应试验和 6 年来 160 个田间小区试验与两组微区实验，6200 个样次的土壤与植株养分的监测与诊断，取得了丰富的新资料，全面提出了砂姜黑土、潮土、褐土与黄褐土 41 个典型土壤耕作层中 N、P、K、Ca、Mg、S、Zn、Mn、Cu、Fe、B 等营养元素的有效含量与丰缺状况；进一步明确了农作物获得高产的养分限制因子主要是 N、P、K、S、Zn 营养元素和高产适宜施肥量是营养元素临界值的 2.5～3 倍，填补了我省研究的空白；首次发现沙土缺 Mg，砂姜黑土 Ga/Mg 比值偏高，这两种土应注意增施镁肥；首次得出不同土壤对 N、P、K、S、Zn、Mn、Cu、B 的吸附固定能力。进一步明确了河南省小麦高产高效施氮（N）量为 10～18 公斤/亩，$N:P_2O_5:K_2O$ 施用比例为 1:0.4～0.8:0.4～0.7；水稻高产高效施氮（N）量为 16～18 公斤/亩。$N:P_2O_5:K_2O$ 施用比例为 1:0.3:0.4；花生与大豆适宜施氮（N）量为 4 公斤/亩，$N:P_2O_5:K_2O$ 施用比例为 1:2:2；萝卜施氮（N）量为 20 公斤/亩，$N:P_2O_5:K_2O$ 施用比例为 1:0.5:0.4。该项研究成果经全省 47 个县五年来采取边示范边生产应用的方法，累计应用面积达 2624 万亩，净增经济效益达 92351 万元，创造了显著的效益。1995 年获省科技进步奖二等奖。

芝麻是一种出油率最高、品质优良的食用油和重要的保健品。我国芝麻的单产和总产量居世界第一位，我省种植芝麻的面积和总产量均占全国 1/3。但单产一直徘徊在 20～25 公斤，张桂兰和她的课题组通过在 17 个县连续四年的 130 个田间试验和芝麻植株的化学分析，在首次提出每生产 100 公斤芝麻籽需要吸收氮（N）6.24～8.14 公斤，磷（P_2O_5）2.68～3.10 公斤，钾（K_2O）6.24～6.68 公斤，钙（CaO）7.45～7.54 公斤，镁（MgO）3.33～3.81 公斤，吸收氮、磷、钾、钙、镁的比例为 1:0.38～0.43:0.76～1.07:0.93～1.19:0.47～0.53。需要吸收锌 5.88～6.54 克，锰 5.13～7.65 克，铜 5.70～6.30 克，铁 76.36～106.50 克。同时还研究了不同生态区芝麻不同生育期和不同植株部位对上述营养元素的积累状况，为芝麻的营养诊断和指导经济施肥提供了科学依据。多点的土壤供肥试验表明：氮磷营养是限制芝麻产量的主要因子，硼锌等微量元素也有一定的增产作用，氮磷配合施用增产效果最大。叶面喷施硼、锌和磷酸二氢钾混合液增产效果也很明显，经济效益也高，是一项投资少效益高的增产施肥技术。运用多种肥料效应函数法的设计方法作田间肥料效应试验，获得多种函数模型，经计算分析建立了芝麻土壤养分丰缺指标和相应的氮、磷、钾最佳施肥量。在芝麻产区中等地力水平条件下：豫东黄潮土区芝麻亩施纯氮（N）5.6 公斤，磷（P_2O_5）3.5 公斤，豫中南砂姜黑土区亩施氮肥（N）

7.6公斤，磷（P_2O_5）6.6公斤，豫南灰潮土与黄褐土区亩施氮肥（N）6.9公斤，磷肥（P_2O_5）3.4公斤，豫西褐土区亩施氮肥（N）7.5公斤，磷肥（P_2O_5）4.5公斤。在土壤速效钾（K_2O）含量90ppm以下必须施用钾肥，施用量为每亩3～5公斤K_2O，在速效钾（K_2O）大于95ppm，不用施钾肥，这一研究成果填补了国内芝麻测土配方施肥的空白。

开展"味精有机废水生产复肥"的研究

张桂兰退休后，1995年底受聘于莲花味精集团。年产15万吨味精的莲花集团每年需要排放130万吨尾液进入淮河，经常发生厂群矛盾和纠纷，尾液污染淮河水是困扰莲花味精厂多年的第一大难题。经张桂兰研究后。从1993年到1997年四年内，曾采用工业技术对尾液进行生化处理，但每吨味精需额外增加400元成本。1999年以来开始实施喷雾干燥，制成粉状物，然后根据不同农作物需肥特点添加不同数量的氮、磷、钾化学肥料，制成多种有机无机复合肥或氨基酸复混肥。经5年来的生产实践和应用，每年可稳定年产25万吨有机无机复混肥，年利润达1100万元。为国内味精生产行业开创了变废为宝与资源再利用的有效措施，实现了味精产业的尾液走农业再利用的环保化和企业可持续发展的新途径。张桂兰与周口农科所和莲花味精有限公司同仁于1998年向河南省科委申报成果，获得河南省科技进步奖二等奖。该项目为国内首创，2004年10月13日经国家知识产权局批准，将"味精有机废水生产复肥的方法"定为发明专利，受到国内有关部门的高度关注。

张桂兰工作认真，身体力行，廉洁奉公，团结同志，能把自己融入集体之中，共同为科技兴农，造福农民，辛勤劳动和无私奉献。

（龚光炎）

简　历

1934 年 4 月 30 日　出生于河南省镇平县。

1959—1963 年　在华中农学院土壤农业化学系学习。

1963—1976 年　在河南省农业科学院 土壤肥料研究所科技人员。

1977—1990 年　任河南省农科院土壤肥料研究所副所长。

1991—1994 年　任河南省农科院土壤肥料研究所副所长，主持工作。

1995 年—2003 年　任河南莲花味精厂顾问。

2009 年 5 月 25 日　在郑州去世。

主 要 论 著

［1］张桂兰，等．主要农作物配方施肥．郑州：河南科技出版社，1991．

［2］张桂兰．河南小麦栽培学．郑州：河南科技出版社，1983，169—198．

［3］张桂兰，等．淮北平原大豆施氮磷钾肥研究．中国油料，1984（1）．

［4］张桂兰，等．砂姜黑土不同施肥对冬小麦品质的影响．土壤通报，1988（3）．

［5］张桂兰，等．麦田土壤供磷能力与磷肥经济施用研究．土壤肥料，1990（2）．

［6］张桂兰，等．芝麻硼素营养与硼肥应用．中国油料，1990（2）．

［7］张桂兰，等．夏芝麻吸收氮磷钾钙镁特点．中国油料，1990（4）．

［8］张桂兰．复肥对玉米增产效应研究．磷肥与复肥，1991（2）．

［9］Zhang G L, et al. Studies on Agronomic Practices for High yield Wheat and Corn. 3rd Intern'l Symposium on MYR. septemter, 1992, Beijing.

［10］张桂兰，刘纯敏，等．小麦-玉米两熟制肥料定位研究．华北农学报，1993，增刊．

王运华

（1935—　）

　　王运华，土壤植物营养学家。长期从事植物微量元素营养与施肥的研究与教学工作。发现棉花"蕾而不花"为缺硼症状，建立了我国棉花施硼的技术体系；发现冬小麦越冬期叶片黄化为缺钼症状，建立了我国冬小麦施钼的技术体系。建立了不同植物品种硼、磷营养基因型差异筛选的技术体系，为甘蓝型油菜硼高效营养遗传研究奠定了重要基础。

　　王运华，1935年4月6日出生于江西省鄱阳县鄱阳镇。1937年"七七"事变，全家迁居农村避难，失去上小学机会，仅读了一年半私塾。1945年8月日本无条件投降后，以同等学力考入中学读书。1951年高中毕业后考入武汉大学农业化学系，1952年院系调整到华中农学院土化系，1955年8月毕业后留校任助教。1956年4月，学校调派他到北京农业大学由苏联专家阿沙洛夫教授讲学的农业化学进修班学习两年，接受研究生教育，在吴亭教授指导下，完成论文《玉米的磷素定期营养》，

1958 年 1 月结业。

20 世纪 60 年代初，王运华和研究组通过 ^{32}P 同位素示踪、营养液培养和田间试验，首次报道油菜磷定期营养理论和施用磷肥技术：油菜和紫云英为喜磷作物，早稻为施磷显效作物；油菜磷营养临界期和最大效率期，油菜植株体内遵循顶端优势向各器官运输和分配磷营养，最终分配到荚果和种子中；提倡作物早施、少施磷肥技术。为发展植物磷营养科学，促进我国磷肥应用作出了贡献。

1975 年 7 月，王运华在湖北省新洲县（现武汉市新洲区）发现了棉花"蕾而不花"现象，他从初步研究中看到棉花施硼的良好效果。1980 年 11 月，农业部组织 13 个省市植棉面积各超过 6666.7 公顷的 156 个县市的农业部门协作。经过几年的努力，王运华和研究组创建了将土壤有效硼含量、棉株表观形态诊断、棉花生育期、硼肥施肥量和施肥技术等相结合的我国棉花施硼技术体系，棉花施硼成为我国棉花施肥常规技术，获得了显著的增产效果、经济效益和社会效益。

1991 年王运华提出甘蓝型油菜品种硼效率基因型差异筛选的技术体系，并在国际上最早选得甘蓝型油菜硼高效高潜力种质，报道了甘蓝型油菜硼高效为主效基因和微效基因共同控制的分子机理，创建了由中青年教授领导的华中农业大学植物营养遗传学科与学科梯队。

1989 年 1 月，王运华在湖北省新洲县（今武汉市新洲区）发现冬小麦在越冬期黄化死苗现象，经研究确定为缺钼症。创建了将土壤 pH 值、土壤有效钼含量、施氮肥量和低温相结合的我国冬小麦施钼技术体系，因地制宜地施用钼肥，是保证冬小麦高产的重要措施。改写了禾本科作物无需施钼肥的传统结论。首次证明钼直接参与叶绿素的合成。

国际动植物硼营养学术讨论会是国际上最高级别硼营养学术讨论会。2005 年 9 月，第三届国际动植物硼营养学术讨论会在武汉举行，19 个国家的 105 位学者与会，标志着我国植物硼营养研究已处于世界先进列。

王运华和研究组不同阶段的研究成果分别获得国家和省部级奖励："棉花潜在性缺硼与有效施硼的技术和应用"获 1985 年国家科技进步奖三等奖、1983 年农牧渔业部农牧渔业技术改进奖一等奖、湖北省 1985 年科技成果奖一等奖；"几种主要农作物锌、硼施用技术规范"获 1989 年国家科技进步奖三等奖、1988 年农业部科技进步奖二等奖；"棉花蕾而不花和硼素营养的研究"获 1980 年农业部技术改进奖二等奖；"棉花飞机喷硼"获 1985 年中国民航局民航合理化建议和技术改进奖二等奖；"湖北省黄棕壤小麦施用钼肥技术"获 1998 年湖北省科技进步奖二等奖。1988 年人事部授予王运华"国家中青年有突出贡献专家"称号；1991 年王运华享受国务院颁发的政府特殊津贴。

王运华于 1982 年开始培养研究生，共培养硕士研究生 40 人，博士研究生 32 人，博士后 3 人，为我国社会主义现代化建设事业培养输送了优秀人才。

1984 年 6 月，华中农学院任命王运华为科研处副处长。1984 年 11 月，农业部批准在华中农业大学建立微量元素研究室，2005 年 3 月更名微量元素研究中心，王运华任主任。1990 年 9 月，农业部任命王运华为华中农业大学副校长，1995 年 1 月，华中农业大学任命王运华兼任土化系党总支部书记、兼系主任。

1987 年 5 月，王运华加入中国共产党。

1988 年以来，王运华曾被选为第七届中国人民政治协商会议全国委员会委员，湖北省农学会副理事长，中国植物营养学会常务理事、顾问，担任全国肥料与土壤调理剂标准化技术委员会委员，农业部肥料、土壤调理剂和植物生长剂评审委员会委员等多种社会兼职。

2006 年 1 月，王运华退休。退休后他最关注的依然是植物营养与施肥事业和人才培养。2006年7月，王运华应邀前往江西省赣州市，和青年博士一起深入调研脐橙叶片黄化问题，判断为硼元素缺乏症状，从施硼肥入手开展防治，2007年显著见效。为促进赣南脐橙优质高产作出了重大贡献。

创建我国棉花施硼技术体系

1975年春天，王运华在湖北省新洲县凤凰公社石骨山大队（今武汉市新洲区凤凰镇石骨山村）"开门"办学。6月末，正是棉花现蕾开花的季节，而石骨山的棉田里，却出现现蕾不保蕾、脱落不见花的现象，棉农们心急如焚。王运华和老师、同学及技术人员共同探讨原因，排除了虫害、药害、渍水等怀疑，以为是土壤缺磷少钾引起，可是施磷肥、钾肥一个月后不仅无效，而且棉叶大量萎缩，棉蕾几乎掉光，问题更为严重。王运华将作物必需的16种营养元素一一排队，5种"可能有牵连"的元素进入视野，他再一次进行试验。不久，奇迹出现了，施硼的棉苗叶片舒展，棉桃累累，与没有施硼的棉苗形成了鲜明的对比。经中国农业科学院专家现场检查肯定后，王运华以集体名义执笔写成《石骨山大队棉花叶片萎缩蕾而不花初探》一文，于1976年2月首次报道棉花"蕾而不花"症状及施硼防治技术。1977年11月在中国科学院微量元素学术交流会上，王运华作了《棉花蕾而不花与硼素营养》报告，并提出土壤有效硼含量临界值为0.2mg/kg。

王运华发现土壤有效硼超过0.2 mg/kg的正常棉花施硼增产，他暂定该棉花为"潜在性缺硼"。1979年，在棉花主产区湖北省天门县、江苏省启东县、河南省周口地区农科所试验，生长正常的棉花施硼竟增产二成。土壤盆栽试验证明，土壤有效硼0.2～0.8mg/kg范围棉花潜在性缺硼。随后，国家拨出专款，先后组织长江流域和黄河流域13个省市中县市植棉面积各超过

6666.7 公顷的 156 个县市（占当时全国同类植棉规模县市的一半）农业部门协作攻关。王运华指定为全国棉花施硼试验、示范和应用主持人，他精心制订全国统一的试验示范计划，组织实施；通过技术讲座、现场会、传媒等形式传播棉花施硼技术，亲自深入到每个参试县市及试验示范点，不断总结提高棉花施硼技术。上海科学教育电影制片厂于 1982 年摄制完成科教片《硼肥》，在全国放映，普及植物硼营养及以棉花施硼为重点的施硼技术。经过三年努力，全国棉花潜在性缺硼和施硼试验研究成绩卓著，大面积示范与应用均增产增收。1987 年，王运华主持制订了《棉花施硼技术规范》。《规范》涵盖了我国棉花施硼的最新成果：棉花硼营养特点，硼对棉花生长发育及产量与品质的影响，棉花从严重缺硼、潜在性缺硼、硼适宜到硼中毒的土壤测试与棉花形态诊断技术和指标，适应不同缺硼条件下的棉花施硼技术，我国棉花施硼分区，影响棉花施硼增产效果的因素与增效技术，等等。《规范》科学性强，可操作性强，适合广大农民、农业技术人员和学者参考应用。从此棉花施硼成为我国棉花施肥常规技术，在我国大面积应用。在王运华 1981—1988 年主持全国棉花施硼协作组期间的不完全统计，累计棉田施硼 203.1 万公顷，增产皮棉 13.75 万吨，按当时价格计算净增收入 41250万元。

王运华和研究组积极扩大施硼作物，研究提出了向日葵、芝麻等作物从缺硼、硼适量到过量中毒的指标，广泛应用于指导这些作物施硼。

王运华和研究组对作物硼营养机理与施硼开展了一系列创新性研究，取得具有国际先进水平甚至领先水平的成果：明确棉花硼营养临界期在现蕾期；发现油菜小孢子的繁殖数量与硼营养水平呈正相关，修改了植物完全被动吸收硼的理论；利用棉花叶片涂含 ^{10}B 同位素示踪研究，证明植物体内的硼部分可以再利用，修改了硼在植物体内不能再利用的观点；揭示棉花主茎叶片环带叶柄率与土壤有效硼含量呈负相关，以此建立的棉花缺硼形态诊断指标简便易行；运用^{10}B同位素示踪、化学分析和扫描电镜技术，首次报道棉花叶柄环带以及输导器官异常阻碍物质运输的证据；发现缺硼对甘蓝型油菜生长异常的影响始于根，硼低效品种根尖与边缘细胞受损，缺硼导致苗期根构型在表层5cm左右不发达，而对硼高效品种的影响较小；发现缺硼作物花粉粒少生活力弱，扫描电镜观察缺硼花粉粒粉刺尖疲软；在甘蓝型油菜细胞壁中分离出含硼化合物，证明硼是细胞壁组分，并证明该化合物为硼–鼠李半乳糖醛酸聚糖–Ⅱ（B–RG–Ⅱ）；证明甘蓝型油菜品种硼效率的差异与硼形态密切相关：硼高效品种水溶态硼和缚态硼含量较低，半束缚态硼含量较高，硼低效品种正好相反，硼高效品种可溶性糖极显著高于硼低效品种，糖可能起类似载体作用，有利于硼糖络合运输；首次以硼效率高低不同的两个品种同时同硼钙水平研究硼钙营养关系，发现随着硼钙营养水平的不同，不同硼效率甘蓝型油菜品种在各自特定的硼钙营养水平范围内表现为协助效应，超过该水平表现为拮抗效应，澄清了长期以来关于硼钙营养是协助或拮抗的争论问题。

创建我国冬小麦施钼技术体系

湖北省新洲县（今武汉市新洲区）是棉麦两熟双高产县。20世纪80年代末，冬小麦越冬期普遍发生叶片黄化死苗现象，导致严重减产。1989年元旦，王运华深入张店镇团强村调研，认真听取农民和技术人员介绍，当地为酸性土壤，施肥水平高，入冬降温冬小麦就出现黄化苗，温度越低越严重，当农民反映施石灰可缓解该症状时，他敏锐地判断，石灰的作用提高土壤pH，也随着提高土壤钼和硼的有效性。当即取土在学校开展冬小麦冬播试验，尽管播种季节太晚冬小麦不分蘖，但到4月底，冬小麦拔节后的叶片绿色深浅和长势依施肥处理出现显著差别，施钼肥的优势最为突出，各处理优劣的排序是，施钼肥第一，施石灰第二，施硼肥、钙镁磷肥并列第三，对照居末。1989 年冬，他和研究组并与新洲县农业局合作布置以钼肥为主防治冬小麦越冬期黄化死苗的试验，也取得了成功。随后土壤盆栽和营养液培养试验进一步证明，缺钼是导致冬小麦越冬期黄化死苗的原因。

钼是作物体内含量极少的必需微量元素，植物营养学术界公认豆科作物对钼敏感，施用钼肥增产显著，普遍认为禾本科作物对钼不敏感，个别学者甚至认为禾本科作物依靠种子钼可保证后代丰收。对王运华发现缺钼引起冬小麦在越冬期黄化死苗现象与施用钼肥防治，有学者认为"不可思议"。他和研究组对 34 个冬小麦品种种子钼的研究表明，含钼量最多的品种其种子钼只够冬小麦苗到拔节初期之需，必须吸收土壤肥料中钼营养，才能获得丰收。提出冬小麦缺钼和有效施钼的 4 个条件：$pH < 7.5$，土壤有效钼含量 $< 0.2 \text{ mg/kg}$，施氮肥（N）$> 300 \text{ kg/km}^2$，越冬期温度 $< 5℃$，形成了以 4 个条件相结合的独具特色的我国冬小麦缺钼诊断与施钼的技术体系。当前我国冬小麦缺钼和有效施钼区域，广泛分布于湖北、重庆、川中、豫南、安徽、鲁南等地。实践证明，因地制宜地施用钼肥，有效地保证冬小麦产区粮食安全。

王运华和研究组还对冬小麦施钼的机理进行了研究。首次证明钼直接参与叶绿素的合成，缺钼导致冬小麦叶片叶绿素合成受阻，叶片氮含量虽高而不能合成叶绿素，叶绿素含量低是冬小麦越冬期叶片黄化的根本原因；缺钼降低冬小麦硝酸还原酶活性，阻碍其体内硝态氮转化为铵态氮，致使硝态氮含量异常增加，氮代谢受阻；缺钼阻碍冬小麦体内碳代谢与糖合成，使其抗寒性下降。

创建鉴定油菜硼营养基因型差异的技术体系

为了减少施肥投入，降低农业生产成本，减轻环境污染，充分利用丰富的农作物品种资源，利用土壤养分潜力，促进农业可持续发展，需要开展作物营养遗传改良。现代基因和基因组学以及分子生物技术的发展，为作物营养遗传改良提供了新的可能性和机遇。王运华深知，作物营养遗传改良属于植物营养学和遗传学、分子生物学的交叉学科，自身的学科基础和研究条件不够，提出先打基础，创造条件培养新人新队伍促发展的思路。

他首选甘蓝型油菜硼营养改良为目标，从作物营养遗传改良的关键——通过筛选掌握硼营养高效高潜力品种为突破口。为了加快筛选速度，尽快获得目的基因型，设计用两步筛选法：第一步，30天左右的苗期初选；第二步，以苗期入选品种进行产量筛选，最终确定中选品种。设计了每一步的筛选方法；筛选处理；筛选指标；指标评价。

1991年王运华选择了60个甘蓝型油菜品种，在一个生产季节内完成两步筛选法筛选，得到了硼高效和硼低效品种各一个。经两年反复验证，硼营养生理分析证明该两品种硼效率准确可靠。配对正反交杂交组合研究揭示，甘蓝型油菜硼高效性状为细胞核控制的显性性状，然而也发现硼高效品种潜力不高的弱点。为此，他于1995年开展第二次筛选，将目标集中在甘蓝型油菜品种硼高效高潜力上，获得了硼高效高潜力品种8个，低效品种1个。1996年10月在北京召开的肥料与农业发展国际学术讨论会上，王运华在《甘蓝型油菜品种对硼利用效率差异的研究》论文中宣布了这项成果。1999年冬，在徐芳森的博士学位论文中正式宣布甘蓝型油菜硼高效品种和硼低效品种名称，迄今仍是国际上甘蓝型油菜最好的硼高效、硼低效种质。

在此基础上，王运华和以研究生为主体的研究组，开展了新的配对杂交研究，证明硼营养高效性状为显性。他充分利用学校遗传学和分子生物学优势和作物遗传改良国家重点实验室的先进条件，合作培养博士研究生，开展深入研究。现在，植物营养遗传学科已经建成一支中年教授为学术带头人，全部青年博士组成的学科团队，活跃在国内外植物营养遗传的学术舞台上。

随后，王运华继续使用两步筛选法，筛选得到甘蓝型油菜磷高效磷低效品种，拟南芥硼高效硼低效生态型，冬小麦钼高效钼低效品种。现正由植物营养遗传的新团队继续研究。

（姜存仓　徐芳森）

简　历

1935 年 4 月 6 日　出生于江西省鄱阳县鄱阳镇。

1945 年 9 月—1949 年 8 月　江西省鄱阳县芝阳师范附中初中—高中一年级学习。

1949 年 9 月—1951 年 6 月　江西省鄱阳县鄱阳中学学习。

1951 年 9 月—1952 年 8 月　武汉大学农业化学系一年级学习。

1952 年 9 月—1955 年 8 月　华中农学院土壤农业化学系学习。

1956 年 4 月—1958 年 1 月　北京农业大学土化系农化进修班学习。

1955 年 9 月—1978 年 8 月　华中农学院土化系助教。

1978 年 9 月—1983 年 8 月　华中农学院土化系讲师。

1983 年 9 月—1987 年 8 月　华中农业大学土化系副教授。

1987 年 8 月　华中农业大学土化系教授。

1993 年 12 月　华中农业大学博士生导师。

1990 年—1995 年　华中农业大学副校长。

1994 年—1996 年　华中农业大学土化系系主任。

1996 年 12 月—1998 年 3 月　华中农业大学资源环境与农业化学系系主任。

2006 年 1 月　退休。

主 要 论 著

[1] 华中农学院土化系油菜磷肥研究组（王运华执笔，刘武定，程见尧）．油菜磷素营养和有效施用技术的研究Ⅰ·油菜磷营养的规律性．湖北农业科学，1973（7）：14—22.

[2] 华中农学院土化系油菜磷肥研究组（刘武定，程见尧执笔，王运华）．油菜磷素营养和有效施用技术的研究Ⅱ·油菜磷肥的经济有效施用．湖北农业科学，1973（8）：27—36.

[3] 华中农学院黄冈分院土肥组，新洲县土肥站（王运华执笔，陶维银，唐国华）．石骨山大队棉花叶片萎缩蕾而不花初探．棉花，1976（1）：35—36.

[4] 华中农学院黄冈分院土肥组，新洲县土肥站（王运华执笔，刘武定，皮美美等）．棉花蕾而不花与硼素营养．中国农业科学，1978（3）：61—64.

[5] 农化教研室（王运华执笔）．我国棉花缺硼和棉花施用硼肥研究初报——1981年全国棉花施硼试验示范总结．华中农学院学报，1982（3）：24—31.

[6] 王运华，刘武定，皮美美．棉花潜在性缺硼与有效施硼的研究．中国农业科学，1985（2）：62—70.

[7] 王运华，邹崇俊，刘子昌．棉花叶柄环带与菏泽棉田缺硼的研究简报．华中农业大学学报，1986（1）：104.

[8] 王运华，刘武定，皮美美．棉花潜在性缺硼指标与有效施硼的研究．见：微量元素肥料研究与应用．武汉：湖北科学技术出版社，1986，285—296.

[9] 全国微肥科研协作组（棉花规范执笔人王运华）．棉花、油菜硼肥施用技术规范．土壤肥料，1989（3）：6—9；1989（6）：1—3.

[10] 王运华，刘武定，皮美美，等．我国主要棉区缺硼概况与施硼分区．华中农业大学学报（增刊），1989，6：153—156.

[11] 王治荣，王运华，刘洁文，等．酸性黄棕壤小麦缺钼黄化死苗与施钼效应的研究初报．湖北农业科学，1990（10）：14—17.

［12］谢青，魏文学，王运华．硼对棉花繁殖器官解剖结构的影响．华中农业大学学报，1991，10（2）：177—179.

［13］谢青，魏文学，王运华．棉花对硼的吸收．运转和分配的研究．作物学报，1992，13（1）：31—37.

［14］Wang Y H, Zhou X F. The effects of boron on the anatomical structure of cotton petioles. Proceeding of the International Symposium on the Role of Sulfur. Magnesium and Micronutrients in Balanced Plant Nutrition. Hongkong, 1992, 81—84.

［15］王运华，周晓锋．硼对棉花叶柄中无机营养、酚、酶活性及激素影响的研究．植物营养与施肥学报，1994（1）：61—66.

［16］徐芳森，王运华，李建春．甘蓝型油菜硼营养高效在 F1 代的遗传研究．植物营养与肥料学报，1998，4（3）：305—310.

［17］王火焰，王运华，吴礼树．不同硼效率甘蓝型油菜品种的硼钙营养效应．中国油料作物学报，1998，20（2）：59—65.

［18］Yu M, Hu C X, Wang Y H. Influences of seed molybdenum and molybdenum application on nitrate reductase activity, shoot dry metter, and grain yields of winter wheat caltivars. Journal of Plant Nutrition, 1999, 22（9）：1433—1441.

［19］王运华，吴礼树，喻敏，等．甘蓝型油菜品种对硼利用效率差异的研究．肥料与农业发展国际学术讨论会论文集，中国农业科技出版社，1999，333—335.

［20］王运华，胡承孝，魏文学，等．迅速发展的中国钼肥研究．见：第二届国际微量元素与食物链学术研讨会论文集．北京：中国农业出版社，1999，35—41.

［21］Xu F S, Wang Y H, Meng J. Mapping boron efficiency gene（s）*Brassica napas* using RFLP and AFLP markers. Plant Breeding, 2001, 120（4）：319—324.

［22］杜昌文，王运华，徐芳森．不同甘蓝型油菜品种之间硼效率差异与柱层析糖的关系．植物生理学通讯，2001，37（6）：508—510.

［23］王火焰，王运华．不同硼效率甘蓝型油菜品种悬浮细胞的硼钙营养效应．植物营养与肥料学报，2002，8（1）：100—104.

［24］杨玉华，杜昌文，吴礼树等．不同硼效率甘蓝型油菜品种细胞壁中

硼的分配. 植物生理与分子生物学学报, 2002, 28 (5): 339—343.

[25] 杨玉华, 王运华, 杜昌文等. 硼对不同硼效率甘蓝型油菜细胞壁组成的影响. 植物营养与肥料学报, 2002, 8 (3): 340—343.

[26] Yang Y H, Yu M, Wang H Y, et al. Effect of B on cell Wall regeneration protoplasts of B – efficient and B – Inefficient rape (*Brassica napas* L.) cultivars. In: Boron in Plant and Animal Nutrition. Kinwer Academic/Plenum publishers, 2002, 287—298.

[27] Yu M, Hu C X, Wang Y H. Molybdenum efficiency in winter wheat cultivars as related to molybdenum. Plant and Soil, 2002, 245: 287—293.

[28] 杜昌文, 王运华, 徐芳森, 等. 不同硼效率甘蓝型油菜品种中硼的形态及其相互关系. 植物营养与肥料学报, 2002, 8 (1): 105—109.

[29] Wang H Y, Wang Y H, Du C W, et al. Effects boron and calcium supply on calcium fractionation in plants and suspension cells of rape cultivars with different boron efficiency. Journal of Plant Nutrition, 2003, 26 (4): 789—806.

[30] 喻敏, 胡承孝, 王运华. 低温条件下钼对冬小麦叶绿素合成前体的影响. 中国农业科学, 2006, 39 (4): 702—709.

[31] 喻敏, 胡承孝, 王运华. 钼对冬小麦叶绿素含量变化的影响. 麦类作物学报, 2006, 16 (2): 113 – 116.

[32] 姜存仓, 王运华, 刘桂东, 等. 赣南脐橙叶片黄化及施硼效应研究. 植物营养与肥料学报, 2009, 15 (3): 656—661.

朱世清

(1935—)

朱世清，土壤学家。长期从事广东省土壤资源调查、土壤类型及其性质、土壤利用改良、水土保持等研究。协助完成了广东省和全国土壤农业利用分区的研究，使土壤分区与农业分区有机结合起来。

朱世清，1935 年 6 月 17 日出生于广东省合浦县南康镇（今广西北海市铁山港区南康镇）的一个农民家庭，9 岁丧父，自小随母亲劳动，深受母亲的影响。1951 年在南康合浦第三中学（今南康中学）初中毕业后，考入北海中学。1954 年高中毕业，考入广州华南农学院土壤农业化学专业。1956 年加入中国共产党。1958 年毕业后，分配入中国科学院广州土壤研究所（今广东省土壤与生态环境研究所），一直工作到 1995 年退休。

1958 年初，广东省开展土壤资源调查，当时还在就读大学四年级的朱世清，作为生产实习，参加这一工作，他被分配到当时合浦地区，任业务队长，最后除编写《广东合浦地区土壤调查报告》外，还参加省级成果的汇总。

1960 年广东省开展全省土壤资源补充调查，朱世清任湛江地区工作队队长，主编《广东湛江地区土壤调查报告》及有关图表外，还参加省级成果汇总，参加编写《广东省农业土壤志》及有关图表。

1962 年初至 1966 年夏，在陆发熹所长的指导下，开展了"广东省土壤农业利用分区"研究课题，朱世清带领课题组的同志，先从湛江地区（当时包括今广西钦州市）进行试点，经一年的工作，编写了《广东湛江、广西钦州地区土壤农业利用分区》。随后，朱世清带领全组同志开展全省的调查研究，直到 1966 年 5 月海南岛外业调查结束。

1974 年，广东土壤所合并至广东省农业科学院土壤肥料研究所，朱世清任该所土壤组组长。主要从事大比例尺土壤普查和农田基本建设研究课题。先后到花县的三华，博罗县的龙溪等地，对大比例尺土壤调查、制图、土壤基础分类、土壤养分图的编制，以及农田基本建设的规划、施工等进行研究。最后主持编写《土壤普查与农田基本建设》（广东科技出版社出版）一书。

1978 年广东土壤所又从省农科院土壤肥料研究所分出，更名为"广东省土壤研究所"，隶属省科学院领导，朱世清任土壤地理室主任。

1977 年至 1978 年，在陆发熹教授指导下，参加由侯光炯先生主编的《中国农业土壤概论》专著的编写，主要是编写最后一章《中国土壤农业利用分区》。

1980 年开始，重新进行"广东省土壤农业利用分区研究"，朱世清是课题负责人之一，在 60 年代调查的基础上，重新进行补充调查。于 1986 年完成，参加编写《广东省土壤农业利用分区》及《1/100 万土壤分区图和土壤图》。该研究报告收集在《广东土壤》的最后一章《广东土壤改良利用分区》。

1982 年 12 月晋升为副研究员。

1982 年在陆发熹所长主持下，全所各学科集中对珠江三角洲土壤进行研究，朱世清与卢家诚同志一起，负责珠江三角洲土壤类型、分布、基本性质、土壤资源评价及土壤农业利用分区研究，历时四年，于1986年底完成。除与卢家诚合编《珠江三角洲土壤资源评价及土壤农业利用分区》（广东科技出版社出版）一书，还参加由陆发熹主编的《珠江三角洲土壤》专著的编写，朱世清是三个副主编之一，该书由中国环境科学出版社出版，获1988年广东省科技进步奖三等奖。

1979年，广东省开始了第二次土壤普查，朱世清被聘为顾问组成员，在广州分批培训地、市级土肥干部，朱世清讲授土壤基本知识和土壤调查技术课程，并多次随顾问组组长陆发熹先生到湛江、佛山、茂名、梅州等市县去检查、指导工作，并最后对上述市县进行成果验收。1990年开始省级成果汇总，编写了《广东土壤》及相关图表（科学出版社出版），朱世清是四个副主编之一。作为广东省土壤资源调查，获1991年广东省科技进步奖二等奖。

1989年至1994年，广东省进行海岛资源综合调查。这是多学科的调查，土壤所是参加单位之一。时任所长的朱世清，带领7位同志参加。他担任土地资源组副组长、土壤组组长，负责海岛土壤的调查，历时5年，除完成各海区的综合调查报告有关土壤资源的资料外，还编写了《广东海岛土壤》及有关图表（广东科技出版社出版）。广东海岛资源综合调查，获1996年广东省科技进步奖一等奖。

1992年朱世清晋升为研究员。并获国务院政府特殊津贴。

1986年朱世清和袁彩庭共同主持了"兴宁县石马河流域水土流失综合治理试验研究"，1992年获广东省科技进步奖三等奖。

朱世清曾兼任广东省土壤学会第二届（1982—1986年）理事会副理事长，第三届（1986—1990年）理事会副理事长，第四届（1990—1994年）理事会理事长。

两次参加广东省土壤普查工作

朱世清曾两次参加广东省土壤普查。第一次在 1958 年，他大学还未毕业，全班同学被抽调参加。他被派到当时合浦地区任组长，在校时虽学过土壤调查制图，但都是专业队伍进行调查的，这次调查时间短，任务急，必须发动群众，把技术交给群众，采取领导、技术、群众三结合的办法进行。朱世清与工作组的同志一道，采取级级办班的办法，地区培训各县的干部，以一个县为试点，边干边学，各县以一个乡为试点，培训各乡镇干部，就这样，不到一年，就把一个地区各县的土壤调查结束，摸清了土壤类型、土壤基本性质、土壤资源数量以及土壤改良利用等，级级汇总。朱世清主持了地区级汇总，编写了《合浦地区土壤资源调查报告》及有关图表。年底，朱世清回广州，参加省级的汇总工作，主要是和其他同志一起，编绘了《广东省 1/20 万土壤图》。广东省这种发动群众，把技术交给群众，领导、技术、群众相结合的办法被农业部所肯定，在广东新兴县召开现场会议后，向全国推广，开展了全国第一次土壤普查。1960 年，省里有关部门深感广东第一次土壤普查，在总结农民认土、用土、改土等经验不足，因此于年初开展了土壤普查补课，朱世清被派往湛江地区任组长，开展湛江地区土壤普查。由于有了第一次土壤普查的经验，工作顺利，于年底结束。他主编了《广东湛江地区土壤普查报告》及相关图表。1961 年，在陆发熹先生主持下，全省成果汇总。朱世清参加编写《广东农业土壤志》及《广东省土壤图》等。

时隔 20 年后的 1978 年，全国开展第二次土壤普查。广东跟全国各省一样于 1978 年开始第二次土壤资源调查，朱世清被聘为顾问组成员，并负责在广州对地市级土肥干部分批培训。他讲授土壤基本知识和土壤调查的外业技术，自编教材，通俗易懂，易掌握，深受学员们的欢迎。工作开展以后，朱世清随顾问组长陆发熹赴湛江、茂名、佛山、梅州等市及其所属各县市等进行指导、检查，以及后来上述各市县的成员验收。1987年开始，朱世清参加省级成果汇总，直至1990年结束，编写了《广东土壤》及相关图件。通过了国家专家组的检查验收，朱世清自始至终参加，是四位副主编之一。广东省第二次土壤普查的成果，作为广东省土壤资源调查研究，获得1991年广东省科技进步奖二等奖。

提出土壤农业利用分区

过去土壤分区（区域）是单纯根据土壤类型的特点、组合以及利用改良措施等的异同进行分区的，与农业联系甚少，与农业分区联系更少。因此，如何把土壤分区与农业分区有机结合起来，使土壤分区更好为农业生产服务。这一学术思想是由陆发熹教授于1962年提出来的，朱世清根据这一思想，于1963年带领队伍，先在湛江地区进行试点，从自然环境条件、气候、土壤类型组合、特性、改良利用方向以及农作物组成轮作等的异同进行分区，最后写出了《广东湛江、广西钦州地区土壤农业利用分区》的调查报告。这种把土壤与农业利用分区相结合的学术思想，于1964年在广州召开的国内有关专家的研讨会上，陆发熹先生作了学术报告，受到与会者的肯定，于是1964年在全省展开工作。朱世清带领课题组的同志，对北部的韶关，东部的梅州、汕头，南部的海南、湛江，进行调查研究。1966年6月调查工作结果，由于"文化大革命"开始，汇总工作不得不中止。直至1980年4月才重新开展广东土壤农业利用分区的研究，朱世清在60年代调查的基础上，进行补充调查，至1981年12月完成，编写了《广东土壤农业利用分区》研究报告，根据地带性与非地带性原则，把全省分为三个土带和三十一个土区，分别论述各区带的自然条件，土壤资源及主要土壤肥力特性，农业利用现状，农业生产发展方向和存在问题，提出利用改良措施。

参加海岛土壤资源综合调查

根据经济发展的需要，1988 年国务院决定开展全国海岛资源综合调查。广东省根据国家的要求，组织多学科的调查大队，从 1989 年开始，历时五年开展了海岛资源调查，朱世清先后被任命为土壤资源组副组长、组长，亲自带领梁永夹等五位同志参加外业调查，另组织罗薇等三位同志负责室内土壤化学分析于 1993 年完成外业调查，共调查了 759 个海岛，面积达 1389 平方公里，登上较大海岛 132 个，其中绝大部分海岛为第一次进行土壤调查，共挖土壤剖面 268 个，取纸盒标本 268 个，采土壤分析样 811 袋，勾绘了土壤草图 268 幅，土壤类型 35 个，编制了土壤分布图 85 幅，土壤化验分析项目有土壤酸度，有机质、N、P、K、盐基组成，盐基交换量，以及土壤颗粒组成等约 30 个项目，提供约 12000 个数据。资料汇编 7 卷，333 页。整理档案 43 卷 29 盒，著录 600 多条。编写了《广东海岛土壤》及有关图表。

这次海岛资源综合调查，不仅规模大，而且资料完整、充实、系统等，提供广东海岛土壤第一手资料，是广东土壤资源和土壤科学的珍贵财富。

坚持科研为生产服务

朱世清深感土壤学科虽然是一门应用基础学科，但若不能解决广东农业生产中出现的土壤肥料问题，是很难站得住脚的。因此，他在做任期目标报告时，提出了要抓好"三点、二片"的任务。所谓"三点"就是兴宁县的高产水稻栽培、石马河流域水土流失治理和微量元素在果树应用推广、珠江三角洲土壤多学科综合调查研究。所谓"二片"就是利用阳山县江乡石灰岩山区夏季气温较低而种植反夏季蔬菜、利用粤西化州县丽岗乡冬季气温较高而种植反冬蔬菜。朱世清动员和带领全所同志集中全所的财力物力,一齐上马,在每个片点上都亲自抓一个项目,例如在阳山县江英乡结合省科院科技扶贫,带领队伍,一干就是10年,直到退休。兴宁县主持石马河流域水土流失综合治理课题,珠江三角洲负责土壤类型、分布、性质及土壤农业利用分区等。经过短短的几年努力,土壤所在反季节蔬菜栽培、水稻高产栽培、微量元素在果树的推广使用、土壤侵蚀与治理等都取得了可喜成果。

朱世清把土壤地理研究室,由研究土壤发生发育和土壤资源调查为主导方向,引导到土壤资源利用改良方向,组织大部分人员,到生产第一线去,研究利用高山冷凉的气候环境,种植反季节蔬菜,研究石灰岩山地的土壤资源利用改良,使土壤地理研究室越走道路越宽畅,越走越有生气。

朱世清是位实干的研究人员。几十年来他始终走在科研第一线,他带领科研人员走南闯北,踏遍了广东的山山水水,广东(包括今海南省)的名山大川都留下他的足迹。在土壤调查过程中,每个土壤剖面他都要下土坑观察记录,他常对手下的同志说:要想当一个土壤学家,不观察研究两三千个土壤剖面是不可能的。

待人真诚　胸怀开阔

朱世清为人随和,待人真诚,胸怀开阔、乐观,不计较个人得失,科技人员喜欢和他一起工作,全所上下都亲昵地称他为"朱叔"。他认为听来顺耳,倍感亲切。他乐于帮助别人。他认为"选你当所长，不是给您特权，而是要求您更好地为全所同志服务"。职工有困难相求，只要政策允许，他都想尽一切办法给予解决。他热情关怀青年人的培养与成长，他在担任所长期间，接收了科技学校近20名学生，因科研工作的需要，派他们到华东师范大学、华中农业大学、华中工学院等院校函授、学习，经过几年的时间，他们全部取得了大学本科文凭，有的还取得学位，这批中专生，现在不少是土壤所科研骨干。他言传身教，鼓励身边工作的同志大胆工作，大部分在他身边工作的青年同志，现已成为研究员、副研究员、高级工程师。

朱世清热爱土壤事业。正如他在2008年庆祝土壤所成立50周年时在所庆刊物上发表的《我与土壤所》一文中所说："我之所以有今天，是土壤所造就了我，同时我的一生都献给了土壤所，献给了土壤事业，所以我在土壤所工作，从事土壤科研研究，感到十分自豪，一生无悔。"

（曾晓舵）

简　历

1935年6月　生于广东省合浦县南康镇（现为广西北海铁山港区南康镇）。

1948—1952年　在南康合浦第三中学初中毕业。

1952—1954年　在广西北海中学高中毕业。

1954—1958年　在广州华南农学院土壤农业化学专业毕业。

1958年9月—1965年　分配到中国科学院广州土壤研究所（1962年改名为中国科学院中南土壤研究室）任土壤地理组组长。

1974—1978年　随中南土壤研究室合并到广东省农科院土壤肥料研究所任土壤组组长。

1976年　晋升为助理研究员。

1978年　恢复中南土壤研究室，改名为广东省土壤研究所，任土壤地理研究室主任。

1982 年　晋升为副研究员。

1982—1986 年　任广东省土壤学会第二届理事会副理事长。

1983—1988 年　任广东省土壤研究所副所长。

1986—1990 年　任广东省土壤学会第三届理事会副理事长。

1989 年 1～12 月　任广东省土壤研究所代所长。

1990—1993 年　任广东省土壤研究所所长。

1990—1994 年　任广东省土壤学会第四届理事会理事长。

1992 年　晋升为研究员，享受国务院政府特殊津贴。

1995 年 5 月　退休。

主 要 论 著

［1］陆发熹，朱世清，等．广东湛江、广西钦州专区土壤农业分区．中南土壤专报第 3 号，1964.

［2］陆发熹，朱世清．中国土壤农业分区．见：中国农业土壤概论．1982.

［3］陆发熹，朱世清，等．广东土壤农业分区概述．全国土壤学术会议，1979.

［4］何金海，朱世清，等．土壤普查与农田基本建设．广州：广东科技出版社，1980.

［5］朱世清．广东红壤利用改良区域．全国土壤会议，1980.

［6］朱世清．广东热带、南亚热带土壤利用改良区域．见：中国红黄壤地区土壤利用改良区划．北京：农业出版社，1980.

［7］陆发熹，朱世清，等．珠江三角洲沙围田区水稻土形成发展的研究．见：水稻土讨论会文集：南京，1980.

［8］陆发熹，朱世清，卢家诚，等．珠江三角洲土壤资源评价与土壤农业利用分区．广州：广东科技出版社，1981.

［9］朱世清．广东水土流失概况．水土保持通报，1986（3）．

［10］陆发熹（主编），朱世清（副主编）．珠江三角洲土壤．北京：中国环境科学出版社，1988.

［11］朱世清，等．广东兴宁县石马河流域土壤侵蚀类型．水土保持通报，

1991（1）.

[12] 陆发熹，朱世清，等．珠江三角洲水稻土的合理利用和培肥措施．见：中国土壤学会第五次代表大会论文集．1983.

[13] 朱世清，卢家诚，李定强．华南花岗岩水土流失区的治理和综合利用．中国土地退化防治研究．北京：中国科学技术出版社，1990.

[14] 朱世清，袁彩庭，等．广东兴宁县石马河流域水土流失综合治理研究．见：中国土壤学会第七次代表大会论文集．1991.

[15] 朱世清．合理利用土壤资源，促进广东农业持续发展．北京：土壤科学与农业持续发展．北京：科学出版社出版，1994.

[16] 朱世清，卢家诚，等．阳山县江英石灰岩区土壤资源及其利用研究．热带亚热带土壤，1992.

[17] 朱世清，梁永炗，等．汕头海区海岛土壤资源，汕头海区海岛资源综合调查报告．广州：广东科技出版社．1991.

[18] 朱世清，梁永炗，等．大亚湾海区海岛土壤资源，大亚湾海区海岛资源综合调查报告，广州：广东科技出版社，1992.

[19] 朱世清，梁永炗，等．洪海湾海区土壤资源，洪海湾海区海岛资源综合调查报告．广州：广东科技出版社，1992.

[20] 朱世清，梁永炗，等．珠江口海区海岛土壤资源，珠江口海区海岛资源综合调查报告．广州：广东科技出版社，1992.

[21] 朱世清，梁永炗，等．湛江—茂名海区海岛土壤资源，湛江—茂名海区海岛资源综合调查报告．广州：广东科技出版社，1994.

[22] 朱世清．广东坡地土壤，华南坡地研究．广州：广东科技出版社，1994.

[23] 朱世清，等．广东海岛土壤．广州：广东科技出版社，1995.

[24] 朱世清．广东坡耕地状况及其利用改良对策．热带亚热带土壤科学，1994（3）.

[25] 刘安世（主编），刘树基，何宜更，朱世清，李本泉（副主编）．广东土壤．北京：农业出版社，1992.

陈 震

(1936—)

　　陈震，土壤学家。长期从事土壤培肥的研究，主编了《土壤学》、《土壤肥力学》等著作。主持开展大面积的土壤和作物的营养诊断，采取氮磷合理配施技术，获得了显著的增产效果。在石灰性土壤微量元素的供应状况、大量和微量元素的合理配合特别是磷锌关系研究方面做了大量工作。

　　陈震，1936年3月28日生于江苏省海门市长乐镇中北村一个医生家庭。父亲以其医德医术享誉乡里。在他7岁那年，父亲积劳成疾患肺结核病故，全靠寡母宋士贤教私塾和种地把他拉扯大。陈震在海门中学初中毕业后，因家中无力支持他上学，他怀着"种地不用牛，点灯不用油"的梦想，考进了能享受全额助学金的南通农业技术学校农垦科，学习农业机械和作物栽培，决心献身祖国的农业现代化事业。1953年8月由南通农校毕业，那年他才17岁，他积极响应祖国实施第一个五年计划"建设边疆"的号召，告别老母和家乡，奔赴内蒙古自治区。先后在内蒙古东部区行署农牧厅和库伦旗农场任技术员，和蒙汉人民一起，垦荒种植，建设边疆。1954 年 9 月，他又响应党中央国务院"关于动员在职年轻干部报考高等学校"的号召，考进北京农业大学土壤农业化学系学习。大学 4 年间，他努力钻研，向科学进军，获得了北京农大"优等生"的奖励。1958 年 9 月，从北京农大毕业分配至山西农学院任教。在黄河东岸、太行山麓、汾河谷地，开始了科教兴农的漫漫征程。

长期以来，他坚持深入山西各地农村，如昔阳大寨、曲沃杨谈、太谷杨家庄及墩坊、榆次西范、介休义安及连福、汾阳贾家庄、闻喜东观庄等农业生产先进单位，认真学习农民认土、用土、改土夺取农作物丰产优质的先进经验，根据生产中出现的问题，在山西农业大学的实验农场，布置"褐土培肥熟化"的长期定位实验，进行了长达 4 年的深入研究，系统探索黄土地区培肥、熟化、高产的规律。在山西农村，开展大面积土壤和作物营养诊断的田间试验和丰产示范，制定出作物营养诊断的简便方法、营养丰缺指标和有针对性施肥措施，推动了氮磷合理配合、夺取农作物丰产的生产活动，对小麦、谷子、玉米等农作物的持续高产起到了有力的促进和保障作用。即使在"文化大革命"期间，他也在坚持进行，这是难能可贵的。多年来，他和夫人吴俊兰教授合作，带领多名研究生，系统分析研究了石灰性土壤上的微量元素供应状况，对多种作物开展了各种微量元素肥效的试验，探索其增产机理和养分间的相互关系，在国内外学术界产生了一定的影响。

上述研究成果，得到党和政府的许多鼓励。如"大寨海绵田肥力实质的研究"获全国科学大会奖；"褐土培肥研究"和"土壤植物营养诊断"获山西农业科学大会奖；"微量元素锌对玉米增产机理的研究"获山西省科技进步奖一等奖；"玉米幼苗磷锌关系的研究"获山西省科技进步奖理论一等奖等多种奖励。《土壤学》教材的编写出版，获山西省高校教材一等奖，山西省人民政府教学改革集体一等奖。

1978 年 8 月，加入中国共产党，并晋升为副教授。创办《山西农业大学学报》，任总编辑。1981 年 1 月，任山西农业大学副校长，分管教学科研。1984 年 6 月，任山西农业大学校长，晋升教授。在担任校长期间，努力进行教学改革和提高教学质量，以建立教学科研推广三结合的体制为重点，创建土地管理、水土保持、食品科学等新兴专业，在全省建设丘陵山区综合开发、发展城郊农业、粮棉油生产和畜牧业生产基地、农产品加工示范点等十多个农业科教推广基地。还首创招收农民大学生，直接培养农村科技人才，受到农业部、教育部的表彰。1990 年 5 月，调任山西省科学技术协会主席，兼任省政府科技兴农专家组组长、省政协常委和经济科技委主任，具体组织实施全省农科教三结合基地和农业现代化示范区的建设，并任省农村致富函授大学校长，组织和推动全省各级政协开展科技培训、推广实用技术、建设科普乡镇，为促进农业现代化做出了显著贡献。1991 年，享受国务院政府特殊津贴。1991 年、1995 年两次被山西省委省政府授予"优秀专家"称号。美国世界传记研究协会将其载入《世界杰出领导组词典》第二版，授予"世界优秀专家奖章"，英国剑桥国际传记中心载入《世界名人录》（第二十一卷）。1998 年，推选为山西省科协名誉主席。

提出良好的耕层构造和适宜的土体构造是肥沃土壤的基础

什么是肥沃土壤？怎样培育肥沃的土壤？这是土壤和农业工作者以及广大农民群众十分关切的生产实际问题，也是土壤科学必须作出回答的重要理论问题。

陈震认真学习和总结了我国农民长期的生产实践经验，查阅了国内外土壤科学的有关研究资料，并通过自己多年的科学实验和分析研究，认为创建以良好的耕层构造为主要特征的适宜土体构造，是肥沃土壤的重要物质基础和关键所在，从而为农作物充足而协调地供应水、肥、气、热等各个肥力因素并提供优良的生育环境，保证农作物能持续地获得高产优质。

在1958年至1959年间，中国农村开展了大面积的土地深翻活动。怎样深翻？如何做好土壤耕层管理？成为生产中的迫切问题。为此，陈震走遍了太行山麓的黄土丘陵和汾河谷地的广阔平原，选取耕翻深度从16厘米到3米的几十个典型地块，分析观测土壤性状、根系发育和产量情况，发现耕层约为26.7厘米到33.3厘米，并且与施用有机肥相结合的土壤性状较好，产量也有保证。耕深超过1尺，打乱了耕作层和心土层，底土过于疏松的地块，都出现了明显的减产，耕翻愈深则效果愈差。

随后，陈震在山西农大实验农场的川地褐土上布置了不同耕深、不同施有机肥量和不同轮作制度的培肥熟化实验达四年之久，同时对昔阳大寨、曲沃杨谈等丘陵褐土的改土培肥试验示范地块，进行了定点分析研究。多年的田间试验和观察，特别是对大寨建造的肥沃农田被形象地称为"海绵田"的典型地块，进行了多次试验分析，还对大面积建造的称为"人造平原"的快速培肥地块进行了研究测定。试验结果表明：肥沃土壤都具有一个较为深厚、疏松、绵软、肥沃的耕作熟化层，其厚度约为26.7厘米到33.3厘米左右。孔隙度为50%~58%，容重1.1~1.2，大小孔隙比为1:2.7~3.5左右。土壤质地为轻壤或中壤偏轻。腐殖质含量约1.2%~1.5%以上，其组成中胡敏酸约为富里酸的1~2倍，多数以结合态存在。各种养分含量较高，比例均衡。分析数据和显微照相表明：肥沃土壤的耕层构造中，微团聚体特别发达，大于0.01毫米直径的微团聚体占整个土壤的80%以上，在腐殖质和无机黏粒的胶结下，形成许多大小不同的临时性和水稳性的结构，使耕作层呈现出众多网络状、树枝状、多角形、圆形的孔隙，具有多孔性和孔隙多样性的特征，从而发挥较高的调节和供应肥力的功能。这就较为深入地阐明了肥沃土壤常被称为"海绵田"、"绵土"、"软土"、"泥肉田"、"油土"等原因所在。从整个土体的构造而言，孔隙状况一般都应保持上松下紧，质地为上轻下重，使上层供水、供肥、供气性能较强，下层则保水、保肥、稳温能力较高。切忌心土层、底土层砂性过强、石块和结核过多、土壤过松而造成漏水漏肥或土体塌陷。同样，这样的土体构造原则上也适合于水稻土、盐碱土，只是具体性状应按实际情况有所变化。创建良好的耕层构造和适宜的土体构造，对人们采取各种农业工程措施和综合农业技术措施有重要的指导意义。

陈震根据多年的研究成果撰写的《晋中褐土肥力性状及调节途径的研究》论文，是阐述土壤培肥原理和调节措施的力作，他作为主编之一的《土壤学》、《大寨田》、《土壤学》（北方本）、《土壤肥力学》等学术著作，对山西和全国各地农田基本建设、土壤培肥熟化、农作物高产稳产优质，起到了一定的推动作用。

倡导土壤和作物营养诊断，
促进氮磷钾营养元素的协调供应

1978年春天，太谷韩村的一位农民，拿着一把麦苗和一袋土壤，找到山西农大土化系的实验室，要求给予化验和诊断。韩村是一个小麦高产村，农民反映春季返青后麦苗叶色深绿，但停滞不长，产量很受影响，农民甚是着急。陈震和吴俊兰等人对麦苗和土壤中的速效养分含量进行了快速测定，发现小麦植株汁液的含氮量和土壤中速效氮含量很高，而植株汁液的含磷量和土壤速效磷含量很低，植物汁液含钾量和土壤速效钾含量属正常范围。经综合判断，认为是多年来单纯增施氮肥，但很少施用磷肥，导致土壤供氮过剩，而磷素营养严重不足，形成小麦"僵苗"而减产。韩村的千亩麦田通过追施磷肥和叶面喷磷等措施，迅速补充了磷素营养，纠正了盲目地片面增施氮肥的倾向，使小麦氮磷达到均衡营养，产量品质得到显著提高。无独有偶，晋南闻喜县东官庄黄土丘陵区的旱地小麦，春季也出现了严重的"僵苗"现象，陈震和有关人员立即进行了土壤和小麦植株的养分快速测定，发现丘陵旱地小麦多年来只施用一些氮肥，不施磷肥，有机肥也很少施用，造成土壤中有效磷和小麦植株汁液中磷的严重缺乏，形成了氮磷营养极度失调状况，经及时补充磷素营养，使氮磷营养得到均衡协调供应，保证了旱地小麦的丰收，受到了广大农民的欢迎。

在进行营养诊断工作过程中，陈震和同事们还发现有些小麦高产地块氮磷营养供应充足，但有时施用有机肥不足，长期不施钾肥，产生钾素供应不足而导致减产。也有少数地块，连年增施磷肥，而氮肥供应不足。而在许多丘陵地区的麦田中，由于施肥不足，出现氮磷俱缺的状况。为了进一步摸清土壤养分的供应状况，明确诊断指标，做到因地、因作物科学合理用肥，陈震又组织师生与各地农业部门、计量部门、农村科研队结合，在晋南、晋中、忻州等地，按照不同作物、不同肥力地块，布置了几十个氮磷不同配比的田间肥料试验。根据试验分析结果，区分出高氮低磷、低氮高磷、低氮低磷、高氮高磷等不同氮磷供应类型，采用缺啥补啥、缺多补多、缺少补少、不缺不补的原则，按作物需要进行重点补磷或重点补氮或氮磷俱补，使作物获得均衡营养，达到科学合理经济用肥的目标，有效地夺取作物的高产优质。在广大农村大面积推广测土、测作物的诊断施肥后，取得了很好的生产效益。为此，国家计量局在山西昔阳、闻喜召开了全国计量测试工作为农业服务的现场会议，向全国推广此项技术。陈震、吴俊兰主编的《土壤肥料理化性质快速测定法》一书，作为全国培训推广营养诊断技术的教材。《植物学杂志》连续刊登了陈震、吴俊兰执笔的《土壤和作物营养诊断》的长篇文章。《农业科技通讯》六期连载了他们编写的《土壤养分快速诊断技术》，为全国开展的营养诊断、科学合理用肥的工作贡献了一份力量。

开展微量元素的肥效研究，
探索锌磷协调配合的增产机理

在实际工作中，陈震和吴俊兰教授观察到玉米幼苗产生"白苗"现象，成长的玉米植株叶片也经常出现不规则的黄白色条纹。在黄土丘陵地区和新开垦的梯田中尤为突出。化验测定数据反映，并不是氮磷钾养分欠缺所造成的。于是，他们对昔阳大寨、太谷杨家庄等石灰性褐土进行了各种矿质成分的测定，发现土壤中的有效锌含量严重缺乏，全省 60% 左右的耕地有效锌低于缺锌临界值，其余 30% 处于缺锌边缘值，推测这可能与玉米"白苗"现象有一定联系。同时，还发现石灰性褐土中有效锰、有效钼的含量也呈现明显的不足，土壤有效硼也处于较低水平，而土壤有效铜则相对较多。但在当时，许多作物在石灰性褐土上对各种微量元素肥料反应的研究材料，几乎是空白状态。

为了探明石灰性土壤中各种微量元素的实际供应状况，尤其是主要农作物对各种微量元素丰缺的生物反应和施肥效果，陈震和吴俊兰教授在山西省南中北各个地区进行了玉米、小麦、棉花、大豆、马铃薯、西兰花以及谷子、水稻等作物施用锌、硼、锰、钼、铜等微量元素的肥效比较试验。经多年多点试验，反映出如下趋势：玉米施用锌肥的增产效果为最高，增产幅度可达 10% ~ 20%，其次是锰肥；冬小麦施用锰肥的效果为最好，其增产效果为 8% ~ 25%，其次是锌肥、硼肥；棉花以锰肥、钼肥的效果特别明显，锰钼配合施用，增产幅度达 15% ~ 25%，且纤维品质有显著改善；谷子施用硼肥效果明显，增产达 10% 以上；大豆、马铃薯、西兰花等以锌为最明显，锰钼次之；水稻则以锌的效果为最好。在田间试验的基础上，重点推广玉米施用锌肥、冬小麦施用锰肥、棉花施用锰钼肥的技术措施，在大面积应用中均取得了明显的增产效果，特别是玉米施锌已成为农民普遍采用的增产措施。

在试验和推广过程中，陈震和吴俊兰教授还发现，各种微量元素和大量元素氮磷钾配合施用时，都有相互的影响，其中尤以锌磷之间的关系更为明显。为了探明磷锌关系及其增产机理，他们开展了玉米幼苗营养过程中土壤、植株锌磷相互关系的科学试验。研究结果表明：石灰性褐土施用磷肥，土壤中有效锌并未减少，还可促使土壤有效锌的增加；施用锌肥也没有使土壤有效磷明显减少，那种认为施用磷肥和锌肥会形成磷酸锌的沉淀，减少有效锌和有效磷的说法是没有试验依据的。近年来，国内外的许多试验也证明了他们的研究结论。他们的试验还表明：玉米幼苗体内的含磷量，随着土壤施用磷肥的增加而增加；玉米体内含锌量在土壤施锌量充足时，随施磷量增加时促进其增加，在土壤施锌量很低时，则会随施磷量的增加而减少其体内含锌量。在施用磷肥数量不变、增加锌肥的情况下，玉米幼苗的含锌量随之增加，但也会出现含磷浓度减少的趋向。由此可见，土壤和植物是一个营养元素相互平衡的体系，不断地发生相互影响、相互作用。因此，磷肥和锌肥应当配合协调施用，作物才能达到均衡营养、健康生育。他们的试验揭示：玉米幼苗生物产量最高时植株体内磷锌总浓度的比值为 30，而此时土壤有效磷锌的比值为 7：1，研究和探明各种大量营养元素和微量营养元素在土壤中的合理比例以及植物体内的合理比例和最高生物产量的关系，对于指导科学施肥、协调营养、保证高产优质有重要的指导意义。在陈震、吴俊兰主编的《微量元素与农作物生长发育》著作出版并在发表多篇学术论文之后，美国、英国、法国、俄国和日本的学术界都很重视，在他们的土壤肥料杂志文摘版上纷纷加以转载。微量元素增产机理和磷锌营养关系的研究，先后获山西省科技进步奖一等奖和山西省科技进步奖理论一等奖，生产实践中也得到了广泛的应用。这些成果的取得，也是陈震等向张乃凤教授、谢建昌教授、刘铮教授等前辈的虚心请教和得到他们精心指导的结果。

培养农业大量有为人才

参加工作半个多世纪以来，陈震始终坚持为发展祖国的土壤科学事业、培养优秀的农业科技人才、实现农业现代化而努力拼搏、奋斗不息。

特别是"文化大革命"后期，他每天在农场劳动之余，利用一切可以争取的时间，学习、思考、钻研。他读遍了能找到的中国早期涉农的书籍，如《禹贡》、《管子，地贯篇》、《记胜之书》、《齐民要术》、《王桢农书》等农业典籍，查阅了能够收集到的中外文献资料，认真总结思考自己多年来调查研究和试验结果，细细探索和寻找土壤肥料科学为农业生产服务的途径。他依靠群众、团结同事、深入农村、布置了大量科学试验和丰产示范，多年苦心钻研，力求创新突破。难能可贵的是，这些都是在没有上级部门和单位的要求、没有什么经费的支持、没有任何报酬和奖励、没有丝毫个人利益可言、甚至还要遭受压制、歧视、打击的情况下进行的。有的只是为生产服务的目标、为农民服务的心愿、不虚度人生要为国家做点贡献的信念，推动他不断地前行。他时时想念的就是生他养他的祖国这片土地，时刻挂念的是靠这片土地生活的无数人们。

1975 年，按照国务院召开的"全国高校教材工作会议"的要求，将陈震编写的《土壤学》教材作为"文化大革命"后第一本高等农业院校教材由人民教育出版社出版。在北京整理修改期间，因过于劳累，右眼患严重的中心性视网膜炎，视物模糊变形，看稿十分艰难，且心律严重失常，两次晕倒在地铁车站和医院门口的雪地里，但是他坚持带病改稿，终于完成了 30 多万字的修改出版任务，他用自己的实际行动迎接祖国科学春天的到来。

　　陈震在长期的教学实践中，爱生如爱子，把培养有为的农业科技人才当作自己最光荣的责任。除培养了大批本科毕业生外，他和夫人吴俊兰教授合作，前后培养了20多位研究生。他们强调要在农业生产和科技前沿发现问题和确定课题，把有无创新发展作为制订研究计划的生命线。要求具有细致踏实、一丝不苟的研究作风，认真对待每一个试验小区、每一个试验盆钵、每一株试验作物、每一个分析样品，设计布置观察分析，都力求精确无误。他常说：每一株试验作物，都是活的生命体，研究人员必须与它们同呼吸、共命运，一起成长，才能熟悉和掌握它们的生育规律，通过土壤肥料的调节，促进其健壮地生育成长，达到高产优质。他亲自审阅修改学生的研究论文，要求真实可信，严格严密，探求创新的发光点，写成对生产、科研有价值的创造性文献。这些研究生在毕业生后，始终将老师的言传身教作为人生的座右铭，经过自己的艰苦努力，绝大多数已成为国内外大学、科研院所的著名教授、博导、专家，成为科技创新的带路人。

　　陈震的目光还始终关注着奋斗在生产第一线的青年农民，关心他们的科技素养和生产技能。在担任山西农大校长期间，他倡导并实施培养农民大学生的计划，直接考录招收具有高中文化程度的青年农民，在大学系统学习后返回农村第一线，担当农村科技致富的带路人。该计划经省政府批准后实施多年，培养了大批农村科技骨干、致富能手、基层领导。有的还成长为科技专家和模范人物。每年都有一些在农村基层的毕业校友来看望老校长，畅谈自己的收获体会。陈震都对他们像亲人一般接待，感到无比幸福。担任省科协主席以后，他又兼任山西省农村致富函授大学校长，经常深入农村进行面授，直接培养新型的科技农民，创建农村科教基地。他配合中国科协，在山西黎城召开了全国农函大现场会议推广此项经验。为广大农村培养青年科技人才，他认为是一项宏伟事业而乐此不疲。

在省科协工作期间，他以一个老科学家、老教育家的爱才胸怀，倡导和协助省委、省政府制订了培养全省科技人才成长的"曙光工程"，成立了山西省成年科技奖基金会。在省委省政府的领导下，表彰为山西科技进步、经济发展作出突出贡献的青年科学家和青年科技专家，包括了理工农医等各个领域。通过省劳动竞赛委员会为他们记功，颁发五一劳动奖章，鼓励他们迅速发展，为祖国现代化建功立业。为了搞好奖励事业，他带病走遍全省各地，筹集奖励基金，看望有成就的青年专家，指导他们的科研事业。他总说，自己在科技方面的工作和贡献总是有限的，只有培养出大量有为的人才，他们所作的贡献才是无限的。

（洪坚平）

简　历

1936 年 3 月 28 日　出生于江苏省海门市长乐镇中北村。

1947—1950 年　江苏省海门中学初中部学习。

1950—1953 年　江苏南通农业技术学校农垦科学习。

1953—1954 年　内蒙古自治区东部区行署哲理木盟库伦农场任技术员。

1954—1958 年　北京农业大学土壤农业化学系学习。

1958—1981 年　山西农业大学土化系助教、讲师、副教授、山西农业大学学报总编辑。

1981—1990 年　山西农业大学副校长、教授、校长。

1990—1998 年　山西省科学技术协会主席、山西省政协常委兼经济科技委主任。

1998—　山西省科学技术协会名誉主席、山西省青年科技奖基金会常务副主任、《新科幻》杂志社社长。

主 要 论 著

[1] 陈震，吴俊兰．山西介休农民抗盐丰产技术．土壤通报，1960（2）．

［2］陈震，吴俊兰．锰、钼、锌、硼增产效果的初步研究．1979（3）：35.

［3］吴俊兰，陈震，陈阳，等．锌、磷配合对玉米生育、产量、品质的影响．见：国际平衡施肥学术讨论会论文集．北京：农业出版社，1989，347—356.

［4］陈震．晋中碳酸盐褐土肥力性状及其调节的途径．山西农业大学学报，1981（1）：1—18.

［5］吴俊兰，陈震．微量元素锌对玉米肥效及增产机理的研究．山西农业大学学报，1986（1）：1—6.

［6］陈震，吴俊兰，陈阳．长期施锌对玉米生育、品质及土壤含锌量的影响．见：第十四届国际土壤科学大会论文集（英文）．1990，4.

［7］陈震（两主编之一）．土壤学．北京：人民教育出版社．1975年10月.

［8］陈震（两主编之一）．大寨田．北京：人民教育出版社，1975年12月.

［9］陈震，吴俊兰．土壤肥料理化性质快速测定法．北京：农业出版社，1980.

［10］陈震．从河曲建设生态农业的实践看黄土高原综合治理的途径．中国科技论坛，1991.

［11］陈震，吴俊兰．微量元素与农作物生长发育．北京：中国农业出版社，1994.

［12］陈震，吴俊兰．土壤肥力学．太原：山西高校联合出版社，1992.

［13］陈震主编．土壤资源环境研究．北京：中国农业科技出版社，1997.

［14］陈震主编．迈向21世纪的土壤科学．北京：中国农业科技出版社，2002.

奚振邦

(1936—)

奚振邦，土壤肥料学家。开展多项试验研究，获得双季稻、三麦和蔬菜的营养特点和施肥技术等成果。对化肥在农业生产中的积极作用，碳铵的农化性质和肥效评价，复合肥料与专用肥新产品开发等进行了系统研究。

奚振邦，1936 年 5 月 4 日出生于上海市川沙县（今浦东新区）滨海农村的一个半农半商家庭，父亲是农民出身的小业主，主要从事粮、棉等农产品的购销和加工；母亲是手工业工人（织毛巾）。因家庭生计所迫和经营业务变更，奚振邦随家庭多次迁徙而在浦东地区就读过 4 个小学，毕业于高桥区东沟（今浦东新区东沟镇）小学。1949 年 8 月他考入上海市高行农业职业学校东沟分部（原上海市园林试验场）学习。1952 年 8 月他在完成初级农业职业教育后，被分配至地处江苏省沿海的大丰县，属上海市管辖的上海农场管理局试验室工作。该场是一个劳改单位，当时有土地约 20 万亩，每年种植 6 万余亩棉花，其余养垦和放牧。由于地处滨海盐土区，十分重视盐土调查与改良。奚振邦于1952年12月被派至设在农场内由华东农科所（现江苏农科院）领导的苏北盐土研究室学习盐土化验与调查，历时约半年。随后他奉调回农场筹建化验室与土壤调查组，在华东农科所冷福田教授等专家指导下建立了一个设备较完备，功能较齐全的盐土化验室，同时组建了一个调查队。奚振邦在随后3年工作中，除完成经常性的盐土监测、棉花生长发育过程中盐分动态等测定外，还与苏北盐土研究室合作完成淡蓄养垦、盖草轮作等多个盐土改良试验。1954年秋，农场局领导为扩展农场范围，计划向江苏省农委申请调拨附近荒地。奚振邦按要求用方格法完成约15万亩目标荒地的调查，制作了大比例尺（1：5000）含盐量和草色（植被类型）分布图，为争取到这片荒地提供了可靠依据。奚振邦因此被评为上海农场管理局三等人民功臣。1956年8月，以调干身份考入北京农大土化系学习。期间他于1958—1959年下放北京市平谷县农村13个月，除劳动锻炼外，还参加了全国第一次土壤普查和当地一种黏土改良的科研。1960年4月他被安排至中科院新疆综合考察队进行毕业实习，参与南疆库尔勒和阿克苏的盐土改良工作。他以大量测定（含盐量与阴阳离子、毛管上升高度、积盐速率等）结果为基础，执笔写出"南疆库尔勒地区盐土次生盐渍化的发生与防治"一文，回校后作为实习成果在全系师生大会上汇报交流。

1961年4月，奚振邦从北京农大毕业，被分配到原上海农学院（今属上海市松江区）当助教，讲授农业化学；同时担任刘海蓬教授的野外土壤实习助教。先后发表了《上海郊区磷肥肥效和泥肥含磷特点》等文章。1963年7月，原上海农学院被调整撤销，他被转派至上海农科院土肥所工作。2个月后即被调派至马桥镇（今属闵行区）蹲点；1970年被转派至青浦区朱家角镇蹲点，随后又赴金山区枫泾镇蹲专业点，至1977年，奚振邦在上海郊区农村前后共蹲点14年。1977年下半年，他奉调回所任副所长，1978 年 4 月转任所长，至 1984 年辞任。回所后先后主持"复合肥与专用肥研究"，"应用电脑编制施肥方案"，"碳铵的农化性质与肥效评价"，"双季稻的吸肥特点与挥发性氮肥全层深施研究"，"三麦的吸肥特点与分层施肥研究"，"蔬菜专用肥与深施研究"，"上海市化肥网与化肥区划"，"烤烟的营养特点与双层施肥技术研究"，"化肥与土壤有效水相互作用研究"，以及设计并主持了设在朱家角镇的长期肥效定位研究等十余项工作。奚振邦先后获得 14 项科研成果奖。1980 年后，奚振邦先后为河北省冀县农化服务中心，浦东新区洋泾乡，上海长征化工厂，上海市烟草公司及其设在贵州、山东、福建等省烟叶基地，提供多种有成效的技术服务，每年能上缴研究所较多的开发服务收入。

奚振邦于 1998 年办理退休手续，因工作需要，于 2004 年 5 月正式离开工作岗位。1993 年起享受国务院政府特殊津贴。

宣传化肥积极作用

奚振邦从农牧业生产中物质与能量循环角度，系统阐述了化肥在农业生产中的积极作用。他以上海郊区 1964—1975 年 11 年间的粮食生产和投入的化肥为例，换算成能量作平衡计算，表明以化肥形态矿物能所增产粮食形态生物能的作用巨大，与美国玉米生产中化肥投入在增产玉米后的能量增殖计算相近。大体上每投入 1 千卡化肥形态矿物能，可从增产的玉米等粮食中回收约 6~8 千卡生物能，能量增益为 6~8 倍。据此，他于 1980 年正式发表了"从物质和能量循环看化肥的积极作用"一文。明确提出了肥多（化肥多）→粮多（种植业）→猪多（养殖业）→肥多（有机肥）的良性循环模式，并用当时上海市金山县八二大队等实例予以说明。对我国化肥工业的发展和化肥的科学使用，都起到了积极的导向作用。1997 年，奚振邦在由李庆逵等三位院士主编，经中科院呈报国务院的报告《中国农业持续发展中的肥料问题》一书中，撰写第一章，进一步将化肥的作用归纳为六个方面：增加作物产量；培肥土壤；发挥良种潜力；补偿耕地不足；增加有机肥量和发展森林、草原及经济作物的物质基础，同时在他撰稿的第八章《改进我国肥料工作的对策和建议》中进一步强调继续增加化肥供应的重要。

奚振邦针对化肥可能产生的副作用，主要是在不合理使用时可能对农产品质量、生态环境和土壤理化性质等产生一定负面影响，在有关刊物上发表了《化肥与农产品质量》，《化肥与生态环境的宏观视角》，《化肥与农业》，《绿色食品、有机食品与化肥》，《肥料与食用农产品安全的若干问题》等文章，较系统地论述了化肥可能产生的负面影响及其预防，强调不能把化肥与农药混淆，甚至等同对待。前四篇文章都收集在由林葆主编的《化肥与无公害农业》（2003 年，中国农业出版社）一书中。

从事碳铵农化性质与肥效评价研究

碳酸氢铵是我国自主开发、在 20 世纪 70 和 80 年代使用量最大的固体氮肥。当时对生产此肥料的氮肥厂称及小氮肥厂。但在 1977—1982 年时，我国对小氮肥工业争论激烈，"上马"和"下马"两种意见相持不下。奚振邦在化工部化肥司的委托资助下，完成了"碳铵农化性质与肥效评价"研究项目，通过在南、北方不同土壤和不同作物（稻、麦、玉米、蔬菜、茶叶等）上完成的 200 余个正规田间对比试验和 ^{15}N 示踪研究，证明碳铵与尿素、硫铵、氯铵等氮肥的肥效基本等氮量等效，是一个当时工艺上能"联碳"（吸收由煤燃烧产生的二氧化碳），农用上不残留任何酸根于土壤的好肥料，将在相当长时期内继续发挥其作用。其在常温下的一定挥发性可通过合理使用予以基本防止。这一研究成果获得化工部重大科技成果奖三等奖。奚振邦提出的使用碳铵时防止挥发的"一不离土，二不离水"和提高肥效的"先肥土，后肥苗"施肥原则，被广泛应用。由奚振邦撰写的《碳铵的科学施用》一书，在全国发行 4.6 万册，由他担任技术顾问的科教电影《碳铵与丰收》在全国农村发行拷贝 400 部，均发挥了较好的科普宣传作用。

开展农化服务

20 世纪 80 年代前后，我国化肥产量增加迅速，但农民对化肥的使用心存疑虑，不敢放心使用；甚至个别地区出现将氮肥倒入河沟，将磷肥（普钙）用于铺路等不正常现象。尤其在边远的纯农业地区，一些小化肥厂不时出现产品积压现象。奚振邦此时受河北省冀县（今冀州市）化肥厂邀请，参与建立和指导该厂首任厂长顾二熊（后任河北省副省长和全国供销总社副主任）创建的农业化学服务中心——冀县农化服务中心工作。他结合当地农业生产实际和不同作物上施用化肥成功的实例，编写和宣传有关化肥作用、碳铵合理施用等宣传资料，并协助建立农化实验室，为农民免费测土推荐施肥。将他在上海地区研究推广的三麦分层施肥技术引入当地，发展成小麦双层底施技术，在当地大面积推广。他还按制订农作物施肥标准的要求，为当地编制了第一个完整的农作物施肥预报（小麦，1985 年）；为化肥厂提供了第一批专用复合肥配方（小麦、玉米、白菜、果树等）。以后，该农化中心在化工部、农业部和中国农科院土肥所等单位的扶持下，不断发展壮大，成为当时我国开展县级农化服务的样板。国务院农资领导小组会同全国有关部委为此在石家庄召开全国农化服务会议，重点推广冀县经验（1992.11）。奚振邦在该中心创建和发展中发挥的专业指导作用，为省内外所公认，受到河北省人民政府和化工部的公开表彰（获突出贡献奖）。1994 年奚振邦由河北省人民政府出资，以专家和翻译身份，参加河北省化肥代表团访问美国 14 天，协助将美国较先进的农化服务经验结合河北省实际推广应用。

提倡发展复合肥与专用肥　创新施肥技术

我国复合肥料的发展经历了曲折的过程。奚振邦早在1971—1974 年间已立专题，与上海化工研究院协作进行过养分配比、盘式造粒工艺与小批量田间试验。但在我国如何发展复合肥问题上，不同部门和不同专家间有激烈争论。奚振邦根据文献调查、化肥发展史、我国化肥工业工艺水平和农作物使用化肥特点等现状，提出我国当前阶段"从经济作物起步，从专用复合肥起步，生产工艺与基础肥源相协调，不排斥中、低浓度，不盲目追求高浓度"等发展复合肥的具体意见，并写成《复合肥料、专用肥料及其在我国当前阶段发展浅见》一文。

奚振邦自 1964 年后，以水稻为对象作物，先后研究其施肥问题达 10 余年之久。对双季稻的吸肥高峰特征，不同栽培型水稻的吸肥特点、施肥模式与施肥技术及 ^{15}N 同位素在田间研究中的应用等，积累了大量数据，编写了《水稻营养与施肥》一书，受到同行的重视和好评。对双季早、晚稻不同吸肥高峰及吸肥曲线的论述，先后编入孙羲等编著的《农业化学》教科书。

奚振邦同样以作物营养特点结合施肥研究，主持研究了"蔬菜化肥深施技术"，"三麦分层施肥技术"等，都获得了相应的科研成果。1987 年开始，他受上海市烟草公司委托，对该公司设在贵州省湄潭、山东省沂水和安丘、河南省周口、福建省龙岩、辽宁省开源等烟叶生产基地，较系统地开展了烤烟营养特点、烤烟专用肥开发和烤烟双层施肥技术等研究，奚振邦提出的烟叶肥中氮磷钾养分配比应以 1∶1∶2 为基础，而不是此前的1∶2∶3，还对烟叶专用肥的养分浓度、肥源结构、微肥添加和工艺处理等提出建议，受到中国烟草总公司及有关烟肥生产厂的高度重视并采用；他提出并试验成功的"烤烟双层施肥技术"，获中国烟草总公司科技进步奖二等奖；在烟区受到欢迎。1995年，奚振邦受中国烟草总公司委派和资助，出席国际烟草科技合作大会（CORESTA，伦敦），将该项成果在大会上报告后，受到国外烟草界有关专家的重视。该论文还在1998年于台湾中兴大学举行的第二次海峡两岸土壤肥料交流会上宣读，并在台湾出版的《土壤与环境》（VOL1：2，1998）刊出。

此外，由奚振邦独立设计、主持设在朱家角镇南港村的第一个长期肥效定位试验，已连续运行20年，收集了大量有价值的数据，培养了人才，在国内有一定的影响。奚振邦还主持了上海地区第二阶段化肥网试验（1979—1984年），完成约600余个不同作物、不同化肥的田间肥效试验，除将试验结果汇总报告中国农科院土肥所外，他还执笔编写了《上海市化肥区划》。他在和澳大利亚国际农业研究中心合作研究期间，学会用微气象法田间测定氮素氨挥发的方法，将其引入上海蔬菜生产地区（洋泾镇）应用，在国内首次测定了菜地施用尿素后的氨挥发进程和强度，连续11天累计氨挥发损失17.4%（表施）和11.1%（70%入土）。奚振邦还多次应邀参加在国内外举行的国际学术会议。如第十二届国际土壤学大会（印度），国际水稻土会议（中国南京），亚太地区磷肥会议（菲律宾），国际氮素会议（中国福州）等，在国内外发表科学论文106篇（不计科普性通俗文章），获得由他主持的科研成果奖14项，个人署名著作3本，参与编辑和编写的专业著作8本。

深入现场　事必躬亲

奚振邦出身农村，自小亲眼目睹农村生活的艰辛和农业生产的劳累。他曾在不同地区和不同作物的生产第一线，在接触农民和多方面的生产实践中，较多了解农村对现代农业生产技术的需要和对专业人员的渴求。在农村与农民长期相处中，也学会了不少农活，如插秧、割稻、撒有机肥（南方）和拔麦、开沟（北方）等，他做农活的速度和质量，可达到农村中等强劳力的水平，为当地农民所称道。

奚振邦对待业务工作负责、踏实苦干。无论对待田间试验或室内分析都事必躬亲，严格要求。所有他署名发表的文章，都由他自己执笔。他主持的长期定位实验中的前两年（1979—1980年），积压下不同小区的约 400 个土壤、植株和肥料样品需分析氮磷钾全量，为此他组织所内外近 10 人突击测定分析。他白天称样（使用万分之一感量手动天平，每天称样 80~100 个），晚上计算和核查分析结果，确定重测样品，有空还参加洗涤器皿。使全部积压样品在 2 周内分析完成。又如，奚振邦在与上海烟草公司合作期间，在不同烟区（贵州、山东、福建）完成的首批田间试验中，包括八区经典肥效试验（O、N、P、K、NP、NK、PK、NPK）和以后的双层施肥技术试验等，从制订试验方案、选试验田、划定试验小区和施肥、取样及室内分析，他都亲力亲为。他认为，只有这样才能更好获得反映真实的总结和真正能在生产中推广的技术。

尊师爱友　互敬互重

奚振邦与很多土壤农化界的前辈科学家，如李庆逵、朱祖祥、孙羲、侯光炯、李酉开等都有较多交往。一方面他敬重这些老科学家，得到他们的指导帮助；同时，他也能和这些老专家讨论学术问题时表达自己的学术观点，他在撰写有关从物质和能量循环看化肥的积极作用，有关复合肥料与专用肥，有关碳铵农化性质与肥效评价等文章时，尽管个别老专家有时有不同看法，但最后都能表示支持。如李庆逵在阅读了他的化肥作用的文章打印稿后，在封面上写下"全文很好，有问题处均已在文中注明，供参考"的意见。奚振邦因工作关系，常与化工部、农业部有关领导有较多交往，但他从不谋取立项等私利，始终心态平和地做好本职工作，受到他们的支持和尊重。

奚振邦十分关心同事们的工作和生活，也经常帮助同事写稿、改稿，向外推荐稿件，但从不挂名。他在与不同协作单位协作中，能长期互相尊重，保持和谐高效的协作关系。奚振邦从1985年开始即为上海长征化工厂提供改进工艺，设计专用肥配方等技术服务，前后18年，他都能与他们保持良好关系。其中自1992年以后的8年间，每年为庆贺春节，都由工厂邀请院所领导和全所人员吃年夜饭，赠送节日用品。在他退休10余年的2011年春节，该厂在任和卸任厂长仍来他家探望。奚振邦在农村也交了不少农民朋友，如现上海金山区枫泾镇新华村的陈忠彪，是一名生产队科技员，从1971年认识并由他协助田间试验，至今他俩依然保持经常的联系和交往。

（诸海焘）

简　历

1936 年 5 月 4 日　　出生于上海市川沙县（今浦东新区）。

1949—1952 年　　在上海市高行农业职业学校学习。

1952—1956 年　　在上海农场管理局（现江苏大丰市上海农场）任助理技术员。

1956—1961 年　　在北京农业大学（现中国农业大学）土化系学习。

1961—1963 年　　在原上海农学院（今松江区）任助教。

1963—2004 年　　在上海农科院任助研、副研、研究员。

1963—1977 年　　先后在上海市马桥、徐行、朱家角、枫泾等乡镇蹲点14 年。

1978—1984 年　　任土肥所所长。

1998 年　办理退休手续。

2004 年　　正式离开工作岗位。

1983—2006 年　　任中国土壤学会理事，"土壤学报"编委，副秘书长，常务理事和顾问。

1980—2004 年　　任中国植物营养与肥料学会理事、常务理事。

2004 年至今　　任中国植物营养与肥料学会顾问，"植物营养与肥料学报"编委。

1984—1994 年　　期间，任两届中国化工学会化肥专业委员会委员（理事，每届两年）。

1987—1997 年　　任上海市土壤肥料学会理事长，期间任两届上海市科协委员（1991—1992 年；1995—1996 年）。

1982 年至今　　任国际土壤学会会员。

1988—1994 年　　任中国水稻研究所学术委员会委员和兼职研究员。

1998—2002 年　　任中国农大植物营养系客座教授。

主 要 论 著

[1] 奚振邦. 现代化学肥料学. 北京：中国农业出版社，2004.

[2] 奚振邦. 碳酸氢铵的科学施用. 北京：中国化工出版社，1984.

[3] 奚振邦. 水稻营养与施肥. 上海：上海科技文献出版社，1990.

[4] 奚振邦. 化肥在我国农业持续发展中的作用（第一章）；关于改进我国肥料工作的对策和建议（第十二章）. 见：中国农业持续发展中的肥料问题. 南昌：江西科学技术出版社，1998，6—10；130—133.

[5] 奚振邦. 从物质和能量循环看化肥的积极作用. 土壤肥料，1981（6）：21—26.

[6] Xi Z B. On the Tendency of Organic Matter Accumulation in Paddy Soil under Triple Cropping System in Suburbs of Shanghai. Proceedings of Symposium on Paddy Soil. Science Press, Beijing, 1981.

[7] Xi Z B, Zhou D X. Soil Productivity and Fertilizer Effect Under a Triple - cropping System. Soil science, 1983, 135：1.

[8] 奚振邦. 农业的有机物质循环与有机农业. 磷肥与复肥，2008，23（3）：1—5.

[9] 奚振邦. 化肥与生态环境的宏观视角. 见：化肥与无公害农业. 北京：中国农业出版社，2003.

[10] 奚振邦，施秀珠，曹一平，等. 试论碳酸氢铵的农化性质. 土壤学报，1985，22（3）：223—231.

[11] 奚振邦. 碳酸氢铵的田间肥效比较评价. 化肥工业，1983（4）.

[12] 奚振邦. 碳酸氢铵的农化性质与肥效研究回顾. 见：小氮肥工业30周年纪念文集. 北京：中国化工出版社，1988.

[13] 奚振邦. 农业现代化与农业化学服务. 化工之友，1980（8）.

[14] 奚振邦，林葆，李家康. 试论我国现阶段农作物施肥标准的制定和实施. 土壤肥料，1991（3）：2—6.

[15] 奚振邦. 复合肥料、专用肥料及其在我国当前阶段发展浅见. 土壤，1985（3）：113—119.

[16] 奚振邦. 关于专用复合肥料的配方设计. 磷肥与复肥，1989（2）.

[17] 奚振邦，卞以洁，邝安琪，等. 双季稻的吸肥高峰及挥发性氮肥全层施用. 土壤学报，1978，15（2）：113—124.

[18] 奚振邦. 不同栽培型水稻的施肥模式与相应的施肥技术. 土壤通报，1985（1）：27—29.

[19] 奚振邦. 烤烟的双层施肥技术. 中国烟草，1992（1）：29—34.

[20] 奚振邦，王寓群，杨佩珍. 我国现代农业发展中的有机肥问题. 中国农业科学，2004，37（12）：1874—1878.

汪寅虎

(1938—)

　　汪寅虎，土壤肥料专家。提出利用水稻土有效积温预测土壤不同阶段矿化氮量，并成功应用于水稻信息化施肥。大量田间试验表明了土壤基础产量和能达到的理论产量的关系；证明了有机肥、化肥结合施用不但能达到高产，而且有较好的稳定性和土壤培肥作用。

　　汪寅虎，1938年12月9日出生于江苏无锡县盛店乡张店村（今无锡市胡埭镇）的一个农村家庭。小学时候开始，就帮助家里割草喂羊、割稻种麦等农活，从小培养了自己吃苦耐劳、热爱劳动的品质，也与农业科学结下了不解之缘。1956年考入当时的无锡县锡南中学读高中，1959年8月考入南京农学院土壤农化系。1963年7月南京农学院毕业后分配到上海市农业科学院土壤肥料研究所工作，将自己所学的专业特长应用到实际工作中去，从一个初出茅庐的大学生迅速成长为科研骨干，在国内发表（执笔和主要参加）论文和报告80余篇，获得（主持和主要参加）的省部级科技成果奖一等奖1项、二等奖2项、三等奖4

项。汪寅虎于 1998 年退休，目前仍担任上海市农业科学院咨询专家，实际从事土壤肥料工作足足有 47 个年头。

20 世纪 60 年代农业科技工作比较强调与农村、农民结合，因此他到上海马桥公社蹲点，调查当地的肥料管理及样板地综合示范研究，直至 1971 年回所工作。通过蹲点接触生产实际，秉着"实践出真知，劳动长才干"的科学态度，与不同学科人员互相交流，在基层锻炼中培养了对"三农"的感情，树立了正确的人生观和价值观。

1978 年，中国科学的春天到了。汪寅虎在上海开展了国内首个利用电子计算机编制最佳施肥方案的信息化施肥技术研究，并取得了重要进展和创新；1986 年与黄东迈、孙羲教授协作研究有机肥改土作用和供肥机制，有机肥养分循环利用研究；参加了中科院南京土壤所朱兆良院士的最高产量氮肥适宜有效用量研究；1998 年和中国农科院张夫道研究员共同主持上海市农委科技兴农重点攻关项目"稻麦秸秆转化研究和利用"，这些研究都取得了丰硕的成果。作为一个省市级的科技人员，他是一个优秀的具有开创精神的肥料管理专家。他曾经多次参加国际学术交流，并开展国际协作。1983 年开始与国际水稻所 INSFFER 协作肥料效应长期定位试验；1990 年开始与加拿大钾磷研究所（PPIC）进行水稻 – 油菜轮作体系下平衡施肥的协作研究；1986 年 9 月受国际水稻所 M. S. Swaminatnan 邀请参加了由国际水稻所和国际肥料发展中心在中国杭州召开的国际水稻考察讨论会，并作了"有机无机结合施肥在上海郊区水稻上的增产作用"报告；1990 年 8 月参加了在日本京都召开的第 14 届国际土壤学大会，并在长期定位试验专题会作了"多熟制条件下肥料管理的长期定位试验研究"报告，这是中国在国际长期定位试验专题方面的首次专题报告，填补了国内历史的空白。

汪寅虎关心人才培养并积极投入教学事业，1984—1998 年的15 年期间，汪寅虎在科研非常繁忙的情况下不忘培养本专业人才，为上海县农民中专和农业广播电视学校、上海农科院教育处农业广播电视学校和职业技校、上海农学院办的金山县农业大专班，讲授土壤肥料课学，合计培养了 400 多名学生。

科研教学之余，汪寅虎还热心于社会公益事业。2002 年起，作为"上海农科热线"土壤肥料方面的专家，一直为上海乃至全国农户提供来电咨询、回访、下乡等服务近千次，将自己的所学和专业特长服务于农村，服务于农民，服务于农业生产，实现农业科技成果的全社会共享。

1987 年，汪寅虎加入中国共产党。从 1981 年开始任上海市土壤肥料学会副秘书长，1987 年任常务副秘书长，1992 年任秘书长，2002 年起任理事长至今。1996 年任上海市科学技术协会第六至第八届委员、上海市科学技术委员会项目和成果评审专家，1993 年享受国务院颁发的政府特殊津贴。

走信息化肥料管理之路

1978 年中国已经进入了科学的春天，当时中国施肥技术还较落后，往往是偏施氮肥轻磷钾肥，氮肥用量高。一季早稻达每亩 17 千克（纯氮）以上，盲目施肥现象相当普遍。而电子计算机的科学水平、生产规模和应用程度已经成为衡量一个国家现代化水平的重要标志之一。20 世纪 70 年代中期民主德国报道过应用电子计算机计算最佳施肥方案的研究，当时上海土壤肥料研究所提出应用电子计算机编制施肥方案的课题，但可供查阅的资料很少，相关研究在国内还属空白，难度很大。1979 年经上海市科委正式同意列题，由奚振邦、汪寅虎共同主持，汪寅虎带领他的研究团队，经过 7 年对青紫泥土壤上供氮预测、氮用量与产量关系、磷钾模型、肥料效应长期定位试验、计算机程序设计等 5 个专题的系统研究，同时还设置不同水稻品种、移栽期、茬口与产量关系的辅助试验及调查，于 1985 年如期完成了包括地点、品种、有机肥、茬口、移栽期、土壤有机质、全氮、速效氮、磷、钾等 10 个信息在内的微机程序，并在当时的两种机型上获得通过，直接为农户提供计算早稻施肥量方案。经过两年的预测试验，增产 12.5% ~25.4%，每亩平均减少碳酸氢铵用量 15 千克。该研究成果于 1984 年 11 月在桂林召开的合理施肥会（中国土壤学会主办）上作了现场演示，得到了广大同行和专家的一致好评和高度赞许，取得的成果较 80 年代初英国 ICL 公司在中国杭州举办的计算机班所推荐的三麦微机推荐施肥方案还多了 3~4 个信息，该课题的完成填补了国内这方面的空白。

汪寅虎以他活跃的学术思路，勇于工作、敢于实践的精神在研究计算机编制施肥方案信息化肥料管理研究过程中取得了卓有成效的成果，在水稻土供氮预测上首个实践了土壤铵态氮释放量为土壤有效积温的函数，解决了矿化速率常数（k）、指数（n）、大气积温和土壤有效积温的关系成功进行预测，可为青紫泥地区双季稻合理施用氮肥提供可靠数据；在大量研究氮肥用量与产量关系研究中发现了土壤基础产量和最高产量成正相关，更充分体现了土壤培肥的重要性；在研究中需要建立数据库及程序软件等，这是农化科技人员所不能解决的，使工作受到了一定的影响。1981 年从华东师范大学引进了一位数学系的毕业生直接参加信息化施肥研究，培养她熟悉农村熟悉农业熟悉土壤和肥料，热爱农业科学研究，最终成功设计了我国肥料管理第一个软件，表明学科的交叉发展对土壤肥料的研究发展具有重要的意义。

坚持长期定位试验

汪寅虎两个定位试验，一个是 1979 年为研究应用的电子计算机编制水稻施肥方案时设置的，另一个是 1983 年参与国际水稻所 INSFFER 协作研究的长期定位试验。两个试验都在当时的青浦县朱家角公社较偏远的南巷村，前者 8 个处理两个重复为化肥和有机肥结合型的，后者为纯化肥 8 个处理。直到 1993 年试验结束，期间还对有机肥改土作用与供肥机制、有机肥养分循环利用、稻田氮肥适宜用量、测土配方施肥技术等相关课题内容作了系统研究。1986 年东南亚近 20 个国家的肥料专家考察了两个定位试验，得到了专家的一致认可，1988 年定位试验已进行到 10 年（26 季），汪寅虎对定位试验作了一些系统的整理取样工作，并完成多熟制条件下肥料管理长期定位试验，提交第 14 届国际土壤学大会，会上引起了国内外同行的广泛关注。

在 15 年的长期定位试验进程中，遇到了不少困难，诸如土地使用权变动、人工管理费用高、经费紧张、交通不便等问题，尤其是 1985 年以后，汪寅虎也因为经费问题产生过困惑和动摇，但为了他自己热爱的农业科学，还是咬紧牙关坚持了下来，把土壤肥料当作了他终生的事业。长期定位试验解决了短期试验所不能回答的问题，如 15 年无肥区单季晚稻的产量可达 247.5 千克，15 年仅施有机肥产量为 348.5 千克，表明了上海郊区的青紫泥类型土壤的土壤生产潜能是相当高的，这个产量对现在有机农业的生产也具有重要的指导价值；研究还表明在施用一定数量有机肥的基础上少量施用氮肥，即有机无机结合施肥，是建立高产稳产农田的主要措施之一；又如长期施用有机肥对土壤肥力有"增生"作用，对土壤物理、化学和生物性质都有明显的提高和改良，但这种提高并不是无限的，当达到一定的土壤生态平衡时，这些性质相对维持在一定的水平上。这些成果的取得都有赖于汪寅虎对土壤肥料学科的执着追求，他常说："长期定位试验贵在坚持，只要坚持下去，就能取得宝贵的信息和成果。"他真的做到了。

甘为会员孺子牛

上海市土壤肥料学会成立于 1963 年，至今已有 47 个年头了，它是上海市科学技术协会中的一员。学会会员来自于上海市农业、土壤肥料、环境保护、园林绿化等不同专业和高校、科研院所、农技中心、肥料生产和经营、农场等不同单位，会员最多时达 300 余人。汪寅虎曾担任学会理事长，为学会开展"交流信息、学术研究、科普服务、学会咨询"等业务忙碌了三十余年，可以说见证了上海土壤肥料学会的发展。上海土壤肥料学会的成长和壮大也离不开他的每一步努力。汪寅虎也两次被中国土壤学会评为学会先进工作者。

学会工作者，是学会和学术活动的组织管理者，是联系广大会员和专家学者的纽带，学会工作者的能力直接影响着学会日常工作的质量和学术事业的繁荣。汪寅虎在担任学会领导以来，总想着利用有限的资源，为广大会员多办事，如每年定期举办学术交流会议和科普考察活动，邀请知名专家、学者作学术报告；定期召开理事会，传达上海市科协和中国土壤学会等文件通知；每年还要召开一次全体会员参加的学术年会暨春节茶话会，及时向会员通报学会有关情况，注意倾听会员的意见；为加强学会会员间的信息交流和成果展示，共同提高学术水平和创新能力，学会还不定期汇编学术论文集，现已汇编论文集 5 本，其中 4 本由他具体筹划。

汪寅虎还十分注重上海市土壤肥料专业各单位的学术动向，改革开放后上海的园林绿化发展很快，园林面积迅速扩大，园林土壤科学发展得快，上海市园林科学研究所一批年轻园林土壤工作者在他关注下茁壮成长，他给年轻人参加学术交流的机会，并推荐上海园林科学研究所为中国植物营养和肥料学会为理事单位。

放手育新人

汪寅虎平易近人，善于团结他人共同工作，开展协作攻关。随着农业生产的发展，农业科研项目需要发挥集体的智慧和不同专业的优势，开展多学科协作攻关，他在退休前，与外省市科研院所以及本市土肥专业相关的肥料生产、销售、推广各部门都建立了良好的合作关系，直到退休后，很多郊县基层农技部门都邀请他去现场指导和传授技艺。

汪寅虎特别注重对"接班人"的培养。他在对待青年人培养上采用启发式，放手放权让青年人在科研和生产第一线中去锻炼，提高青年人的独立思考和独立工作的能力，增长他们的才干，促他们早日成才，正是在汪寅虎的言传身教下，他课题组成员都取得了长足的进步，有的成为学科带头人，有的走上了领导岗位。汪寅虎还鼓励青年人"走出去"，提供青年人参加学术会议和继续深造的机会，多了解国内外同行的研究近况和科研成果，开阔自己的学术思路，同时也提高他们的知名度。他还乐于帮别人修改学术论文，不管是本单位还是外单位的，只要是这个专业的论文，他都会仔细审阅，凡是他认为不妥当的观点和提法，都要和作者充分商讨，从内容到文字，逐句逐字推敲，力求准确、精练、严谨。

（诸海焘）

简　历

1938 年 12 月 8 日　生于江苏省无锡市。

1959 年 9 月—1963 年 8 月　毕业于南京农学院土壤农化系。

1963—1971 年　上海市农业科学院马桥工作站。

1971—1974 年　上海市农业科学院土壤肥料植物保护研究所细菌肥料组。

1975—1977 年　上海市农业科学院土壤肥料研究所土壤组。

1978—2010 年　上海市农业科学院土壤肥料研究所施肥方案组。

1981—1991 年　上海市土壤肥料学会理事、副秘书长。

1991—2001 年　上海市土壤肥料学会秘书长。

2002 年至今　上海市土壤肥料学会理事长。

主 要 论 著

[1] 汪寅虎. 钾细菌肥效试验初步总结. 土壤肥料, 1974 (5): 36—37.

[2] 汪寅虎. 上海郊区土壤磷素形态及其有效性的初步研究. 土壤, 1979 (5): 169—171.

[3] 汪寅虎, 姜素珍, 顾永明. 水稻土氮素释放的初步研究. 上海农业科技, 1980 (4): 16—19.

[4] 汪寅虎, 姜素珍, 顾永明. 上海郊区青紫泥土壤供氮量的预测研究. 土壤学报, 1983 (3): 262—270.

[5] 汪寅虎, 奚振邦, 张明芝. 应用电子计算机编制早稻施肥量方案. 上海农业学报, 1985 (4): 39—46.

[6] 汪寅虎. 从长期定位试验看青紫泥类型土壤施肥效应. 上海农学院学报, 1985 (2): 107—114.

[7] 汪寅虎. 上海郊区水稻氮素的有效施用. 我国土壤氮素研究工作的现状与展望. 北京: 科学出版社, 1986: 157—164.

[8] 汪寅虎, 周德兴. 上海郊区有机肥增产作用和有效利用. 上海农业学报, 1986 (4): 75—82.

[9] 汪寅虎, 张明芝. 单季晚稻的简化施肥技术和施肥量研究. 上海农业学报, 1989, 5 (2): 27—36.

[10] 汪寅虎, 张明芝. 有机肥改土作用和供肥机制研究. 土壤通报, 1990 (4): 145—151.

[11] Wang Y H. The role of combined application of organic and inorganic fertilizer in rice production in suburbs of shanghai. INSFFER site visit four and planning meeting – workshop in China, 9, 1986.

[12] Wang Y H. Fertilization management under the multipe – cropping system based on the long – tearm fertilizer frials. 见: 第 14 届国际土壤学大会论文集, 1990. 8.

[13] 汪寅虎, 柯福源. 化肥使用手册 (专著). 上海: 上海科技文献出版社, 1991.

[14] 汪寅虎. 有机肥长期定位改土及其机理. 上海农业学报, 1992 (2):

96—97.

［15］汪寅虎．有机肥与现代农业的关系．上海农业科技，1993（6）：48—50.

［16］汪寅虎．长期定位条件下秸秆还田的综合效应研究．土壤通报．1994，25（7）：53—56.

［17］汪寅虎，罗成秀．中国肥料（第十七章）．上海：上海科学技术出版社，1994：431—450.

［18］汪寅虎．当代科技新学科——土壤学章节．重庆：重庆出版社，1995：452—460.

［19］太湖地区稻麦轮作肥料效应和土壤肥力长期定位监控．北京，中国农业科技出版社，1996：110—122.

［20］汪寅虎．上海郊区农田养分平衡的现状及对策．见：农田养分循环平衡与管理国际学术讨论会文集．2004年12月：165—167.

高炳德

(1939—　)

　　高炳德，土壤学家。长期深入农村开展技术推广与科学普及工作，提出了教学与技术承包结合、教学与科学研究结合、科学研究与技术承包结合的"三结合"教学模式，完成了"吨粮田基础理论与模式化栽培技术研究"，为内蒙古自治区农业生产，特别是粮食生产的自给有余作出了突出贡献。

　　高炳德，祖籍山西省代县。1939 年 1 月 11 日出生于当时的绥远省河套行政区陕坝镇（今内蒙古自治区巴彦淖尔市陕坝镇）。父亲是中医医生，1942 年中年早逝。勤劳善良的母亲为了儿子上学，历尽艰辛万苦，作出了很大牺牲。

　　1946 年至 1955 年在河套行政区陕坝镇第二完小和奋斗中学读书。1955 年至 1958 年在包头市第一中学读高中，1956 年 2 月 29 日参加了中国共产主义青年团。1958 年至 1962 年在呼和浩特市内蒙古农牧学院农学系土壤农化专业读书。

　　1962 年至 1978 年 10 月，在内蒙古农牧学院农学系土化教研室任助教。主讲植保专业《土壤肥料学》、农学专业《土壤学》、土化专业《农化分析实验》和毕业实习等。1974年开始主持春小麦、马铃薯、胡麻营养与施肥的科学研究工作。1975年3月25日加入了中国共产党。1978年11月至1987年8月，任内蒙古农牧学院讲师，土化教研室副主任、主任，主讲《农业化学》等专业课。1987年9月至1992年11月，任内蒙古农牧学院副教授，土化教研室主任，土壤学科硕士研究生导师。主持完成的"春小麦马铃薯营养特性与施肥技术的研究"1987年获内蒙古科技进步二等奖，"胡麻产量形成规律及高产栽培技术研究"1990年获内蒙古科技进步三等奖，"临河市乌兰图克乡科技承包"1991年获内蒙古科技咨询服务项目一等奖。1992年12月至2005年3月，任内蒙古农牧学院（1999年更名为内蒙古农业大学）教授、土化教研室主任、土壤学科主任、土壤学与植物营养学硕士研究生导师，先后兼任内蒙古土壤肥料学会副理事长兼秘书长、理事长，中国土壤学会理事、中国植物营养与肥料学会理事、《土壤通报》编委、内蒙古科协委员等职务。天道酬勤，他主持完成的"吨粮田基础理论与模式化栽培技术研究"和"内蒙古优质高效吨粮田的技术开发"1996年分别获国家科技进步奖三等奖和全国丰收奖二等奖。主持完成的"内蒙古旱地玉米马铃薯地膜覆盖栽培技术推广"和"内蒙古平原灌区优质高产春玉米产量与品质形成规律及综合配套技术研究"分别在2000年和2002年获内蒙古科技进步奖二等奖。1992年享受国务院政府特殊津贴，1994年评为"内蒙古自治区有突出贡献的中青年专家"，1996年评为"全国先进科普工作者"，在北京人民大会堂受到江泽民等党和国家领导人的接见与表彰，1997年荣获内蒙古人民政府"科技兴区特别奖"，1998年获香港柏宁顿（中国）教育基金会"孺子牛全球奖"，2001年光荣地被评为"全国模范教师"。

2005年3月退休后，继续在学会和科学研究中工作并付出努力，先后担任内蒙古土壤肥料学会理事长、名誉理事长、内蒙古科协委员等。2005 年主编出版《绿色食品春小麦的研究与实践》专著。完成了他主持的自治区科技攻关项目"A 级绿色食品春小麦品质调控，环境质量与生产技术研究"的鉴定。由于他在科教兴国大业中作出了突出贡献，2007 年荣获内蒙古人民政府"2006 年度内蒙古自治区杰出人才奖"，为后人树立了学习榜样。

建立高纬度高海拔吨粮田理论与技术

1987 年，内蒙古自治区党委召开四届五次会议，明确提出将粮食自给有余列为自治区近期三项奋斗目标之首。内蒙古科委 1988 年组织高校、科研和生产单位等有关部门广泛酝酿、积极探讨，确定了"吨粮田基础理论与模式化栽培技术"的科研项目。高炳德教授为该项目的主持人。

20 世纪 80 年代中期，在科技人员和农户相结合、现代科技和传统技术相融会的高产攻关实践中，个别地块上出现了小面积的吨粮田。但科技界存在着内蒙古吨粮田能否大面积实现、靠较大投入实现的吨粮田经济效益是否合算、以大量消耗地力为特征的吨粮田能否持续种植等争论。为了实现高纬度高海拔地区吨粮田技术从必然王国向自由王国的飞跃，为内蒙古大面积建设吨粮田提供技术；为了在取得高产高效的同时，又节约资源、培肥地力、持续发展；为了实现粮食自给并为农业第二步战略目标提供科技储备，高教授领导的课题在河套平原灌区从吨粮田生理基础、吨粮田栽培技术及吨粮田土壤肥力与演变等方面开展了一系列科学试验研究。从 1988 年至 1997 年，历经 10 个年头，形成了比较系统的吨粮田理论和实践成果。

成果鉴定委员会认为："在高纬度高海拔地区实现大面积吨粮田是一项突破，其研究水平处于国内同类研究领先地位"。中国农科院书面评审专家指出："内蒙古吨粮田研究工作系统、完整，研究成果具有很强的科学性和可靠性。在北纬40°以北无霜期仅有130天的内蒙古河套出现十万亩以上吨粮田，这不仅是我国农作史上创新，也是世界农作史上创新的大事"。成果达国际先进水平，被新闻界则誉为"北纬40°线上的奇迹"、"内蒙古农业发展史上的奇迹"等。

以上综合评价客观和公正地反映了项目成果的价值和作用。具体表现为：①内蒙古大面积春小麦套种春玉米吨粮田是在北纬40°~41°、海拔1220米、大于10℃的积温2876~3221℃、无霜期130天条件下实现的；与国内黄淮海地区、河西走廊张掖地区、新疆和田地区相比，其纬度和海拔最高，积温最低，无霜期最短，小麦和玉米共生期最长（60~70天）、技术难度最大。②在国内外公开发表论文20多篇，从光合性能、产量形成与需水需肥规律等方面揭示了吨粮田生理基础，并确立了一系列数学模型和生理指标；在带型结构、群体结构、产量结构、灌溉制度、平衡施肥、地膜覆盖、化学除草等专项研究的基础上，取得了吨粮田生产技术措施综合平衡的突破。③取得了吨粮田土壤有机质和养分平衡研究成果。揭示了吨粮田土壤肥力演变规律，提供并推广了吨粮田土壤培肥技术。④当时国外也有每亩（667平方米）产量1~1.5吨的报道，但面积较小，还没有任何在如此大面积、高纬度、高海拔地区实现"亩产吨粮"。

项目形成了"土壤肥力为基础，麦、米、豆、绿肥带状套复种为龙头，合理密植为中心，科学灌水、平衡施肥、优良品种、地膜覆盖、精耕细作为支柱，病虫害防治为保证"为技术要点的模式化栽培技术规程。以此为基础，高炳德在内蒙古进行了广泛的吨粮田创建工作。1993—1995年在内蒙古河套平原和西辽河平原灌区共建成亩产926公斤春小麦套种春玉米高产田287.5万亩，其中吨粮田98.9万亩；3年共增产粮食4.8127亿公斤，年增1.6042亿公斤。共增加纯收益5.112亿元，年增

1. 704 亿元。

以上成果在 1996 年分别获得国家科技进步奖和全国农牧渔业丰收奖。为推动我国农业科技进步和内蒙古粮食自给作出重要贡献。

研究作物的平衡施肥

长期以来，高炳德致力于植物营养与平衡施肥、农作物高产优质栽培施肥的研究。在农作物高产优质栽培和平衡施肥领域取得了系统性、创新性成果。

他主持完成的"内蒙古平原灌区高产优质春玉米产量与品质形成规律及综合配套技术研究"，在应用基础理论、应用技术、技术推广三方面均取得了系统性、创新性成果。该项研究经大面积生产验收，认为技术先进成熟，成果在整体上居国内同类研究领先水平。有关玉米优质高产营养、光合生理基础的研究将推动该领域基础理论的发展，有重要理论意义。研究提出的优质春玉米吨粮田栽培技术对推动我国玉米生产科技进步有重要作用。在有灌溉条件的华北、西北、东北春玉米区有广阔的应用前景。2002 年获内蒙古科技进步奖二等奖。

他主持完成的"春小麦、马铃薯营养特性与施肥技术研究"，在春小麦、马铃薯配方施肥技术方面获得系统性、创新性成果，并在内蒙古中、西部地区大面积推广应用。在学术刊物公开发表论文 20 余篇，其研究成果迅速被教学、科研、生产单位引用。对推动全国特别是内蒙古平衡施肥技术的研究与应用发挥了重要作用。1987 年获内蒙古科技进步奖二等奖。

他主持完成的"A 级绿色食品春小麦品质形成、环境质量及生产技术研究"公开发表相关研究论文 75 篇。研究成果对发展我国绿色食品春小麦生产，开发绿色食品小麦面粉提供了科学依据，并对推动农业产业化进程，提高小麦品质，保证粮食安全，提高人民营养和健康水平有重要作用。

他主持完成的"胡麻产量形成规律及高产栽培施肥技术研究"，发表论文 18 篇，其旱地胡麻配方施肥及丰产栽培技术在旱作地区推广应用。

1979 年以来，他在国际、国内学术刊物（或学术会议）发表论文 160 余篇。其中，国际会议、国际文摘刊物 4 篇，国家级学术刊物（含核心期刊）36 篇，国家级学术会议或论文集 20 篇，省级学术刊物 105 篇。其中，《旱地胡麻配方施肥技术研究》、《马铃薯磷肥施用技术研究》等 3 篇论文，1989 年获内蒙古自治区自然科学优秀论文一等奖，《内蒙古平原灌区春小麦测土施用磷肥的基础研究》等 4 篇论文获内蒙古自然科学优秀论文奖二等奖。

他主编出版了《绿色食品春小麦的研究与实践》、《21 世纪的土壤科学》（内蒙古卷）、《西部大开发中内蒙古的土壤肥料科学》、《内蒙古河套吨粮田研究论文专辑》、《内蒙古平原灌区高产优质春玉米产量与品质形成规律及综合配套技术研究论文专辑》、《旱作地膜覆盖栽培技术》等著作 6 部，《土壤肥料学》教材一部，对促进我国土壤学的繁荣发挥了重要作用。

普及土壤知识

高炳德始终紧紧围绕发展农业生产与提高农民科学文化素质，孜孜以求，开展农业科学知识和适用科技的普及工作。他长年奔波在农业第一线，把根深深地扎在了农村、扎在了田头、扎在了农民中间，为巴彦淖尔市、呼伦贝尔市、呼和浩特市、包头市等六个市级单位和临河区、杭锦后旗、五原县、乌拉特前旗、土右旗、化德县等 9 个旗县以及 10 个乡镇、10 多个村庄举办科普讲座和实用技术培训 110 多次，培训县级以上的农业科技人员3800 多人（次）；培训乡、村、社三级干部和农民群众 2.2 万多人（次）。就"盐碱土发生与改良"、"发展粮食生产的潜力与途径"、"大豆产量形成的生理基础和栽培技术"、"配方施肥"、"吨粮田建设的理论与实践"、"甜菜含糖量下降原因及对策"等农业生产的适用技术，进行有的放矢、深入浅出的讲授，解决了内蒙古农业生产中的一系列难题。

为了普及配方施肥、低中产田改良、春小麦系列化栽培和小麦套种玉米吨粮田和春玉米吨粮田等先进适用的农业技术，他骑着自行车，甚至步行，奔波在临河区、五原县的乌兰图克、隆胜、城关、和胜、复兴等乡镇和通辽市木里图镇的十几个村庄。在田间现场进行科技传授，指导农民技术员种植吨粮田、小麦千斤田、甜菜丰产高糖示范田、油葵套种草木樨等"攻高改低"科技示范方。

高炳德根据内蒙古自治区农业生产的需要，结合自己的专业和科研成果，撰写出版了20多部农业科普著作，其中有《农牧业实用技术》、《土壤肥料学》等适用科技著作4部；《怎样用好磷二铵，没有二铵怎么办》等科普知识文章6篇，《吨粮田模式化栽培技术规程》、《胡麻系列化栽培技术》等科普手册8部，此外，还拍摄《春小麦套种春玉米吨粮田技术》电教片一部。这些科普著作，有的已成为内蒙古全区业余党校和职业中等教育的教材；还有些科普著作在乌兰察布市、呼和浩特市、包头市、巴彦淖尔市、锡林浩特市广泛流传，成为农民科学种田的科学顾问。特别是《对哲里木盟灌区粮食生产再上新水平的建议》、《西辽河平原灌区小麦套种玉米吨粮田技术》、《西辽河平原灌区玉米间种大豆吨粮田技术》等科普著作，对推动内蒙古东部区平原灌区立体种植和地膜覆盖玉米吨粮田建设具有重要的指导意义。

从1990年到1994年，高炳德带领师生在巴盟临河市乌兰图克乡的团结村、红旗村、隆胜乡东兴村建成小麦套种玉米吨粮田示范方20多个，共计4200多亩；小麦千斤田示范方10多个，共计 2800 多亩；油葵套草示范方 10 多个，共计 1980 亩；甜菜丰产高糖示范方 8 个，共计 5000 多亩。他们在这 1.4 万亩示范田中，先后接待了来自甘肃、宁夏及内蒙古各盟市的 40 多个参观团，万余人次的参观学习。他们的成功经验在区内外开花结果，广为传播。同时，他还协助通辽市建成综合科技示范点，在整个通辽市起到了示范作用，充分显示和发挥了"科技兴国"、"科学技术是第一生产力"的强大威力。

高炳德几十年如一日，写在纸上（科普著作），说在嘴上（科普讲座），种在地上（科技示范田），为向农民普及科学知识和先进适用技术付出辛勤劳动，作出突出贡献。人民把一朵"全国先进科普工作者"的大红花戴在了他的胸前。正像江泽民书记在接见他们时所赞扬的那样，他们为提高全民族科学文化素质而辛勤耕耘……积极引导人民群众建立科学、文明、健康的生活方式，努力形成学科学、用科学、爱科学、讲科学的社会风气和民族精神。高炳德就是这样一位不用扬鞭自奋蹄的带头人。1997 年荣获内蒙古人民政府"科技兴区特别奖"。

教书育人耕耘在农业教学第一线

高炳德忠诚党的教育事业，有高尚职业道德。40 多年来耕耘在高等教育第一线，勤勤恳恳教书，踏踏实实育人。其理论联系实际，深入浅出，生动活泼的教学风格，深受学生欢迎；其严肃、严格、严密的学风赢得师生尊重。在教学内容、教学方法、特别是三结合教学方面取得开创性成果，在教书育人中取得突出贡献。

1990 年以来，高炳德提出了教学与技术承包结合，教学（含研究生教学）与科学研究结合，科学研究与技术承包结合的三结合教学模式。取得了提高教学质量，多出科研成果，直接为经济建设服务三方面的重大效益。通过三结合教学，高水平地完成了

80 多名本科生、20 余名研究生的学士、硕士学位论文,出色地完成了本科生毕业生产实习的教学任务。在高炳德的指导下,学生们真刀真枪地进行科学研究和科技承包,有效地促进了知识向智能的转化,他们的自学能力、观察能力、语言表达能力、写作能力、组织能力、创造能力均大大提高,综合素质显著增强。

高炳德连续 5 年亲自带四年级学生到学校的科技承包点临河市乌兰图克乡进行教学、科研、科技承包三结合教学。在基点上,他要求青年教师和学生做到的,他首先带头做到。每年坚持在农村一线的时间至少 3 个月。为了提高当地干部和农民群众科技素质和推广适用科学技术,带领青年教师和学生为各个村社乡镇开展技术培训。为了让农民掌握小麦套种玉米吨粮田种植技术,步行或骑自行车深入农户、田间进行指导,并亲自带学生种小麦套玉米吨粮田和小麦千斤示范田。为了让学生把小麦套种玉米丰产田种好,亲自调节播种量、下肥量,亲自进行划行、拌种。示范田种不完,高炳德不离开。古人云:"其身正,不令而行;其身不正,虽令不从"。高炳德率先垂范的表率作用是无声的命令。他的献身精神、敬业精神强烈地感染着中、青年教师和学生,在无形之中起到了很好的育人作用。

高炳德讲课是内蒙古农业大学学生的"最爱",因为他的授课内容新、方法活、重实践。他主讲的《作物营养与施肥》,原统编教材的内容更适合南方和内地实际,对内蒙古自治区则缺乏具体针对性。高炳德结合自己多年的研究成果,成功改革了教学内容,增加了《马铃薯营养与施肥》、《春小麦套种玉米吨粮田营养与施肥》等多章内容,为这门课补充了乡土教学内容,显著提高了教学质量。2001 年光荣地被评为"全国模范教师"。

高炳德获得了中国农业界的多项奖项,得到了许多国家级及内蒙古自治区级的荣誉称号,但他能够以一颗平常的心对待,在成绩面前不骄傲,仍然全身心地投入自己热爱的事业中,充分体现他不计名利、但问耕耘的做人准则。2005 年 3 月,他从工作岗位上退了下来，退休之后的他依然致力于农业科学技术研究，由他主编的近50万字的《绿色食品春小麦的研究与实践》论文集，于2005年6月出版，被评为内蒙古自治区2005年自然科学年会优秀论文集。为了表彰他30多年来在科研、教学、科技推广方面的突出贡献，2007年荣获内蒙古自治区政府"2006年度内蒙古自治区杰出人才奖"。说起今后的打算，他依旧兴致勃勃，正在规划着将一生的教学、科研、生产成果进行归纳、总结和提升。

高炳德一生热爱科学、追求真知。他深知搞科学研究，是对大自然奥秘的探索，是寻求事物的内在规律，需要有饱满的热情和忘我的精神。在长期的科学研究中，他亲历试验田、实验室开展工作，在艰苦的农村、农业工作环境中毫无怨言，埋头苦干，即使在年迈之时，仍然不舍不弃。究其原因，就在于他对所从事的事业怀有深厚的感情，在于他具有为科学和真知献身的高尚品德。

高炳德具有吃苦耐劳、顽强拼搏的精神。农业科学研究环境条件差，工作艰苦，科技工作者必须要有吃苦耐劳的精神。他经常顶高温冒酷暑出现在试验田，不顾艰辛，完全忘记了自我。在进行吨粮田项目的研究中，为了确定玉米肥料追施量和施肥方式，在30℃以上的高温、玉米田透风差、呼吸困难的条件下，在试验田一株一株施肥，一干就是一天，午饭都在地头食用，因为只有赶时间，才能保证试验处理间的一致性。这充分说明他作为一名科技工作者为振兴农业科技事业而献身的崇高精神。

高炳德具有实事求是、治学严谨的科学态度。他经常说，科学是一门老老实实的学问，来不得半点的虚伪、投机和取巧，更不允许弄虚作假。为了理论指导实践，他一生所从事的农业试验都是田间试验，具有周期长、年度变异大、试验条件控制难、成果慢等特点，但他能够长期坚持，不离不弃，通过年复一年的工作，在反复试验后掌握大量第一手材料和原始数据的基础上，分析对比，揭示规律，找到真理。

高炳德甘为人梯，满腔热忱培养后人。他认为，科学研究是一种知识密集型和技术密集型的复杂的脑力劳动，需要一代又一代人的努力才能不断获取新知识和新成果。因此，在科学研究中，他主动给青年教师和学生压担子，发挥青年人创新思维能力，并给予及时的指导和帮助，使年轻人的科研素养和能力得到快速发展。

高炳德在长期的教学工作中"重教重育"，这是教师职业道德"从心所欲，不逾矩"的最高境界。他深刻地认识到教育在建设有中国特色社会主义事业中的战略地位和对人的全面发展的重要意义，对教育事业忠贞不渝，无私奉献。他既重视对学生的知识传授，又重视学生的能力培养、心理辅导、品德发展；既尊重学生的主体地位，又注重教学过程控制和教学相长。在教学过程中，他总是激情饱满，在传授知识的同时，把我国的农业、农村、农民的现状进行分析，说明农业工作者的使命，激发学生学农、爱农的思想。他以自己崇高的行为风范对学生的人生发展产生着积极而深远的影响。

（索全义）

简　历

1939 年 1 月 11 日　　出生于绥远省河套行政区陕坝镇（今内蒙古自治区巴彦淖尔市杭锦后旗陕坝镇）。

1958 年 9 月—1962 年 7 月　　内蒙古农牧学院农学系土壤农化专业读大学书。

1962 年 9 月—1978 年 10 月　　内蒙古农牧学院农学系土化教研室任助教。

1978 年 11 月—1987 年 8 月　　内蒙古农牧学院农学系土化教研室副主任、主任、讲师。

1987 年 9 月—1992 年 11 月　　内蒙古农牧学院农学系土化教研室主任、副教授，内蒙古土壤学会秘书长。

1992 年 12 月—1999 年 3 月　　内蒙古农牧学院农学系土化教研室主任，土

壤学科主任，教授。内蒙古土壤肥料学会副
理事长兼秘书长。

1999 年 4 月—2007 年 12 月　　内蒙古农业大学生态环境学院教授，土壤学
科主任，内蒙古土壤肥料学会理事长。中国
土壤学会理事，中国植物营养与肥料学理事，
土壤通报编委，内蒙古科协委员。

2005 年　退休。

2007 年至今　内蒙古土壤肥料学会名誉理事长，内蒙古科协委员。

主 要 论 著

[1] 高炳德．应用 p^{32} 示踪法对马铃薯合理施用磷肥的研究．马铃薯，1983
（4）：16—24.

[2] 高炳德．马铃薯营养特性的研究．马铃薯，1984（4）：3—13.

[3] 高炳德．马铃薯磷肥施用技术的研究．马铃薯杂志，1987，1（3）：
17—22.

[4] 高炳德．马铃薯氮肥施用技术的研究．马铃薯杂志，1988，2（2）：
85—91.

[5] 高炳德．内蒙古草原灌溉区测土施用磷肥的基础研究．土壤通报，
1985，16（4）：152—155.

[6] 高炳德．不同春小麦品种营养特性的研究．华北农学报，1986，2
（1）：35—39.

[7] 高炳德，魏景云，王春枝．胡麻测土施用氮肥的研究．中国油料，
1990（2）：42—45.

[8] 高炳德．内蒙古河套吨粮田研究论文专辑．内蒙古农牧学院学报，
1991（专刊）.

[9] 高炳德，王春枝，韩立志．河套平原吨粮田的土壤肥力及其演变．
见：土壤科学与农业持续发展．北京：中国科学技术出版社，1994.

[10] 魏景云，高炳德．内蒙古河套灌区胡麻分级优化施肥研究．土壤通
报，1998，29（6）：273—275.

[11] 魏景云，高炳德．旱地油用胡麻优化施肥研究．中国油料作物学报，

1998, 20 （4）: 79—83.

［12］高炳德，王春枝. 内蒙古平原灌区春玉米吨粮田栽培与土壤培肥技术分析. 见: 全国玉米高产栽培技术学术研讨会论文集，北京: 科学出版社，1998.

［13］高炳德，崔志祥. 迈向21世纪的土壤科学（内蒙古卷）. 呼和浩特: 内蒙古人民出版社，1999，1—241.

［14］高炳德. 优质高产春玉米产量与品质形成规律及综合配套技术研究论文集. 内蒙古农业大学学报，2000（增刊）.

［15］张胜，赵丽梅，高炳德. 氮素营养水平对春小麦营养品质及氮肥利用率的影响. 土壤学报，2002（增刊）: 251—258.

［16］高炳德，贾振业，王贵平. 内蒙古旱地覆膜玉米增产增效机理研究. 华北农学报，2001，16（专辑）: 7—13.

［17］Gao B D, Zhou X D, Zhang S, et al. Analysis of the Principle of High – Yield and High – Efficiency on the Ton – Grain Field of the Yellow River Plain in Inner Mongolia. Promoting Global Innovation of Agricultural Science & Technology and Sustainable Agriculture Development, Session2: Sustainable Agriculture （2）, EIJING, 2001, 515 – 521.

［18］高炳德. 西部大开发中内蒙古的土壤肥料科学. 华北农学报，2002，17（专辑）: 1—228.

［19］高炳德，李斐. 不同品种春小麦硫、钙、镁吸收动态模型及分部运转的研究. 华北农学报，2003，18（4）: 82—85.

［20］高炳德，赵继文. 绿色食品春小麦的研究与实践. 呼和浩特: 内蒙古人民出版社，2007.

参 考 文 献

［1］郭玉峰，郑海春. 内蒙古土壤耕作与施肥技术的应用. 北京: 中国农业出版社，2008.

［2］王永安. 北纬四十度线上的奇迹. 内蒙古科技报，第871期.

［3］郭钰. 心系农民的科普尖兵. 内蒙古日报，1996年3月18日，第三版.

［4］刘晓冬. 不计名利但问耕耘. 内蒙古日报，2002年11月29日，第五版.

朱胤椿

（1939— ）

　　朱胤椿，土壤肥料专家。发现了柴达木盆地荒漠绿洲农业高产田土壤有一层夹泥层具有保水保肥的作用；参与编制了"青海省土壤图"；发现施用钾肥有显著效果，从而打破了高原富钾区长期不施用钾肥的传统习惯；培育的营养基因型春小麦新品种——绿叶熟，在中国西北部分地区推广应用。

　　朱胤椿，1939 年 2 月 13 日出生于江苏省南通市通州区十总镇双墩村。1955 年江苏省如东中学毕业。1956 年青海来江苏招干，由于年龄较小，经考试进入青海省农林学校土壤农化班学习。1958 年学习成绩优秀被保荐青海大学农学系土壤农化专业学习。1962 年大学毕业后分配到青海省农林科学院生物物理实验室工作，熟悉仪器分析和钴 -60γ 射线辐射源管理。

　　1963 年 7 月调入院作物栽培育种研究所。着手生理生化实验室的筹建，1965 年基本建成。1966 年因"文化大革命"研究工作中止。此时，他以农村基点为用武之地，把研究项目带到农村基点，组织广大农民群众搞科学实验，课题研究取得一些进展。1970年10月29日，《青海日报》第一版发表了由他执笔题为《用毛主席的哲学思想指导科学种田》一文，并由青海人民广播电台同时播出。1977年5月25日，他撰写的《谈谈春小麦千斤丰产栽培技术》一文，由中央人民广播电台播出，推动了高原春小麦丰产栽培技术向纵深发展。

1971—1976年，由青海省科委组织，他三次参加中、西部春小麦高产田的验收工作。通过西北五省区联合严格验收，确认了高产水平。从验收中他发现了高产田独特的土体构型，并意识到该构型对高产具有的特独作用。后经系统总结，1978年，春小麦丰产规律及其理论研究，获得全国科学大会奖，同年又获青海省科学大会奖。

1976年6月，朱胤椿实现了自己多年夙愿，加入了中国共产党。1977年，被任命为青海农林科学院土壤肥料研究所副所长，主持全面工作。

1980年青海省科委下达"快速经济培肥土壤及其理论研究"。该项重点课题由土壤肥料研究所主持承担。从此他的工作重心转移到土壤培肥方面。

1989年6月，青海省委组织部任命朱胤椿为土壤肥料研究所所长，主持土肥所全面工作。兼任青海省农学会常务理事，青海省土壤学会理事长。

1990年朱胤椿参与本院旱作农业研究所主持的"高寒山旱地农业综合发展技术研究"，他主持子专题"高寒旱作农田土壤水肥运行规律及其调控技术研究"。经过5年努力，于1995年7月通过青海省科委组织的成果鉴定验收，受到与会专家的一致好评。

从20世纪50年代中期开始，国家在柴达木盆地建立了7个国营农场，为荒漠绿洲农业开发奠定了基础。开发初期，缺乏经验，发生过乱开乱垦现象，致使大量土地有种无收，或因条件受阻，不能继续耕种而弃耕撂荒。1987年青海省科委下达"柴达木荒漠灌区退耕撂荒地复苏利用技术研究"。朱胤椿主持该项目，他和课题组在驻点，交通、食宿条件相当简陋，在地广人稀的柴达木盆地做专项调查和研究，其困难可想而知。通过查阅大量资料（约70余万字）、25项测定指标和3150个分析样（次），最终确定了退耕撂荒地的基本类型、理化特征、复苏利用可行性评估。每一个环节，他都是一丝不苟，仔细推敲，从不放过任何一个疑点。1996年通过青海省级成果鉴定验收，同时也提高了一批中青年研究人员的业务水平。

土体构型与高产模式

随着春小麦丰产规律研究逐年深入，百亩千斤和亩产550～880千克高产田的连年出现。朱胤椿和课题组的同事们，开展了高产田土体构型的调查，发现凡是高产的地块，其土壤剖面特征是在50～80厘米土层中，基本都会出现10～15厘米不等的夹泥层，一层淡紫微红的黏土夹一层细粉砂土，一般每层3～5厘米，厚者6～8厘米不等。经分析，这是河流冲积过程中逐渐形成的自然土类型。大陆性气候条件下，作物生长期中通常需灌溉8～11次。而土体中间的夹泥层，因透水性能甚慢，起到保水保肥的功能，很大程度上保证了作物对水肥的需求。不论从光、热、气等气象因素；还是土壤本身的水、热、气、肥等土壤因素；均能稳、匀、足、适地获得供给，为高产创造了条件。他还认为，这种土体构型，只有在特殊的地理环境、生态气候条件下才是有利的。天下没有统一的机械的高产模式。各地都有各地的高产模式，不能一言以概之。

提出土壤培肥的实质是能量的贮存、
消费与转换的概念

在长达 5 年之久的土壤培育实践中，朱胤椿认为农业生产的过程就是培养绿色植物，通过光合作用，把光能转化为化学潜能，并贮存于植物体中，称之为"生产体系"。依赖于植物而生存的动物，包括人类，则是一个"消费体系"。各种微生物、土壤动物，只能把生产者所遗留下来的枯枝落叶，死亡的动、植物分解利用。一部分能量散向空中，各种营养元素又回到土壤中，参与绿色植物的再度同化合成，这些微生物对能量的转换与分配，称之为"还原体系"。这三个体系和它们所处的那个环境条件结成一个不可分割的系统，农业上称之为"农业生态系统"。在此系统内，一是肥劲，好比人的营养条件，是土壤肥瘦的标志；二是肥基，好比人的健康状况，是土壤好坏的特征。二者关系是：肥基是稳、匀、足、适地发挥肥劲的基础，肥劲大、小、猛、长、短又是肥基优劣的集中表现。所以从农业生态学看土壤培肥，不是单纯地给土壤输入粪肥、翻压绿肥、秸秆还田的概念。它还包括一系列农田基本建设、改良土壤、合理耕作、因土施肥、兴修水利、提高土壤协调素质，改善农田生态环境的概念。基于这一概念，拟订了工程培肥、化学培肥、生物培肥为主体的一系列培肥措施，收到事半功倍的效果。

四十年辛苦得硕果

1962—1998 年，朱胤椿先后取得 11 项研究成果，其中 8 项获省部级科技进步奖和全国科学大会奖。发表科研论文 40 余篇，交流性论文约 30 篇左右。并在《中国农业科学》、《农业技术经济》、《农业现代化研究》、《干旱地区农业研究》、《西北农业学报》等核心刊物（其中两篇为合作篇）发表研究论文 8 篇。入选全国专业性论文集 10 篇。发表译文 4 篇。参与编写《青海省志·农业志》。应约发表科普作品 8 篇。入选全国优秀科普作品选 1 篇。由中国农业科技出版社、中国科技出版社、中国商业出版社等发行书籍中参著论文 5 篇。代表作有：《青海土壤概论》（主编·合作）；《回归方程对经济合理施肥量的确定与思考》；《高原山旱区主要农作物需水规律的研究》；《高原富钾区油菜高产栽培组合方案中钾素效应的研究》等。朱胤椿一贯尽职敬业、治学严谨、一丝不苟、团结同志，广交朋友，致力于土肥事业。

（陈占全）

简　　历

1939 年 2 月 13 日　出生于江苏省南通市通州区十总镇双墩村。

1958—1962 年　毕业于青海大学农学系土壤农化专业。

1962—1963 年　青海省农林科学院农业组生理生化实验室技术员。

1969—1976 年　青海省农林科学院土壤肥料研究所驻大通县陈家庄基点。

1976—1977 年　赴南美洲秘鲁共和国作安第斯山山区高山土壤、小麦栽培考察，并作学术交流。

1977—1987 年　任青海省农林科学院土壤肥料研究所副所长、副研究员。兼任青海省农学会常理事。青海省土壤学会理事长。

1987—1997 年　任青海省农林科学院土壤肥料研究所所长、研究员。兼任青海省农学会常务理事，青海省土壤学会理事长。

1998 年至今　任青海省土壤肥料学会名誉理事长。

主 要 论 著

[1] 朱胤椿. 西宁北川地区春小麦高产稳产栽培技术研究. 农业科学实验, 1972（4）：44—51.

[2] 朱胤椿．矮壮素（CCC）对春小麦增产作用的研究．青海农林科技，1974（2）：88—95.

[3] 朱胤椿．关于春小麦高产栽培中几个问题的探讨．中国农业科学，1975（3）：37—43.

[4] 朱胤椿．青海春小麦高产经验总结．中国农业科学，1976（2）：7—11.

[5] 朱胤椿（执笔）．中国专家组赴秘鲁考察报告．农林外事，1977，第49号．

[6] 朱胤椿．关于柴达木盆地农业开发的问题的探讨．见：西北区农业现代化学术讨论会文选集．1980，85—89.

[7] 朱胤椿．西宁北川地区春小麦丰产栽培与光能利用．见：青海省（1979—1981）自然科学优秀论文集．1982，126—133.

[8] 朱胤椿．高寒旱作农业发展途径商榷．农业技术经济，1984（10）：39—45.

[9] 朱胤椿．运用回归边际分析方法评价土壤培肥经济效益研究．农业技术经济，1984，（3）：36—40.

[10] 朱胤椿．柴达木盆地荒漠灌区粮草轮作、麦秸还田培肥土壤综合经济效益分析．农业技术经济，1986（9）：32—35.

[11] 朱胤椿．柴达木绿洲农业综合开发概思——开荒与撂荒的启示．青海农林科技，1991（2）：1—4.

[12] 朱胤椿．从农业生态角度看土壤培肥的实质．青海农林科技．1991（2）：1—4.

[13] 朱胤椿（执笔）．青海土壤概论．见：土壤培肥研究论文集．西宁：青海人民出版社，1992.

[14] 朱胤椿．浅谈春小麦亩产500kg丰产栽培的几个问题．见：土壤培肥研究论文集．西宁：青海人民出版社，1992.

[15] 朱胤椿．回归方程对经济合理施肥量的确定与思考．见：土壤培肥研究论文集．西宁：青海人民出版社，1992.

[16] 朱胤椿．土壤养分状况温（网）室调查研究（英文）．1993，1—14.

[17] 朱胤椿．高原集约持续农业的特点与实施途径．见：土壤科学与农业持续发展．北京：中国科学技术出版社，1994，84—86.

［18］朱胤椿，洪世奇．高原富钾区油菜高产栽培组合方案中钾素效应的研究．见：北方土壤素钾肥力及其管理．北京：中国农业科技出版社，1995，（8）：228—233.

［19］朱胤椿．青海高原"两高一优"农业发展态势研究．北京：中国商业出版社，1996.

［20］洪世奇，朱胤椿．青海省旱作农田土壤水分状况及供需特征．干旱地区农业研究，1996，14（4）：1—6.

［21］朱胤椿．东部中位旱作农业区主要粮食作物农艺措施最佳组合方案研究．见：中国土壤学会第八届二次理事会扩大会议学术论文集．1997.

陈万勋

(1939—)

陈万勋，土壤学家。在土壤普查过程中，提出了划分石灰性砂壤黑土；依据白浆化黄褐土亚类解决了河南土壤分类中的技术难题，补充了《中国土壤分类系统》。组织编写了多部区域性土壤科学专著，编绘出河南省第一部较完整的《河南土壤图集》。

陈万勋，1939 年 11 月 17 日出生于河南省沁阳县一个贫苦农民家庭。因蝗灾随母兄逃荒到安徽省，后辗转河南叶县、洛阳等地，1950 年新中国成立后回老家沁阳开始上学，1960 年沁阳一中毕业，考入河南农学院农学土壤农化专业。他以一个农家子弟的心愿，决心献身中国土壤肥料事业。

1964 年夏，陈万勋从河南农学院毕业分配到河南省农业厅技术处土壤科工作，参加河南沙地土壤调查与改良工作，赴河北省定县考察，到豫北，豫东，郑州，开封等实地调查。1965 年参加四清工作队，并在 1966 年 4 月加入中国共产党。"文化大革命"时期被下放到沁阳县，修武县劳动锻炼，在沁阳城关下放劳动期间，经常陪同乡长走村串户宣传农业知识，教群众积造高温堆肥方法。特别是 1968 年春，正当小麦拔节后期，为创小麦高产县领导要求全县各村队清仓，把所有化肥全施到麦田里，当时陈万勋正在沁阳西义河住队，他认为这样大量往小麦田地施加化肥会影响小麦后期生长，多次说服队领导不要施肥过量，后来这个队没有照县里要求做，到小麦成熟时，该队小麦获得了丰收，其他队多出现了不同程度的减产，为此他受到了表扬。

1979 年全国第二次土壤普查工作开始，陈万勋被调回省土壤普查办公室工作。主要负责河南第二次土壤普查、农业区划和土地资料详查试点工作。为完成任务他多次走学校，下基层聘请技术骨干，同时他对自己要求非常严格对工作一丝不苟，在技术上精益求精。1980 年他参加河南省综合农业区划工作，主要负责禹县土壤普查。因病不能走路，他就趴在床上认真绘图。根据土壤分布规律和航片影像特征，他认定禹县应有棕壤土分布，为证实情况他带病领队员爬上禹县 1200 米的山顶，找到野外证据，实地画出土壤分布界限。

1980 年陈万勋和省地理研究所宗建洲同志参加一年一度中国土地学会学术年会，积极支持大会决议，向国务院建议成立国家土地管理局。直到 1993 年国务院才批准在农业部成立土地管理局。省农业厅成立土地利用管理处，陈万勋任副处长主管河南土壤普查、土地资源详查、农业区划等工作。1981 年参加农牧渔部组织的土地利用现状光山县试点，被全国资源调查办公室聘请为土地详查指导组成员。1984 年被河南省省直机关评为优秀共产党员。1986 年河南省土地管理局成立后，土地资源详查工作交给省土地管理局。

1986 年被河南省土壤学会推选为学会常务理事，副秘书长。原土地利用管理处改为河南省土壤肥料工作站，陈万勋任副站长、支部书记。

1989 年参加农牧厅县级扶贫工作，被永成县政府评为先进工作者。1990 年参加固始县扶贫工作，被固始县政府评为先进工作者，同时还组织固始县稻麦综合开发试点，获省科技二等奖。积极组织土壤普查省级资料汇总工作，被农牧渔业部授予对土壤普查作出突出贡献的先进工作者。省土壤学会推选为常务理事、副理事长。

1993 年省土壤普查工作，通过国家验收。1994 年被农业部评为全国土壤普查先进工作者，被推选为中国土壤学会理事、中国植物营养学肥料学会理事。1996 年农业部批准晋升为推广研究员。1997 年被省劳动人事厅评选为先进工作者，1999 年 4 月任农业厅土肥站首席专家。被国务院授予有特殊贡献专家称号。

学术贡献与成果

1973 年陈万勋在新乡地区盐碱地比较严重的原阳县搞"淤灌稻改"试点，选定在原武乡东南，小李庄村东一块寸草不生的盐碱地上种植水稻，陈万勋常年在那里住队，头一年就获得了375 公斤的好收成。淤土达 15 厘米厚，最厚的地区可达 20 厘米。经过两年的生产实践。他总结出前期利用井水灌溉育苗，中后期引黄灌溉的水稻全生育期灌水模式，为河南沿黄低凹易涝盐碱地区，"引黄种稻"作出了贡献。

1980 年陈万勋参加省综合农业区划办禹县试点工作，他主持土壤普查，发现在县南一个小盆地里土壤和其他地方不一样，经他与专家研究后，定名为石灰性砂姜土亚类，后被编入《中国土壤系统分类》。

1982 年陈万勋参加全国土地详查光山县工作，在调查土地类型时发现光山县龙岗地类表层有 3～4 厘米的厚白土层，回来向单位土壤普查顾问组汇报这一现象。在光山县土地利用现状试点结束后，他陪同魏克循教授多次到驻马店、信阳、南阳三地龙岗地区考察并取土全面分析化验，确定土壤中出现的白土层，是水的漂洗作用形成的，并撰写《豫南土壤白散化过程》论文，在河南土壤分类系统里，加进了白浆化黄褐和漂白砂浆里土亚类。

以上两个土壤亚类解决了河南分类系统中的技术难题，并被1992年修编的《中国土壤系统分类》（首次方案）所采纳，为完善中国土壤分类系统作出一定贡献。

获省部级成果13项。其中"河南省土壤资源及其应用"和"县级土地资源调查和土地利用总体规划的理论研究"分别获1995年、1983年河南省科委和海南省政府一等奖；"豫南302万亩水稻配方施肥高产开发"和"磷肥肥效的试验示范和大面积推广"分别获1991年、1982年省部级二等奖。

应用技术中的创新点

1986年省综合农业区划汇总需要省级《土壤图》和《土地利用现状图》。当时全省土壤普查和土地利用现状详查都没有结束，谁都拿不出当前实际最新的图鉴来。为了省综合农业区划的准确性、实用性，陈万勋根据土壤普查和土地利用现状详查试点县运用航片的经验，深入研究不同土类、不同地类在航片上的影像特征，并对特殊地区进行实地考察核对，较详细地总结出比较完全的判读指标。首次运用航片编绘出了省级50万分之一比例的《土壤分布图》和《土地利用现状图》，为省综合农业区划提供了新的、有价值的基础资料。发表在《和河南省农业自然资源图集》上，在河南是第一次汇编，在国内利用航、卫片编绘这样大比例尺图件也不多见。

1985年全省市地级土壤普查开始资料汇总，陈万勋发现土壤养分图，由于县级开展土壤普查时间不一致，县级分析水平不一样，同一个土壤样品分析结果差别很大，可比性不强。为了绘制有一定可比性、实用性强的土壤养分图，陈万勋决定在省级汇总时，根据土壤分布，以地市为单位，以土种为基础，统一集中人力，统一取样，统一方法，统一时间，集中分析化验。绘制了大比例尺单因子土壤养分图，其精度高、可比性强、实用性好的土壤养分图，在国内外也少见。

总之，陈万勋从20世纪80年代"引黄种稻，淤灌稻改，改良盐碱地"；从80年代推广磷肥到90年代"沃土工程"，均为河南农业生产作出一定贡献。进入2000年后，陈万勋一直在研究有机肥生产，商品有机肥的推广应用，生产无公害、绿色、有机产品的方法。

为人忠厚　先人后己

陈万勋从参加工作以来，一贯坚持先人后己、先国家集体后个人的原则，对工作一丝不苟，技术上精益求精的工作作风。

1984年陈万勋任农牧厅土地利用管理处副处长、支部书记，主持全面工作，单位工作人员都是年轻人。为了解决同志们的生活与工作问题，单位集资购买7套住房。1994年后又购买13套住房。当时他一家三代人住在60平方米的房子里，但他没有利用自己的权力要过房子。别人问他，他总是说单位年轻同志多，工作都是他们来干，应该先考虑他们。

1995年"河南省土壤资源及应用"获省科技进步奖一等奖，奖金1万元。作为单位负责人、课题主持人，他没有领取一分钱的奖金，奖金全部用于请来的技术骨干、一般同志和科室里工作人员的日常工作开支。

（屠小军）

简　历

1939 年 11 月 17 日　出生于河南省沁阳县。

1964 年　大学毕业分配到河南省农业厅技术处土壤科工作。

1972 年　在新乡地区农业局工作。

1979 年　调回农业厅土壤普查办公室。

1983 年　任农牧厅土地利用管理处副处长。

1988 年　任河南省土壤肥料站副站长。

1996 年　任河南省土壤肥料站支部书记。

1998 年　任农业厅土肥首席专家。

主 要 论 著

[1] 陈万勋（第一副主编）. 河南省土壤. 郑州：河南出版社，1994.

[2] 陈万勋主编. 河南省土壤图集. 西安：西安地图出版社，1996.

[3] 陈万勋（第二副主编）. 土地科学导论. 北京：中国农业科技出版
社，1995.

[4] 陈万勋（第二副主编）. 河南土壤. 北京：农业出版社.

[5] 陈万勋（主要参编人员）. 河南土种志. 北京：农业出版社.

[6] 陈万勋. 试论农业土地资源调查和土地利用规划中的几个问题. 自然
资源研究，1992（1）.

[7] 陈万勋. 卢氏县西湾石桥大队的土壤及其利用改良. 河南农学院学
报，1984（3）.

[8] 陈万勋. 论豫南土壤白散化过程. 土壤通报，1985（4）.

[9] 陈万勋. 永城县土壤养分变化动态与培肥措施. 河南农业大学学报，
1989（3）.

[10] 陈万勋. 河南沸石特性及沸石碳铵肥效研究. 北京：农业出版
社，1992.

[11] 陈万勋. 北亚热代过渡区土壤孢粉配合特征与全新全世环境变化.
北京：农业出版社，1992.

［12］陈万勋．豫南中晚更新母质土壤的发生特性分类归属．土壤通报，1994（2）．

［13］陈万勋．郑州市蔬菜基地的土壤与培肥．天津农林科技，1995（3）．

［14］陈万勋．河南省土壤有效态微量元素含量及微肥应用．植物营养与肥料学报，1996，2（4）．

陈怀满

(1939—)

陈怀满，土壤化学家。系统研究了土壤－植物系统中重金属的迁移转化规律与定量表征；在国内率先开展土壤复合污染和污染土壤的修复研究，所建立的重金属复合污染表征的综合污染指数方法已被引入中华人民共和国环境保护行业标准 HJ/T 166－2004《土壤环境监测技术规范》中；明确了环境土壤学的定义、定位、研究内容，为环境土壤学学科建设作出了重要贡献。

陈怀满，1939 年 12 月 9 日生于江苏省海安县，1965 年 7 月毕业于南京大学化学系，同年进入中国科学院南京土壤研究所工作。1979 年 11 月至 1982 年 4 月在菲律宾国际水稻所攻读土壤化学硕士研究生，1982 年 12 月至 1985 年 6 月在中国科学院南京土壤研究所攻读土壤环境化学在职博士研究生。历任中国科学院南京土壤研究所研究实习员、助理研究员、副研究员、研究员、博士生导师等职。1992 年 5 月至 12 月作为高级访问学者到德国 Braunschweig 工业大学开展学术交流。曾任中国科学院南京土壤研究所工厂电极组组长、土壤环境保护研究室主任、中国科学院土壤圈物质循环开放室常务副主任、中国土壤学会土壤环境专业委员会主任、南京钟山学院环境工程系教学副主任、江苏省环境学会理事、期刊《Pedosphere》副主编及《土壤学报》、《农业环境科学学报》、《生态与农村环境学报》、《土壤与环境》编委等职。

陈怀满主要从事离子选择性电极的研制及其应用、除草剂和重金属等污染物的土壤化学行为研究。系统研究了土壤－植物系统中重金属的迁移转化规律与定量表征；在国内率先开展土壤复合污染和污染土壤的修复研究并取得创造性的成就，所建立的重金属复合污染表征的综合污染指数方法已被引入中华人民共和国环境保护行业标准 HJ/T 166—2004《土壤环境监测技术规范》中；首次明确了环境土壤学的定义、定位、研究内容，作为中国科学院研究生院研究生的教科书，再版了《环境土壤学》，为环境土壤学学科建设作出了重要贡献。先后发表了科研论文 100 多篇，出版专著 5 部。作为第一完成人，"土壤－植物系统中的重金属污染"于 1998 年获得中国科学院自然科学奖二等奖、"土壤重金属污染及修复原理研究"获 2007 年度中国土壤学会科技奖一等奖和 2008 年度江苏省科技进步奖三等奖。作为主要参加者，"土壤环境容量研究"先后于 1987 年和 1991 年获得中国科学院科技进步奖二等奖和 1988 年国家科技进步奖三等奖，"土壤的电化学性质及其研究法"获得 1978 年全国科学大会奖集体奖，"重金属在土壤—植物—水系统中的交互作用"获 1995 年环境保护化学国际会议大会优秀论文奖。1991 年被国家教委和国务院学位委员会授予"做出突出贡献的中国博士学位获得者"荣誉称号，1993 年享受政府特殊津贴。在研究生培养和教学中发挥了积极作用，先后获得 1996 年度"中国科学院优秀教师"和 2000 年度"江苏省优秀研究生导师"奖。

研究重金属在土壤—植物系统中的迁移转化行为

陈怀满 1965 年 7 月于南京大学化学系毕业后，同年分配到中国科学院南京土壤研究所工作。1965—1970 年在 "718" 任务组主要从事除莠剂和落叶剂的土壤化学行为及毒性与解毒措施的研究。1970—1977 年主要从事离子选择性电极的研制及其在国防、土壤、医学和环境监测等方面的应用研究。从 1978 年开始，在国家科技攻关、国家自然科学基金、社会公益性行业等科研项目的支持下，开始了土壤重金属污染及其防治领域的研究。通过 20 多年的工作，在 "土壤复合污染与污染土壤退化机理"、"土壤－植物系统中重金属的迁移与定量表征"、"污染综合指标的确定"、"土壤圈典型元素或化合物的循环与环境质量"、"矿区生态环境整治" 以及 "污染土壤修复等土壤环境领域的研究" 中取得了突出成绩，在基础研究、应用实践、学科建设中取得了系统的、创新性的成就，为我国土壤环境保护事业作出了重要贡献。

在重金属污染研究领域，陈怀满在聚焦 Cd 和 Pb 的土壤生物化学行为基础上，突出重金属元素的交互作用研究，并将两两交互作用拓展到多因素的交互作用。在相伴离子影响的研究中，选择了 Cl^-、NO_3^- 和 Ac^-，它们在性质和反应行为方面有着明显的不同；在有机与无机污染物的交互作用研究中，突显了配位作用的影响和具有氧化还原反应的交互作用。采用热力学、动力学、根际化学、溶液化学等多种方法途径，揭示土壤（植物系统中重金属的反应行为、效应和归趋，不断取得新的突破。

深入研究了土壤—植物系统重金属交互作用的机理。陈怀满采用动力学实验证实了 Pb－Cd 交互作用可能在土壤－水界面产生，Pb－Cd 交互作用增加了反应的平衡速度，促进了 Cd 的活性，降低了土壤的缓冲能力，增加了土壤二次污染的危害性。解释了 Pb – Cd 交互作用可在一定时期内加重水稻植株 Cd 毒性的机理。该结果在 1995 年波兰国际环境保护化学研讨会上受到了好评和关注，获得了大会颁发的优秀论文奖，8 年后才有外国科学家发表了类似的研究报道。

从根际化学的角度陈怀满研究证实了 Pb – Cd 交互作用使根系分泌物在不同处理之间的泌出量和组成上均有相当大的差异，增加了糖的泌出，表明了根中释放的柠檬酸可能是小麦对 Cd 毒性的应激反应机理之一。从植物元素化学角度证实了交互作用可以发生在植物体内，从而可改变元素的平衡与传输，造成营养失调，并对 Pb 和 Cd 在根内的分布产生明显的影响。从土壤溶液化学角度证明 Pb – Cd 交互作用对土壤溶液中元素的化学形态有明显的影响，在溶液中 Cl⁻ 基本固定的情况下，Pb – Cd 交互作用使离子态 Cd 占总 Cd 的百分数有增加的趋势，从而影响了植物体中 Cd 的迁移。

在系统深入研究 Pb – Cd 交互作用的基础上，陈怀满将重金属的复合污染由二元推进到多元，由阳离子之间推进到阳离子与阴离子、重金属与有机污染物、重金属与土壤组分的交互作用等范畴。在重金属与陪伴阴离子交互作用方面，发现在黄棕壤中外源 Pb 浓度相同而陪伴阴离子（Cl⁻、NO₃⁻、Ac⁻）不同时，其 Pb 的植物效应存在明显的差异，NO₃⁻ 可促进 Pb 在植物体中向地上部分迁移，增加了 Pb 对食物链的危害风险，同时亦间接证实了植物根系对 Pb 的屏蔽不是如文献所说的物理阻隔作用，而是一个复杂的生理、生化过程。在重金属有机污染物的交互作用方面，研究了六价铬与对甲氧基苯酚在红壤胶体上的催化氧化作用、六价铬与对氯苯胺、镉与有机酸、Cu 与农药在不同土壤或胶体上的交互作用等。在重金属与土壤组分的交互作用研究表明，土壤胶体对 Pb 的一级水解反应有明显的影响，成功地利用吸附势和解吸势量化了土壤的诸多性质（pH、CEC、OM、黏粒含量等）对土壤吸附重金属的影响，并根据 Langmuir 方程进行了理论推导，给出了实验验证和应用示例，直到目前为止是唯一的综合定量表征土壤诸多性质对重金属在土壤－植物系统迁移的参数。

解决了土壤重金属复合污染的定量表征问题。重金属复合污染指标的确定是一项十分困难的工作。在联合国公布的有关土地质量指标中，缺少污染对土壤质量影响的有关指标。通过研究，陈怀满提出了土壤重金属复合污染的综合污染指数法，很好表征了土壤重金属复合污染对土壤质量的影响程度，也可以量化土壤中重金属的时空变化。综合污染指数（CPI）的表示方法是

$$CPI = X \cdot (1 + RPE) + Y \cdot DDMB / (Z \cdot DDSB)$$

式中　RPE——相对污染当量；

　　　DDMB——元素测定浓度；

　　　DDSB——土壤标准偏离背景值的程度。

它们根据测定元素数目、浓度和氧化数，土壤标准值和背景值计算；X、Y 分别为测量值超过标准值和背景值的数目；Z 为用于评价元素的个数。CPI 数值的大小表示相对污染程度。长期定位、定点试验的研究表明，无论是稻田或绿豆地，其对照的污染指数均不随时间而变化，而轻污染、重污染的绿豆地在 3 年中随时间减少 34% 和 25%；重污染的稻田污染指数减少了 43%，它表明在重污染情况下，表土中的重金属由于植物吸收或淋溶等多种因素而迁移出表土，但绿豆地较稻田的减少要慢，从而反映了耕作条件与植被对重金属迁移转化的影响。

综合污染指数（CPI）法同时考虑了背景值、土壤标准值和元素的价态效应等因素，是土壤复合污染表征的突破与重要进展。

阐明了土壤重金属污染对土壤环境质量的影响。通过盆栽实验结合田间验证的方法，陈怀满阐述了重金属污染对土壤的影响除了其自身毒性外，导致土壤退化的另一原因是对肥力的影响。他的研究表明，重金属污染导致土粒表面交换态 K 降低

2% ~60%，水溶性 K 增加 6% ~480%，污染导致土壤对 K 的缓冲能力降低 15% ~57%，加速了土壤中 K 的淋溶损失。重金属污染使土壤对 P 吸持固定容量增大、吸持强度增强、吸持速度加快、吸持缓冲容量升高，同时降低了磷酸酶活性，导致土壤 P 的有效性降低。

另外，他还通过红壤长期定位试验研究，发现表层重金属的表观下移现象较为明显，对地下水产生潜在的污染威胁。

提出了重金属污染土壤修复的原理与方法

陈怀满是国内最早开展污染土壤修复原理和技术的研究者之一。通过化学修复、植物修复和电动修复的研究与实践，取得了具有理论基础和实用价值的研究成果。

陈怀满成功使用一些化学改良剂进行了重金属污染土壤的化学修复，发现碳酸钙、钢渣和高炉渣皆可抑制水稻等植物对土壤中镉的吸收。当施用有效硅含量较高的炼铁高炉渣作为改良剂时，无论水稻、小麦和白菜植株中镉的含量均有显著的降低。他还研究了蒙脱石、沸石、泥炭、稻草、鸡粪和商用有机肥等改良剂对黑麦草和柳树生长、尾矿砂重金属有效态的影响。结果表明，蒙脱石显著提高了尾矿砂对铵态氮的保留能力，蒙脱石和鸡粪处理减少了黑麦草对铜、锌的吸收，稻草则增加了这种吸收。沸石、泥炭和肥料的加入降低了尾矿砂的 pH 值，表明改良剂的使用应该同时考虑正负两方面的影响。

在国内，陈怀满较早开展了重金属污染土壤的植物修复技术研究，发现了几种有较好应用前景的铜耐性植物，并将研究结果成功应用至矿山生态与环境的整治。通过溶液培养和土培实验研究了超量积累植物 T. caerulescens 对 Zn 污染土壤具有良好的修复效果。探讨了铅、锌污染土壤上植物对重金属的吸收及提高铅在不结球白菜地上部积累的诱导技术，研究发现诱导剂可增强植物的修复效率，极大地改变植物对 Pb 的吸收。成功地将香根草作为先锋植物应用于德兴铜矿的矿山修复。

陈怀满率先在国内开展了重金属污染土壤的电动修复研究，实现了电动修复装置的自动化控制，并完成了中试规模的试验，3 个月后，土壤铜的去除率达 75% 以上。重金属污染土壤电动修复技术具有能够同时处理多种不同类型污染物，并可在十分恶劣的环境下工作，现场处理深达数十米等优点，特别适合处理面积相对较小的点源高风险污染区的污染土壤。

为环境土壤学学科体系的确立作出了贡献

土壤环境质量是环境科学和土壤环境保护研究中的热门课题，是环境土壤学的核心内容，也是土壤质量的重要组成部分。与水、大气环境质量一样，土壤环境质量是整体环境质量的重要组成部分，但到目前为止，土壤环境质量还是一个发展中的概念，尚无统一的认识。土壤环境质量的研究，推动了环境土壤学的学科建设，而环境土壤学学科的发展进一步明确了土壤环境质量是环境土壤学核心研究内容之一。

"环境土壤学"的概念在 20 世纪 80 年代就已经提出，但对其定义、定位和研究内容等缺乏深入的探讨。陈怀满从 20 世纪 80 年代就积极参与创建"环境土壤学"的科学讨论，90 年代起相继发表了《环境土壤学》、《再论环境土壤学》、《环境科学与环境土壤学》等论文，对"环境土壤学"的定义、定位、特点、研究内容、研究方法等作了较为系统而全面的阐述。于 2005 年主编出版了《环境土壤学》一书，成为有关高等院校相关学科研究生的精品教材，广受赞誉，并于 2010 年再版。该书的出版，将环境土壤学的研究推进到了一个全新的高度。该书明确定义了环境土壤学是研究自然因素和人为条件下土壤环境质量变化、影响及其调控的一门学科。涉及土壤质量与生物品质，即土壤质量与生物多样性以及食物链的营养价值与安全问题；涉及土壤与水和大气质量的关系，即土壤作为源与汇（或库）对水质和大气质量的影响；涉及人类居住环境问题，即土壤元素丰缺与人类健康的关系；涉及土壤与其他环境要素的交互作用，即土壤圈、水圈、岩石圈、生物圈和大气圈的相互影响；涉及土壤质量的保护与改善等土壤环境工程的相关研究与应用。环境土壤学是一门新兴的、与土壤学、化学、生态学、生命科学和环境科学等学科内容相关的综合性交叉学科，是土壤学和环境科学的重要组成部分。

治学严谨　诲人不倦

陈怀满所开展的工作，包括复合污染和污染表征、土壤负载容量、重金属吸附和解吸、化学形态研究、根际环境研究、污染治理等方面均受到广泛关注和引用。迄今，他已发表论文 130 余篇，出版专著 5 部。所建立的重金属复合污染表征的综合污染指数方法已被引入中华人民共和国环境保护行业标准 HJ/T 166—2004《土壤环境监测技术规范》使用。作为第一作者完成的专著《土壤－植物系统中的重金属污染》获 1998 年中科院自然科学奖二等奖。

陈怀满完成的《土壤中化学物质的行为与环境质量》和《环境土壤学》著作也受到高度赞扬。

陈怀满不仅治学严谨，而且特别重视人才的培养，对学生言传身教，从课本知识学习，到实验动手能力，再到数据分析和论文写作，每一个环节都严格把关，精益求精。亲自指导培养的十多名研究生目前大多数都已成为科研或教学的骨干力量。1988年起在南京土壤所开设研究生学位课程《高等土壤化学》，亲自编写教材，教学认真负责，颇受学生敬仰。在研究生教学和培养中发挥了重要作用，取得了显著成绩。曾获 1996 年度"中国科学院优秀教师"和 2000 年度"江苏省优秀研究生导师"。从 2005 年起，又承担了研究生《环境土壤学》的教学任务。在人才培养中，他特别强调学科基础和动手能力，鼓励探索新的领域，使学生受到了良好的锻炼。

尽管陈怀满现已过古稀之年，他仍然坚持工作在第一线，指导课题组研究生做实验，帮助学生修改论文，热情关心帮助课题组年轻人才的培养和学科发展。

（王慎强）

简　　历

1939 年 12 月 9 日　出生于江苏省海安县。

1960 年 9 月—1965 年 7 月　南京大学化学系至毕业。

1979 年 11 月—1982 年 4 月　国际水稻所/菲律宾大学在职硕士生。

1982 年 12 月—1985 年 6 月　中国科学院南京土壤研究所在职博士生。

1967 年 6 月—1970 年 2 月　中国科学院南京土壤研究所 718 任务组研究实习员。

1970 年 3 月—1977 年 12 月　中国科学院土壤研究所工厂电极组组长、研究实习员。

1978 年 1 月—1986 年 10 月　中国科学院土壤研究所环保室助理研究员。

1986 年 11 月—1993 年 5 月　中国科学院南京土壤研究所环保室副研究员。

1993 年 6 月　中国科学院南京土壤研究所环保室研究员。

1987 年 2 月—1994 年 10 月　土壤研究所环保室、开放室环保室主任。

1992 年 5 月—1992 年 12 月　德国不伦瑞克大学高级访问学者。

1995 年 12—1998 年 5 月　中国科学院土壤圈物质循环开放室常务副主任、研究员。

1996 年　中国科学院土壤研究所博士生导师。

1987 年 1 月—2002 年 8 月　中国科学院南京土壤研究所学术委员会委员。

1994 年 1 月—2003 年 12 月　中国科学院南京土壤研究所学位评定委员会委员。

2001 年 9 月　中国科学院南京土壤研究所（退休返聘）研究员。

2001 年 11 月—2007 年 8 月　钟山学院环境工程系（南京）系教学副主任、教授。

主 要 论 著

[1] 陈怀满，等. 土壤－植物系统中的重金属污染. 北京：科学出版社，1996，344.

[2] 陈怀满，等. 土壤中化学物质的行为与环境质量. 北京：科学出版社，2002，663.

[3] 陈怀满，等. 环境土壤学. 北京：科学出版社，2005（第二版）.

[4] 陈怀满. 土壤溶液动态变化和 $CaCO_3$，CdS 的平衡研究. 土壤学报，1984（21）：258—267.

[5] 陈怀满. 土壤中 Cd、P、Zn 含量对水稻产量和植株中矿物浓度的影响. 土壤学报，1985（22）：85—92.

[6] 陈怀满. 土壤或胶体对镉的吸附势和解吸势及其应用. 科学通报，1986（31）：698—701.

[7] 陈怀满. 土壤对镉的吸附与解吸 I. 土壤组分对镉的吸附和解吸的影响. 土壤学报，1988（25）：66—74.

[8] 郑春荣，陈怀满. 复合污染对水稻生长的影响. 土壤，1989（21）：10—14.

[9] 郑春荣，陈怀满. 土壤—水稻体系中污染重金属的迁移及其对水稻的影响. 环境科学学报，1990，10（2）：145—152.

[10] 陈怀满. 环境土壤学. 地球科学进展，1991，6（2）：49—50.

[11] 陈怀满，郑春荣. 关于土壤环境容量研究的商榷. 土壤学报，1992，29（2）：219—225.

[12] 陈怀满，郑春荣，王慎强，等. 不同来源重金属污染土壤对水稻的影响. 农村生态环境，2001，17（2）：35—40.

[13] 陈怀满，郑春荣，周东美，等. 德兴铜矿尾矿库植被重建后的土壤肥力状况和重金属污染初探. 土壤学报，2005，42（1）：29—36.

[14] Chen, H M and Ponnamperuma F N. Yield and cadmium concentration of

wetland rice grain as affected by addition of cadmium, phosphorus and zinc compounds. Philipp. J. Crop Sci. , 1982, 7: 109—113.

[15] Chen H M, Zheng C R and Sun X H. Effects of different lead compounds on growth and heavy metal uptake of wetland rice. Pedosphere, 1991, 1: 253—264.

[16] Chen N C, Chen H M. Chemical behavior of cadmium in wheat rhizosphere. Pedosphere, 1992, 2: 363—371.

[17] Zheng C R, Chen H M. Interaction of Pb and Cd in soil – water – plant system and its mechanism: I. Pb – Cd interaction in red soil – plant system. Pesosphere, 1996, 6: 63—72.

[18] Chen H M and Zheng C R. Heavy metals in the soil – water – plant system. Importance of Interaction. In Chemistry for the Protection of the Environment 2 (edited by Pawtowski et al,), Plenum Press, New York, 1996, 311—318.

[19] Chen H M, Lin Q and Zheng C R. Interaction of Pb and Cd in Soil – Water – Plant System and Its Mechanism: II. Pb – Cd Interaction in Rhizosphere. Pedosphere, 1998, 8: 237—244.

[20] Chen H, Zheng C and Zhu Y. Phosphorus: A limiting factor for restoration of soil fertility in a newly reclaimed coal mined site in xuzhou, China. Land Degradation & Development , 1998, 9: 115—121.

[21] Zheng C R, Tu C and Chen H M. Effects of Combined Heavy Metal Pollution on Nitrogen Mineralization Potential, Urease and Phosphatase Activities in a Typic Udic Ferrisols. Pedosphere, 1999, 9 (3): 251—258.

[22] Chen H M, Zheng C R, Tu C, et al. Heavy metal Pollution in soils in China: Status and countermeasures. Ambio, 1999, 28 (2): 130—134.

[23] Chen H M, Zheng C R, Tu C, et al. Chemical methods and phytoremediation of soil contaminated with heavy metals. Chemosphere, 2000, 41 (1—2):229—234.

[24] Chen H M, Zheng C R, Wang S Q, et al. Combined Pollution and Pollution Index of Heavy Metals in Red Soil. Pedosphere, 2000, 10 (2): 117—124.

[25] Zhou D M, Chen H M, Zheng C R, et al. Catalytic effect of soil colloids

on the reaction between Cr^{VI} and p – methoxyphenol. Environmental Pollution, 2001, 111: 75—81.

[26] Chen H M, Zheng C R, Tu C, et al. Studies on Loading Capacity of Agricultural Soils for Heavy Metals and Its Applications in China. Applied Geochemistry, 2001, 16 (11—12): 1397—1403.

黄昌勇

(1940—　)

黄昌勇，土壤学家。在土壤养分元素平衡及生物有效性、土壤污染元素的土壤生物地球化学行为方面进行了深入研究。结合矿区复垦、茶园施肥和水田碳氮周转及循环等，有效开展了土壤微生物多样性及生态特性的研究。为丰富土壤化学理论与实践和土壤学教学、教材改革作出了贡献。

　　黄昌勇，1940 年 8 月出生于浙江省昌化县（今临安市）湍口镇一个农民家庭。父母勤劳朴实，从未进过学堂，但培养子女读书的决心很大。1949 年新中国的成立使得农家出身的黄昌勇能顺利完成小学、中学、大学的学习，实现了父母亲的夙愿。

　　1960 年，黄昌勇考入浙江农业大学土壤与农业化学系。他学习刻苦，数理化基础课程和专业主干课程获得全优。在此期间，他还担任了三年多的团支部书记，得到了管理工作的锻炼，这对他的成长得益匪浅。

　　1964 年秋，黄昌勇毕业留校任助教。同年 12 月，去农村参加社会主义教育运动。1965 年 5 月，加入中国共产党。

　　黄昌勇的教学、科研工作是从 20 世纪 70 年代初参加朱祖祥教授倡导的"土壤作物营养诊断"开始的。1977 年恢复高考后，学校逐步走上正轨。黄昌勇于 1980 年晋升为讲师。1986 年晋升为副教授，兼任土壤与农业化学系副主任，1990 年作为访问学者赴加拿大 Saskatchewan 大学研究一年，顺便访问了加拿大 7 所大学。1993 年 3 月晋升为教授，并兼任土地科学与应用化学系主任。1995 年 5 月任浙江农业大学（1998 年与浙江大学、杭州大学、浙江医科大学合并为浙江大学）环境资源学院院长，同年被批准为博士生导师。1996 年任土壤学科负责人。1997 年任农业部、浙江省土壤植物营养实验室第一任主任。1999 年任浙江大学学位委员会会员。

　　黄昌勇的学术兼职有：中国土壤学会第六至第十届（1987—2008）土壤化学专业委员会副主任、主任、常务理事、顾问、《土壤学报》编委；中国科学院南京土壤研究所土壤圈物质循环重点开放实验室第三届学术委员；浙江省土壤肥料学会第九、第十届（1997—2005）理事长；农业部第三届教学指导委员会土壤与植物营养组组长；国务院学位委第四届学科评议组成员。

　　20 世纪 70 年代以来，黄昌勇主持和参加十多项国家和省部级研究项目，多次获奖。主编（著）教材、专著 6 部，发表论文 120 余篇。指导博士研究生 19 名，硕士生 10 名，其中国外研究生 7 名。他还担任《农业百科全书·土壤卷》编委兼土壤化学分支副主编。1993 年享受国务院政府特殊津贴。

开发土壤作物营养诊断化学测试方法

　　20 世纪六七十年代，随着我国农田单产的增加，农田生产中的作物生理病害种类及发病频率明显增多，这是一个由土壤障害因子引起的实际生产问题。为此，朱祖祥教授在全国率先提倡开展"土壤作物营养诊断"调查与研究。在朱祖祥教授带领下，黄昌勇深入浙江农村，参与了"水稻苗期缺磷发僵"、"糊田稻叶褐斑"、"油菜疯化不实"、"茶树氯害"、"盐土黑泥形成"等的诊断防治研究。

在土壤作物营养诊断研究中，黄昌勇主要负责诊断中的化学速测方法研究。在朱祖祥教授的指导下，对土壤和植株中的氮、磷、钾、铁、硅和水稻土壤含水量的速测诊断方法，进行反复的实验室比较和田间验证，获得的主要成果有：①建立了淹水土壤含水量田间速测方法——定容称重法。该方法在一个固定量杯中，均匀装满水田泥浆土壤，称重通过计算即得土壤含水量，解决了一直困扰的水田土壤野外速测的土样定量问题。②对水稻茎、叶不同部位磷胁迫敏感性进行了比较，确认采用盐酸钼酸铵－氯化亚锡还原法进行水稻苗期缺磷诊断时，叶鞘是最佳的取样材料。并配制了土壤和水稻叶片缺磷的永久标准色阶，便于田间应用。③按田间化学诊断速测要求，对六硝基二苯胺测钾试纸的制备作了改正，并对制备条件，试纸的校正和标定及试用中的注意事项等作了具体说明。④提出了植株组织中活性铁含量的速测方法。以上几项成果，都被收集在由朱祖祥主编的《土壤和植物营养诊断速测方法》一书中。并由全国土壤普查、土壤诊断协作组向全国推荐。在全国第二次土壤普查和 20 世纪 80 年代以来全国推广的测土施肥、配方施肥中广泛应用。

研究土壤养分、污染元素的有效性与
生物地球化学行为

20 世纪 80 到 90 年代中期，黄昌勇的主要研究领域是土壤养分元素和污染元素的有效性及其在土壤中的释放、积累、迁移、转化等土壤生物地球化学行为的研究。涉及的元素较广，包括氮、磷、钾植物必需的大量元素，铜、锌微量元素，镉、铅、砷污染元素，以及铁、铝、硅等元素。在黄昌勇的指导下，有多位研究生参与该项研究。"浙江省土壤养分平衡及生物有效性"和"土壤养分的平衡的微观机理及生物有效性研究"，分别获浙江省人民政府和国家教育部科技进步奖三等奖（第一完成人）。所获得的主要成果包括：①通过化学连续提取、电超滤（EUF）、容量/强度关系，结合牧草生物试验等，提出了浙江省代表性土壤速效钾、缓效钾的供钾特性，表明土壤溶液钾作为有效钾指标优于交换钾。在水稻生长期，土壤缓效钾对水稻钾素营养起重要的补给作用。并在前人研究基础上，提出了钾临界浓度概念，指出土壤钾临界浓度与钾位缓冲容量（PBCk）和钾缓冲能力（BPk）间呈显著相关。②区分了浙江省代表性土壤铜、锌的形态。表明土壤淹水能明显增加水溶态和交换态的含量。结合田间及温室试验，建立了次生石灰土壤水稻缺锌的诊断指标。③对土壤—作物—微生物系统中，土壤吸附镉、铅、砷等元素的不同作用机理及污染生态效应、影响因素等进行了较深入的探讨。由于土壤系统的复杂性，以上研究成果尽管存在一定的局限性，但起到了丰富土壤化学理论与实践的作用。

探索土壤微生物多样性及生态特性

土壤中的一系列化学反应几乎都是在微生物参与下进行的。为了弄清土壤这一复杂体系中化学反应的本质，20 世纪 90 年代中期开始，黄昌勇筹建了土壤生物与生物化学实验室，购买 Biolog、PLFA、PCR 等仪器，将研究重点转向土壤微生物多样性及其生态特性的研究。黄昌勇围绕着主持的国家自然科学基金"矿区土壤微生物生态特征及其稳定性恢复研究"、"水稻土碳氮周转与微生物多样性和活性的关系研究"、"茶园土壤微生物硝化作物强度及硝化微生物研究"及国家重大基础研究"重金属在土壤—植物—微生物系统中的转化动力学研究"（子项目），开展了深入系统的研究，取得了系列创新成果，在国内外有影响的学术刊物上发表科学论文 70 余篇，培养该领域的博士研究生 10 多人，编（著）出版了我国第一本《土壤微生物生态学》专著。他在该领域中的研究颇有特色，选择了水田、茶园和矿区这三种特殊生境土壤作为研究对象，探索土壤微生物多样性及生态特性与水稻土碳氮循环、茶园土壤硝化作用和重金属强胁迫下矿区土壤恢复重建的相互作用与内在联系，将基础理论研究与实际应用问题结合起来。所取得的大部分研究成果已通过科学论文发表。例如：①建立的"液态氯仿常压熏蒸水浴法"，不受土壤含水量限制，操作简便可行，适合批量样品分析，重现性好，解决了水稻土，沉积物、湖泊底泥等淹育土壤的微生物生物量的测定。②在茶园生境下，发现中龄茶园（50 年龄）的土壤微生物活性、多样性（PGGE）、净矿化、净硝化作用强度及硝化、亚硝化细菌数量和硝化势都明显优于幼龄（8 年）和老龄（90 年）茶园。以及不同利用方式下，土壤微生物的群落结构的特异性等。③在矿区生境下，探明土壤微生物生物量、细菌数量、群落丰富度、功能多样性均明显下降。所揭示的矿区金属复合污染下土壤微生物对碳源利用模式的差异，以及针对铜尾矿和铅锌矿区，所提出的供选择的适生植物类型及合理种植方式等，都是首次发表报道，并具有一定的原创性。

编写《土壤学》教材

黄昌勇已出版多本教材和专著，如《土壤学》、《土壤化学》、《土壤微生物生态学及实验技术》、《土壤化学研究与应用》、《土壤肥力与农业可持续发展》、《土壤学实验》等。其中《土壤学》是一本影响面很广的教材。该书自 2000 年 5 月出版后，到 2001 年 10 月，不到一年半时间就第 3 次印刷、累计印刷数 22000 册。据农业出版社 2002 年统计，全国有五十余所农业院校包括农业资源与环境、农学、园艺、土管、环保、园林、茶叶等专业均以该书作教本，并被有关科研院所指定为考研的参考书。2002 年该书被评为全国普通高校优秀教材一等奖。2002 年后又多次印刷，至今印刷数已达 6 万余册，是我国近 10 年来使用面最广、畅销量最多的《土壤学》教学用书。

该书还是教育部下达的"农业资源与环境国内外课程比较研究"项目的核心课程之一，项目组认为本书有以下特色和创新：①编写中竭尽全力保持朱祖祥主编的《土壤学（1983）》的内容覆盖面宽、科学基础性强、体系结构紧凑严密等特色。②追踪国外土壤学科发展前沿，在比较基础上充分吸收国外土壤学研究的新成果，新概念和新技术，较系统引入了"土壤圈"和土壤生态学、资源、环境学观点，使《土壤学》整体水平有较大提高。③结合我国国民经济，特别是农业、资源、环境和科研教育的发展，特将《土壤学》的结构体系，分为《土壤组成和性质》、《土壤环境过程》、《土壤管理和保护》上、中、下三篇。新增了《土壤生物》、《土壤耕作与管理》、《土壤污染与防治》、《土壤退化与土壤质量》四章，更适应我国高等教育改革的需要。④突出了《土壤学》是一门综合性强的应用基础学科特点，该书除作为农业资源与环境核心课程外，还可广泛服务于农业可持续发展、环境生态建设、区域治理和资源利用保护等领域。该书的取材丰富，主题概念清楚，体现了《土壤学》在教育计划中的专业基础核心课程的地位。

承前启后，推动学科发展

在朱祖祥院士的领导下，经过几代人的努力，浙江大学土壤学科就名声在外，在国内有很大影响。1981 年被国家列为首批具有博士学位授予权的学科。1984 年被浙江省政府列为省首批重点建设学科。由于学科带头人朱祖祥院士身为校长并身兼多职，工作十分繁忙。黄昌勇担当起"助手"，除帮助处理研究生日常工作外，一直是土壤学科建设计划、实验室建设、学科年报及评检报告的参与和执行者。1996年朱祖祥院士在一次资源环境考察中，不幸因公逝世。黄昌勇被推举为土壤学科带头人。他抓住学科发展机遇，先是联合植物营养学科，于1996年申报农业部和1997年申报浙江省亚热带土壤植物营养重点开放实验室，获得批准。二是以土壤学重点学科为基础，联合植物营养、环境工程、农业生态等学科交叉组合，完成了该校211立项中的"农业资源与环境"专项目建设计划。这为土壤学学科的发展提供了千载难逢的发展机遇。黄昌勇根据学科组人员的建议，按照全面提高，重点突出的学科建设思路，一方面为土壤学各研究方向的实验室，更新了一些教学、科研必备的仪器设备，改善了各方向的研究条件。重新规划实验用房，建立了研究生电脑室等。另一方面购进了一些公用性强、特别对加快学科前沿特色发展必备的仪器设备，如毛细管电泳仪、元素分析仪、Biolog、PLFA、PCR、原子吸收光谱、气相色谱、高速离心机等。筹建了土壤生物与生物化学实验室，在农业院校中率先开启了土壤微生物生态的研究，为学科发展上新台阶创造了良好的环境，使学科活力明显增加。1999年浙江大学土壤学科被评为农业部重点学科。2002年浙江大学在全校遴选的25个重点建设学科中，土壤学科被列为全校排名第八的强势学科。与此同时，浙江省亚热带土壤植物营养重点开放实验室在1999年、2001年和2003年三次评审中，均被评为优秀重点建设实验室。

（廖　　敏）

简　历

1940 年 8 月 27 日　出生浙江省昌化县（现临安市）湍口镇。

1954—1960 年　浙江省昌化一中（现昌化中学）学习。

1960—1964 年　浙江农业大学（现浙江大学）学习。

1964—1980 年　浙江农业大学土壤与农业化学系助教。

1980—1986 年　浙江农业大学土壤与农业化学系讲师。

1986—1993 年　浙江农业大学土壤与农业化学系副教授、副系主任，加拿大 Saskatchewan 大学土壤系访问学者（1990.10 至 1991.11）。

1993—1995 年　浙江农业大学土地科学与应用化系教授，系主任。

1995—1998 年　浙江农业大学环境资源学院教授，博士生导师，学院院长，农业部浙江省亚热带土壤植物营养重点开放实验室主任，土壤学科带头人。

1998—2004 年　浙江大学环境资源学院教授、浙江省亚热带土壤植物营养重点开放实验室主任，土壤学科带头人。

2004 年　退休。

主　要　论　著

[1] 袁可能，黄昌勇，朱祖祥. 盐化水稻土中黑泥层形成过程的初步研究. 浙江农业大学学报，1981，7（2）.

[2] 黄昌勇，莫慧明，储util云. 水稻土供钾特性与水稻钾素营养的关系及其诊断上应用. 浙江农业大学学报，1985，11（2）.

[3] 黄昌勇，谢正苗. 土壤钾缓冲力（BPK）和缓冲容量（PBCK）与钾临界水平相关性. 浙江农业大学学报，1987，13（1）.

[4] 黄昌勇，蒋秋怡. 用电超滤法研究浙江省土壤钾状况. 浙江农业大学学报，1988，14（1）.

[5] 黄昌勇，袁可能，朱祖祥. 浙江省丘陵旱地供钾能力研究. 土壤学报，1989，29（1）.

［6］黄昌勇，谢正苗．皇天畈试验场砷污染地下水自净作用．环境科学学报，1989（1）．

［7］陆雅海，黄昌勇，朱祖祥．砖红壤及其矿物对重金属离子专性吸附研究．土壤学报，1995，32（4）：370—376.

［8］Tang S R, Huang C Y and Zhu Z X. Commelina communis L. : Copper Hyperaccumulator Found in Anhui Province of China. Pedosphere, 1997, 7（3）：207—210.

［9］黄昌勇，谢正苗，徐建明．土壤化学研究与应用．北京：中国环境科学出版社，1997：1—236.

［10］Huang C Y. Effects of Cadmium, Lead and their interaction on the size of microbial biomass in redsoil soil. Soil and Environ, 1998, 1（3）：227—236.

［11］廖敏，谢正苗，黄昌勇．镉在土水系统中的迁移特征．土壤学报，1998，35（2）：179—185.

［12］姚槐应，何振立，黄昌勇．红壤微生物量氮周转期及研究意义．土壤学报，1999，36（3）：387—393.

［13］Khan K S, Huang C Y. Effect of heavy metal pollution on soil microbial biomass. Journal of Enviromental Sciences, 1999, 11（1）：40—47.

［14］黄昌勇．土壤学．北京：中国农业出版社，2000：1—311.

［15］滕应，黄昌勇．铅锌银尾矿污染区土壤酶活性研究．中国环境科学，2002，22（6）：551—556.

［16］黄昌勇，沈冰．硅对大麦铝毒的清除和缓解作用研究．植物营养与肥料学报，2003，9（1）：98—101.

［17］龙健，黄昌勇．几种牧草对铜尾矿重金属的抗性及微生物效应．环境科学学报，2004，24（1）：159—164.

［18］Xue D, Yao H Y, Huang C Y. Microbial Biomass , Mineralization and Nitrification, Enzyme Activities and Microbial Community Diversity in Tea Orchard Soils. Plant and Soil, 2006, 288, 319—331.

［19］姚槐应，黄昌勇．土壤微生物生态学及其实验技术．北京：科学出版社，2006：1—201.

［20］陈果，黄昌勇．一种测定淹水土壤微生物生物量碳的方法：液氯熏蒸浸提—水浴法．土壤学报，2006（6）：981—988.

杨承栋

（1941— ）

杨承栋，森林土壤学家。提出森林土壤功能与其组成、结构、性质一致性原理，找出了我国主要造林树种人工林土壤性质退化、林木生长量逐代大幅度下降的关键因素；提出维护我国主要造林树种森林土壤功能、提高林木生长量的综合技术途径与适用技术。

杨承栋，1941 年 1 月出生于安徽省巢湖市，中共党员。1963 年毕业于安徽大学生物化学专业。曾在安徽省淮北、巢湖从事教学及微生物肥料和土壤学研究工作；1982 年中国林业科学研究院森林土壤专业研究生毕业，同年留中国林科院林业研究所森林土壤研究室工作至今。1993—2008 年任中国林科院林业研究所森林土壤研究室主任、研究员、博士生导师。1995—2008年期间，兼任中国林学会、中国土壤学会森林土壤专业委员会主任（连任三届），中国林学会理事，中国土壤学会常务理事，北京市土壤学会理事，北京林业大学兼职教授。获国务院政府特殊津贴。1990 年 9 月—1991 年 9 月国家派赴苏联作为高级访问学者，在列宁格勒林学院和莫斯科大学土壤系进修，1998 年 9 月—1999 年 12 月又以高级访问学者身份去俄罗斯圣彼得堡大学生物土壤系和俄罗斯农业微生物研究所进修，应邀在圣彼得堡大学生物土壤系作学术报告。1993 年，应英国林业委员会邀请，率中方专家组，到英国访问 50 多天，考察有关人工林地力衰退原因机理及其防治技术途径等方面研究工作，并开展学术交流，在爱丁堡大学应邀作学术报告。自参加工作以来，从事过森林土壤、化学、土壤化学、土壤生物化学、森林立地、土壤微生物、微生物肥料等领域研究工作。曾先后主持"八五"、"九五"国家攻关专题、"十五"及"十一五"国家攻关子专题、部级重点课题、中英合作项目、国家自然科学基金项目，以及推广项目等；作为骨干力量，参加过国家级和省部级多个研究项目。2002—2003 年受聘为"中、德财政合作内蒙古科尔沁荒漠土地生态建设项目"的咨询专家。现任核心期刊《林业科学》、《林业科学研究》及《土壤通报》编委。培养博士生 3 名。获中国土壤科学技术进步奖、科技成果奖多项。

提出森林土壤功能与其组成、结构及性质变化一致性原理

长期以来，我国森林土壤学家和生态学家等在论述森林土壤功能与土壤性质关系时，常用的术语是：森林土壤功能与土壤结构的一致性。杨承栋认为：森林土壤是物质，更确切地说是混合物。森林土壤功能应与其性质变化密切相关，而森林土壤性质变化则取决于森林土壤的组成和结构的变化。因此，杨承栋提出了森林土壤功能与其组成、结构及性质变化一致性原理，运用该理论，曾于 1996 年在《林业科学》上发表了《杉木连栽林地土壤组成、结构、性质与功能变化及其对林木生长影响》一文，被引用频次较高，该刊物统计自 1978—2007 年发表的所有文章中，被引用频次最高的前 50 篇文章中，就有这篇文章。

揭示了我国主要造林树种土壤质量退化的关键因素

人工林地力衰退、林木生长量逐代下降、病虫害严重，引起世界普遍关注。长期以来，我国主要造林树种杉木、杨树、桉树、落叶松、马尾松及湿地松等人工林，由于纯林经营伴随着不正确育林措施，兼之我们对某些树种特有的生物学特性尚不十分清楚，致使杉木、桉树等主要造林树种人工林地力衰退十分严重，林木生长量逐代大幅度下降，病虫害发生严重。立地条件越差的林地，地位指数下降的幅度越大。如杉木人工林第二代林木生长量和第一代相比，平均下降 10% ~ 15%，第三代和第一代相比，平均下降 30% ~ 40%；桉树人工林第二代和第一代相比，生长量下降 10% ~ 20%，第三代和第一代相比，生长量下降 30%。更为严重的是，某些树种如杉木人工林，还存在连栽成活率低，甚至不能成活，并通常是发生在土壤有机养分含量较高的立地区域。如此情况，严重地威胁着我们对有限可耕林地的永续经营。为了维护土壤功能，实现永续经营，杨承栋利用承担"八五"至"十一五"国家有关研究项目及对外合作项目的条件，并在课题各位同仁的协助下，通过大量的外业调查研究、长期的定位研究以及对土壤和植物样品的分析，依据森林土壤功能与其组成、结构及性质一致性原理，对我国主要造林树种杉木、桉树等，在不同立地条件下、不同代及不同发育阶段人工林土壤组成、结构和性质变化及其与林木生长关系，进行了系统的研究。其中对不同整地方式的一代杉木人工林、一代中龄林至成熟林，都坚持了长达 17 年的定位研究；对二代杉木林从幼龄林至中龄林，坚持长达 18 年的定位研究；对马尾松中龄林至成熟林，坚持长达 17 年定位研究。通过对 1000 多块各种类型的临时样地、固定样地和半固定样地的调查研究，获得土壤理化性质及生物学活性分析数据 33000 多个。借助于红外光谱分析和根际分析等所提供的信息，找出了导致我国主要造林树种地力衰退的关键因素：土壤性质恶化、生物学活性大幅度下降、主要营养元素发生不同程度下降，致使土壤营养状况失去动态平衡。而如此情况的发生，与多年来人工林采用单树种、纯林又多针叶林经营、生物多样性低、群落结构单一、轮伐期短、养分输出大于输入及枯落物不能归还林地等经营措施密切有关。

提出维护杉木、落叶松及湿地松等我国主要造林树种土壤功能

杨承栋认为维护衰退森林土壤功能的核心问题，是向衰退土壤中增加有机、无机养分含量，增加林地中生物多样性，提高土壤的生物学活性。提出了具体技术途径与适用技术，并阐明其作用机理。

（1）保留采伐迹地枯落物、维护土壤功能、提高林木生长量技术并阐明其作用机理。长期以来，我国南方传统的经营习惯，在造林整地之前，首先将林地中的枯枝落叶烧光。这样做既污染了空气，也损失了大量的有机、无机养分。与此同时，林地中草本和灌木也被烧死。为此，杨承栋和课题组同志，开展了长达11年的保留枯落物样地与炼山样地二代杉木林的定位研究。研究结果表明：树龄6年时，保留枯落物样地比炼山样地的叶养分氮、钾、磷含量分别提高31.48%、31.75%、2.96%，林下植被种类多、分布结构复杂多层、多样性指数大、均匀度大、生物量大。树龄11年时，保留枯落物样地相比炼山样地，杉木树高、胸径分别增长15.67%、23.20%，而0~40cm土壤中土壤有机质、水解氮、有效磷、有效钾等主要养分含量分别提高39.76%、31.09%、56.86%、21.53%。

（2）提出杉木、桉树、马尾松、杨树、落叶松及湿地松等主要造林树种混交林营造技术。我国在六七十年代着手较大规模地营造人工林。由于纯林经营，施工方便，因此被广泛地应用于

人工林经营之中，然而由于树种单一，特别是针叶化纯林，容易引起地力衰退、土壤生物学活性下降、林木生长量逐代大幅度下降，严重威胁有限可耕林地的永续经营。有鉴于此，杨承栋和课题组着手研究我国主要造林树种混交林营造技术，重点研究混交树种、混交比例和混交模式的选择。研究结果显示：①营造杉木混交林：合适的混交树种有马褂木、楠木、枫香、火力楠、木荷、湿地松等；混交模式可选择带状或块状混交；混交比例，立地条件好的杉木与混交树比例为 8∶2，立地条件中等的杉、松混交比可为 6∶4，立地条件差的，可提高混交树种的比例。混交林可有效地维护土壤功能，如杉木与马褂木带状混交林，土壤有机质、水解氮、有效磷、速效钾、有效锰、有效铁含量，分别提高68.90%、42.26%、51.30%、42.48%、51.62%、135.54%，土壤细菌数量提高 4.12 倍，放线菌提高 33.77%，混交林平均胸径提高 16.13%，平均树高提高 16.67%，每公顷材积提高53.95%。②营造杨树与刺槐混交林：混交模式为行状混交；混交比例为 8∶2，与纯林相比，平均胸径增长 58%，平均树高增长68%；杨树与刺槐混交提高了林地土壤肥力，其中有效磷、速效钾和水解氮含量比纯林分别提高 228.4%、88.6% 和 26.3%。全磷、全氮、有机质含量分别升高 17.07%、13.97%、7.10%，混交林土壤细菌、真菌、放线菌数量分别是杨树纯林的 7.16 倍、1.6 倍和 1.8 倍。③营造马尾松与红椎、杉木、木荷、檫树混交林：研究结果表明，营造马尾松与红椎混交林，可以通过两种营林措施，其一：营造马尾松与红椎同龄混交林，混交比例 6∶1。6 年生混交林分的林木蓄积量和纯林比较可提高 138.9%；营造4∶1 的混交林，有利于培育大径材。其二：可营造马尾松与红椎的异龄混交林，砍伐近熟马尾松林时，保留十分之一的马尾松，然后在其中补栽红椎，待红椎树龄 15 年时调查发现，红椎和马尾松异龄混交林平均生长量明显大于红椎与马尾松同龄混交林。不仅如此，还可以降低造林成本，减少水土流失，有效防治连茬马尾松地力衰退、生长量下降。混交林和纯林相比，土壤容重下降 25%，土壤有机质、速效氮、有效磷、速效钾和 Mg^{2+} 含量，分别提高 17.5%、34.01%、33.74%、134.14%、3.08%，Ca^{2+} 含量下降 42.29%，土壤细菌、放线菌、真菌数量分别提高 7.52%、149.06%、247.65%。过氧化氢酶、多酚氧化酶、蛋白酶和酸性磷酸酶活性分别提高 14.29%、104.36%、74.51%、163.41%，脲酶、蔗糖酶活性分别下降 17.39%、46.75%。营造马尾松与杉木、木荷、檫树块状混交林，比纯林提早 1～2 年郁闭，生长量提高 15%，增加林地的生物多样性，取得明显的经济、生态和社会效益。④营造桉树和厚荚相思混交林：防治桉树地力衰退的最佳混交模式以行状混交为佳，混交比例为 1∶1，5 年生混交林和纯林相比，蓄积量提高了 36.5%，土壤微生物总数提高 113%，增加落叶量 $300kg \cdot a^{-1} \cdot ha^{-1}$，过氧化氢酶活性提高 1.1 倍，磷酸酶活性提高 2.6 倍，脲酶活性提高 2.6 倍。

（3）提出发展林下植被、维护土壤功能技术。杨承栋和课题组盛炜彤、张万儒等，通过大量外业样地调查和实验室分析，首次提出了林木—林下植被—土壤之间的相互影响关系。鉴于目前杉木纯林经营、且造林密度较大，对杉木中龄林实行一次性间伐强度达到 50%，一方面可通过间伐、发展林下植被，增加林地生物多样性，有效地改良土壤性质，维护和恢复土壤功能；另一方面可使保留下来的杉木更好地生长，从理论上阐明了发展林下植被对提高土壤肥力、提高土壤生物学活性的机理。首次报道了林下植被作为养分库，能提高土壤有机、无机养分含量。

（4）提出非豆科主要用材树种多功能细菌肥料研制及其应用技术。杨承栋与项目组为马尾松、桉树、杨树等非豆科树种研制出多功能细菌肥料。该肥料增产幅度普遍在 10%～25.78% 以上。部分菌株还可将土壤中无效磷转化为有效磷、并具有抗病和较强的抗逆性能，可在 7%～11% NaCl 及 pH4—11 的环境中正常生长，部分菌株具有固氮功能，如此高效多功能菌剂，在国内外报道甚少。

本项目研制的不同菌株细菌肥料，均可进行产业化开发，目前正在进行产业化生产。预计不久即可有工业化产品投放市场。

坚持实践出真知的治学精神

杨承栋从事森林土壤研究工作几十年，严于律己、实事求是，具有良好的科研道德和献身科学研究事业的精神。对于自己承担的科研项目，都亲力亲为，在事先踏查的基础上，亲自参与每一块研究样地的调查和观测。不论是他以第一作者身份撰写的学术论文，还是以第二、第三、第四作者身份参与撰写的学术论文，他都要亲自去落实研究样地，指导并参与对每一块研究样地的调查和观测。他指导的每一名研究生，研究样地都要落实到具体的立地条件之下。1987 年他带领几十名同志在幕阜山开展森林立地调查，每天马不停蹄地奔波，为自己的队伍选择适合的调查研究样地，为了获得第一手感性知识，他坚持不雇用临时工、亲自挖每一个土壤剖面，亲自记录土体构型和土壤发育状况。

因陋就简开展研究工作

长期以来，森林土壤微生物学科无人研究。因此，在土壤室内，既无专门的微生物实验室，也无任何的相关仪器设备。杨承栋为了开展这方面的研究工作，只能在京外因陋就简开展工作。在四川省卧龙自然保护区，曾用塑料薄膜围出一个无菌实验室，做微生物实验；在江西大岗山中国林科院亚热带林业实验中心，曾在大房间内隔出一个小房间做无菌室，坚持开展土壤微生物实验。为了能用新鲜土壤样品做实验，通常是白天到试验样地做调查、采样，一般要到傍晚才能返回实验室，顾不上休息，连续作战，坚持把实验做完，通常要到深夜 12 点。在他的带领下，森林土壤室逐渐地建立起较完善的微生物实验室，主持"九五"国家攻关专题等一系列微生物肥料研究项目。

树木生长周期较长，因此仅靠一两次外业样地调查，采用空间代时间的办法所取得的数据去说明林木生长与土壤性质变化的关系，难免会有误差。杨承栋克服各种困难，坚持于每年的生长季节完成对一代杉木林从幼龄林至中龄林、从中龄林至成熟林，对二代杉木林从幼龄林至中龄林，以及对马尾松从中龄林至成熟林，开展长期的定位研究，这在国内比较少见。

刻苦钻研、顽强的拼搏精神

杨承栋自参加工作以来，几十年如一日，在科研岗位上，从未休过假。2008 年退休后，因课题研究工作需要被返聘，仍像往日一样，坚持按时上下班，平时刻苦钻研，不断地学习新的知识，勇于向新的知识领域发起挑战，努力提高自己的学术水平，逐渐地积累了较坚实的理论基础和较丰富实践知识，为他取得一系列科研成果提供了有力的保障。杨承栋在中学、大学和研究生期间学的是俄语，为了开阔自己的眼界和知识领域，他硬是以顽强的毅力，从 40 岁开始自学、攻读英语，公开发表英译汉专业论文约万字。1993 年在爱丁堡大学应邀用英语做专场学术报告、并回答问题。1996 年在中国林科院亚热带林业实验中心，为英国专家 J. Duch 讲学当翻译 90 分钟。他于 2009 年出版的专著《中国主要造林树种土壤质量演化与调控机理》（科学出版社），受到全国森林土壤工作者和相关专业的专家的较高赞誉。东北林业大学森林土壤学科带头人崔晓阳评价该专著："这是我国森林土壤质量研究领域的里程碑"。被中国科技出版集团总公司推荐为 2009 年优秀图书。

（焦如珍）

简　历

1941 年 1 月　出生于安徽省巢湖市。

1959—1963 年　安徽大学生物系生物化学专业，本科生。

1963—1972 年　安徽濉溪县任中学化学教员，兼微生物酿造和微生物肥料研究。

1972—1979 年　安徽省巢湖市科学技术委员会工作，微生物肥料和土壤学研究。

1979—1982 年　中国林业科学研究院森林土壤专业研究生。

1982—至今　中国林业科学研究院林业研究所森林土壤研究室，任助研、副研究员、研究员、博士生导师，森林土壤研究室主任。

1990 年 9 月—1991 年 9 月　国家公派以高级访问学者身份赴苏联列宁格勒林学院和莫斯科大学土壤系进修。

1993 年 7 月—8 月　应英国林业委员会邀请，为期 50 天考察英国人工林土壤质量变化状况及其防治技术途径。应邀在爱丁堡大学做学术报告。

1998 年 9 月—12 月　国家公派以高级访问学者身份赴俄罗斯圣彼得堡大学生物土壤系及俄罗斯微生物研究所进修、开展学术交流。应邀在圣彼得堡大学生物土壤系做学术报告（用俄语）。

2001 年 7 月—8 月　去俄罗斯微生物研究所开展学术交流。

2002 年 8 月　赴泰国参加 17 届国际土壤学大会，在大会上做学术报告。

2006 年 8 月　赴美国费城参加 18 届国际土壤学大会。

2002 年　受聘于北京林业大学兼职教授。

2003 年至今　任《林业科学》、《林业科学研究》和《土壤通报》编委。

2002—2003 年　受聘为"中、德财政合作内蒙古科尔沁荒漠土地生态建设项目"的咨询专家。

2005 年 8 月　赴澳大利亚出席 22 届国际林业大会。

主 要 论 著

[1] 杨承栋主编．森林与土壤．北京：中国科学技术出版社。1997.

［2］杨承栋主编．森林土壤质量演化与调控．北京：中国科学技术出版社，2002，1—173.

［3］杨承栋，等．中国主要造林树种土壤质量演化与调控机理．北京：科学出版社，2009，1—511.

［4］杨承栋，等．卧龙自然保护区森林土壤有机质的研究．土壤学报，1986，23（1）：30—39.

［5］杨承栋，等．卧龙自然保护区渗滤水的初步研究．林业科学，1988，24（4）.

［6］杨承栋．对我国森林立地分类、评价问题的几点看法．林业科学，1991，27（1）：60—646.

［7］杨承栋，等．幕阜山林区土壤和地形因子与林木生长关系的研究．林业科学研究，1991（4），增刊.

［8］杨承栋，等．江西大岗山东侧森林土壤性质与肥力关系．林业科学研究，1993，6（5）：504—509.

［9］杨承栋，等．发育林下植被是改良杉木人工林地力衰退的重要途径．林业科学，1995，23（1）：275—283.

［10］杨承栋，等．杉木连栽林地土壤组成、结构、性质与功能变化及其对林木生长影响．林业科学，1996，32（2）：175—181.

［11］杨承栋．杉木人工林地力衰退原因机制及其防治措施．世界林业研究，1997，10（4）：34—39.

［12］杨承栋．合理利用森林土壤资源提高森林土壤生产力研究．世界林业研究，1998，11（4）.

［13］杨承栋，焦如珍．杉木人工林根际土壤性质研究．林业科学，1999，35（6）：2—9.

［14］杨承栋，等．大岗湿地松人工林不同发育阶段土壤性质变化．林业科学研究，1999，12（4）.

［15］杨承栋，等．细菌肥料促进马尾松生长效应的研究．林业科学研究，2002，15（3）：361—363.

［16］杨承栋，等．杉木幼龄林叶片营养元素与林木生长的相关性．林业科学，2002，38（6）：24—29.

［17］杨承栋，等．大青山一、二代马尾松土壤性质变化与地力衰退关系研究．土壤学报，2003，17（2）：267—263.

［18］杨承栋，等．浙江省丽水不同前茬杉木林土壤性质与林木生长．土壤学报，2004，41（6）：954—961.

［19］杨承栋．森林土壤学科研究进展与展望．土壤学报，2008，45（5）：881—891.

［20］杨承栋．细菌肥料的研究与应用．世界林业研究，2008，21（6）：41—44.

朱钟麟

（1941— ）

朱钟麟，土壤学家。提出经济植物篱概念并从事其水土保持功效及经济效益研究与生产应用，在红萍养殖和利用，四川中、低产田改良利用，农业水资源的保护，秸秆还田等技术研究与应用方面取得重大进展，取得一批新的科研成果，对推动学科发展和促进四川省农业生产作出了贡献。

朱钟麟，女，四川井研人，1941 年 10 月 11 日出生于成都。1959 年考入四川农业大学土壤农化系，1963 年 8 月以优异成绩毕业，被分配到四川省农业科学院土壤肥料研究所工作。参加工作后，她深入农村，坚持在基点工作。在四川眉山参加新放干冬水田发展绿肥培肥土壤和解决水稻座兜研究，成功将成都平原一年一熟的冬水田改为水旱两季田。

20 世纪 70 年代初，她提出了红萍的养殖和利用技术，使红萍在农业生产上显示了宝贵利用价值。紧接着在全省试点推广，这对解决当时肥料奇缺和培肥地力起到了重要作用。1979 年她荣获全国"三八"红旗手。联合国粮农组织组团来川考察，并出专辑推广，他们评价说：中国红萍养殖利用技术已发展到能指导相同条件的其他国家的阶段。

1981 年朱钟麟被农业部派往国际水稻研究所进修"土壤肥力和肥力评价"。1982 年被外经贸部派往意大利蒙托艾迪生集团进修"化肥－固体肥、液肥和复合肥的生产与施用"。回国后，她主持的"红黄壤稻田的改良利用研究"获四川省科技进步奖二等奖。1984 年 10 月她被任命为四川省农业科学院副院长。1988 年她主持的"四川雅砻江二滩水电站红格移民安置区农业开发可行性方案研究"获世界银行支持，省移民办实施。其后又相继制订了土地开发利用规划、种植业规划和需水规划，保证了该项目的顺利建设与运行。

1990 年 4 月，她被任命为四川省农业科学院院长后，继续从事土壤磷、钾营养研究，推动作物平衡施肥。1999 年获钾磷研究所颁发的"国际植物营养与肥料资深科学家奖"。她与四川省农业厅密切结合，开展"中、低产田土改良利用技术研究"，获 2000 年四川省科技成果奖一等奖。她还从事农区水土保持研究，引进欧盟"四川水土保持技术"项目，获无偿援助 150 万欧元。作为项目主任，她主持建立了长江上游水土保持实验站和农业部农业遥感分中心。

民族地区农业发展是十分迫切而艰巨的任务。她深入藏区，主持的"阿坝州农业资源经济评价及农业产业化研究"被阿坝州政府采纳，获 1999 年四川省科技成果奖二等奖；组织科技人员赴海拔三四千米的甘孜州扶贫，深受藏胞欢迎。四川省农业科学院被评为"全国民族团结先进单位"，朱钟麟代表院出席了全国民族团结表彰大会和国庆 50 周年观礼。

2001 年 10 月，被任命为四川省农业科学院名誉院长兼省政协人口、资源、环境专业委员会副主任。她更加集中精力，围绕耕地和农业水资源的保护利用，从事节水农业、秸秆还田、经济植物篱等研究与应用，取得重大进展，主持的项目获四川省科技成果奖二等奖 2 项。

朱钟麟事业心强，治学严谨，深入实践，吃苦耐劳。她常常深入生产第一线，善于根据农业发展的需要组织科技攻关，其研究成果为农业持续发展提供了技术支撑，为领导和农业管理提供了决策咨询。她曾任中国土壤学会第八、第九届理事会副理事长；中国植物营养与肥料学会第四、第五届理事会副理事长；农业部第六、第七届科学技术委员会委员；四川省科技顾问团顾问；四川省土壤肥料学会会长。

朱钟麟胸怀坦荡，为人真诚，团结同志，热情帮助年轻人成长。她常说：我是被人用肩托起来的，我也要努力当好人梯之链，用自己的双肩把青年同志托上去。

1992 年朱钟麟获国务院政府特殊津贴；1996 年被人事部授予中青年有突出贡献专家；2001 年被科技部、农业部、水利部、国家林业局等四部局联合授予全国农业科技先进工作者称号。作为农业科技专家代表，她当选为中国共产党第十三大、十四大、十五大代表；第六届、第七届中共四川省委委员。

土壤磷钾营养研究推动了平衡施肥发展

20 世纪 80 年代初，朱钟麟针对四川省土壤磷钾长期亏损的问题，主持研究了土壤磷素、钾素的形态及转化，以及相关研究和校验研究，为合理施用磷、钾肥提出了判断指标和依据；同时研究了水稻－小麦轮作制的施肥模式，依据建立的磷、钾肥料效应曲线，确立了磷、钾肥施用的最佳时期和用量。她的《水稻土的磷素肥力评价及稻麦轮作中的施肥模式》一文在第十三届国际土壤学大会（德国，汉堡）上宣读，并刊登在《Commission》上。

1990 年，朱钟麟与国际水稻研究所（IRRI）土壤系主任 H.

U. Neue 合著了《不良淹水稻田的土壤化学》（英文），在亚太地区持续农业国际学术研讨会上宣读，并收入 IRRI 出版的《亚洲及太平洋地区的持续农业中磷素需求》一书。

钾磷研究所（PPI/PPIC）从 1984 年起就致力于支持"中国平衡施肥的研究与应用"。朱钟麟深刻认识到平衡施肥不仅促进农作物优质、高产，还有利于农民节约、增效。在中国项目部主任鲍泽善（S. Potch）博士的支持下，她开始进行平衡施肥宏观研究。她以"中国南方钾肥效应与平衡施肥"（1991 年）、"中国南方平衡施肥的回顾与展望"（1996 年）和"中国西南地区平衡施肥与农业发展"（2001 年）为题，分别在农业部和加拿大钾肥公司联合主办的第一至第三次"中国平衡施肥报告会"上宣读。论文阐述了我国南方、特别是西南地区的土壤养分状况、肥料施用现状、最新研究进展及发展战略等，为推广平衡施肥的决策和科技提供了适时服务。

朱钟麟十分重视研究成果的生产应用。早在 1985 年就与化工部门结合，在全国率先组织复混肥联合体。1995 年，她与时任四川省化工厅副厅长的牟长荣先生共同主编了《复混肥生产应用技术》一书，以复混肥为载体促进了平衡施肥技术的推广应用。在农业行政部门的领导和组织下，全国氮肥、磷肥、钾肥和复混肥的施用比例由 1980 年的 1:0.27:0.05:0.07，1999 年上升到 1:0.32:0.17:0.40；同期四川省的肥料施用比例由 1980 年的 1:0.42:0.01:0 上升到 1999 年的 1:0.33:0.07:0.29。

由于朱钟麟在植物营养和平衡施肥方面的贡献，她于 1999 年荣获罗伯特 E. 瓦格纳奖（Robert E. Wagner Award）资深科学家奖。

拓展了中、低产田改良技术

四川省的耕地形势极为严峻：人均占有耕地仅为全国人均占

有量的 48%；中、低产田约占耕地 2/3。朱钟麟深感改造中、低产田土的重要，因此长年深入农村，致力于提高中低产田的肥力和生产力。

1980 年至 1985 年，她主持"黄壤性水稻土改良"，揭示了"湿害和养分失调"是黄壤性水稻土低产的主要原因。她与梁敦富研究员等课题组成员一起，研究出这类土壤的成土母质特征和分异；土壤理化、环境特征及障碍因子；指出湿害引发草害、病虫害，而严重缺磷、钾致使土壤肥力低下；在邛崃县建立了改良样板。该研究成果获得省科技进步奖二等奖，并在全省推广。

在欧盟科学技术援助下，朱钟麟主持在资阳县建立了 4.5 平方公里的农区小流域土壤保护实验站，率先开展了长江上游紫色土农区水土流失的系统监测研究。1988 年至 1995 年，实验站定量化监测了丘陵农区不同土地利用形式的土壤侵蚀和降雨径流；研究了降雨侵蚀力、土壤抗蚀性、坡度、植被等侵蚀因子；进行了降雨—径流、输沙相关研究及小流域单次降雨预报。经专家鉴定认为"在该区域的上述系统研究，在国内尚属首次，在科学上和生产实践方面都有重要意义和价值"。

在"八五"、"九五"和"十五"期间，朱钟麟先后参与国家有关区域综合治理与农业持续发展研究，主持川中紫色土丘陵区研究，在资阳市、简阳市建立了试区。根据多年监测结果，该区的小流域降雨径流系数 0.12 ~ 0.4，平均 0.33，加上耕层浅薄，造成坡耕地干旱频发、作物产量低而不稳。她和赵燮京研究员等课题组成员，扩展了中低产土改良的原有模式，提出以"防蚀、防旱、培肥"为核心的综合治理路线。研究提出的横坡垄做技术、秸秆覆盖技术、梯子形垄沟种植技术、"三池"配套技术、植物篱埂技术以及果草畜综合发展模式等，都具有很强的科学性和实用性。川中试区受到国内外专家的高度评价，获国家科技进步奖二等奖。

她创造性地提出了植物篱农做保护利用坡耕地的技术。植物篱农作（alley cropping）是 1973 年国际热带农业研究所（IITA）首先提出的。但这一技术缺乏经济效益，影响耕地作物产量，很难应用。朱钟麟和课题组成员通过大量调查、研究，提出了经济植物篱埂技术。在"十五"农业部跨越计划的支持下，他们对传统植物篱技术进行了重大创新：首先，强调经济效益和抗逆性相结合，研究提出了 11 种适于不同立地条件的经济植物篱埂模式和配套技术；第二，种植区由单一的耕地坡面扩大到土埂田坎和退耕还林（草）地；第三，研究了作物 – 植物篱系统的能流特征和根系特征；第四，具有良好的生态效益和经济效益。该技术在四川省和重庆市的 6 个示范县平均每亩增收 329 元，分别减少土壤侵蚀、降雨径流、全氮磷和速效钾养分流失 71%、67% 和 50% 以上。该技术被纳入农业综合开发和节水农业项目，支持示范推广。

朱钟麟深切感受到农业科研单位必须与农业行政部门密切结合，才能有所作为。在时任省农业厅副厅长的吴忠厚同志与她的共同主持下，科学、系统地集成了最新研究成果，制定了《四川省中、低产田改造技术规程》和《四川省坡改梯技术规程》，设计开发了改土专用预制件系列产品，并工厂化生产，保证了中、低产田改造的顺利进行。按照《规程》要求，1989—2000 年全省改造中、低产田土 2606 万亩。根据土壤改良长期定位观测，改造后种植粮食作物平均年亩新增粮食 150.5 公斤，种植经济作物平均年亩新增产值 212 元。该技术获 2000 年四川省科技成果奖一等奖。

在全国率先开展水旱轮作制度下
秸秆还田技术系统研究

四川作物秸秆资源极为丰富，年产总量约 4×10^7 吨，其中稻—麦（油）两季田的秸秆占农作物秸秆总量的 60% 以上。为了杜绝秸秆焚烧问题，自 2001 年开始，四川省农科院和四川省农业厅土壤肥料与生态建设站在全国率先开展了稻田秸秆还田的研究与应用。朱钟麟与涂仕华、冯云清、吴晓军等一起，从 1984 年开始先后主持了省、部和国家的有关攻关项目，对秸秆还田的技术瓶颈和基础理论空白，开展了系列研究。

该技术 1999—2004 年示范推广 770.2 万亩，增收节支 13.68 亿元，年亩均增效 124 元，经济效益显著；解决秸秆焚烧，提升地力；节约用水，减少用工。学术界评价该技术"是稻田耕作上的一次革命"，回良玉副总理夸奖"一增一减，效益明显"。秸秆还田被农业部作为土壤有机质提升行动的首项技术。2005 年，她作为第一主持人完成的"两熟制稻田保护性耕作技术研究与应用"获四川省科技进步奖三等奖。

2005—2007 年，该技术累计示范推广 1727.8 万亩。2008 年，涂仕华研究员与她共同主持完成的"秸秆还田关键技术及对土壤质量影响的研究与应用"，获四川省科技进步奖二等奖。该项成果针对性、创新性与实用性强，科学意义重大，总体水平达到国际先进。

朱钟麟还和课题组同志一起，开展秸秆还田对土壤质量影响的系统研究。通过四年八作的定位试验和定量监测表明，秸秆还田能改善 0～20 厘米土壤微形态特征，形成了良好的微结构趋势；提高土壤孔隙度，显著增加水稳性团聚体总量，特别是 >3 毫米的水稳性团聚体；提高土壤养分含量（土壤速效钾的增加尤为显著）；提高土壤有机碳含量，明显改善土壤碳库质量，提高碳库管理指数；提高土壤氮素转化微生物数量，增加脲酶活性，减少反硝化细菌。在土壤水的研究方面，定量监测了不同秸秆还田方式对土壤耕层水分的影响，研究了土壤水分特征曲线变化，阐明秸秆覆盖还田提高了土壤持水能力和表层土壤水分利用率，耐旱性显著增强；小麦、油菜免耕与秸秆覆盖还田效果特好，水稻免耕则大大增加泡田用水。在耕作方式上，三年六作的定位试验得出，秸秆还田旋耕比免耕效果好，生产上建议少耕或间耕，即小麦、油菜免耕，水稻旋耕或翻耕。所有这些研究都说明秸秆还田对土壤培肥的作用与效果。

西南地区农业水资源评价与节水农业研究

从传统观念来讲，西南地区降雨量丰富，干旱并不严重，但干旱确是制约本区农业发展的重要因素。2002 年至 2003 年，朱钟麟作为首席专家，承担了农业部"西南地区优势农作物的节水农业发展规划"课题。她和赵燮京研究员一起，组织相关省、区农业厅和院、校参加。研究该区干旱特征与规律，揭示了本区季节性和区域性的干旱十分严重，且类型复杂、频率高；从气象、水资源和土地资源的角度分析干旱的形成原因，进行了干旱类型分区；研究重点农作物的布局与水资源平衡，提出了节水农业的基本技术模式；提出了 2003 年到 2010 年节水农业优先实施的重点地区、重点技术工程及保障措施等，为将西南地区纳入国家节水农业重点区域，提供了科技支撑。有关论文在 2003 年农业部支持的"国际节水农业论坛"上作大会发言。

2002—2005 年，朱钟麟参加国家"863"计划"南方季节性缺水灌区（四川简阳）节水农业综合技术集成与示范"课题，她和四川大学陈健康教授一起，主持节水农业效益评估方法研究与指标体系构建。她们针对四川省丘陵区的严重干旱和节水农业发展特点，以水资源的农业开发程度、农业利用效益及节水农业持续性评价为核心，成功地构建了四层次、三大类、24 项指标的节水农业效益评价指标体系；集成模糊变换与线性规划思路，建立了模糊多因素的层次评价数学模型；采用 VB 语言，研发出基于 WINDOWS 界面的《节水农业效益评估体系 V1.0》软件系统。对四川省丘陵典型区的简阳市、都江堰三岔水库灌区及"863"节水农业示范区，进行不同尺度、不同特点的节水农业发展/项目的综合评价。结果表明，该软件系统科学、实用，具推广应用价值和扩展应用的良好基础。该软件系统，2006 年获国家版权局的计算机软件著作权登记证书。

朱钟麟还进行了四川省农业水资源短缺性评价和持续利用研究。她和四川农业大学邓良基教授合作，通过分析四川省 1999—2006 年水资源、水利和农业资料，对我省农业水资源的紧缺性进行了研究：系统、深入地剖析了我省水资源的特点与问题，揭示出全省的水资源开发利用率很低，仅为 9%；首次进行了全省缺水度评价和缺水类型划分，指出四川属工程型缺水和资源性缺水并存区，有 12 个市人均水资源占有量均在缺水警戒线之下，其中 8 个市为重度和极度缺水；研究了农业用水的发展趋势，提出了农业缺水度指标并评价全省及各市州农业用水的缺水性。提出水资源短缺是四川农业持续发展的瓶颈，增加农业用水的总量是不现实的，只有开源和节流并举、蓄引与集雨并举，供水和提效并举，走节水农业的道路。在总结研究成果和生产经验的基础上，提出水资源可持续利用的战略构架、技术模式和农业技术体系；提出的水资源管理和发展节水农业的建议得到省领导多次批示、部省业务主管部门的重视和采纳，为水资源持续利用提供了科学依据和决策参考。有关研究获四川省科技成果奖二等奖。

促进农业科技发展和成果转化

朱钟麟于 1990 年任四川省农业科学院院长后，自 1993 年以来，四川省农业科学院历年被评为省政府目标管理先进单位；1998 年被四川省人民政府授予"先进单位"；1994 年、1999 年先后两次被国务院授予"促进民族团结进步模范单位"，成为全国唯一获此殊荣的农业科研单位。

"八五"期间，她和院党委书记陈德静一起提出了"深化改革,调整结构,提高水平,增加效益"的院工作方针和"二十五条"改革决定,逐步实现了"稳住一头,放开一片"的转变。

"九五"期间,她和领导班子提出了"调整结构、分流人才、转换机制、体制创新,构建新型农业科技体系"的改革目标和配套措施,全面超额完成了"九五"科技发展任务,形成了以科技创新为主体,围绕成果转化(加强生产服务和科技产业)促发展,人才、条件和管理三大基础建设并举的科技事业发展新格局。为四川农科院"十五"发展和进入全国农业科技创新体系,筹建中国农业科技西南创新中心打下了良好基础。

朱钟麟十分重视国际科技合作与交流。自1984年任副院长以来一直负责外事工作。"七五"期间,她提出外事工作要由接待型向技术引进、交流型转变。"八五"和"九五"期间,积极引智、引种、引资,着力培养人才,国际科技合作取得显著成效。与CIMMYT、CIP、IRRI、PPIC等国际农业科技机构有广泛联系;引进了"水土保持技术"、"果树无病毒苗木中心"、"中澳小麦品种改良"和与瑞士诺华公司签订的"水稻标记不育系合作育种"等项目,引资约400万美元,大大提高了研究水平;引进各类品种资源1.3万余份,为育种工作的新突破扩展了种质资源基础;引智成果水稻旱育秧,在丰粮工程上发挥了重要作用,获得四川省科技进步奖一等奖;选派科技骨干200多人次到国外学习、考察,为四川省农业科学院的快速、持续发展打下了基础。

(涂仕华)

简　历

1941年10月11日　出生于四川省成都市。

1959年9月—1963年8月　在四川农业大学读书。

1963 年 9 月—1983 年 11 月　在四川省农业科学院土壤肥料研究所工作。

1981 年 3 月—6 月　赴菲律宾国际水稻研究所进修"土壤肥力及肥力评价"。

1982 年 11 月—1983 年 4 月　赴意大利进修"化肥——固体肥、液肥和复合肥的生产与施用"。

1983 年 12 月—1984 年 9 月　四川省农业科学院土壤肥料研究所副所长。

1984 年 10 月—1990 年 3 月　四川省农业科学院副院长、副研究员。

1990 年 4 月—2001 年 10 月　四川省农业科学院院长、研究员。

1992—1997 年　中国—欧洲共同体农业技术中心顾问。

1994—2004 年　中国植物营养与肥料学会第四、第五届理事会副理事长。

1995—2004 年　中国土壤学会第八、第九届理事会副理事长。

1996—2005 年　农业部第六、第七届科学技术委员会委员。

1998—2008 年　四川省第四、第五届科技顾问团顾问、农业组组长。

2000—2008 年　四川省土壤肥料学会第八届、第九届理事会理事长。

2001 年 11 月—2009 年 2 月　四川省农业科学院名誉院长、研究员。

主 要 论 著

［1］朱钟麟．红萍的养殖和利用．成都：四川人民出版社，1976.

［2］朱钟麟，蹇守法．萍螟、萍灰螟发生规律的探讨——有效积湿常数的测定和应用．中国农业科学，1982，4：72—82.

［3］朱钟麟，米君富．黄壤性水稻土的磷素肥力特征及供磷能力的相关研究．土壤学报，1986，23（4）：314—320.

［4］Zhu Z L, Mi J F. Evaluation of Phosphorus fertility of paddy soils from yellow earth and recommendations for Phosphorus application in wheat – rice rotation. In soil science of China. Current Progress in Soil Research in Peoples Republic of China. Nanjing：Jiangsu science and technology publishing house，1986，273—284.

［5］朱钟麟，米君富．黄壤性水稻土的供钾能力及其相关校验研究．土壤通报，1987，18（5）：223—226.

［6］Zhu Z L, Chen Q. Agricultural ecological system and establishment in Sichuan province. In International Symposium on Organic Matter circulating U-tilization. Organic Recycling Special Issue. ESCAP/FAO/UNIDO 1988.

［7］ Neue H U, Zhu Z L. Chemistry of adverse flooded soils. In Symposium on Sustainable Agriculture. Phosphorus Requirements for Sustainable Agriculture in Asia and Oceania. Manila, Filipance: IRRI, 1990, 225—243.

［8］ 朱钟麟. 中国南方钾肥效应与平衡施肥（中、英文）. 中国平衡施肥报告会 – I. , 1991, 52—73.

［9］ 朱钟麟. 九十年代我国科技兴农的方略. 见：抓住有利时机，促进经济发展. 北京：中共中央党校出版社，1992, 302—308.

［10］ 牟长荣，朱钟麟. 复混肥的生产施用技术. 成都：成都科技大学出版社，1995, 375.

［11］ 程先云，朱钟麟. TF 模型及其在小流域径流产沙上的应用. 应用基础与工程科学学报，1995, 3（4）：376—385.

［12］ Zhu Z L, Tan J C, Tu S H. Balanced Fertilization in Southern China: A Historical Review and Prospects. Balanced Fertilizer Situation Report II. 1996, 75—83.

［13］ 朱钟麟. 从农业持续发展内涵探讨四川省、重庆市的土水资源管理. 大自然探索，1997（4）：23—26.

［14］ 朱钟麟. 我国与美国和以色列农业发展的比较与思考. 中国农学通报，1998（1）：12—14.

［15］ 朱钟麟. 川中丘陵区综合治理与农业持续发展研究. 见：红黄壤中低产地区农业综合治理与发展. 北京：中国农业出版社，1999. 145—166.

［16］ 朱钟麟. 川中丘陵类型区粮经作物发展研究. 见：红黄壤地区综合治理与农业持续发展研究. 北京：中国农业出版社，2001, 214—265.

［17］ 朱钟麟，赵燮京. 西南地区节水农业特点与技术模式. 西南农业学报，2001, 14：108—112.

［18］ 朱钟麟，涂仕华. 中国西南地区平衡施肥与农业发展. 中国第三届平衡施肥报告会 – III，成都：2001, 115—134.

［19］ 朱钟麟. 经济植物篱技术. 见：节水农业技术理论与实践. 北京：中国农业出版社，2004, 100—105.

［20］ 朱钟麟. 紫色土旱作农业的地位与持续利用. 见：节水农业技术理

论与实践．北京：中国农业出版社，2004，70—82.

[21] 朱钟麟．西南地区农业可持续发展与土壤科学．西南农业学报，
2003，16：1—6.

[22] 朱钟麟，侯鲁川．西南地区干旱规律与节水农业发展问题．生态环
境，2006，15（4）：876—880.

[23] 朱钟麟，侯鲁川．四川省水资源紧缺性评价及可持续利用研究．中
国水土保持科学，2006，4（4）：92—95.

[24] 侯鲁川，朱钟麟．四川省农业用水紧缺度评价与节水农业发展对策．
中国农村水利水电，2006（9）：7—9.

[25] 陈尚洪，朱钟麟，吴婕，等．紫色土丘陵区秸秆还田的腐解特征及
对土壤肥力的影响．水土保持学报，2006（6）：141—144.

[26] 朱钟麟，卿明福，刘定辉，等．蓑草根系特征及蓑草经济植物篱的
水土保持功能．土壤学报，2006，43（1）：164—167.

[27] 朱钟麟，陈建康，刘晓军，等．四川丘陵区节水农业效益综合评价
指标体系与评价模型．山地学报，2007，25（4）：483—489.

[28] 朱钟麟，黄萍萍．四川省农业用水发展趋势与紧缺性评价．西南农
业学报，2008（21）：1—5.

[29] 朱钟麟，舒丽，刘定辉，等．秸秆还田和免耕对水稻土微形态特征
的影响．生态环境，2008，17（2）：682—687.

[30] 陈尚洪，朱钟麟，刘定辉，等．秸秆还田和免耕对土壤养分及碳库
管理指数的影响研究．植物营养与肥料学报，2008，14（4）：
806—809.

参 考 文 献

[1] 李仁霖．四川省农业科学院志（1950—1985年）．成都：四川省农科
院，1988.

[2] 四川省农业科学院志编委会．四川省农业科学院志（1986—2005年）．
成都：四川科学技术出版社，2008，320.

[3] PPI. Robert E. Wagner Award Recipients Announced. Better Crops，
1999，2：15.

曹志洪

（1941—　）

　　曹志洪，土壤农业化学家。参与研制了磷酸－钙镁磷肥－石蜡包膜的长效碳铵及碳铵粒肥深施技术；参加了黄淮海中低产田改良攻关研究，并率先开展土壤和肥料对烤烟产量和质量的影响；参与主持了"土壤质量演变和持续利用规律研究"与"灌溉稻田和水稻土起源与演变研究"。

　　曹志洪，1941 年 11 月 5 日出生于浙江省余姚县。1964 年在浙江农业大学读完土壤专业本科后，进入中国科学院土壤研究所。1966—1969 年参加中科院与防化兵部合作的"718"国防研究任务，领导"化学战剂在土壤的侦鉴、毒理、解毒"研究，成果突出，受总参及江苏省府表彰。1970 年后协助李庆逵先生开展"提高氮肥肥效与长效肥料研究"，创制了磷酸－钙镁磷肥－石蜡包膜的碳铵长效肥和碳铵粒肥深施技术。"粒肥深施"作为国家十大科技成果在全国推广，提高肥效 30％。1978 年获国家及江苏省科学大会奖，晋升为助理研究员。1979—1982 年赴菲律宾大学和国际水稻所在 SK. De Datta 教授指导下攻读硕士学位，首创尿素粒肥稻田深施技术，效果十分显著，获 IRRI 嘉奖。1981 年 10 月获硕士学位并被挽留半年，应邀出席 1982 年 4 月菲律宾农学大会做大会报告，获十佳论文奖；同年 5 月回国后，在李庆逵院士指导下攻读博士学位，受命担任黄淮海中低产田改良攻关项目领导小组成员，组建封丘实验站和主持田间试验与示范推广工作，改良效果在河南省广大干群及兄弟单位中影响深刻。1984 年夏，与李庆逵院士一起出席在夏威夷召开的国际粮食会议，作"中国粮食生产与化肥供求"的大会报告，获一致好评，接受了 CNN 和地方媒体的采访，受到加拿大磷钾肥研究所、国际肥料发展中心等多家国际研究机构及各国肥料产商的邀请。1985 年完成《黄土性土壤磷素化学》论文获博士学位，1986 年被聘为副研究员。率先开展土壤肥料与我国烟草生产相结合的研究，组织全国性合作网络；在 15 个省主产区的试验示范，对提高烟叶生产质量发挥了积极作用。多次应邀在全国烤烟生产大会作学术报告。1988 年 1 月至 1989 年 10 月在美国北卡州立大学做氮肥形态对烤烟产质量影响的博士后研究。该项研究成果获中科院科技进步奖二等奖 2 次、国家科技进步奖三等奖 1 次。1989 年 11 月应聘回国，在院、省的支持下，创建了植物营养生物工程青年实验室、江苏省设施工程中心，确立了苏北沿海滩涂改良等新研究方向，1991 年晋升为研究员。1995 年开创了海峡两岸土壤肥料学界两年一次轮流召开的学术交流活动，1996 年创立了中国土壤学会活动基金；1996—2002 年组织了国内外合作的中国硫肥试验网，协调南方 12 个省市的硫肥试验与示范。1998 年创建中国科学院南京土壤研究所与香港浸会大学的"土壤与环境联合开放实验室"，1999 年，经香港浸会大学谢志伟校长联系，他与香港实业家查济民博士和刘碧茹博士伉俪见面，介绍了土壤与环境科学及内地和中国香港联合开放实验室发展的需求以及对国家、社会可持续发展的重大意义，查、刘二老听后慷慨解囊、无偿捐赠 500 万港币，资助现代化的实验大楼建设。在向中科院路甬祥院长和江苏省政府领导汇报后，分别获得院、省领导的充分肯定和资金匹配的支持，于 1999 年 10 月至 2002 年 10 月在所大院内建设了现代化的实验大楼和宁港学术交流中心——惠联大楼（总计 5700 m²）。1998 年，在日本土壤学会理事长茅野充男教授、韩国土壤肥料学会常务理事赵仁相教授、国际微量元素地球化学学会主席 Domy C. Adriano 教授及国际土壤学联合会秘书长 W. E. Blum 教授的支持下成立了"全球土壤修复网络亚洲中心（南京）"。1999 年 11 月，土壤所牵头、全国土壤界参与的"土壤质量演变和持续利用规律研究"被批准成为首批"973"项目，期间向国务院和省府提交了《保护稻田是长江三角洲可持续发展的需要》的建议，获各级领导和社会的广泛支持；在全体同事和各单位的共同努力下进展顺利，2004 年通过国家鉴定验收：成果对土壤学理论进步有重要意义及实际应用价值，获 2005 年江苏省科技进步奖一等奖。2004 年后开展"中国灌溉稻田和水稻土起源、演变"研究，与考古部门合作发现了 6280 年前埋藏的灌溉稻田群以及发育成熟的新石器时期的水稻土，该遗址被国内外认定为迄今已知的世界上最早的灌溉稻田和水稻土，已被广泛引用，并创建了"中国灌溉稻田与水稻土起源"展览室。建议和促成昆山市政府建立原址博物馆。

1990—1992 年曹志洪任中科院南京土壤研究所所长助理；1992 年获国家人事部颁发的国家有突出贡献中青年专家称号；1992—1995 年任副所长；1995—1999 年任所长和中国土壤学会理事长；1995—1999 年任中科院土壤圈物质循环开放实验室主任；1996—2001 年任中国农业科学院学术委员会委员；1997—2002 年任国家烟草专卖局科技委成员；1998 年被推选为国际土壤科学联合会常务理事和土壤物理专业委员会副主任；1997—2007 年任韩国农业振兴厅国外科学顾问。1997—2003 年任《PEDOSPHERE》主编，1998 年至今，《植物营养与肥料学报》

以及《Journal of Plant Nutrition》（USA），《Archives of Environ-mental Protection》（Polish Academy of Sciences）等杂志编委。

研制长效碳铵肥料及碳铵粒肥深施
提高氮肥肥效的研究

1970—1979 年间在李庆逵院士指导下，曹志洪与同事们一起从碳铵不稳定的物理化学性质、水分含量、粒度与比表面积对挥发损失的影响机制着手，开展了碳铵机械造粒和粒肥深施、长效碳铵包膜的研制，他主要负责与有关单位的技术人员和工人农民在实验室研制和中间试验，成功后又进行实际配套生产和在金坛、江宁及全国 15 个省的推广。根据全国试验平均碳铵粒肥深施提高肥效 30% 左右，1978—1979 年被国家计划经济委员会列为十大科技成果在全国推广，还组织出版《碳酸氢铵粒肥》专著（南京：江苏人民出版社，1977 年）。首创的磷酸-钙镁磷肥——石蜡包膜的长效碳铵肥料产品和工艺，均在《土壤》、《化学通报》、《土壤学报》上发表了论文，为后来国内研制者提供了翔实的资料和经验。1978 年获全国和江苏省的科学大会奖。1978 年美国科学家代表团访问土壤所时，时任国际水稻所所长的 N. C. Brady 教授和农艺系主任 SK. De Datta 教授认为这项成果是国际氮肥深施研究中先驱、具有在国外稻区推广的价值。

尿素粒肥稻田深施的机理研究

1979—1982 年间曹志洪公派前往菲律宾大学和国际水稻研究所攻读硕士学位，期间他在菲律宾大学选修的 17 门功课平均为 1. 17 分，创造了菲律宾大学的记录。在国际水稻所农艺系主任 SK. De Datta 教授指导下创造了尿素粒肥稻田深施技术，用 ^{15}N标记尿素测定了不同施肥方法的氮素利用率，干、湿季的试验结果都证明尿素粒肥深施利用效率最高（干季从对照的33%提高到73%，湿季从对照的32%提高到65%）；^{15}N平衡账表明，采用尿素粒肥深施的两季水稻收获后仅有4%～5%的氮素不知去向，而对照却有11%～35%损失。他在IRRI的试验田成为访问该所各国专家必要参观的热点。1981年11月他通过论文答辩授予硕士学位，应IRRI挽留半年参加1982年4月的菲律宾农学大会并作大会报告，论文被评为十佳论文。以第一作者在《美国土壤学会会刊》上发表论文两篇［SSSAJ 1984，（48）：196—203，203—208］，被国际同行广泛引用，引领了东南亚等水稻产区的应用与研究。澳大利亚SCIRO院士、世界著名氮素专家J. Freney教授多次引用该文，2009年11月该教授在评价信中写道："曹教授开创性地用1～2g/粒尿素粒肥深施来提高稻田的氮肥利用率，并用^{15}N–示踪证明其显著减少了氨挥发损失和有机态氮素的固定，从而提高了氮肥对水稻的有效性，达到减少氮肥用量40～60kg/ha，增加稻谷产量0.5～1.0t/ha。该技术已在孟加拉国、越南和尼泊尔等国家有大面积推广。孟加拉国农业部统计2001年该国就有40万公顷应用。"

黄淮海中低产田的改良及黄土性土壤磷素化学的研究

1982年5月，曹志洪回国后，根据中国科学院和中国科学院南京土壤研究所的安排担任黄淮海中低产田的改良攻关任务河南封丘试区领导小组成员，受命组建封丘实验站。与同事们一起负责封丘站建设和作物品种、大田耕制、合理施肥等改良中低产田的试验与示范。并作为一名在职博士研究生在李庆逵院士指导下，开展黄土性土壤磷素化学的研究。通过室内外的试验研究证明：次生黄土——黄淮海代表性的土壤：淤土、两合土、沙土的母质，具有较高的全磷含量（0.04%～0.07% P）和极低有效磷（<4mg P·kg^{-1}），尤其是淤土只有1.5 mg P·kg^{-1}；而普钙、

磷铵、钙镁磷肥和磷矿粉肥料的饱和溶液之 pH 值分别是 2.5、7.4、9.7、8.8。施入土壤后不同磷肥对周围土壤 pH 值的影响（$\triangle$pH）大小与范围的有所不同，对淤土、两合土和砂土三种代表性黄土性土壤磷的吸附与解吸实验表明：Langmuir 方程最适于描述其磷的吸附与解吸过程。以物理吸附、弱化学吸附为特征的黄土性土壤对磷的吸持力较弱而解吸力较强，是中低产土壤缺磷的机制。黄土性土壤的质地、有机质含量对磷的吸持和解吸也有很大的影响。不同磷素形态对小麦、玉米的有效性研究表明，水溶性的磷铵是黄土性土壤上最佳磷肥品种 > 普钙 > > 钙镁磷肥，而对酸性的红壤来说，则是枸溶性的钙镁磷肥 > 普钙 > > 磷铵。他还与同事们共同对黄淮海地区的土壤肥力和施肥现状进行广泛调查，认为该区盐分当时已不是主要危害，而土壤氮素肥力水平不高，肥料利用效率低，有效磷素不足是中低产土壤的限制因素；种植结构单一、作物品种老化、灌溉和水源条件差、农业投入单薄等是黄淮海地区中低产的主因。根据当时河南省和封丘县的发展规划，潘店被选为中科院在河南的主要试区，为了把封丘站建设成中国的"洛桑试验站"，建设了实验大楼、温室及长期试验区、实验区、对照区等。在河南首先引进造粒机、大规模生产尿素粒肥和组织尿素粒肥深施技术的推广，在稻、麦、棉、玉、菜、果等多种作物上的示范试验，获得非常明显的田间效果，实现了节省肥料、大幅度增产的目标。及时组织田头现场会，并在农村的场头、集市采用幻灯、图片等手段开展普及科学知识和宣传技术成果的活动，产生家喻户晓的效果，出现了在县化肥厂排队买粒肥和"开后门"买粒肥的动人场面。同样的情况也出现在磷酸二铵和新型农药及莲藕种植、品种调整、沼气推广等工作中，群众到站里咨询、索取资料（自行编写和发放的新肥料、新农药、新品种的资料）和排队购买新肥料、新农药、新种子等。使中科院封丘试验站成为群众科学种田的咨询站和服务站。

优质烤烟生产的土壤环境与施肥的研究

1985年起曹志洪率先开展了土壤和肥料与我国烟草生产的研究。他与同事们一起组织了全国性的合作网络，在15个省的主要产区进行试验、示范和推广。揭示了硝态氮对烤烟产质量优于铵态氮的机理，提出了3∶7～4∶6适宜的硝铵比例和适宜的硝态氮使用时间、解释了过量铵态氮引起危害的机理及症状；阐明了我国南方烟区某些土壤中氯素不足、而北方大部分烟区则是氯素过量的基本现状，从而提出了相应的补氯、限氯技术措施；钾是烟叶的品质元素，研究揭示了我国南方烟叶的钾含量高于北方烟叶但显著低于国际优质烟叶的钾含量，提出了科学使用钾肥以提高烟叶含钾量是改善我国烟叶质量的关键问题；总结出壤质土壤、70%的田间持水量、pH中性偏酸6.0～7.8，土壤有机质含量和肥力水平中等的土壤是优质高产烟叶的重要环境条件。出版《烤烟营养失调症状》专著（南京：江苏科技出版社，1993年）及论文集《优质烤烟生产的土壤与环境》（南京：江苏科技出版社，1991年）和《优质烤烟生产的钾素与微素》（北京：中国农业科技出版社，1995年）；对全国烟叶产质量的提高和烟草科研的进步起到了积极的作用。2002—2005年期间研究了江苏省所用烟叶和省内外生产的卷烟中重金属的含量、制订了《烟叶和卷烟中重金属含量的准入标准（草案）》。提出了一些有效降低烟叶和卷烟中重金属含量的技术措施。还在西南烟区发现了由于使用含硫过量肥料而诱发的烟叶生理缺钙症状。

土壤质量演变规律与稻田可持续利用机理的研究

1999—2004年在曹志洪与周健民作为首席科学家的"973"项目"土壤质量演变规律与可持续利用机理研究"中，他与同事们共同制订了研究思路和技术路线，分解为 7 个课题分别执行。共同拟定了土壤质量的科学定义——土壤质量是土壤肥力质量、环境质量和健康质量的综合量度。土壤不仅是人类食物和纤维的提供者，也是污染物的消纳器、大气净化器及地表水体和地下水的储存库与过滤器，还是全球气候变暖的缓冲器；同时土壤中存在（原有的或外源入侵的）有毒物质以及对动植物与人类生命健康不可或缺的健康元素而影响着人、畜、植物和微生物的健康。共同构建了"质量土壤学"的理论框架——即研究土壤质量演变的过程和机制，退化土壤的修复与提高、土壤质量定向培育的理论、技术和方法的科学；建立了我国土壤质量的指标基准和评价方法、提出了最小数据集；揭示了水稻土、红壤、潮土、黑土等主要耕地土壤质量的现状及肥力质量演变的格局；出版了《中国土壤质量》等系列专著。特别是与林先贵、沈其荣、王春霞、黄铭洪、尹睿、赵言文、张焕朝、冉伟、王小治等同事的合作研究阐明了水稻土可持续利用的机理，揭示了稻田是人工湿地系统及其在保护城乡环境中的十大功能；率先发表了稻田磷素环境警戒值，对太湖流域稻田的磷素肥力管理和面源污染的防治具有理论指导意义，证明稻田不是水体磷和氮的面源污染源，系统研究了太湖平原不同利用方式下地表径流的过程、大小以及氮、磷随水迁移的和流向规律后，确认稻田是含他源氮、磷、碳的径流的汇，具有保护水体环境的功能；发现年龄越久的稻田中产甲烷细菌的优势种群减少，甲烷排放能力下降；氮氧化物的释放量较旱地土壤少，研究发现稻田改为菜地后土壤质量急剧退化，有害生物种群数量增加，对生态环境的危害趋向严重。同年 9 月16 日，英国"新科学家"杂志主编为这两篇论文发表了评论，认为南京土壤所科学家的新发现揭示了长三角地区不断扩大的"弃稻种菜"趋势存在有一定生态环境危机。此前，他们向省政府和国务院提交了《保护稻田是确保长江三角洲可持续发展的基石》的建议，受到国务院和省（市）政府、媒体及社会各界的广泛支持，被《南风窗》杂志授予"为了公共利益 2003 年度环境奖"（当年全国仅两人获奖）。主要学术成果总结在：《太湖流域土 – 水间的物质交换与水环境质量》和《中国土壤质量》两部专著中。

埋藏灌溉稻田和古水稻土的研究

2004 年起曹志洪主持重点国家自然科学基金项目与同事们一起与苏州博物院考古领队丁金龙和昆山市文物管理所等合作开展灌溉稻田和水稻土起源及其演变的研究。对长江中下游 9 个稻作遗址进行了考察或再发掘，测量了埋藏古稻田的形状与面积、收集古水稻土、炭化稻、动植物遗存及石（陶）器等，通过土壤学和固态^{13}C 核磁共振、磁化率、孢粉谱、植硅体等现代分析手段发现绰墩山遗址（N31°24′，E120°50′）埋藏的 44 块有田埂、渠道、进出水口、灌溉工具的稻田是中国迄今已知的最早灌溉稻田（6280a BP，^{14}C），这里埋藏的发育成熟的水稻土（位于剖面的 100 ~ 200cm 间）是迄今已知的水稻土起源已被国内外广泛引用。总结了判别埋藏古水稻田和古水稻土的指标，确认了我国是世界稻作文明的发祥地之一，对水稻土发生、演化规律的认识具有重大学术价值。在浙江罗家角遗址（N36°65′，E120°55′）发现的"箱子田"，已持续种稻 3000 多年（表层的残骨和陶片经^{14}C测定分别是 6710a BP 和 7210a BP 的遗存）仍为高产稳产（单季稻 500 公斤/亩左右）的农田，是水稻土可持续利用的有力实证。论证杭州湾南岸余姚 – 慈溪两市（N30° – 30.5°，E121° – 122°）自 1074 年筑堤围海以来形成的植稻年龄为 50 ~ 1000 年及 2000 年的时间序列水稻土，表土自然肥力随种稻年限延长而提高，生态功能也越趋稳定已经引起了德国、日本、澳大利亚科学家的兴趣，即将开展合作研究。

坚持理论联系实际

受李庆逵院士多年的教导，曹志洪坚持土壤学研究必须理论联系实际，在深入探讨理论的同时要与解决中国社会发展和生产中的实际问题结合。例如 1982 年他刚从国外回来，科学院要上黄淮海攻关项目。李先生询问他的意见时，他表示服从组织的安排愿意去那里学习和工作。在黄淮海他没有重复前人的工作，而是从现状出发、首先解决土壤氮、磷肥力不足和调整种植结构开始。在那里他看到了烤烟生产的问题，率先开展了我国土壤学界为烤烟优质高产的理论和技术研究。在发现设施栽培中出现的土壤肥料问题和江苏省海涂开发的实际需求后，他积极组织力量进行研究，还根据国际发展前沿，及时组织力量进行植物营养生物工程和土壤修复的研究。认识到稻田湿地生态功能和保护稻田重要意义后，开展了灌溉稻田和水稻土起源的研究等。

（刘　勤）

简　历

1941 年 11 月 5 日　出生于浙江省余姚县（市）。
1960 年 9 月—1964 年 7 月　浙江农业大学，土壤农化系，本科毕业。
1964 年 8 月—1979 年 10 月　中国科学院土壤研究所，研实，助研。
1979 年 10 月—1982 年 4 月　菲律宾大学/国际水稻研究所，硕士。
1982 年 4 月—1988 年 1 月　中国科学院南京土壤研究所，博士，副研。
1988 年 2 月—1989 年 10 月　美国北卡州立大学，博士后合作研究。
1990 年 1 月—1991 年 5 月　南京土壤研究所所长助理，研究员。
1991 年 5 月—1995 年 11 月　南京土壤研究所副所长。
1995 年 11 月—1999 年 9 月　南京土壤研究所所长，中国土壤学会理事长。
1999 年 11 月—2004 年 5 月　"土壤质量研究""973"项目，首席科学家。
2004 年至今　从事中国灌溉稻田与水稻土起源研究。

2008 年　被聘二级研究员。

主 要 论 著

[1] 曹志洪, SK. De Datta, 等. 深施氮肥（^{15}N 标记尿素）对水稻水层化学性质的影响及水稻对深施氮肥的回收率. 土壤学报, 1983, 20 (3): 253—261.

[2] 曹志洪. 当前世界化肥供求和粮食生产概况. 土壤, 1985, 17.

[3] 曹志洪, 李仲林, 徐志红, 等. 1983—1985 年在封丘县推广碳铵粒肥深施技术的总结. 见: 黄淮海平原治理与开发研究文集. 北京: 科学出版社, 1986, 61—64.

[4] 曹志洪, 李仲林, 周秀如, 等. 论我国优质烟基地的土壤环境. 中国烟草, 1987 (4): 34—44.

[5] 曹志洪, 李庆逵. 黄土性土壤对磷的吸附与解吸. 土壤学报, 1988, 25 (3): 518—226.

[6] ZH. Cao, G. Miner, et al. Effect of soil pH and rates of nitrification inhibitors on ammonium nitrification and growth of flue – cured tobacco. Tobacco Science (USA), 1992, 35: 44—53.

[7] ZH. Cao, GS. Hu, et al. Behavior of Potassium and Trace Elements in Rhizosphere of Flue-cured Tobacco (Nicotana Tabacurrlz). Pedosphere, 1993, 3 (3): 207—220.

[8] ZH. Cao, ZY. Hu. Copper contamination in paddy soils irrigated with wastewater. Chemosphere, 2000, 41: 3—6.

[9] ZH. Cao, et al. Selenium geochemistry of paddy soils in Yangtze River Delta. Environment International, 2001, 26: 335—339.

[10] H. Shen, ZH. Cao, WM. Shi, et al. Isolation and identification of specific root exudates in elephantgrass in response to mobilization of iron – and aluminum – phosphates. Journal of plant Nutrition, 2001, 24 (7): 1117—1130.

[11] 沈宏, 曹志洪. 不同农田生态系统土壤碳库管理指数的研究. 生态学报, 2001, 20 (4): 663—668.

[12] XC. Wang, WD. Yan, ZH. Cao, et al. Status of trace elements in paddy soil

and sediment in Taihu Lake region. Chemosphere, 2003, 50 (6): 707—710.

[13] ZH. Cao, H. C. Zhang. Phosphorus losses to water from lowland rice fields under rice-wheat double cropping system in the Tai Lake Region. Environmental Geochemistry and Health, 2004, 26: 229—236.

[14] 卢佳, 胡正义, 曹志洪, 等. 长江三角洲绰墩遗址埋藏古水稻土肥力特征的研究. 中国农业科学, 2006, 39 (1): 109—117.

[15] 李久海, 董元华, 曹志烘, 等. 稻草焚烧多环芳烃排放特征. 中国环境科学, 2008, 28 (1): 508—511.

[16] Song Li, YX. Chen ZH. Cao, et al. Rural wastewater irrigation and nitrogen removal by the paddy wetland system in the Taihu Lake region of China. Journal of Soils and Sediments, 2009, 9: 433—442.

[17] Ingrid Kögel-Knabner, Wulf Amelung; Zhihong Cao, et al. Biogeochemistry of paddy soils. Geoderma, 2010, 157 (1—2): 1—14.

[18] 曹志洪, 凌云霄, 李林, 周秀如编. 烤烟营养及失调症状图谱. 南京: 江苏科技出版社, 1993.

[19] 曹志洪, 林先贵编著. 太湖流域土-水间的物质交换与水环境质量. 北京: 科学出版社, 2006.

[20] 曹志洪, 周健民, 等. 中国土壤质量. 北京: 科学出版社, 2008.

参 考 文 献

[1] 曹志洪, 俞仁培, 李仲林等. 黄淮海平原土壤肥力状况和合理施肥. 土壤, 1986, 18: 289—295.

[2] 曹志洪. 解译土壤质量演变规律, 确保土壤资源持续利用. 世界科技研究与发展, 2001, 23 (3): 28—32.

[3] 曹志洪等. 论稻田圈在保护城乡生态环境中的功能Ⅱ. 稻田土壤氮素养分的累积、迁移及其环境意义. 土壤学报, 2006, 43 (2): 256—260.

[4] 曹志洪. 中国史前灌溉稻田和古水稻土研究进展. 土壤学报, 2008, 45 (5): 784—791.

[5] 中国科学院南京土壤研究所长效肥组编. 碳酸氢铵粒肥. 南京: 江苏人民出版社, 1977.